Dietrich v. Haeften

Sicherheit auf See

Dietrich v. Haeften

Sicherheit auf See

Delius Klasing Verlag

Von Dietrich v. Haeften ist im Delius Klasing Verlag folgender Titel erschienen.
Sturm - was tun? (Yacht-Bücherei, Bd. 100)

Die Deutsche Bibliothek - CIP-Einheitsaufnahme
Haeften, Dietrich von
Sicherheit auf See/Dietrich v. Haeften. - 1. Aufl. -
Bielefeld: Delius Klasing, 1993
ISBN 3-7688-0807-6

1. Auflage
ISBN 3-7688-0807-6

Einbandgestaltung: Ekkehard Schonart
Titelbild: Fridtjof Gunkel
Zeichnungen: Hans-Georg Berkau, Ekkehard Schonart
Satz: Typografika, Bielefeld
Druck und Bucheinband: Paderborner Druck Centrum
Printed in Germany 1993

Inhalt

Vorwort

„... und erwarte stets das Unerwartete!“

Diesmal geht es um die Sicherheit an Bord von Segelyachten. - Als ob dazu nicht längst alles gesagt wäre. Die Branche ist voll von Angeboten ausgefeilter Sicherheitsausrüstung, und Sie werden doch nicht die Notwendigkeit anständiger Rettungswesten, Seenotbojen etc. bezweifeln?

Die Anleihe an den oben zitierten, noch unbekannten Philosophen der Seefahrt kündigt eine andere Auffassung an. Dieses Buch will deutlich machen, daß mit der Einkaufsliste allein dem Sicherheitsgebot nicht Genüge geleistet ist. Es sieht die Sicherheit viel mehr im persönlichen Bereich als Fachwissen, als Routine, als Vorausschau, als Umsicht, als Selbsteinschätzung, als innere Ruhe, und als gesunden Menschenverstand.

Wir müssen uns mit uns selbst befassen, wenn wir die Sicherheit an Bord verbessern wollen, müssen ein wenig nachdenken, müssen neue Gesichtspunkte verstehen und ein paar Fehler einsehen. Nutzen wir die langen Winterabende!
Wo stecken die Risiken, wo die Verbesserungsmöglichkeiten? Es sei schon vorweggenommen: Der Versuch einer Analyse mit der Hoffnung, den Universalschlüssel für alle Probleme zu finden, wird gar nicht erst unternommen. Man würde sich viel zu weit von der Praxis entfernen, um die es uns letztlich geht. Stattdessen wird ein Rundschlag durch das ganze Spektrum des Fahrtensegelns gemacht. Es wird zunächst betrachtet, was bei der Yachttechnik zur Sicherheit beiträgt und was nicht, dann, worauf es bei der Zusammensetzung der Crew ankommt, und schließlich, wie man die Sicherheit beim Segeln selbst verbessern kann.
Es lohnt sich, ein wenig zu wühlen. Denn erstaunliche Sachen kommen dabei zum Vorschein: Verborgene Gefahren, die kaum einer kennt, Konstruktionsmängel, die weit verbreitet sind, oder auch wie man scheinbar unabänderliche Probleme mit kleinen Tricks sehr wohl in den Griff bekommt.
In allen Fällen ist der Autor bemüht, die Hintergründe zu erläutern, und zwar in verständlicher Sprache. Man muß weder Ingenieur noch Nautiker sein, um gedanklich folgen zu können. Die Segelschule wird allerdings nicht wiederholt, auch wenn es sich zuweilen aufzudrängen scheint.
Das Buch will kein Lehrbuch sein. Was hier vorgeschlagen und diskutiert wird, hat sicherlich Hand und Fuß. Es erhebt aber nicht den Anspruch der Alleingültigkeit. Vielleicht hat der Leser eine eigene Lösung parat. Er wird seine Erfahrung bestätigt oder ergänzt finden, und er wird auch den einen oder den anderen Trugschluß entdecken. Skipper, die sich nie mit anderen Fachleuten auseinandersetzen, laufen Gefahr, Fehler ein ganzes Seglerleben mit sich herumzuschleppen.

1 Das Sicherheitsrisiko

Skipper über Bord

Im August 1976 lief eine 9-Meter-Segelyacht aus Marina-Wendtorf zu einem kleinen Nachmittagsausflug aus. Es sind fünf Männer an Bord, der Eigner, ein erfahrener Seesegler mit BR-Schein und vier Mitsegler von denen nur zwei ein wenig Jollenerfahrung haben. Alles sieht soweit normal aus, der Wind ist freundlich bei drei bis vier aus NNE. Da es ja nur kurz auf die Außenförde gehen soll, wird auch keine Zeit mit langen Einweisungen vergeudet. Man läßt den Eigner schon machen, der ist ja ein alter Hase.

Das Unglück beginnt, als der Eigner auf dem Vorschiff im Kampf gegen Fallen, Winschkurbeln und Stagreiter so unglücklich ausgleitet, daß er das Übergewicht kriegt und über Bord geht. Es setzt sich fort mit der Tatsache, daß er wohl den Mitseglern aufgetragen hat, Rettungswesten zu tragen, selber aber darauf verzichtet hat. Es setzt sich weiter fort, indem die Mitsegler mangels Einweisung in höchst unbeholfener Weise die Rettung versuchen. Auf Zuruf nehmen sie zwar noch das bereits gesetzte Großsegel herunter - gut gemacht - aber das Manövrieren unter Motor gelingt einfach nicht. Sie kommen nicht an den im Wasser schwimmenden Eigner heran, wozu noch ein lächerlicher Umstand entscheidend beitrug. Der Motor ließ sich nämlich nur mit einem Trick starten, und aus Angst ihn abzuwürgen, wagten die Bedauernswerten im Cockpit nicht, das Gas zurückzunehmen. So fuhren sie Schlingschlang in unverminderter Fahrt. Auch der Versuch, einen Rettungskragen zuzuwerfen, scheiterte daran, daß die befestigte Rettungsleine nicht klar zum Auslaufen war. Die Tragödie endete tödlich.

Aus ihr klingt der Vorwurf, daß man ohne Sicherheitseinweisung ausgelaufen ist, und daß kein Zweitskipper an Bord war, der hätte einspringen und das Rettungsmanöver ausführen können. Hand aufs Herz: Wie hätten Sie gehandelt? Hätten Sie für einen Zweistundenausflug bei schönster Kaffeetrinkenbrise bei Hochsommerwassertemperaturen eine einstündige Sicherheitseinweisung gehalten? Hätten Sie nicht auch die hinderliche Rettungsweste erst nach der Arbeit mit dem Segelsetzen angelegt, wenn überhaupt bei diesem Superwetter? Wo ist die Grenze? Muß ich auch eine Sicherheitsbelehrung machen, wenn ich die Yacht mit jemandem als Hilfe zum Nachbarschlengel verholen will?

Aus dem Cockpit katapultiert

Ein anderes Beispiel. Eine Varianta - wer sie nicht kennt, ein kleiner hauptsächlich für geschütze Reviere konzipierter Kajütkreuzer - war aus Wangerooge für einen kurzen Ausflug ins Seegatt ausgelaufen. Zu diesem Zeitpunkt wehte es mit fünf aus Nordwest bei mitlaufendem Tidenstrom. Man war zu zweit an Bord, der Eigner, Binnensegler und revierunkundig, und ein segelunerfahrener Mitsegler, der nebenbei bemerkt, Berufsnautiker, aber eben kein Segler war.

Wer das Seegatt zwischen Wangerooge und Spiekeroog kennt, weiß, daß dort auch bei mitlaufendem Strom bei Windstärke fünf aus Nordwest eine ganz schön kabbelige See steht. Die Wellen sind zwar nicht hoch, sie scheinen aber aus allen Richtungen zu kommen. Auf alle Fälle hatte die kleine Varianta, die obendrein nicht gerefft war, ordentlich zu kämpfen. Die Segelfläche eines typischen Binnenrevierseglers ist ohnehin normalerweise etwas großzügiger bemessen, und so dürfte die Varianta ziemlich hart im Ruder gelegen haben. Kein Wunder, daß den beiden beim Vorwind-Kurs eine Patenthalse passierte und die gleich so heftig, daß die Varianta, zusätzlich von einer ordentlichen Welle breitseits getroffen, einen Bocksprung zur Seite machte, und die beiden Segler in hohem Bogen aus dem Cockpit flogen.

Nur der Mitsegler konnte gerettet werden, und das auch nur nach einem dramatischen Kampf, außenbords an einem Tampen hängend.

Was bleibt zurück? Es wagten sich unerfahrene Segler in ein tückisches Seegebiet mit einer Yacht, die so gerade eben an der Grenze lag, überfordert zu sein. Weil sie unerfahren waren, erkannten sie die Gefahr nicht und kamen nicht auf die Idee, sich mit Lifebelts und Sorgleinen zu sichern. Schließlich waren die beiden überfordert, in der kabbeligen See sauber Kurs zu halten und die Yacht zu beherrschen. Die Lage richtig einzuschätzen und das eigene Vermögen richtig zu beurteilen, das ist hier wohl das Problem gewesen.

Hilflos in der Flaute - vom Kümo gerammt

Es passierte auf der Kieler Förde. Ein kleiner Kajütkreuzer kitzelte den letzten Hauch aus der Brise auf dem Heimweg von Dänemark. Er war von der guten alten Art, die - wie damals üblich, weil sportlich - keinen Hilfsmotor hatten. Es war schon dunkel, als er auf der Höhe von Möltenort genau im Fahrwasser liegenblieb. Nichts regte sich mehr. Man lag hilflos in der Flaute, als die Lichter eines Kümos aus der Innenförde aufkamen und direkt auf den Flautenlieger zuhielten. An Bord wurde man munter. Natürlich waren die Positionslichter an, wurde das Segel mit der Taschenlampe angestrahlt, die Kajütlampe eingeschaltet und die Tröte geblasen. Es half alles nicht. Es kam was kommen mußte. Der Besatzung blieb nur noch der Sprung ins Wasser, als die Yacht breitseits vor den Steven des Kümos geriet.

Es krachte und die Yacht verschwand in den Fluten. Die Leute konnten vom Kümo gerettet werden, der im letzten Augenblick, aber eben zu spät, gesehen hatte, was passierte.

Natürlich traf den Kümo die Hauptschuld an dem Unfall. Er hätte in dem dicht befahrenen Gewässer besser Ausguck halten müssen. Aber hätte nicht auch der Flautenlieger den Unfall vermeiden können? Wußte der Skipper nicht, wie schwierig es oft ist, vor dem Lichtermeer am Ufer die schwachen Fahrtlichter einer Yacht auszumachen? Wußte er nicht, daß seine Position mitten im Fahrwasser eine Kollision geradezu provozierte? Kam die Flaute denn so überraschend, daß er die Yacht nicht mehr mit letzter Fahrt aus dem Fahrwasser hinaussteuern konnte? Den im Bericht enthaltenen Abmessungen zu Folge handelte es sich um ein Folkeboot. Warum wurde es nicht mit ein paar kräftigen Pinnenschlägen aus dem Fahrwasser gewriggt oder gepaddelt? Mit Folkebooten ist das kein Problem. Kurz, es drängt sich der Verdacht auf, daß hier jemand sich im Recht glaubte, und die Verantwortung bei anderen sah. Eine gefährliche Haltung wie man sieht.

Kollision mit Treibgut

Folgender Unfall ereignete sich im Sommer 1980 nachts mit einer 10,50 Meter langen Kunststoffyacht in der Ägäis. Es herrschten problemlose Wetterverhältnisse. Die beiden Männer an Bord hatten alles im Griff, die Position war einwandfrei. Auf einmal gab es einen ohrenbetäubenden Knall, die Yacht wird abrupt gestoppt, um sich gleich wieder frei zu bewegen. Noch bevor man sich vom Schrecken erholen konnte, zeigte sich unübersehbar ein anständiges Leck im Vorschiff. Das Wasser sprudelte nur so herein. Die Reaktion war prompt. Einer der beiden ging an die große Lenzpumpe, während der Skipper sich zum Leck vorkämpfte. Mit hau ruck und grobem Werkzeug verschaffte er sich Platz, um alles was er an Decken, Kissen und Tuchwerk greifen konnte in das gesplitterte Loch zu stopfen. Tatsächlich gelang es ihm, den Wassereinbruch erheblich zu mindern. Dann griff er zur Pütz, um beim Lenzen zu helfen. Es galt schneller zu lenzen als das Wasser nachlaufen konnte. Das schien auch zu klappen, wenn sich nicht ein neues Problem in den Weg gestellt hätte. Das Pützwasser lief nicht schnell genug durch die Cockpitlenzer ab. Nicht daß sie verstopft gewesen wären, sie waren einfach zu klein! Die Pütz über Kopf an Deck zu leeren, hatte dann die Lenzleistung derart verringert, daß das Rennen gegen den Wassereinbruch aufgegeben werden mußte. Die Rettungsinsel wurde ausgebracht, das Ausbooten vorbereitet, und die Yacht schließlich aufgegeben. Die Crew wurde später gerettet.

Mit Treibgut zu kollidieren ist heutzutage in fast allen unseren Revieren eine immer häufiger werdende Gefahr. Während es in den meisten Fällen mit einem lauten Knall abgetan ist, scheint es sich hier um ein größeres Hindernis gehandelt zu haben, mit einer scharfen Kante, die die Yacht ausgerechnet an einer schwachen Stelle erwischt haben muß. Was der Bugsteven von gut gefertigten GFK-Rümpfen aushält, ist erstaunlich. Eindeutige Schwachstellen sind dagegen die gestreckten Bugflanken bei den meisten Yachten. Die beiden Männer an Bord haben gut reagiert, vielleicht hätten sie mehr Mühe dem Leck widmen sollen. Hat man es einmal freigelegt, kann man es in aller Regel mit viel Improvisationskunst auch ziemlich dicht kriegen. Vor allem, wenn das Wetter so ruhig ist, wie in diesem Falle. Daß aber die Cockpitlenzer das Pützwasser nicht wegschafften, ist höchst bedenklich. Wie hätten die bei schwerem Wetter mit den Einsteigern fertig werden sollen? Auch ganz normale Werftbauten, scheint es, können gravierende Sicherheitsmängel haben.

Aufgelaufen - zehntausend Mark Schlepperlohn

Ein anderer Fall passierte mit einer sportlich motivierten Crew auf einer tollen Rennyacht noch des alten Schnitts, deren Anblick eines jeden Seglerherz höher schlagen ließ. Im Kopenhagen-Sund wurde gegen südliche Winde mit fünf mit langen Schlägen aufgekreuzt. Die Wenden saßen vorbildlich, die Schoten flogen nur so, alles paßte zusammen, wie bei einem großen Orchester. Das betonnte Fahrwasser war reichlich eng, und es gab viel Verkehr. Deshalb entschloß man sich, über den Tonnenstrich hinauszukreuzen und jeweils auf der Fünfmeterlinie zu wenden. Ein Blick in die Seekarte bot dieses Verfahren geradezu an. Einer wurde als Chefecholotbeobachter eingeteilt, Leute gab es genug an Bord. Er sang 10 Meter aus, nach einer Weile 8 Meter, dann sieben, klar zur Wende und rum.
Das ging wunderbar so. Wieder war es soweit. „10 Meter", klang es vom Echolot, schießlich nach einer ganzen Weile „acht Meter", dann „sieben Meter", und noch bevor der Rudergänger klar zur Wende rief, hektisch „fünf Meter, drei" und dann rumste es auch schon. Zwei, drei mal, und dann saß die schöne Yacht leicht geneigt fest und sicher auf ihrem Langkiel.
Was nun zu tun war, geschah alles professionell und folgerichtig. Die Leckkontrolle ergab keinen Wassereinbruch, ein Anker wurde zum tiefen Wasser hin ausgebracht, und die Möglichkeiten geprüft, wie man selbst wieder freikommen könnte. Die Yacht war aber mit gut acht Knoten ganz schön den Berg hochgerutscht. So blieb nichts anderes übrig als einen kommerziellen Schlepper zu beauftragen. Und das kostete eben jene zehntausend Mark.
Was war passiert? Der Blick in die Seekarte war zu kurz. Hätte man genauer den Verlauf der Tiefenlinien studiert, hätte man entdeckt, daß die Fünfmeterlinie an einer Stelle ausgebuchtet ist und ein Unterwassertal aufzeigt. Wer in dieses Tal einläuft, würde noch eine Weile lang zehn Meter loten, und am Ende jedoch eine sehr schnelle Abnahme der Wassertiefe registrieren. Genau das tat man auf der Yacht, zunächst mit dem Echolot, dann mit dem Kiel.

Im Seegang leckgeschlagen

Nicht ganz so elegant, aber nicht minder liebenswert war folgende Yacht, denn sie war selbst gebaut. Ein 9 Meter langer Leichtdeplacement-Kreuzer in Sperrholz. Ein Knickspanter mit langem Kiel. Es sollte eine Tagesfahrt werden von Cuxhaven etwa drei Stunden mit ablaufendem Wasser die Elbmündung hinaus, um dann wieder mit auflaufendem Wasser fünf Stunden in die Weser nach Bremen einzulaufen. Ein Routinetrip für die Einheimischen, zu denen das Ehepaar an Bord zu zählen ist.
Das Wetter war angenehm, vier bis fünf aus Nordwest. Deshalb müssen zunächst noch ein paar Holebuge gesegelt werden, aber ab Scharhörn kann man hoch am Wind auf der Legerwallseite gerade anliegen. Kein Problem, sollte es zu eng werden, wird eben noch einmal über Stag gegangen.
Hier nahm das Unglück seinen Lauf. Der Seegang nahm an dieser Stelle überraschend zu. Die See war ungewöhnlich kurz

und hoch. Die verhältnismäßig kleine Yacht, die wegen der Legerwallsituation ziemlich hoch gegenanknüppelte, stampfte schwer in der rauhen See. Der Bug überschoß die Wellenkämme und knallte hart in den tiefen Abgrund dahinter. Zweimal kracht es dabei so hart, daß es die beiden regelrecht von den Cockpitsitzen hob.
Während das Rigg standhaft blieb, mußten die beiden feststellen, daß sie Wasser im Schiff hatten. Zunächst wurde versucht, mit einer Handlenzpumpe gegenanzupumpen, was sich jedoch schnell als untauglich erwies. So entschloß man sich, die Flachs vor Scharhörn anzusteuern, die unmittelbar südlich des Schiffsortes begannen. Doch mit dem Wasser im Schiff war die Yacht kaum mehr zu manövrieren. Eine Rettungsinsel gab es nicht, auch kein Beiboot, denn es handelte sich ja nur um einen Küstensegler. Die Sache endete damit, daß das Ehepaar warm angezogen und mit Rettungswesten an von der sinkenden Yacht los schwammen und nach einem weiteren Abenteuer von einem Kümo gefischt werden konnte.
Abgesehen von der offensichtlich unvollständigen Sicherheitsausrüstung, bleibt die Frage zu klären, wie es zu dem Wassereinbruch kam. Daß bei den harten Schlägen der Kiel aufgesetzt hatte, ist unwahrscheinlich. Sonst wäre es möglich gewesen, auch mit dem havarierten Schiff noch das Flach zu erreichen. Also müssen die Verbände der Rumpfbauweise durch Überlastung beim Einschlagen in das Wellental nachgegeben haben. Der Bericht betont, daß es sich um einen Leichtverdränger gehandelt habe, das Unterwasserschiff also flach und jollenähnlich gewesen sein muß. Diese Spantform provoziert geradezu die harten Schläge. Möglicherweise ist es auch auf den Laienbau zurückzuführen, daß die Struktur diesen harten Schlägen irgendwo offensichtlich nicht gewachsen war.

Die Ostertragödie in der Elbmündung

In Hamburger Seglerkreisen gilt der Ostertörn nach Helgoland schon als Tradition. Nach dem Tidenfahrplan steht am Sonntag die Etappe Helgoland Cuxhaven an. An diesem Ostersonntagmorgen, es war 1981, bläst es mit fünf bis sechs aus Nordwest, und drei Yachten laufen aus, um das Kentern des Stroms etwa auf Höhe des Feuerschiffs Elbe 1 zu treffen. Das war gut kalkuliert, kein Wunder, denn es handelte sich um revierkundige erfahrene Segler. Der Strom würde bis Elbe 1 gegen den Wind laufen, allerdings nur um einen Knoten herum, während nach Elbe 1 der Strom stärker setzen würde, dann aber mit dem Wind. Dort wird es auch flacher, und die See würde recht unangenehm werden, verhielte es sich anders herum.
Die Tragödie begann, als entgegen der Vorhersage der Wind unterwegs weiter aufbriste und auf Nordost drehte. Dadurch entstand quer zur alten Dünung eine neue Windsee, und damit eine Kreuzsee mit sehr unterschiedlichen Wellenhöhen. Wo sich besonders hohe Einzelexemplare bildeten, gelangten diese im Bereich der Elbmündung in den Grundeffekt, wurden extrem steil und brachen mit großer Gewalt. In diesen Hexenkessel gerieten die drei Yachten.
Auf einer von ihnen wurde nach ein paar harten Einsetzern der Eigner vom Ruder weg an die Seereling geschleudert, deren Durchzug brach, so daß der Mann über

Bord ging. Die folgenden Rettungsmanöver mißlangen, der Verunglückte hatte nur eine kurze Überlebenschance bei 8 Grad Wassertemperatur. Er hatte weder Lifebelt noch Rettungsweste getragen.
Die zweite Yacht war ein Sechsfünfer, also eine etwas flachbordige rund zehn Meter lange traditionelle Rennyacht aus Holz. Sie wurde, wie es im Bericht ausgedrückt ist, achterlich von einem doppelstöckigen Brecher erwischt, so daß das Achterschiff ziemlich lange vollständig unter den reißenden Wassermassen begraben war. Die ganze Besatzung, eine dreiköpfige Familie, verlor den Halt und ging über Bord. Nur der zwölfjährige Junge, der als einziger eine Rettungsweste trug, wurde von einem Seenotkreuzer gerettet, der gerade auf einem anderen Einsatz zufällig auf die Unfallstelle stieß.
Hamburgs Seglerwelt war damals erschüttert. Was war passiert? Die Schiffsführer waren doch in beiden Fällen reichlich erfahrene Segler, die die alte Rennstrecke oft genug gefahren hatten. Diese Selbstsicherheit mag aber gerade die Ursache für dieses leichtfertige Verhalten gewesen sein. Schließlich trugen alle Opfer keine Rettungsweste und waren auch nicht mit Sorgleinen an Bord gesichert. Alte Hasen neigen dazu, die Gefährlichkeit einer Situation zu unterschätzen, und präziser, in der Einschätzung einer sich aufbauenden Gefahr der Realität hinterherzuhinken. „Ach, es wird gleich wieder abflauen", oder „dieser Johnny war nur ein Einzelfall". Wenn es dann doch weiter aufbrist, und die Einzelfälle sich häufen, werden diese nur sehr zögerlich akzeptiert, und das dann zu einer Zeit, wenn sich schon neue noch dickere „Einzelfälle" abzeichnen. Nur so ist zu verstehen, daß die beiden Routiniers nicht auf die gefährliche Lage eingerichtet waren. Hinzukommt, daß in der Elbmündung sich dieser besonders harte Seegang an örtlich begrenzten Stellen bildet, weshalb sich für den, der dort hineinsegelt, die Situation sehr schnell aufbaut.

Tod durch Kohlenmonoxyd

Ein ganz anderer Fall, der aber die Palette, was alles passieren kann, um einen wichtigen Bereich ergänzt. Auf einem kleinen Kajütkreuzer verstarben zwei Personen im Salon schlafend, während das Boot ruhig im Hafen lag. Allen vorschnellen Urteilen zum Trotz erwiesen sich die kriminalpolizeilichen Untersuchungen als schwierig. Die Propangasanlage entsprach nämlich den Vorschriften und arbeitete fehlerfrei. Angeschlossen waren der Herd und ein Absorberkühlschrank, die beide den Bauvorschriften voll genügten und auch normal arbeiteten. Bei der weiteren Suche nach der Vergiftungsquelle konzentrierte man sich auf die Bilge, in der es stank. Denn der Eigner hatte versucht, Ölrückstände mit einem Haushaltsspülmittel zu neutralisieren. Dabei entstand der nach faulen Eiern riechende Schwefelwasserstoff. Doch die Logik sagt, was stinkt, atmet man nicht solange ein, bis man tot ist. Schließlich ergab die Obduktion, daß Kohlenmonoxyd die Todesursache gewesen sein muß, ein Gas, das bei unvollständigen Verbrennungen entsteht und schwerer als Luft ist. Wie kam Kohlenmonoxyd in den Salon? Die einzige Brennstelle, die auch nachts in Betrieb war, war das Flämmchen des Absorberkühlschrankes. Von ihr führte ein Abzugsrohr durch das Kabinendach an Deck. Vorschriftsmäßig. Aber jetzt kommt das Verhängnisvolle. Gegen die Unbilden des Wetters und für die Gemütlichkeit, war eine Cockpitpersenning (Kuchenbude) aufgebaut, die bis über den Abzug reichte. Und nun war alles klar. Das Kohlenmonoxyd entwich vom Abzug auf dem Kajütdach in die Kuchenbude, und von dort in den offenen Niedergang. Kohlenmonoxyd ist geruchlos und in ausreichender Menge tödlich.

Abenteuer im Watt

Noch ein Beispiel, bevor wir Bilanz ziehen: Diese Geschichte passierte einer sechsköpfigen Männercrew, die gerade quer über die Nordsee aus Schottland nach Norderney zurückgekommen war. Der Törn war ein einmaliges Segelerlebnis gewesen, mit einigen harten Tagen und anderen, die eine ganze Palette wunderschöner Eindrücke boten. Die Crew erinnert sich noch gern an die Wale, die über eine Stunde die Yacht begleiteten und wie Delphine mit ihr spielten, und auch an die abenteuerlich aus fünfzig Metern Höhe senkrecht ins Meer stürzenden Tölpel am Bass Rock vor dem Firth of Forth. Schließlich lag gerade die wilde Überquerung der Barre vor dem Norderneyer Seegatt in der Brandung zurück, die mit Beklemmung angegangen, aber mit Bravour gemeistert wurde. Es gibt Grund genug, an der Pier in Norderney mit ein paar Liegeplatznachbarn den schönen Abschluß der Reise zu feiern. Die letzte Etappe zum Jadebusen steht zwar noch bevor, aber das wird nur als ein Verholen zum richtigen Liegeplatz gesehen.

Der Abend an Bord wird sehr gemütlich, es wird geschwelgt, gefachsimpelt und natürlich auch ordentlich Bier gelenzt. Dabei entsteht die Idee, am nächsten Morgen Norderney südlich, also durch das Wattenmeer zu runden, was sicherlich spannender wird, als die nördliche Rundung. Man müßte das Hochwasser genau auf der Wasserscheide erwischen, dann ginge es. Aber Hochwasser ist um zwei Uhr nachts. Noch spannender! Prickenzählen bei Nacht! Wenn das nichts ist. Also, das Abenteuer muß auch noch mitgenommen werden.

Das Verhängnis nahm seinen Lauf, als zum errechneten Auslaufzeitpunkt die Gäste an Bord sich immer noch nicht verabschieden wollten. Schließlich wurde mit einer guten Stunde Verspätung abgelegt. Die Wacheinteilung galt wieder, das heißt, die Freiwache krabbelte in die Koje. Von der Seewache waren die Rollen klar eingeteilt, einer war am Kartentisch, einer zählte Pricken und einer ging Ruder. Das Wetter war ruhig, man konnte mit raumen Winden segeln. An der Wasserscheide wurde es brenzlich, denn die einkalkulierte Sicherheitshöhe dürfte der einstündigen Verspätung zum Opfer gefallen sein. Ob's reichen wird? Es reichte, aber mit Hängen und Würgen, denn zweimal wurde die Yacht von Geisterhand merklich verzögert. Das leichte Wippen nach vorn war in dem ruhigen Wasser deutlich zu spüren. Jetzt ging es mit dem Strom im neuen Priel dem Seegatt östlich Norderneys entgegen. Man machte rasante Fahrt über Grund, die Pricken flogen nur so vorbei. Aber die mußten genau abgehakt werden. Sie hatten Reflektoren, weshalb sie mit dem Handscheinwerfer gut auszumachen waren. Aber irgendeine muß trotzdem übersehen worden sein, denn auf einmal gab es einen harten Aufsetzer. Und gleich wieder und wieder. Die Yacht befand sich am Ausgang des Seegatts eindeutig auf einer

Sandbank, von der leichten See immer wieder angehoben und aufgesetzt. Eine verteufelte Situation, denn der Ebbstrom schob die Yacht auf die Untiefe, und man konnte nicht zurück ins tiefe Wasser hoppeln. Was blieb, war die Flucht nach vorn, zumal das Bild der Brandung voraus vermuten ließ, daß seitlich das Wasser etwas tiefer ist. Also schnell versucht, bevor das Wasser noch weiter abläuft. Schoten dicht, Motorunterstützung, alles Volk nach Lee, und losgehoppelt in die Richtung, wo die Wellen am wenigsten brachen. Und das klappte schließlich auch. Man war wieder frei, und die Yacht war heil geblieben, wie man sich später versichern konnte.
Es war noch einmal gut gegangen. Weshalb wurde das Beispiel gebracht? Es ist ein Paradebeispiel. Die meisten von uns können sich sehr wohl in die Rolle der Leute an Bord versetzen. Wir sind alle begeisterte Segler. Wenn solch ein toller Törn zurückliegt, man noch in dem Erlebten schwelgt, Zuhörer einen beneiden, und dazu der Alkohol die Seele öffnet, dann wird so manches gewagt, was man sonst vielleicht gelassen hätte. Schönfärberei bei der Lagebeurteilung, eigene Selbstüberschätzung und zu hohe Risikobereitschaft, das sind die typischen Folgen solcher euphorischen Gemütszustände. Alkohol unterstützt den Überschwang der Gefühle und verstärkt die resultierenden Urteilsverzerrungen.

Wo liegen die Ursachen?

Die Beispiele, mit denen dieses Buch eingeleitet wurde, waren nicht ziellos ausgesucht. Es ist unglaublich, was alles passiert. Glücklicherweise gibt es nur sehr wenig wirklich tragische Unfälle. Die Auswahl hier soll, ohne vollständig sein zu können, das breite Spektrum der Unfallursachen anreißen. In unseren Beispielen waren dies:

- Selbstüberschätzung (der Binnensegler im Wangerooger Seegatt)
- Überschätzung der Seefähigkeit der Yacht (der gleiche Fall)
- Unterschätzung der Gefährlichkeit der bevorstehenden Situation (ebenso)
- sich im Recht wähnen (in der Flaute vom Kümo versenkt)
- Navigation ohne Doppelsicherung (mit acht Knoten aufgelaufen)
- Fragwürdiger Laienbau (der Sperrholz-Knickspanter, der in der Welle zerbrach)
- das Problem der „alten Hasen“ (die Ostertragödie in der Elbmündung)
- Gefährliche Eigenbasteleien (die Kuchen bude über dem Abzug des Absorberkühlschranks
- Euphorie- und alkoholverursachte Abenteuerlust (die nächtliche Wattfahrt)

Erstaunlich ist, daß es sich bei dieser schon recht umfangreichen Palette ausschließlich um Fehler des Menschen handelt. Es ist deutlich zu erkennen, wie vielgestaltig die Fehlverhaltensweisen sind, und tatsächlich bilden sie auch quantitativ den weitaus größten Anteil unter den Ursachen von Segelunfällen.
Technische Mängel sind dagegen selten als Unfallursachen anzutreffen, auch wenn sie bekannterweise häufig genug auftreten. Eine gute Crew weiß in aller Regel mit technischen Mängeln klarzukommen und Schäden somit zu vermeinden. Allerdings in Verkettung mit anderen Ursachen mögen technische Mängel ziemlich schnell zum Unfall führen. Unter unseren Beispielen trifft das zu im Falle:

- der Kollision mit Treibgut in der Ägäis, als die Cockpitlenzer zu klein waren,
- des Sperrholzknickspanters, der keine leistungsstarke Lenzpumpe und auch keine Rettungsinsel hatte,
- des im Vorhafen über Bord gefallenen Skippers, wo die verbliebenen Gäste wegen des fehlerhaften Motorstarters das Rettungsmanöver verbauten.

Nur ganz selten ist das Schicksal selbst die Ursache. Dann passieren eben Dinge, gegen die man sich nicht absichern kann, es sei denn, man geht nie in die Nähe des Wassers:

- der vor dem Hafen beim Segelsetzen über Bord gefallene Skipper, der auch beim Angeln aus seinem Ruderboot gefallen sein könnte.

Bleibt zu resümieren: Hauptunfallursache ist der Mensch. Sollen Unfälle vermieden werden, muß der Mensch sich ändern. Technische Mängel oder andere äußere Zwänge sind meist nur beitragende Faktoren. Auch das Wetter, das bisher noch nicht erwähnt wurde. Mit ihm muß der Segler umgehen können. Dazu stellt er sich dem Sport, dazu ist er ausgebildet.
Unfälle werden nie ganz auszuschließen sein. Auch in dem dichtesten Sicherheitsgeflecht findet das Schicksal seine Lücke. Das muß man hinnehmen.

Was ist Sicherheit?

Wenn wir uns in diesem Buch mit Sicherheit befassen, meinen wir das Bemühen, Unfälle, also Schäden an Personen aber auch an Sachen, zu vermeiden. Wir wollen uns vor einer gefährlichen Eigenschaft des Wortes „Sicherheit" schützen. Sicherheit ist eines der gefährlichen „OK-Wörter" im heutigen Sprachgebrauch. OK-Wörtern kann man nicht widersprechen, ohne nicht als Ketzer geächtet zu werden. Gegen Sicherheit darf man nichts haben. Daß dabei jeder Versuch einer sachlichen Differenzierung zertreten wird, ist der Preis der Polemik. Mit dem Sicherheitsargument kann man in Debatten jeden Gegner aushebeln, mit Sicherheit werden potentielle Käufer eingelullt. Hüten wir uns vor solchem Mißbrauch. Sicherheit bleibt immer eine Worthülse, wenn man nicht präzisiert, wogegen sie sich richtet und welchen Aufwand sie bedeutet. Nur die Kenntnis von Aufwand und Erfolg befähigt uns, Sicherheit zu bewerten, sie nützlich oder unsinnig zu befinden.
Als realistische Eingrenzung beschränken wir uns in diesem Buch auf Risiken, die durch ihre Häufigkeit oder ihre Folgenschwere wesentlich sind, und gegen die sich pragmatische Vorkehrungsweisen anbieten. In die Welt der Zufälle und Wunder wollen wir uns nicht hineinverlieren. In folgendem Katalog wird versucht, diese Risiken nach Bedeutung im Sinne von Häufigkeit und Folgenschwere zu ordnen. Der Versuch ist zweifellos diskutierbar.

Mann über Bord
Explosion oder Feuer an Bord
Wassereinbruch
Kollisionen bei Hafenmanövern
Brand-, Sturz-, Schlag-, Schnitt- oder Quetschverletzungen
Gasvergiftung
Auflaufen, stranden
Kollisionen auf offener See
Beschädigungen der eigenen Yacht und deren Ausrüstung

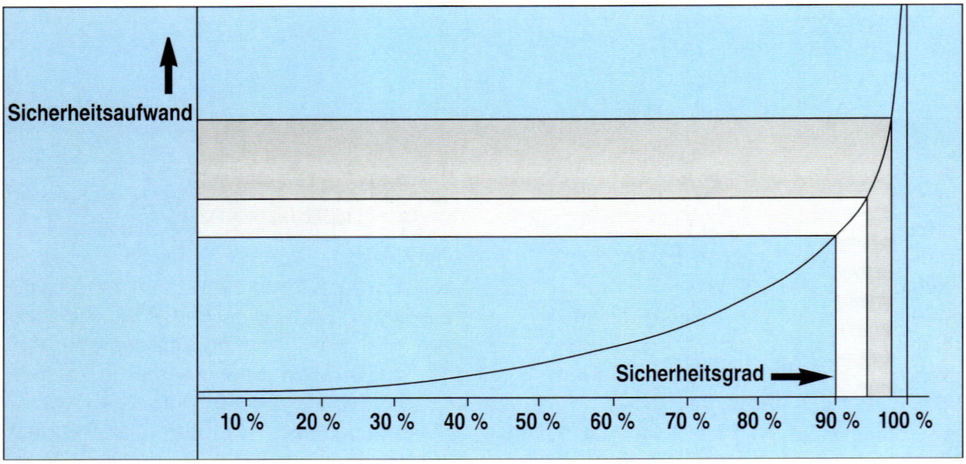

Abb. 1/1: Die Sicherheit-pro-Aufwand-Kurve.

Was ist ein hoher Sicherheitsgrad?

Schon beim ersten Blick auf die Risikoliste fällt auf, daß sich die einzelnen Risiken mit realistischen Sicherheitsmaßnahmen nur eingrenzen, nicht aber abstellen lassen. Man müßte die Crew einsperren, damit das Mann-über-Bord-Risiko ausgeschlossen wäre. Die sicherste Art zu segeln, wäre nicht zu segeln.

Es ist kein Geheimnis, daß der erforderliche Sicherheitsaufwand steil ansteigt, will man das Risiko immer weiter ausschließen. Hundertprozentige Sicherheit kostet letztlich unendlich großen Aufwand. Sie ist also nicht erreichbar.

Während der progressive Kurvenanstieg grundsätzlich gilt, wäre der genaue Kurvenverlauf natürlich vom Einzelfall abhängig. Der Sicherheitsaufwand müßte zudem für diesen Fall definiert sein. Es handelt sich dabei keineswegs nur um Kosten. Er kann sehr vielgestaltig sein und alle erdenklichen persönlichen Nachteile oder Opfer umfassen wie Unbequemlichkeit, Verzicht auf Optik, auf Segelleistung, besondere Anforderungen an Ausbildung, Erfahrung, an Besatzung, und was wohl am teuersten ist, der Verzicht auf eigene liebgewordene Ideen und Pläne.

Über den Weg der Wahrscheinlichkeitsrechnung und auf Grundlage umfangreicher statistischer Ehebungen, kann man tatsächlich den erzielbaren Sicherheitsgrad für einen bestimmten geleisteten Sicherheitsaufwand berechnen. In besonders sicherheitssensitiven Bereichen, wie zum Beispiel im Flugwesen, werden solche aufwendigen Berechnungen angestellt.

Betrachtet man den Kurvenverlauf kurz vor der Hundertprozentmarke, stellt man fest, daß erhebliche Veränderungen im Aufwand nur geringe Veränderungen beim erzielten Sicherheitsgrad bewirken würden. Knapp unter dieser Zone liegt in aller Regel der vernünftige Sicherheitsaufwand. Diese Marke, die also deutlich unter dem Hundertprozent-Strich liegt, ist gemeint, wenn man landläufig von einem Maximum an Sicherheit spricht.

Spektakuläre Segelleistungen und Sicherheitsanspruch

Warum wählt der Bergsteiger die schwierige Nordwand, obwohl vom Süden her ein viel einfacherer Anstieg zum Gipfel führt? Was reizt den Einhandsegler, wenngleich

es mit einer normalen Crew viel besser ginge?
Es gibt offensichtlich eine Reihe von Sportarten, bei denen es nicht darauf ankommt, Konkurrenten im Wettkampf, sondern die Gefahr für die eigene Person zu überwinden. Anstelle stärkerer Gegner versucht diese Spezies von Sportlern ständig größere Gefahren, um sich an ihnen zu messen. Der Fahrtensegler ist kein typischer Vertreter dieser Sportgruppe, weil er sich zumeist in recht unsportlicher Weise mit dem Genuß des Segelerlebnisses zufrieden gibt. Geht es ihm aber um spektakuläre Leistung, liegt er vom Bergsteiger gar nicht so weit entfernt.
Sich einer schwierigen Aufgabe zu stellen, befriedigt den Ehrgeiz und vielleicht auch ein wenig das Geltungsbedürfnis. Wer ist schon frei davon? Von Mal zu Mal steigert der Extremsportler die Schwierigkeit. Steckt im Gefährlichkeitsgrad der Reiz des Unternehmens? Ich glaube, ja, auch wenn man das nicht so laut sagen darf.
Ist die Sicherheit - als Gegenstück zur Gefährlichkeit - folglich beim Extremsport verpönt? Ist sie ein Spielverderber?
Sie ist es nicht. Ganz im Gegenteil, sie spielt eine besondere, ganz positive Rolle. Die Sicherheit ist zur Waffe im sportlichen Zweikampf gegen die Gefahr geworden. Den außergewöhlich hohen Sicherheitsaufwand zustandezubringen, der nötig ist, die selbstgestellte Gefahr zu bestehen, ist die eigentliche Leistung des Extremsportlers.
Die Problematik liegt freilich in der Gefahr der Fehlbeurteilung der Risiken und der Überschätzung des eigenen Vermögens. Der Übergang zwischen Leichtsinn und bewundernswerter Einzelleistung ist fließend.

Tötet Sicherheit die Freude am Segelsport?

Manchmal könnte man es meinen. „Alles was Spaß macht, ist entweder gefährlich oder verboten“, klagte einmal ein hoffnungsträchtiger Jungsegler. Die Sicherheit fordert ihren Preis. Disziplin ist verlangt, Verzicht auf dies und das, ausgelassene Freude gilt als gefährlich, ebenso wie der gute Schluck aus der guten Flasche. Lehrgängen soll man sich unterziehen und immer noch mehr dazulernen. Und Erfahrung und Routine soll man geduldig ansammeln, um irgendwann einmal - Gott weiß wann - die Früchte ernten zu können.
Solch Klagelied stimmt freilich traurig. Packen wir es deshalb wieder weg. Es trifft auch die Sache nicht. In jedem Segler steckt ein gesundes Maß an Tatendrang, Wißbegier und Leistungsbereitschaft. Sonst hätte er sich ein anderes Hobby gesucht. Segler wollen sich entfalten. Nach ihren ersten Jollenabenteuern wollen sie weiter. Sie reizt das Wettsegeln, dann wollen sie auch mal eine Yacht beherrschen, dann steigern sich die Törnziele, kurz, es muß immer ein bißchen mehr sein. Jeder Lehrgang, jede neue Einsicht, jeder erfahrungsreiche Törn sind Stufen auf dieser Leiter. Wo Sicherheit aus Wissen, Erfahrung und Erziehung besteht, ist sie Teil des seglerischen Werdegangs.
Ein paar Opfer für die Sicherheit bleiben natürlich, die, wie man es auch dreht und wendet, keine Freude bringen. Sie sollte man versuchen als Preis, als Eintrittskarte, für die schönen Erlebnisse zu betrachten, die das Segeln uns beschert. Wer geht schon sauer ins Kino, nur weil er vorher eine Karte lösen mußte!

2 Die sichere Yacht
Der Rumpf

Beginnen wir mit der Yachttechnik. Es ist faszinierend, was auch beim Yachtsport die Technik alles leistet. Ein Rundgang über die Bootsausstellung beeindruckt tief. Aber es ist nicht alles Gold, was glänzt. Trotz aller Perfektion bleiben Mängel, die als natürliche Folge von Kompromissen zu erklären sind. Der Kunde ist König. Um seine Wünsche zu erfüllen, werden Kompromisse gemacht. Und natürlich, um auf dem Markt zu bleiben. Wir wollen uns nichts vormachen, die Gesetze des freien Wettbewerbs gelten natürlich auch in der Yachtbranche.

Uns interessieren diejenigen Mängel, die sich auf die Sicherheit auswirken. Natürlich gibt es sie, auch wenn ihre Grenzen im großen ganzen tragbar sind. Wir wollen sie erkennen, und ihre Ursachen verstehen. Wir wollen uns in die Lage versetzen, die Sicherheitseinbußen typischer Mängel zu beurteilen, und sie im Zusammenhang mit den bedingenden anderweitigen Vorteilen zu sehen.

Der Kunde bestimmt letztlich, ob das bißchen Mehr an Segelleistung das bißchen Weniger an Sicherheitsreserve aufwiegt.

Die technische Sicherheit beim Yachtsport steckt im Detail der Konstruktion und der Ausrüstung. Zwei Vorgehensweisen bieten sich an, den Sicherheitsaspekt im technischen Bereich zu untersuchen: ein Rundgang durch und über die Yacht, wie man es auf der Bootsausstellung unter sachkundiger Führung eines Sicherheitsexperten tun würde, oder die Betrachtung im Zusammenhang einzelner Risikogruppen. Da beide Wege ihre Vor- und Nachteile haben, wollen wir eine Mischung aus beiden wählen. Ich hoffe, daß uns dadurch formalistische Rücksichten erspart bleiben.

Ziemlich schnell werden wir feststellen, daß eine vom Faktor Mensch losgelöste Betrachtung der Technik wenig sinnvoll ist. Technik und Ausrüstung will eingesetzt und bedient sein. Deshalb werden wir in den folgenden Betrachtungen die Handhabung, wo immer sicherheitsträchtig, mit einbeziehen.

Die Festigkeitsreserve

Beginnen wir mit dem Rumpf. Ein normaler Rumpf, der nicht gerade von einem Dilettanten der Schiffsbaukunst stammt, ist so konstruiert, daß er mühelos den Belastungen durch das Arbeiten in der See gewachsen ist, und daß er auch die Kräfte, die das zuweilen in Tonnenwerten vorgespannte Rigg ausübt, problemlos aufnehmen kann. Tradition und Erfahrung im Yachtbau haben die geeigneten Festigkeitsvorgaben geliefert. Und es ist keine Kunst, darauf aufbauend, die Statik einer Yacht Stück für Stück zu berechnen.

Mit Hilfe der statischen Berechnungen hat der Konstrukteur den Fluß der Kräfte und die resultierenden Materialbelastungen im Griff. Bei der Wahl der Rumpfform, der Struktur der Schotten, der Stringer und

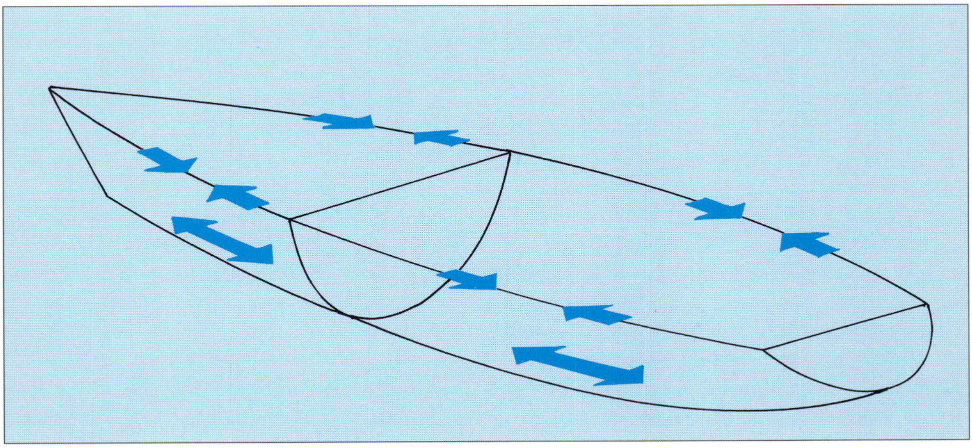

Abb. 2/1: Seegangsbedingte Stauch- und Zugkräfte.

Traversen sowie der Angriffspunkte des Riggs versucht er die Kraftstränge zu dezentralisieren, um durch große Hebelarme die Kräfte selbst zu verringern. Schließlich bringt er die erforderliche Festigkeit durch die Wahl geeigneter Werkstoffe und entsprechender Materialstärken auf. Den Spielraum, den ihm dabei die Gewichts- und Kostengrenzen offen lassen, nutzt er für zusätzliche Festigkeitsreserven, denn man kann ja nie wissen ...

Festigkeitsreserven sind immer gefragt, denn nach oben gibt es keine Grenze. Ein paar Deka-Newton mehr - so nennt man heute, was früher Kilo hieß - könnten gerade entscheidend sein, ob die Rumpfschale von einem Felsen durchstoßen wird oder nicht, ob das Ruder den Absturz von einer Riesenwelle aushält oder nicht. Extrembelastungen, die bei Seeschlag, bei Kollisionen, beim Auflaufen oder bei Strandungen auftreten sind nicht sinnvoll kalkulierbar.

Es liegt beim Eigner, letztlich die Festigkeitsreserven zu bestimmen. Es gibt Fahrtensegler, die sich in unbekannte, exotische Felsengewässer vorwagen wollen,

Abb. 2/2: Verlauf der Krängungskräfte des Riggs in der Hauptspantebene.

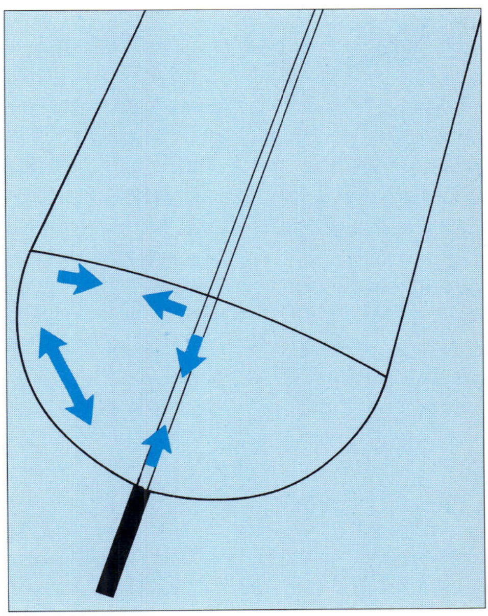

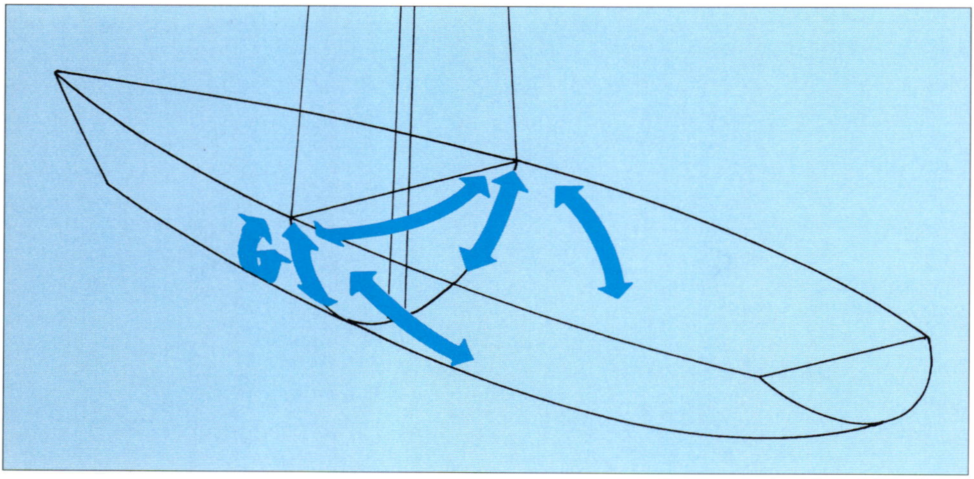

Abb. 2/3: Überleitung der Krängungskräfte auf einen formstabilen Rumpf.

und welche, die die bekannten Schwerwettergebiete geradezu suchen. Sie müssen ihre eigenen Festigkeitsanforderungen an die Yacht definieren. Das tradierte Mittelmaß mit der einen oder anderen Zugabe, wo sie sich gerade anbietet, dürfte für sie nicht ausreichen.

Bruchrisiko in extremer See

Wie hart Wasser sein kann, weiß nur jemand, der schon einmal einen mittleren Brecher abgekriegt hat. Wär's ein großer gewesen, könnte er die Erfahrung wohl nicht mehr weitergeben. Der Auftreffdruck von Seeschlägen wurde von der US-Marine einmal gemessen. Die Ergebnisse schwankten über eine große Breite. Sie ließen aber keinen Zweifel offen, daß die Festigkeitswerte üblicher Stahl- oder Aluminiumaufbauten zuweilen überschritten wurden.

Unter Seeschlag verstehen wir das Auftreffen einer brechenden Welle auf Teile des Schiffs. Trifft sie vierkant auf große, ebene Flächen, ist der Schlag besonders heftig. Denn das Wasser muß verzugslos zur Seite umgelenkt werden. Trifft sie im spitzen Winkel auf oder sind es kleinflächige Gegenstände, überträgt sie nur einen entsprechend kleinen Teil ihrer Wucht.
Erstaunlicherweise befinden sich die Blessuren einer sturmbeschädigten Yacht meistens auf ihrer Leeseite. Wie kommt's? Die Vermutung ist richtig: Neben der Gefahr des Seeschlages gibt es eine weitere, mit noch größerer Zerstörkraft.
Das Ganze beginnt mit einem Steuerfehler. Jeder sturmerfahrene Rudergänger weiß, daß er nie die Yacht quer vor eine große Welle geraten lassen darf. Passiert es einmal doch, und ist die Welle groß genug, läuft folgendes ab:
In der ersten Phase schiebt sich die Welle seitlich unter den Rumpf, krängt ihn durch ihre schräge Wasseroberfläche und hebt

die Yacht an. Der Schwerkraft und der Massenträgheit folgend, gleitet die Yacht relativ zur Oberflächenbewegung seitlich bergab, wird aber vom Unterwasserschiff mit hochgerissen. Zusammen mit dem Winddruck auf das Rigg und die hohe Bordkante, trägt dies alles zu extremer Krängung bei. In dieser Lage wird die Yacht weiter hochgerissen, bis die Welle unter ihr hindurchgerollt ist. Dann richtet sie sich wieder auf, und der größere Schaden blieb aus.

Der tritt jedoch ein, wenn die Welle sehr groß und steil ist, und gerade sich anschickt zu brechen. Dann passiert es, daß die Yacht unmittelbar vor dem Wellenkamm den Halt verliert und nur durch den Kiel gebremst den Wellenvorderhang abgleitet und mehr oder minder hart auf das Wellental aufschlägt (Abb. 2/4).

Die Yacht fällt mit ihren nahezu ebenen Rumpfflächen auf das Wasser, wodurch erst der Schlag so heftig wird. Es ist als wenn man einen Bauchplatscher vom Fünfmeterturm macht anstelle eines eleganten Köpfers.

Besonders gefährdet sind die ebenen, also ungewölbten Rumpfschalenteile. Sie müßten ausschließlich durch ihre Spannung, wie ein Trommelfell, der Belastung standhalten. Besser haben es dagegen Werkstoffe, die durch ausreichende Wandstärken eigene Steifheit aufbringen. Schichtwände (Sandwichbauweise) sind besonders knickbelastbar. Sie müssen aber von Zeit zu Zeit auf Loslösung der Schichten abgeklopft werden. Auch gab es schon Fälle, bei denen der Distanzkern sich langsam aber sicher in nichts auflöste.

Andere Werkstoffe, die mit dünnen Wandstärken auskommen (Stahl, Aluminium, faserverstärkte Kunststoffe) brauchen runde oder abgeknickte Formen um Steifheit zu erzeugen. Große freitragende Flächen brauchen mehr Festigkeit als kleinere durch Spanten und Stringer abgestützte Felder (Kraft = Druck x Fläche). Sie verursachen zudem Knickstellen, wo die Schalenteile auf Schotten oder anderen unelastischen Stützteilen aufliegen.

Eine besondere Problemzone kann vor allem bei GFK-Bauweise der Verbund

Abb. 2/4: Seitlicher Absturz von einer Riesenwelle.

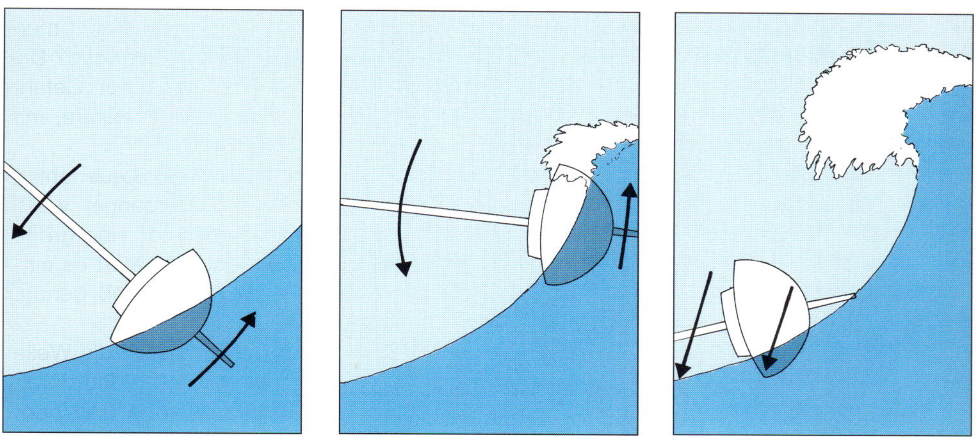

zwischen Rumpfunterschale und Deck sein. Bei extremem Druck auf die Bordwand entstehen hier Knick- und Scherkräfte, die zu katastrophalen Brüchen führen können. Es ist nie bekannt geworden, aber man munkelt, daß einige Yachtverluste in den siebziger Jahren auf diese Schwachstelle zurückzuführen waren.
Bei moderneren Yachten hat man deshalb längst geeignete Vorkehrungen getroffen und den Verbund nicht nur verklebt sondern auch großflächig verschraubt.
Einen weiteren Schwachpunkt bildeten bei älteren Yachten die Decksaufbauten. Es sind die wenigen liebevoll erhaltenen Schmuckstücke aus längst vergangenen Zeiten, als man noch mit Schlips und Kragen segelte. Platten vor die Kajütfenster zu schrauben, mag helfen, aber meistens liegt das Problem in der Festigkeit des ganzen Deckshauses gegen Druck von der Seite. Nur kleine Deckshäuser bringen die dazu erforderliche statische Festigkeit auf. Deshalb entdeckt man bei genauerem Hinsehen auf guten Yachten mit größeren Deckshäusern ein Geheimnis. Diese hochragenden Aufbauten sind nämlich auf ein Deckwell, also einer cockpitartigen Vertiefung des Decks, aufgesetzt, das an sich dicht ist. Auf diese Weise kann schlimmstenfalls die ganze Laube wegfliegen, ohne ein Riesenloch im Deck zu hinterlassen. Nur der Niedergang, der vom Deckshaus nach unten führte, muß dann zugeklappt oder zugeschoben werden.

Der Racer-Look bringt Sicherheit

Heute haben Yachten flachgestreckte Decks mit elegant in die horizontale Linienführung eingestrakten Süllen und die Aufbauten sind gerade eben nur angedeutet. So entspricht es dem Publikumsgeschmack, der Racer-Look ist in.
Was die Sicherheit anbelangt, beschert uns dieser Modetrend eine ganz wesentlich Erleichterung. Weder dem Seeschlag noch dem Aufschlag bei einem Absturz stellen sich nennenswerte Angriffsflächen entgegen. Die Kajütfenster sind schmal, was ihnen eine hohe Bruchfestigkeit gibt, und sie unempfindlich macht gegen die Verwindung der belasteten Rumpf- oder Deckschale. Fallen die Fenster aus Design-Gründen großflächig aus, so sind die Scheiben abgewinkelt oder rundgeformt, wodurch die Bruchfestigkeit der kleineren Bulleyes wieder voll erreicht wird.
Eine neue Problemzone ist bei Yachten entstanden, bei denen die Wanten nach innen verlegt sind, damit man die Genua schön dichtholen und auf diese Weise größere Höhe laufen kann. Die Püttings (untere Wantenbeschläge) ziehen nicht mehr in der Ebene der Bordwand, sondern sind nach innen versetzt. Die Oberwantpüttinge mögen noch auf den Hauptspant treffen und dort montiert sein, aber die nach vorn und achtern versetzten Unterwantpüttinge, die hängen unter Deck im Leeren. So werden die verschiedensten Spezialkonstruktionen aus Stahl mit Traversen und nach innen verlegten Stringern erforderlich. Sie sind aufwendig und nicht wartungsfrei. Weil sie oft „unter Putz" liegen, muß man sie von Zeit zu Zeit freilegen und auf Korrosion, Spiel, Haarrisse und losgerüttelte Sicherungsmuttern und Splinte kontrollieren.
Bei einem deutschen Serienbau wurde kürzlich die losgerüttelte Mutter an dem Hauptverbindungsbolzen zwischen Püttingsverlängerung und Stringer entdeckt. Nicht viel später wäre nicht nur das Pütting losgekommen, es hätte bei der Gelegenheit gleich noch ein faustgroßes Loch in das Sandwichdeck gerissen, ganz abgese-

hen davon, daß in solchen Situationen auch der Mast von oben kommen kann.

Problemzone Ruderanlage

Bevor eine Ruderanlage bricht, oder schlimmer noch, aus der Rumpfschale herausbricht, muß schon einiges passieren. Es ist vorgekommen bei Extrembelastungen im Sturm, bei seitlichen Abstürzen oder bei ungewollten Rückwärtsfahrten. So hat zum Beispiel bei der Fastnet-Katastrophe 1979 eine Yacht den Hexenkessel soweit gut überstanden, bis sie einer anderen Yacht zur Hilfe eilen wollte. Während bislang der Rudergänger sich ausschließlich auf die einzelnen Seen konzentrieren konnte, war er nun durch das erforderliche Manöver abgelenkt. Er machte den Kardinalfehler, gegen den Wellenberg in den Wind zu schießen. Dabei geriet er in Rückwärtsfahrt, das Ruder knallte ihm an den Anschlag und brach weg.
Es braucht gar nicht zur Extremsituation zu kommen. Oft stellt sich nach einem Ruderbruch heraus, daß Materialermüdung, Korrosion oder fehlerhafte Fertigung beziehungsweise eine unfachmännische Reparatur vorlag. Unter der Außenschale verbergen sich hochbelastete Konstruktionsteile, die sich jeder Sichtkontrolle entziehen. Fabrikationsfehler können ewig lang unentdeckt bleiben, solange nicht die zum Bruch führende Belastung auftritt. Es gibt Yachten, die erst in ihrem zwanzigsten Lebensjahr ihren ersten richtigen Sturm erlebt haben.
Neben dem Ruderbruch liegen viele Ruderversager auch im Bereich des Steuerantriebs. Ruderreepen können brechen, von den Umlenkrollen oder vom Ruderquadranten springen, Teile aus der Kabelführung können sich lösen, bei hydraulischen Anlagen können Undichtigkeiten auftreten und sogar bei der guten alten Pinnensteuerung kann die Mechanik des Pinnenkopfes brechen. Letzteres kommt öfters vor, als man annehmen möchte!
Beginnen wir deshalb mit unseren Ratschlägen beim Naheliegenden.
Die gesamte Rudermechanik ist ein ebenso sensitives Bauteil wie der Motor, nur noch wichtiger! Sie sollte in regelmäßigen Abständen inspiziert und gepflegt werden, auch wenn im Gegensatz zum Motor keine Wartungsintervalle vorgeschrieben sind. Nach besonderen Belastungen sind Sichtkontrollen der Mechanik zusätzlich zu unternehmen. Während des normalen Betriebs sind durch gefühlvolles Durchdrehen sowie durch ruckartiges Schlenkern Gängigkeit und Spiel zu überwachen.
Wichtig ist der Zustand der Anschläge. Treten im extremen Seegang die gefährlichen Seitbelastungen auf, wird das Ruderblatt an den Anschlag gedrückt, ohne daß irgendein Rudergänger das verhindern könnte. Je härter der Anschlag, desto größer ist die resultierende Bruchbelastung. Metallklötze oder Ketten als Stoppvorrichtung verursachen die härtesten Schläge und sind völlig unangebracht. Elastische Puffer oder Taue eignen sich besser. Aber die müssen gewartet werden!
Was die innere Struktur des Ruderblattes betrifft, muß man Vertrauen in den Hersteller haben. Es wäre völlig überzogen, die Außenschale aufzuschneiden, um die Schweißnähte zwischen Schaft und Rippen zu inspizieren. Bestenfalls kann man den Verbund der Außenschale mit dem Kern durch Abklopfen prüfen. Hüten sollte man sich nur vor unfachmännischen Reparaturen. Das Ruderblatt hat keine Bilge! Ist

es einmal undicht, treibt das Wasser darinnen sein Unwesen.

Sicherheitsrisiko freitragendes Balanceruder?

Viel Polemik ist in Fachkreisen zu hören über die Vor- und Nachteile verschiedener Rudertypen. Am gefährlichsten sei das freitragende Balanceruder, weil es keine dämpfende Wirkung besäße und überhaupt, es würde als erstes abbrechen. Ein in die Rumpfform eingestraktes Skegruder hingegen, habe nur Vorteile.

Ruderbrüche passieren, wenn überhaupt, meistens am Blatt selbst.

Daß seine Aufhängung bricht, ist sehr unwahrscheinlich. Trotzdem wollen wir uns diesen Fall vornehmen und den Kräftefluß einer seitlichen Ruderbelastung betrachten (Abbildung 2/5). Denn wir können unschwer feststellen, daß allem Gerede zum Trotz der Kräfteübergang auf die Rumpfstruktur beim Balanceruder weniger kritisch ist als beim Skegruder. Es gilt die Regel: Moment = Kraft x Kraftarm. Der Kraftarm kann beim Balanceruder erheblich länger gehalten werden, weshalb die anfallenden Kräfte entsprechend kleiner ausfallen.

Unabhängig vom Rudertyp würde ich, falls ich die Wahl hätte, eine Bauweise vorziehen, bei der der Kraftarm möglichst lang ausfällt. Bei einem eingestrakten Ruderskeg müßte also die Basis möglichst breit ausfallen und mit einem Halbschott von innen abgestützt werden. Umgekehrt würde ich bei einem freitragenden Ruder auf einen gehörigen Abstand der beiden Schaftlager achten. Auch da habe ich schon Sünden gesehen. Bei einem französischen Serientyp wurde offensichtlich zu Gunsten des Raumangebots in der Achterpiek ein Miniaturlagerbock errichtet, so daß der Abstand der beiden Lager nur eine gespreizte Hand lang war. Schlimm. Wenn die Hersteller solcher Bauten dann noch mit ihren besonders festen Werkstoffen prahlen, kann man nur feststellen, daß diese wohl auch nötig sind.

Noch ein Gesichtspunkt ist für das freistehende Ruder wichtig. Die Flächenaufteilung vor und hinter der Drehachse ist entscheidend für die Rückstellkraft am Ruderrad, landläufig mit Ruderdruck bezeichnet.

Abb. 2/5: Kräfteübergang Ruder - Rumpf (links Skegruder, rechts freistehendes Balanceruder).

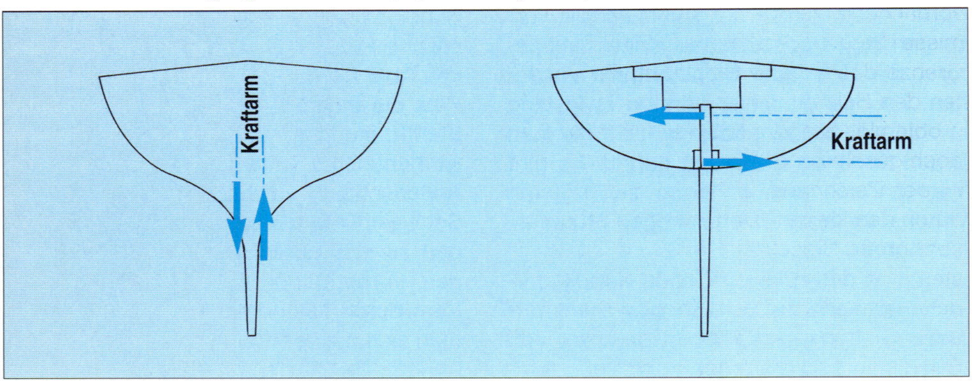

Ist der Ruderdruck weitgehend wegbalanciert, hat das Vorteile für die Agilität der Yacht im Bereich hoher Geschwindigkeiten. Allerdings fehlt bei solchen Ruderanlagen die dämpfende Wirkung des Rudergängers, der die Seitbelastungen federnd abfängt. Harte Schläge gehen über den Ruderschaft direkt in die Rumpfschale. Bei moderat ausbalancierten Rudern würde im Falle einer Extrembelastung dem Rudergänger das Rad aus der Hand geschlagen werden um dann, bereits abgebremst, gegen den Anschlag zu stoßen. Übrigens möge man sich nicht vom Anblick eines Balanceruders beirren lassen: Bei gutem Strömungsprofil liegt der Neutralpunkt etwa im ersten Drittel der Tiefe. Wenn also ein Viertel der Fläche vor der Drehachse liegt, ist der Ruderdruck schon sehr weit weggedämpft.

Ein weiterer wichtiger Punkt zur Sicherheit betrifft den Einbau des Ruderantriebs. Während die Antriebsanlagen in aller Regel aus Serienfertigungen stammen und deshalb ausgereift und konstruktiv bewährt sind, kann man das für die Übergänge zur Rumpf- und Ruderstruktur nicht immer sagen. Vor allem bei Einzelbauten unterliegt der Einbau der Antriebsteile manchmal höchst unangenehmen Zwängen durch die vorhandene Rumpfstruktur. Die Kompromisse liegen dann oft haarscharf an der Grenze des Tragbaren. Das heißt, sie halten den Belastungen des Normalbetriebes problemlos stand. Über Reserven wird jedoch geschwiegen.

In der Zeichnung 2/6 wird deutlich, daß durch den kleinen Kraftarm am Ruderhebel sehr große Biegekräfte auf dem Schott lasten, auf dem die Basis des Arbeitszylinders montiert ist. Das bedingt erstens eine unnötig hohe statische Belastung des Querschotts und zweitens eine Multiplika-

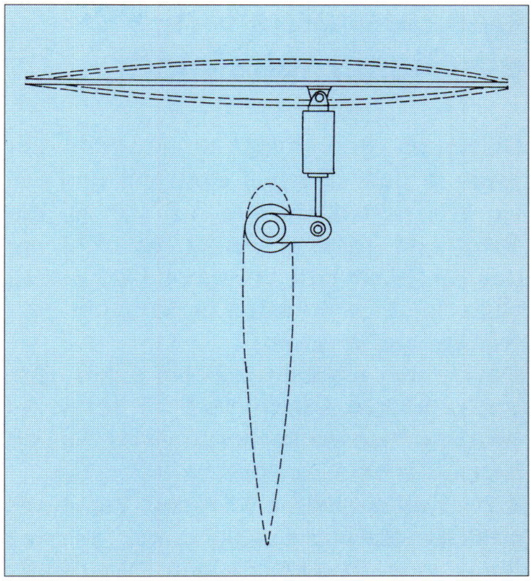

Abb. 2/6: Gefährliche Krafteinleitung beim hydraulischen Ruderantrieb.

tion allen Spiels und aller Vibrationen, die nicht nur lästig sind, sondern auch einen erheblichen Beitrag zu Ermüdungsbrüchen leisten.

Es dient also in jedem Falle der Sicherheit, wenn der Ruderhebel möglichst lang ausfällt. Das gilt auch für den Radius der Ruderquadranten bei Seilzuganlagen. Ist der unnötig klein, haben das alle Umlenkrollen, alle Lager und natürlich auch die Reepen und Ketten mit ihren Endbeschlägen auszubaden. Sie müßten entsprechend überdimensioniert sein, was jedoch selten der Fall ist. Zusätzlich ergibt sich bei zu kleinen Quadranten das Problem der richtigen Reepspannung. Die Marge zwischen zu straff und zu locker wird winzig. Meistens neigt man dazu, sie zur Unterdrückung von Spiel und Vibrationen zu fest einzustellen und verschlimmert, ohne es zu wollen, das Festigkeitsproblem der Anlage.

Das Seeverhalten als Sicherheitsfaktor

Gelingt es einen Rumpf zu entwerfen, der milde in das Wellental eintaucht und wie ein Wal sich durch das Auf und Ab der Berg- und Talbahn windet, ist nicht nur das Festigkeitsproblem schon halb gelöst. Gute See-Eigenschaften bedeuten in dreierlei Weise Sicherheit:
Zum ersten ergeben sich bei solch einer Yacht mildere Lastwechsel im schweren Seegang, was die Lebensdauer erhöht und frühzeitige Ermüdungbrüche verhindert.
Zum zweiten läßt sich diese Yacht mit größerer Zuverlässigkeit durch extreme Situationen hindurchsteuern. Die Gefahr des Ausbrechens oder Querschlagens ist erheblich geringer.
Und zum dritten wird die Crew weniger gebeutelt, was ihr zusätzliches Durchstehvermögen und Entscheidungssicherheit verleiht.
Man muß das Seeverhalten einer Yacht nicht erst ausprobieren, um es beurteilen zu können. Man kann es bereits weitgehend erkennen, wenn man die Rumpfform einerseits und die Massenverteilung im Rumpf andererseits studiert. Dazu gibt es ein paar vereinfachende Regeln:
Vor- und Achterschiff sollten ausreichend Auftrieb bei möglichst geringem Gewicht haben, damit sich die Stampfbewegungen dem Rhythmus des Seegangs anpassen können. Schwere Schiffsenden haben ihre eigene Schwingungsperiode und unterschneiden, wenn die See schneller will als sie können.
Der Rumpf sollte ein vernünftiges Längen-zu-Breiten-Verhältnis, einen mäßig gestreckten Lateralplan und eine wohlgedämpfte aber dennoch effektive Ruderanlage haben. Auf diese Weise wird über ein breites Geschwindigkeitsband ein Optimum zwischen Kursstabilität und Kursagilität erreicht, Voraussetzung, um mit etwas Geschick und Erfahrung die Yacht in schwerer See zuverlässig steuern zu können.
Das harte Eintauchen beim Stampfen wird durch einen möglichst V-förmigen Spantriß im Vorschiffsbereich und eine weit gestreckte, spitze Bugform gemildert. Ein solcher Bug teilt das Wasser und beschleunigt die verdrängte Wassermasse in relativ milder Weise zur Seite weg. Der weit verbreitete U-Spanter muß dagegen beim Eintauchen die verdrängte Wassermasse schlagartig zur Seite pressen. Actio gleich Reactio, der Schlag geht zurück auf die Rumpfstruktur.
Schließlich gehört eine ausgewogene also nicht zu hart ausgelegte Stabilität zu einem guten Seeverhalten, für die ein wesentlicher Gewichtsstabilitätsanteil erforderlich ist. Hohe Formstabilität würde eine Yacht zu stark rollen lassen. Die modernen Yachten sind, um bessere Segeleigenschaften zu erzielen, nur allzu sehr formstabil. Sie sind breit gebaut und reagieren auf jede Unebenheit der Wasseroberfläche.

Bruchrisiko bei Kollisionen

Bei Kollisionen mit scharfkantigen harten Hindernissen treten etxtrem hohe Knick- und Reißbelastungen auf, würde der Impuls rechtwinklig gegen die Bordwand gerichtet sein. Das ist bei Eigenfahrt so gut wie nie der Fall. Die Hindernisse kollidieren gegen die Fahrtrichtung und treffen folglich - wenn es nicht gerade den Bugsteven erwischt - im sehr spitzen Winkel auf. Ein

Teil des Impulses gleitet ab, da das Schiff seitwärts nachgeben kann, und der verbleibende Teil wirkt nur noch mit dem verkleinerten Vektor, der dem Auftreffwinkel entspricht.

Da sich die Dinge nun einmal so verhalten, rückt die Kollisionsfestigkeit in den Bereich realistischer Forderungen. Tatsächlich hält eine modern geschnittene Yacht, die für die Seegangs- und Segeltragebelastungen genügend Festigkeit besitzt, ernsthafte Kollisionen im Vorschiffsbereich aus. Die Problemzone ist freilich der Bugsteven, der aus diesem Grunde bei fast allen Yachten massiv verstärkt ist. Seine nach unten abgeschrägte Form trägt zudem wesentlich zu Linderung des Aufschlagimpulses bei. Im Rahmen einer von Dehler Yachtbau GmbH durchgeführten Versuchsserie wurde eindrucksvoll nachgewiesen, daß der Bug einer normalen GFK-Serienyacht Kollisionen gegen treibende Container oder gegen Steinschüttungen, aus normaler Marschgeschwindigkeit heraus, durchaus aushalten kann.

Wenn berichtet wird, daß Yachten nach Kollisionen gesunken sind, müssen sich die Dinge anders verhalten haben, wie bei den Dehlerschen Crash-Tests. Die Auftreffmöglichkeiten auf ein Hindernis sind so vielgestaltig, daß man sich auch ohne viel Phantasie immer wieder Situationen vorstellen kann, wo jede Bordwand zu schwach wäre. Man denke nur an die zusätzlichen Schiffsbewegungen im Seegang.

Insofern ist absolute Kollisionssicherheit Utopie. Interessant für uns sind die Möglichkeiten, normale Fahrtenyachten ohne großen Aufwand kollisionsfester zu machen. Sofern es sich mit den anderen Konstruktionszielen vereinbaren läßt, kann ein elegant gestreckter bis in den Kiel verlaufender Bugsteven erheblich zur Kollisionssicherheit beitragen. Dadurch ergibt sich nicht nur ein seegangsfreundlicher V-Spant im Vorschiffsbereich, sondern eine Art Aufgleitkufe, die im Falle der Kollision die Aufprallenergie in Aufgleiten umsetzen würde (Abb. 2/7). An der Hanseatischen Yacht-

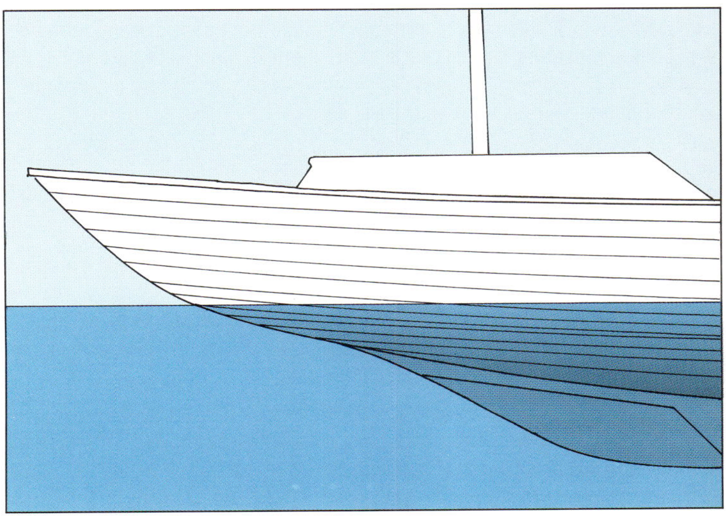

Abb. 2/7: Kollisionsfreundliche Form des Bugstevens beim Folkeboot.

schule in Glücksburg wird seit Menschengedenken mit Folkebooten der Aufschießer vierkant gegen ein Floß geübt. Wenn ein Eleve zu weit kommt, und das geschieht häufig, gleitet der schräge, leichte Bug des Folkebootes friedlich auf das Floß und wird vom Segellehrer, der auf dem Floß steht, ebenso friedlich wieder zurück ins Wasser geschubst. So ähnlich wie ein Seehund bei der Vorführung im Zoo.

Auf größeren Yachten ließe sich mit geringem Aufwand ein Sicherheitsschott verwirklichen, das den Segelstauraum im Vorschiff vom weiteren Schiffsinnenraum wasser- und drucksicher abtrennt. Da dieser Raum ohnehin von Deck aus durch das große Luk zugänglich ist, brauchte solch ein Schott nicht einmal einen druckfesten verschließbaren Durchgang.

Auch wenn man sich keinen eigenen Segelstauraum im Vorschiff leisten will, ließe sich dort eine Toilette als Knautschzone anordnen. In diesem Falle wäre der druckfest verschließbare Durchstieg durch das Schott nötig, was allerdings auch keinen allzu großen Bauaufwand erfordert. Denn ein paar Spritzer dürfen ja hindurchkommen, und um den Druck statisch aufzufangen, könnte das Schott durch die Längswände der Vorschiffskammern abgestützt werden.

Ich betrachte die Knautschzone als wirksamste Maßnahme gegen den Schiffsverlust nach Kollisionen. Solange der Raum sinnvoll genutzt werden kann, bringt sie praktisch keine Nachteile gegenüber einer entsprechenden Panzerung des herkömmlichen Buges. Im Gegenteil, man spart Gewicht im gewichtssensiblen Bereich, spart wahrscheinlich auch Kosten und handelt sich den Vorteil des „Knautschens“ ein, was bedeutet, daß die Aufprallenergie abgebaut wird, und nicht die ganze Einrichtung aus den Angeln und den Motor von den Fundamenten reißt.

Natürlich darf die Knautschzone nicht zu groß sein, damit die Yacht im Falle der Flutung dieser Abteilung nicht kopfüber wegtaucht. Sie braucht aber auch gar nicht allzu weit nach achtern reichen, denn bei einer Kollision werden die Auftreffwinkel nach hinten immer spitzer und die Durchstoßgefahr entsprechend geringer. Man könnte ein übriges tun und unmittelbar hinter dem Kollisionsschott unter den Vor-

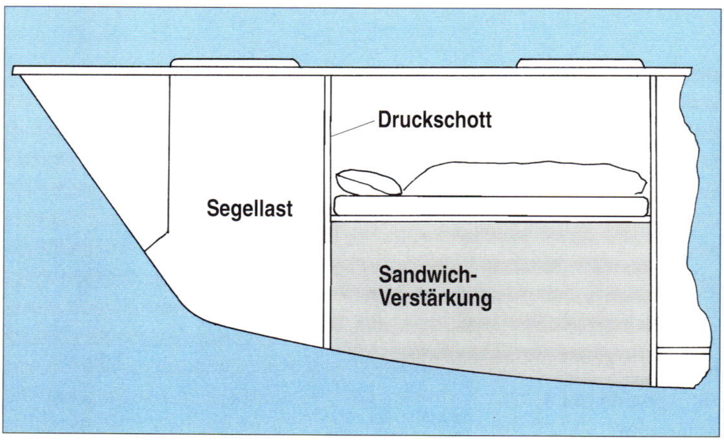

Abb. 2/8: „Knautschzone“ und anschließende Bordwandverstärkung unter den Vorschiffskojen.

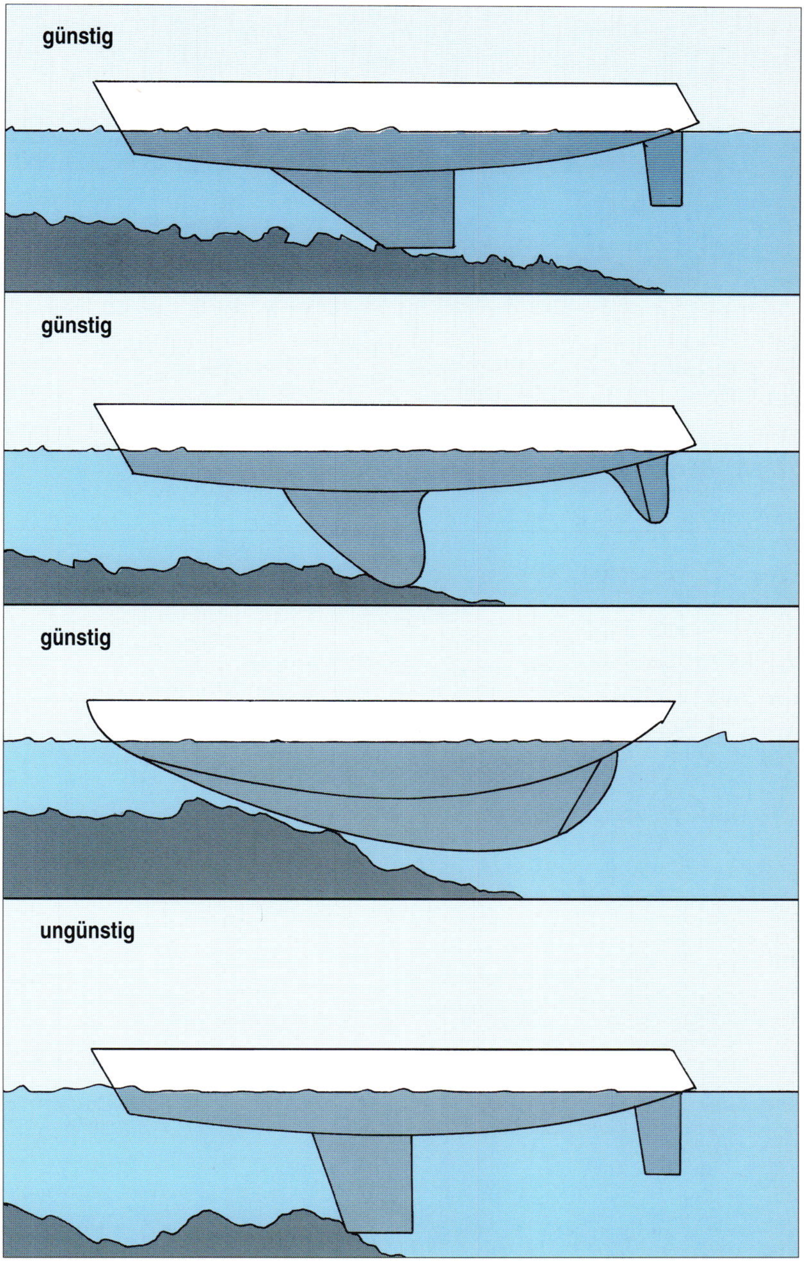

Abb. 2/9: „Auflauffreundliche" Kielformen.

schiffskojen, wo wenig nutzbarer Raum verloren geht, die Bordwand in dicker Sandwichbauweise doppeln. Dann wäre ein abgestufter Übergang geschaffen.

Bruchrisiko beim Auflaufen und Stranden

Zuweilen trifft eine Kollision nicht das Vorschiff sondern den Kiel, zumal wenn es sich um ein Unterwasserhindernis oder schlicht um das Auflaufen handelt. Natürlich kann ein massiver Kiel nicht leckschlagen, wohl aber die Rumpfschale darüber. Man muß sich einmal vorstellen, was passiert, wenn ein extrem tiefreichender Flossenkiel bei acht Knoten mit dem unteren Ende gegen einen Stein stößt. Die gesamte Schiffsmasse wird unverzögert abgestoppt. Die enorme Kraft, die dabei entsteht, zerrt an den vorderen Kielbolzen und drückt hinten das spitze Ende des Kiels in den Bauch des Rumpfes. Vielleicht reißen die Kielbolzen ab. Dann wäre das Problem nicht so schlimm. Wahrscheinlich passiert dies aber nicht, weshalb stattdessen die Rumpfschale vor dem Kiel aufreißt und hinten durchstoßen wird.
Sieht man sich auf dem Stellplatz eines Winterlagers um, kann man die verschiedensten Kielformen entdecken. Es scheint die Form also keine große Rolle zu spielen, soll es nicht gerade eine Rennyacht sein, die zweifellos einen hochwirksamen Flossenkiel mit extremem Seitenverhältnis verlangt. Warum denkt man dann nicht gleich bei der Formgebung des Kiels für eine normale Fahrtenyacht an die Auflaufsituation? Ein mäßiger Tiefgang, eine möglichst schräge Vorderkante, vielleicht im unteren Bereich besonders abgeschrägt, und ein großflächiger Rumpfübergang würden in vielen Fällen des Auflaufens jeglichen Schaden vermeiden (Abb. 2/9).
Während bei Kollisionen oder beim Auflaufen die Gewalteinwirkung immer in Schiffslängsrichtung erfolgt und man sich konstruktiv darauf einrichten kann, ist man bei Strandungen ziemlich hilflos. An jeder Stelle des Rumpfes kann der Felszacken eindringen, je nach dem, wie die Yacht auf die Küste geschleudert wird.
Man müßte die Rumpfschale rund herum verstärken, um sich gegen Perforation bei einer Strandung zu schützen. Und da es auch keine plausible Begrenzung der möglichen Gewalt beim Aufschlag gibt, würde man sehr schnell an Gewichts- und Kostengrenzen stoßen, bevor überhaupt ein sinnvoller Sicherheitsgrad erreicht werden könnte.
Immer wieder gehen Strandungen auch glimpflich ab. Landet die Yacht auf weichem Untergrund, hat sie ohnehin die besten Chancen. Aber oft überlebt sie auch, obwohl sie gegen Steine knallte, die Bordwand aber gehalten hat. Bei einer dünneren Wandstärke wäre der Felsen durchgestoßen und die Yacht verloren gegangen.
Im Grauzonenbereich, also da, wo die Fälle gerade noch glimpflich ausgehen oder gerade eben nicht, zahlt sich die Festigkeitsreserve aus, die der Konstrukteur der Rumpfschale geben konnte, ohne an anderweitige Grenzen zu stoßen. Die verschiedenen Werkstoffe sind unterschiedlich für Festigkeitsreserven geeignet. Manche bedürfen größerer Materialstärken um mehr Festigkeit abzuwerfen, andere dagegen, Stahl und Aluminium zum Beispiel, bringen Reißfestigkeit im Überfluß bei gleichbleibender Materialstärke. Stahl und Aluminium verformt sich unter Gewalt. Sie geben nach und vermindern so den Auf-

prall. Sie hinterlassen eine Beule, aber reißen nicht. Sie besitzen eine Art werkstoffeigener Festigkeitsreserve.
Überall, wo zusätzliche Festigkeit ohne anderweitige Nachteile geschaffen werden kann, sollte ein Yachthersteller das tun. Umgekehrt sollte es unterbleiben, ohne Zwang auf zusätzliche Festigkeit zu verzichten. Das Gewicht ist oft gar nicht so kritisch, wie behauptet wird. Vor allem, wenn es sich im Zentralbereich und auch noch unter der Wasserlinie befindet. So manche Abschottung eines Stauraumes könnte an die Außenschale anlaminiert werden und dann gleichzeitig der Rumpfschale zusätzliche Festigkeit geben. Man bedenke nur, was für ein tolles Fachwerk die Einbauschränke zusammen mit der Rumpfschale bilden würden, wenn ihre Fachunterteilungen nur fest anlaminiert worden wären.
Wollen wir der Sache klar ins Auge sehen: Bei der Strandung haben Sicherheitsvorkehrungen ihre Grenzen. Hier läuft der Aufwand dem Sicherheitserfolg bei weitem davon. Bei milderen Fällen lassen sich die Chancen durch großzügige Festigkeitsreserven und besonders durch metallische Werkstoffe verbessern. Wenn es das Schicksal aber so will, daß die Yacht in der Brandung seitwärts auf die Felsen geworfen wird, ist sie nun einmal nicht zu retten.

3 Die sichere Yacht
Das Rigg

Wenden wir uns nach dem Rumpf dem Rigg zu. In unserer Angelegenheit hat es gegenüber dem Rumpf den Vorteil, da· man den Fluß der Kräfte regelrecht sehen kann. Es gibt nur Zug- und Druckbelastungen. Biege-, Verwindungs- und sonstige verborgene Kräfte treten so gut wie nicht auf. Das Rigg ist ehrlich.

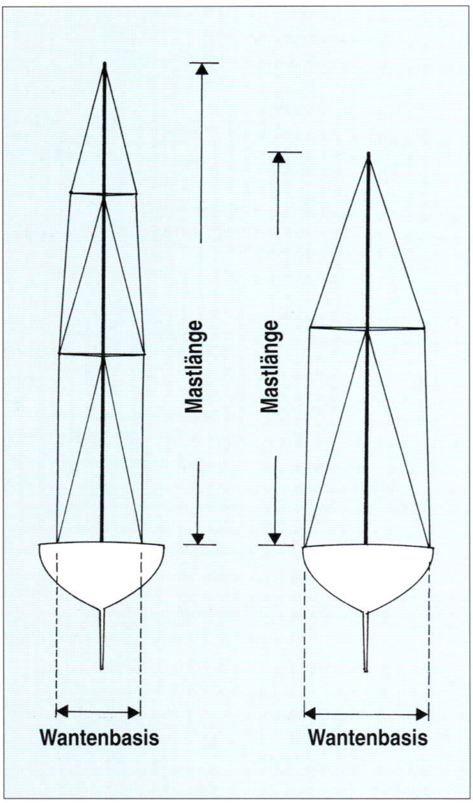

Abb. 3/1: Ranke Masten sind kritisch. Die Kräfte steigen im Verhältnis Mastlänge zu Wantenbasis.

Wanten und Stagen

Je dichter die Püttings am Mast liegen, desto komplizierter ist das Rigg. Um es genau zu sagen, das Problem steigt im Verhältnis der Masthöhe zum Basisabstand der Wanten, egal ob sie auf Unter-, Mittel- und Oberwanten aufgesplittet sind, oder ob es sich um einen einfach verstagten Mast handelt. Mehrere Salinge versteifen den Mast auf dessen Länge, mindern aber die Kräfte an der Basis nicht. Die weniger spitzen Winkel, mit denen die Wanten auf den Mast zulaufen, reduzieren zwar die Kraft auf dem einzelnen Want. An der Basis aber addieren sich die Kräfte aller Einzelwanten und bilden die gleiche Summe.
Eine schmale Wantenbasis verlangt Extrafestigkeit der Wanten, aller Beschläge, der Püttings, des Mastprofils und des Mastschuhs, der obendrein oft ein gemeingefährliches Korrosionsproblem darstellt, wenn er aus Festigkeitsgründen aus Stahl gefertigt sein muß. (Galvanischer Abbau des Aluminiums.)
Die Stagen sind ihrer Geometrie wegen weniger problematisch. Sicherheitsrelevante Stellen sind ihre Terminale und die Decksbeschläge. Sie bestehen oft aus trutzig aussehenden, flächendeckenden Massivteilen, unter denen sich leicht zu

schwache oder korrosionsanfällige Rumpfbefestigungen verbergen. Ich habe schon einen völlig herausgerissenen Bugbeschlag gesehen.
Sofern kein Kutterstag und keine Backstagen vorhanden sind, wären doppelte Vor- und Achterstagen ein lohnender Sicherheitsaufwand. Man möge nicht vergessen, daß bei Vorwind-Kursen auf einer einfachen Slup das ganze Rigg allein am Achterstag hängt. Und sollte das Vorstag brechen, lasteten bei Amwind-Kursen Rigg und alle Schotkräfte auf dem Vorsegelfall, das diese vereinten Kräfte auch nur günstigstenfalls aushalten würde. Wichtig ist, daß doppelte Stagen auch getrennte Beschläge haben. Denn das Tauwerk bricht selten, meistens sind es die Beschläge selbst.

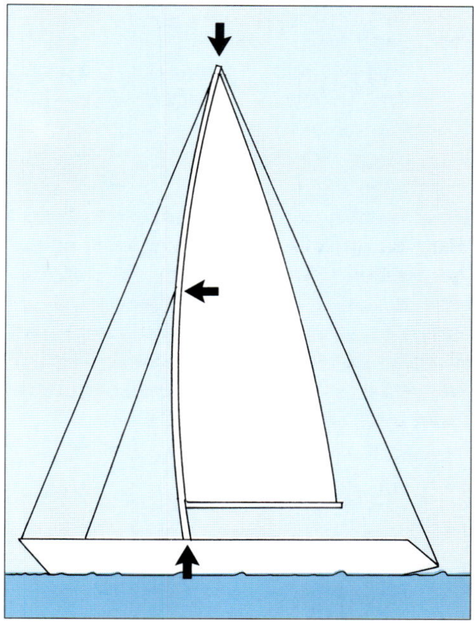

Abb. 3/2: Bruchrisiko beim Biegemast (Biegung zur Verdeutlichung übertrieben gezeichnet).

Der trimmbare Mast

Ein weiteres Sicherheitsthema betrifft den Biegemast. Es handelt sich dabei um ein technisch ausgeklügeltes Rigg, bei dem durch hydraulische Vorspannung des Achter-, Kutter- und Babystags die Mastmitte nach vorn durchgebogen wird, um aus dem Großsegel den Bauch herauszuziehen. Etwas weniger aufwendig und dafür auch weniger effektiv geht das ebenso mit einem dreiviertel hoch angeschlagenen Vorstag und einem trimmbaren Achterstag.
Im durchgebogenen Zustand muß jede Art von Biegemast nach hinten mit Backstagen gesichert sein, weil sonst die extremen Stauchkräfte, die von den Wanten herrühren, den Mast nach vorn durchknicken würden. Biegemasten verlangen gewissenhaft durchgeführte Manöver. Bei nachlässiger Handhabe können sie wegbrechen wie ein Streichholz. Wer mit kleiner Crew segeln will, sollte deshalb andere Riggs vorziehen. Es gibt auch bei festem Mast Trimmöglichkeiten des Großsegelbauchs, die allerdings zugegebenerweise nicht ganz dem neuesten Entwicklungsstand entsprechen.

Die Reffvorrichtung

Die Reffmöglichkeit ist ein weiterer Sicherheitsaspekt des Riggs. Läßt sich das Reff nur mit viel Erfahrung, Kraft und Geschicklichkeit einstecken, ist das ebenso ein Sicherheitsrisiko wie ein bequemes und

einfaches Verfahren, das aber technisch störanfällig ist.
Beginnen wir mit ersterem. Es soll noch Yachten geben, auf denen zum Reffen der Großbaum in eine Klau an Deck abgedirkt wird, das Großsegel ganz fallen muß, und dann das Reff schließlich mit tausend Bändseln zu einer Riesenwurst zusammengeknotet wird. Daß man sich bei Abenteuern solcher Art vor dem Reffen drückt, ist verständlich. Und gefährlich.
Das einfachste und zugleich zuverlässigste Reffsystem ist das mit den Halshaken und Smeerreepen. Selbst auf großen Yachten funktioniert es einwandfrei, und eine Person allein kann es bedienen. Zur Wiederholung:

- An den Wind gehen
- Schot fieren
- andirken
- Fall fieren bis zum Auge
- Auge einhaken
- Fall dicht
- Smeerrep dicht
- abdirken

Oder in der Kurzfassung: Vorne runter, hinten runter und weiter. Einfacher geht's nicht. Bei der Anschaffung des Großsegel sollte man gleich darauf achten, daß die Mastrutscher richtig angeordnet sind. Sie müssen so verteilt sein, daß sie zum ersten Reff und vielleicht auch zum zweiten Reff nicht aus der Keep (Mastnut) herausgenommen werden müssen. Erst für das dritte Reff dürfte das nicht zu umgehen sein.
Das Rollreff alter Art ist bei kleineren Yachten noch weit verbreitet. Bei ihm wird das Großsegel um den mit einem Schneckengetriebe gedrehten Baum gewickelt. Es mutet so einfach an, ist es aber nicht. Nach meiner Beurteilung birgt es sogar ein echtes Sicherheitsrisiko. Wer diesen Apparat längere Zeit benutzt hat, wird meine Meinung teilen. Das gereffte Segel steht nicht mehr, die Baumnock kommt viel zu tief, das Achterliek rutscht bei jeder Halse ein Stück weiter nach vorn, weil das Unterliek nicht streckbar ist, und bei Vorwind-Kursen steigt mangels Niederholer der Baum auf. Man ist gezwungen, an Deck herumzuturnen, um mit Provisorien das Ding in den Griff zu kriegen. Man muß eine Decke mit einrollen, der Vorliekwulst muß Lage für Lage gepackt werden, anstelle des Niederholers muß man an der Baumnock einen „Auf- und Nieder-Bullen" anschlagen, und nach der Halse muß man in den Wind schießen, damit sich das nach vorn gerutsche Segel wieder nach achtern auskillt. Nun ja.
Moderne Rollreffanlagen, die das Großsegel in den achteren Teil des Mastes hineinspulen (Stowaway Mainsail), haben dagegen diese Mängel nicht. Ihre Segel sind von Hause aus flach geschnitten, so daß kein Bauch dem Einrollen im Wege ist. Will man Bauch haben, wird einfach das Schothorn etwas gefiert. Einziges Problem dieser Anlage ist die Mechanik, die bei Fehlbedienung doch störanfällig ist. Man kann sie schnell kaputtmachen, und dann sind die Folgen unangenehm. Wie birgt man so ein Großsegel bei blockierter Spule? Auf alle Fälle muß die Besatzung sich vorab um Selbsthilfemöglichkeiten kümmern und gegebenenfalls geeignetes Werkzeug dabeihaben.
Fehlbedienung ist schnell passiert. Wenn der Großbaum nicht sauber im Wind steht und die Schot nicht ordentlich gefiert ist, kann das Segel während des Ausrollens Winddruck kriegen, und schon kommt

überraschend Kraft auf die Einrolleine. Wird die nicht sauber über eine Winsch gefiert, rauscht das Segel mit einem Schlag aus und knallt ins Vorliek. Manchmal geht das gerade noch gut, manchmal aber auch nicht.
Das gleiche passiert, wenn bei einem teilgerefften Großsegel versehentlich die Einrolleine losgeworfen wird, oder wenn sie aus irgendeinem Grunde bricht. Da es diesmal bei etwas mehr Winddruck geschieht, schließlich geht es ums Reffen, dürfte das Segel das harte Einrucken nicht überstehen.
Beim Einrollen muß das Großsegel gefühlvoll unter leichter Spannung gehalten werden, damit die aufgespulte Rolle im Mast nicht zu dick wird.
Rollanlagen für das Vorsegel haben die gleichen Probleme, was das Ausrollen und Reffen angeht. Bricht das Bergereep, oder wird es versehentlich losgeworfen, sind die gleichen Folgen wie beim Rollgroßsegel zu befürchten.

Ein Plädoyer für Rollreffanlagen

Moderne Rolleinrichtungen sind nach Abwägen der Vor- und Nachteile überwiegend als Sicherheitsgewinn zu bewerten. Denn der entscheidende Vorteil ist, daß alle Handgriffe vom Cockpit aus auszuführen sind. Es muß keiner mehr an den Mast und keiner mehr auf das Vorschiff, wenn es darum geht, die Segelfläche zu verkleinern oder das Segel zu bergen. Eine Ausnahme mögen Rennyachten bilden, auf denen zahlenstarke und sportlich trainierte Crews fahren. Für die ist das Herumturnen auf dem Vorschiff kein Problem. Um für jede Situation das optimal geschnittene Segel zu fahren, wechseln sie lieber pausenlos die Vorsegel, als auf das müde Mittelmaß einer Rollgenua angewiesen zu sein.
Sportliche Fahrtensegler können beides haben, wenn sie ihr Vorstag mit einer Rollanlage versehen und dennoch ein ganzes Segelstell mitführen, das in der Keep des Rollstages gefahren und gewechselt wird. Fehlt es einmal an Crew, kann man die Rollanlage benutzen, so wie es die anderen auch tun.
Der Varianten gibt es viele. Manche, vor allem große Yachten, führen zwei Rollvorstagen hintereinander, wie bei einem Kutterrigg. Diese Anordnung dient in erster Linie dem Zweck, die Segelfläche nicht durch teilweises Einrollen der Genua zu verkleinern, sondern durch Umwechseln auf die Fock am Kutterstag. Im Gegensatz zu dem Restsegel einer teileingerollten Genua steht die voll ausgerollte Fock ideal. Sie hat den richtigen Schnitt und die richtige Tuchstärke für die größeren Wind- und auch Seegangsstärken. Denn eine Ladung Wasser muß das kleinere Vorsegel auch vertragen können. Die Anlage hat ferner den ganz wesentlichen Vorteil der doppelt ausgeführten Vorstagen, wie sie schon weiter oben gefordert worden sind. Sie sind von einander völlig unabhängig angeschlagen und bieten eine echte Redundanz, nicht nur in Beziehung auf die Bruchgefahr, sondern auch für den Fall mechanischer Störungen. Einziger Nachteil: Die Genua muß bei den Wenden eingerollt werden, woran man sich aber schnell gewöhnt. Sollte dies einmal auf einer engen Kreuzstrecke hinderlich sein, kreuzt man eben mit der am Kutterstag angeschlagenen Fock.
Etwas kostengünstiger, aber leider in der Punkteliste für die Sicherheit nicht ganz so hoch angesiedelt ist die Kombination Rollgenua und ausklinkbares Kutterstag. Man kann das Kutterstag zum Kreuzen unter Genua wegnehmen und zum Mast hin ber-

gen. Normalerweise hält man es aber angeschlagen und kann auf diese Weise die Fock angereiht in einem länglichen Segelsack gestaut in Bereitschaft fahren. Wird es nötig, die Segelfläche zu verkleinern, ist nur das Fall einzuklinken, der Sack abzuziehen, und schon geht die Fock nach oben. Mit etwas Phantasie kann man das Fall auch schon angeschlagen in Bereitschaft haben. Es muß dann nach unten über einen Abziehstift gesichert sein, der mit dem Segelsack abgezogen wird. Dann braucht man zum Setzen gar nicht mehr auf das Vorschiff.

Reservesegel

Mit dem Hinweis, man wolle schließlich keine Regatten segeln, sparen manche Segler am Segelstell, also an der Zahl der verschiedenen an Bord geführten Segel.

Abb. 3/3: Kombination Rollgenua mit Kutterstag (links gesetzt mit angeschlagener Fock, rechts in geborgenem Zustand).

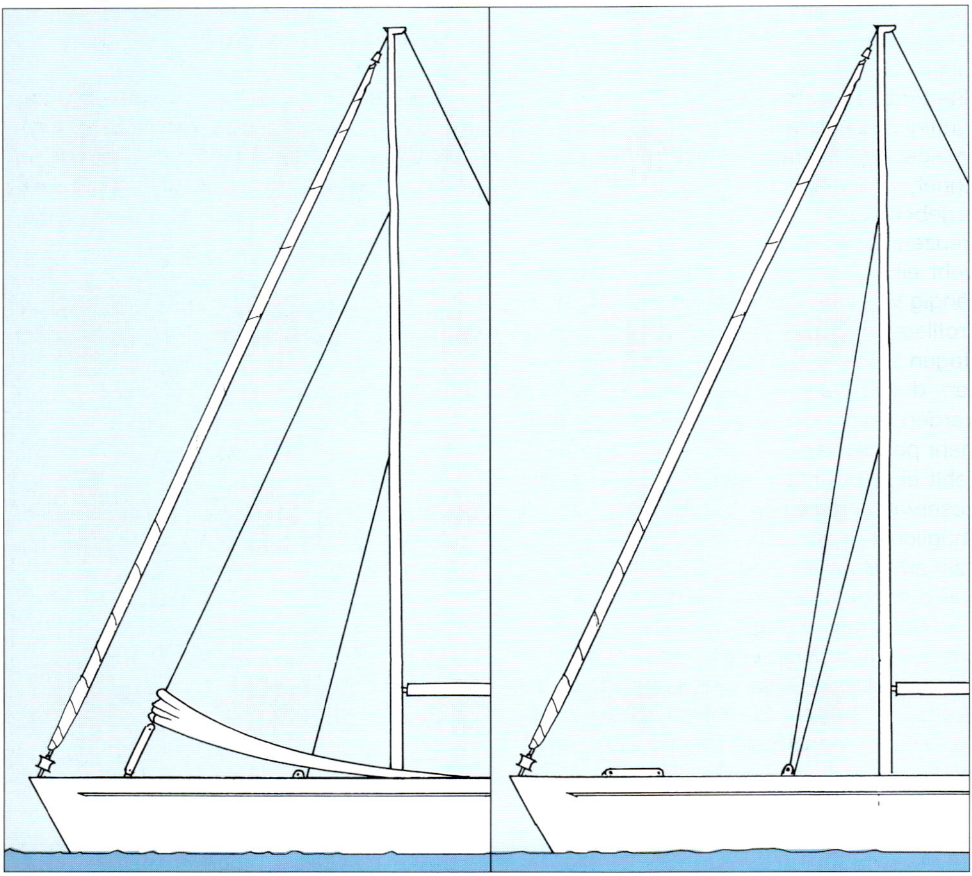

Das ist in keiner Weise verwerflich, solange nicht zwei Sicherheitsaspekte dabei übersehen werden: Erstens die Redundanz für den Ausfall der Arbeitsbesegelung und zweitens die Sturmbesegelung, die durch nichts zu ersetzen ist.

Zum ersten: Sicherlich stellt der heute fast immer vorhandene Motor einen geeigneten Reserveantrieb, sollte einmal die Besegelung aus den Lieken geflogen sein. Unglücklicherweise hat der Motor aber gerade bei Schwerwetter, wenn Segel zerreißen, auch seine Anfälligkeit. Er mag durch das Geschaukel Luft oder auch Schlick aus dem Tank gezogen haben und seinen Dienst verweigern. Deshalb gehört eine Ersatzarbeitsbesegelung zu einer vernünftigen Sicherheitsausrüstung. Die Sturmbesegelung ist für diesen Zweck nicht geeignet, weil man sich damit der Fähigkeit begeben würde, von einer Leeküste freizukreuzen. Diesen Zweck erfüllt aber sehr wohl eine Reserve-Arbeitsfock, die unabhängig von einem vorhanden Rollstag oder Profilstag gesetzt werden kann. Profilstagen sind nämlich auch anfällig. Sie können durch den Spibaum so beschädigt werden, daß die Keep (Liekspur) nicht mehr passierbar ist.

Fehlt ein Kutterstag, bietet es sich an, die Reservefock an einem zweiten Vorsegelfall (möglichst aus Stahltauwerk) zu setzen, das am Bugbeschlag angeschlagen und hart durchgesetzt wird. Auf diese Weise ist man völlig unabhängig von irgendwelchen beschädigten Riggteilen. Man kann mit dieser Methode sogar die Reservefock als Großsegel setzen. Sie wird an dem längs des Mastes durchgesetzten Großfall angereiht und mit der Dirk vorgeheißt. Das Schothorn wird zur Baumnock geführt oder mit zwei Schoten zu den Spiblöcken auf dem Achterschiff.

Für das Großsegel empfehle ich kein Ersatzsegel. Es wäre des Guten zuviel. Die Kosten und der Stauraum können gespart werden. Ohne Groß ist die Einbuße an Manövrierfähigkeit und an möglicher Höhe relativ gering, so daß man den Mangel hinnehmen kann. Außerdem muß ein zerrissenes Großsegel nicht in jedem Falle wertlos sein. Beschädigungen im unteren Teil lassen sich wegreffen, so daß wenigstens der obere Teil verwendbar bleibt.

Die Sturmbesegelung

Die Sturmbesegelung darf nicht mit der Funktion der Ersatzsegel verwechselt werden. Eine Sturmfock kann keine zerrissene Genua oder Fock ersetzen und umgekehrt.

Abb. 3/4: Sturmfock und Trysegel.

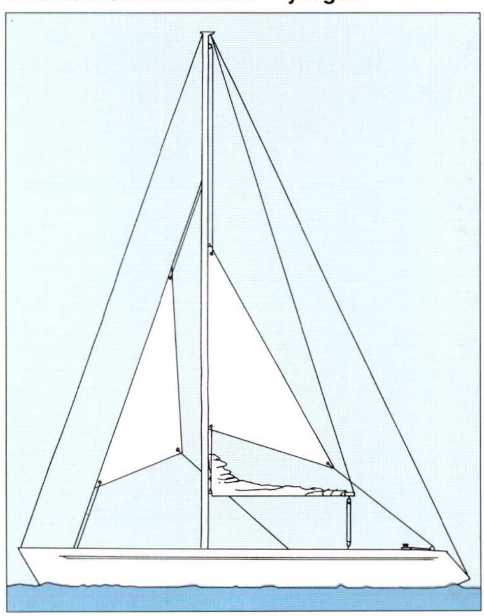

Deshalb sind beide, Ersatzarbeitssegel und Sturmsegel, an Bord zu führen.
Auch muß der weit verbreiteten Meinung entgegengewirkt werden, im Sturm würde man ohnehin nur motoren. Oder, wie ein ganz Pfiffiger bemerkte, das achtere Ende seiner Rollgenua sei so verstärkt, daß es als Sturmfock zu verwenden sei.
Den achteren Fetzen Genua als Sturmfock zu mißbrauchen, würde auch mir einfallen, aber nur, wenn ich nichts anderes mehr hätte. Man stelle sich einmal den Wulst des aufgerollten Tuchs als Anschnittkante strömungstechnisch vor. Wenn da überhaupt noch eine geordnete Strömung stattfinden sollte, dann erzeugt sie bestimmt mehr Widerstand als Auftrieb. Und wer will dann noch mit solch einem Ding um Höhe kämpfen müssen?
Die Sturmbesegelung muß stimmen. Gerade weil die Segelfläche winzig ist, gemessen an der Störkulisse des Rumpfes und des Mastes, wirken sich falsche Positionen und Anstellwinkel sehr stark aus. Ideal ist eine zurückgesetzte Sturmfock, die in die Nähe des Mastes reicht. Es wird zwar keine richtige Genuadüse zustandekommen, aber ein gewisses Zusammenwirken mit dem Groß bleibt nicht aus. Der Vortrieb scheint effektiver zu sein, was im Kampf um die Höhe entscheidend sein kann, und der Segeldruckpunkt wandert beim Anluven und Abfallen nicht so stark vor und zurück. Beim zwangsläufigen Schlangenkurs durch die Wellen liegt die Yacht dadurch erheblich besser im Ruder.
Ein Trysegel, die Sturmversion des Großsegels, empfehle ich nur für größere Yachten mit geeigneter Crew, weil das Setzen schwierig ist, und sich ein bis zwei Leute bei schwerem Wetter am Mast abmühen müssen. Unverzichtbar ist das Trysegel allerdings, wenn das Großsegel im oberen Bereich für die Belastungen im Sturm zu schwach ausgelegt ist. Denn im Sturm pflegt, bei dreifach gerefftem Großsegel gern das Kopfbrett samt der ersten oder zweiten Bahn wegzureißen. Für Normalgebrauch konzipierte Großsegel haben dort oben ihren Schwachpunkt. Der im gerefften Zustand weit über das Schothorn hinausragende Großbaum wirkt wie ein großer Hebel. Man muß sich einmal vorstellen, welche Kräfte auf dem Segelkopf lasten, wenn jemand in heller Aufregung die Großschot dichtknallt. Die Doppelungen hören schon ein paar Zentimeter unter dem Kopfbrett auf. Und dann kommt eine ganz normale Bahnnaht, vielleicht einen knappen Meter lang, die die ganze Kraft aushalten muß.
Das Trysegel wird in die Mastkeep oberhalb des geborgenen Großsegels eingeführt, mit einem ein bis drei Meter langen Halsstropp zum Lümmel beigefangen und mit dem Großfall vorgeheißt. Früher gab es für das Trysegel eine eigene Rutscherschiene am Mast, so daß man es schon angeschlagen in Bereitschaft fahren konnte. Das Unterliek fliegt frei. Achtern sind zwei Schoten angeschlagen, die über die Spiblöcke auf die achteren Winschen gehen. Der Großbaum wird entweder auf ein vorgesehenes Lager abgesenkt oder mit zwei Stropps seitlich beigefangen. Letztere Methode ist vorzuziehen, um über die Großschot und Dirk noch eine Sicherheit im Falle eines Achterstagbruchs zu haben (Abb. 3/4).
Neuerdings setzt sich eine gute Idee durch, der man sich anschließen sollte, wenn noch Gelegenheit dazu besteht. Wer sich neue Sturmsegel anschafft, sollte daran denken, die Farbe Signalrot zu wählen. Es kann nicht schaden, auf diese Weise leichter gesehen zu werden, in Hinblick auf

mögliche Kollisionen, aber auch für den Fall, daß man einmal Hilfe braucht und gesucht wird. Das knallrote Tuch an Bord kann natürlich auch, ohne als Sturmsegel zu dienen, für Erkennungszwecke gesetzt werden, zum Beispiel in der Genua bei diesiger Sicht.

Abnutzung im Rigg

Alle Riggformen bergen gemeinsam eine schleichende Gefahr. Weil man sich normalerweise nicht dort oben im Gebälk aufhält, bleiben Korrosion, Haarrisse, Spiel und andere Riggkrankheiten unbemerkt. Selten passiert ein Bruch im Rigg durch Überlastung. Meistens liegt seit langem eine Fehlfunktion vor. Ein blockiertes Gelenk, durch das ein Wantenterminal knickbelastet wird, oder ein ausgewechselter Bolzen, der, weil länger als der ursprüngliche, einem Fall im Wege ist, oder ein zusätzlich angebrachtes Messingteil, das gefährlichen Lochfraß im Aluminium des Mastes verursacht.

Es ist ein absolutes Gebot der Sicherheit, bei einer neuen Yacht mindestens einmal jährlich und bei älteren Yachten in kürzeren Abständen, das Rigg zu kontrollieren. Im Norden, wo die Masten im Winterlager allgemein gezogen werden, ist das problemlos. Im Mittelmeerraum muß man sich eben nach oben ziehen lassen. Es hilft nichts. Die Methode, mit dem Fernglas vom Deck aus das Rigg zu inspizieren, reicht nicht aus. Man muß die Beschläge anfassen und daran wackeln. Man muß von allen Seiten gucken und mit den Händen fühlen und, wenn man schon dabei ist, alles ordentlich mit Marinespray eindecken.

Alle Scheiben müssen auf Gängigkeit und Spiel geprüft werden. Man muß sie durchdrehen, um zu sehen, ob sie nicht durch querziehende Fallen verbogen wurden oder abgebrochene Kanten haben.

Oft haben die Salinge in ihren Füßen etwas Spiel. Wenn sie brechen, brechen Salinge meistens auf der Leeseite durch das Vor- und Zurückschleudern der entlasteten Leewanten, wenn die Yacht heftig stampft. Ein zunächst geringes Spiel an den Salingfüßen weitet sich unter dieser Arbeit schnell aus und führt zum Bruch. Natürlich müssen die Wanten auch die richtige Vorspannung haben, die man aber erst unter Lage beurteilen kann. Die Leewanten sollten dann völlig entlastet sein, sie dürfen aber nicht spürbar schlagen.

Man nehme sich Zeit auf dem Mast. Jede Kleinigkeit muß inspiziert werden, wenn man sich schon mal die Mühe macht. Es gibt vieles zu entdecken da oben, ganz abgesehen von dem herrlichen Rundblick aus der Höhe.

4 Die sichere Yacht
Gedanken zur Stabilität

Bei der vorangegangenen Betrachtung von Rumpf und Rigg wurden nicht ohne Absicht die Stabilitätsbetrachtungen zurückgestellt, obwohl sie unumstritten einen elementaren Faktor der Sicherheit darstellen. Wie kentersicher sind Kielyachten wirklich? Angeblich seien sie aus Prinzip kentersicher, wie in den Lehrbüchern zu lesen ist. Aber wie kommen dennoch die Kenterungen zustande, die bei extremen Wettersituationen immer wieder passieren?
Stabilitätsbetrachtungen sind zweifellos hochinteressant. Und sie sind ein in sich schlüssiges Thema. Herrlich! Es läßt sich alles erklären und verstehen. Und das

Abb. 4/1:
Das aufrichtende Drehmoment
G = Gewichtskraft
A = Auftriebskraft
K = Kraftarm

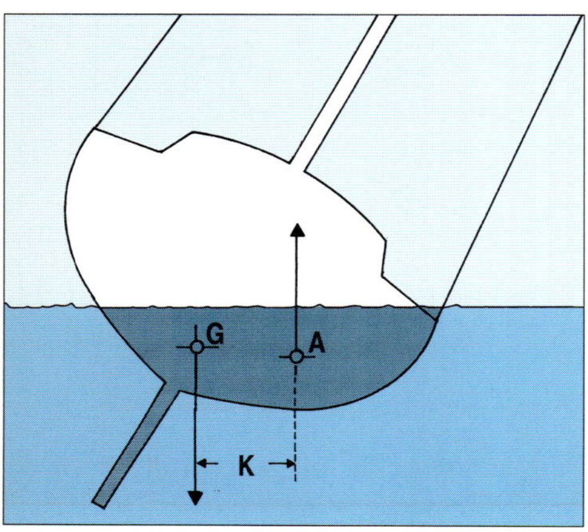

Erstaunliche: Es darf mit sehr aufschlußreichen und teilweise durchaus überraschenden Ergebnissen gerechnet werden! Wie war das doch: Im Gewichtsschwerpunkt und im Auftriebsschwerpunkt greifen Gewicht und Auftrieb als Kräftepaar an und bilden das aufrichtende Drehmoment (s. Abb. 4/1).
Der Gewichtsschwerpunkt liegt immer in der Mittschiffsebene, der vertikalen Masseverteilung entsprechend mal höher oder tiefer. Wogegen der Auftriebsschwerpunkt mit zunehmender Krängung wandert, entsprechend dem eintauchenden Rumpfteil. Er liegt immer im Flächenschwerpunkt der eingetauchten Spantfläche.
Bei breiten Spantrissen wandert der Auftriebsschwerpunkt stark aus, bei ranken kaum. Deshalb wird bei den breiten Spantrissen das aufrichtende Moment hauptsächlich durch große Kraftarme erzeugt, bei ranken durch die entsprechend größer ausfallenden Kräfte, also größerer Masse und größerem Auftrieb. Da große Masse hinderlich ist für das Schnellsegeln, neigt man heute allgemein zu den Leichtverdrängern, also den breiten Rumpfformen.
Folgende Gegenüberstellung (Abb. 4/2) zeigt, daß bei breiten Spantrissen (links) das aufrichtende Moment schon bei kleinen Krängungswinkeln stark ansteigt, während es bei weiter zunehmender Krängung wieder abnimmt. Sie zeigt ferner, daß bei ranken, also vorwiegend gewichtsstabilen Rümpfen (rechts) das aufrichtende

Moment dagegen langsam aber kontinuierlich mit der Krängung größer wird. Es entspricht dem Sinus des Krängungswinkels. Bei modernen Yachtrissen mit großer Rumpfbreite ist folglich die Anfangsstabilität größer als bei den älteren, ranken Yachten, während sich dies bei der Reststabilität gerade umgekehrt verhält. Die Anfangsstabilität bedeutet Segeltragevermögen, die Reststabilität Kentersicherheit.

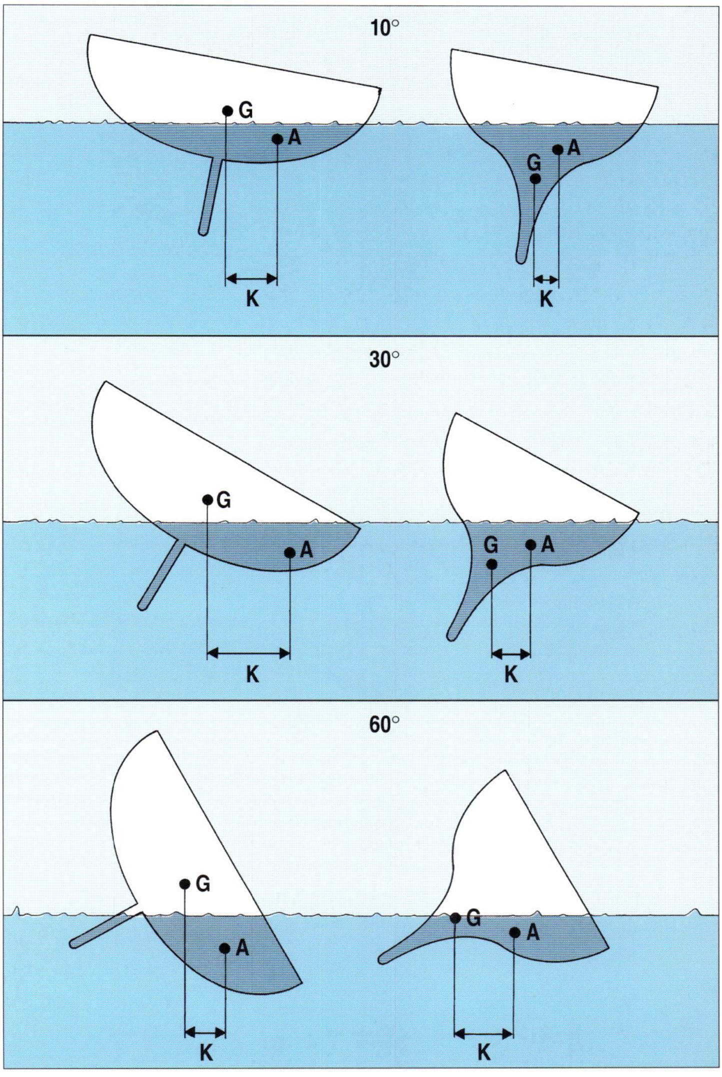

Abb. 4/2: Das aufrichtende Moment von vorwiegend formstabilen (links) und vorwiegend gewichtsstabilen Yachten (rechts) bei verschiedenen Krängungswinkeln.

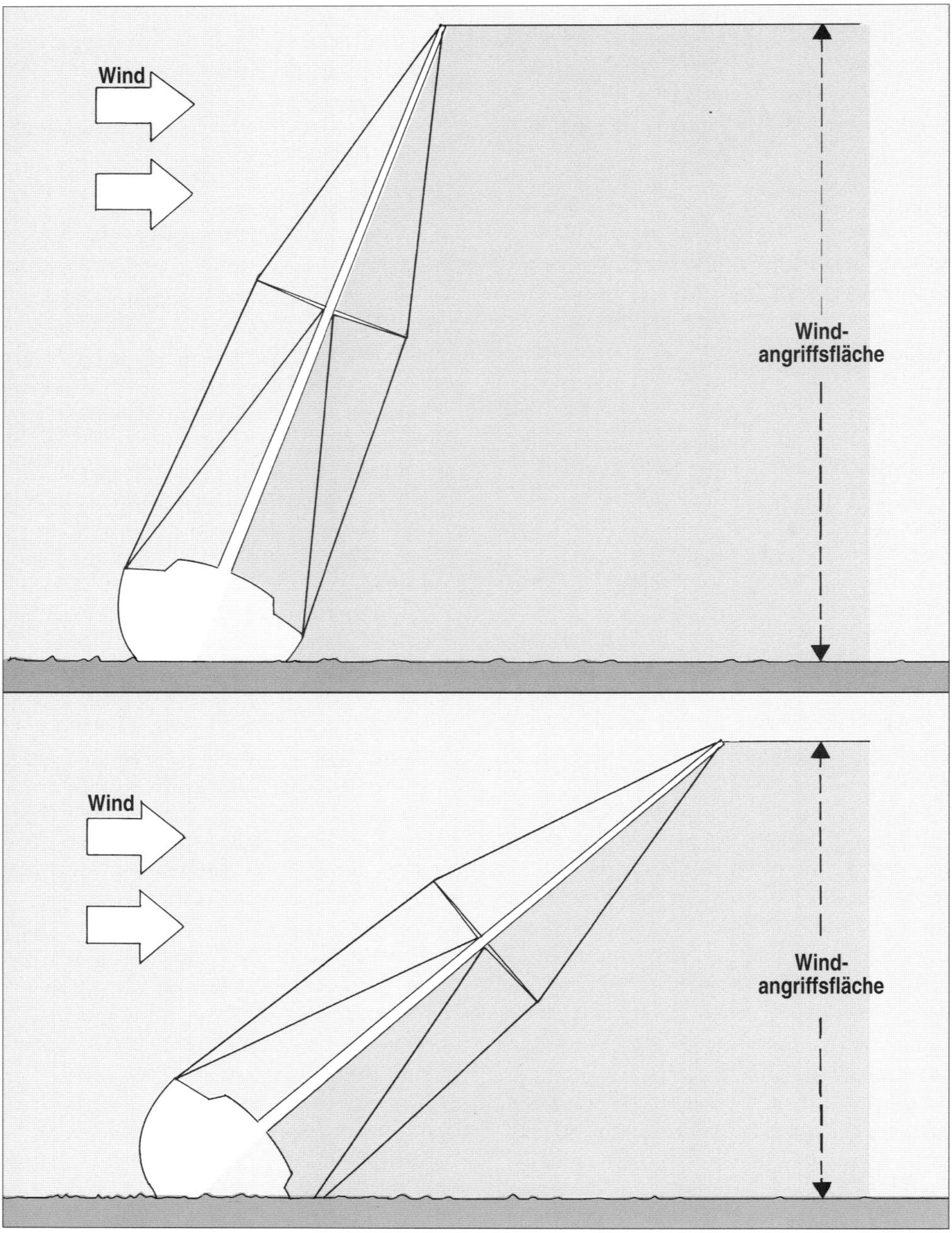

Abb. 4/3: Krängung als Überdruckventil bei Böen.

Das Überdruckventil

Beim ersten Hinblick mag jemand ein starkes aufrichtendes Moment grundsätzlich gut finden, und zwar bei allen Krängungswinkeln, sorgt es doch dafür, daß die Segel dem Wind die optimale Wirkfläche entgegenbringen. Krängung würde diese Fläche nur verkleinern. Das ist richtig. Er übersieht allerdings eine zweite, Funktion der Krängung, nämlich die, das Rigg vor Überlastung zu schützen. Krängung ist das Überdruckventil bei plötzlich einfallenden Böen. Die Yacht neigt sich unter dem zusätzlichen Winddruck zur Seite und verringert die effektive Windangriffsfläche. Die Böenbelastung des Riggs, des Tuchs und der Schoten wird dadurch wieder reduziert (Abb. 4/3).

Das Überdruckventil funktioniert natürlich nur, wenn es richtig eingestellt ist, das heißt, wenn das aufrichtende Moment dem zu akzeptierenden Winddruck angepaßt begrenzt ist. Erinnern wir uns, daß das aufrichtende Moment für die Segeleffizienz möglichst groß sein sollte, so haben wir es jetzt mit einer widersprechenden Forderung zu tun.

Bei einer stark ausgeprägten Anfangsstabilität arbeitet das Überdruckventil erst, wenn der Druck schon sehr hoch, für ältere Segel vielleicht schon zu hoch ist. Bei Rennyachten ist die hohe Anfangsstabilität erwünscht. Die brauchen den hohen Druck und akzeptieren die entsprechenden Materialbelastungen. Bei Fahrtenyachten hingegen würde ich den automatischen Druckbegrenzer nicht missen wollen. Er bedeutet mir erheblich mehr, als die Einbuße an Segelleistung am Wind. Zerrissene Segel oder Tauwerk kosten Geld, was schon schlimm genug ist. Aber man muß es einmal erlebt haben, wenn ein unter Last gebrochener Beschlag wie ein Geschoß quer übers Deck schwirrt, haarscharf an zwei Köpfen vorbei. Dann überläßt man das schon lieber den Regattaseglern.

Besonders unangenehm ist bei Yachten hoher Anfangsstabilität, daß deren Aufrichtmoment nachläßt, wenn der Anfangswiderstand überwunden ist. So eine Yacht segelt erstaunlich stabil mit 10 bis 20 Grad Lage und reagiert auf Böen kaum. Zwingt aber einmal eine nur leicht stärkere Bö die Yacht über die 20 Grad Krängung hinaus, legt sie sich überraschend weit auf die Seite. Das kann so weit gehen, daß das Ruder austritt, und die Yacht in den Wind schießt. Wenn sie viel Schwung hat, schießt sie darüber hinaus und legt sich mit backstehendem Vorsegel auf die andere Seite. Wenn bei diesem halsbrecherischen Flipflop keine andere Yacht im Wege war, hat man Glück gehabt, ganz abgesehen von der Chance, dabei über Bord zu fliegen.

Wie lösen wir das Dilemma der zwei widersprechenden Forderungen: Hier hohe Stabilität, hauptsächlich im Anfangsbereich, um die Segelleistung zu verbessern, und da begrenzte Stabilität, auch hauptsächlich im Anfangsbereich, um das Rigg vor öberlastung zu schützen? Antwort: Durch Spezialisierung, logischerweise. Regattayachten, die nicht alle Möglichkeiten der Geschwindigkeitssteigerung ausreizen, haben im Wettkampf keine Chance. Natürlich müssen sie ein Maximum an Anfangsstabilität haben. Der Preis dafür ist die fehlende Überlastungsautomatik. Die Crew muß diese Funktion selbst leisten, was auch in der Regattaszene oft genug mit Mastbrüchen dokumentiert wird. Fahrtenyachten dagegen sollten eine nur mäßig ansteigende Stabilitätskurve haben. Auf diese Weise läßt sich in jeder Abstufung ein geeignetes Maß an Sicherheit neben einer tragbaren Einbuße von einigen zehntel Knoten realisieren. Der Eigner hat die Wahl.

Die Kentersicherheit

Um die Reststabilität geht es jetzt. Man versteht darunter das Aufrichtmoment, wenn die Yacht mit 90 Grad Krängung auf der Seite liegt. Landläufig ist man damit zufrieden, wenn in dieser Lage überhaupt noch ein wirksames Aufrichtmoment da ist. Man spricht dann schon von Kentersicherheit.

Ganz auf dieser Linie liegen die Kenterversuche, die früher im Rahmen von Yachttests mit kleineren Yachten im Hafen vollzogen wurden. Mit dem Spifall wurde der Masttopp heruntergeholt, und man maß die Zugkraft am Fall, wenn die Yacht flach lag. An Werte zwischen 35 bis 100 kp erinnere ich mich. (Damals hieß das noch Kilopond.)

Diese Tests haben zweifellos einen Aussagewert, aber die Kentersicherheit belegen sie nicht. Denn der Kentervorgang findet nicht im Hafen statt. Draußen in schwerem Wetter unterliegt die Yacht anderen Krängungskräften.

Der Wind drückt nicht nur auf den Segelplan sondern auch auf die Rumpfseite, die sich bei Krängung hoch aufrichtet. So nimmt mit zunehmender Krängung die Windangriffsfläche in Wirklichkeit nur bis zu etwa 60 Grad Krängung kontinuierlich ab. Dann stellt der aufgerichtete Rumpf den größten Teil der Windangriffsfläche, die bis 90 Grad deshalb kaum mehr abnimmt.

Im Seegang haben wir es mit sich ständig ändernden schrägen Wasseroberflächen zu tun, die besonders bei formstabilen Rumpfrissen die Aufrechtlage bestimmen. Eine Yacht, die breitseits zum Wellenhang liegt, krängt allein schon durch die Schräge der Wasseroberfläche.

Schließlich erzeugt der Seegang zusätzlich dynamische Kränkungskräfte. Eine Yacht, die gerade parallel zum Wellenhang läuft,

Abb. 4/4: Ab etwa 60° bildet der Rumpf die Windangriffsfläche.

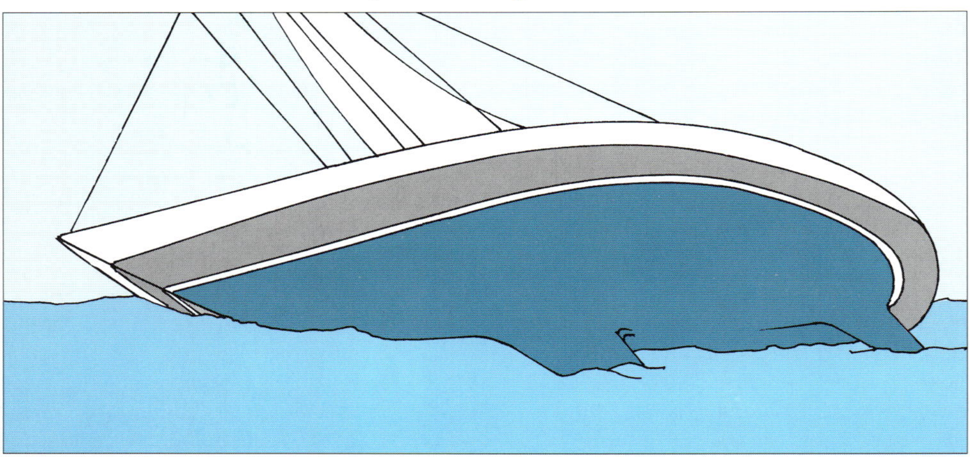

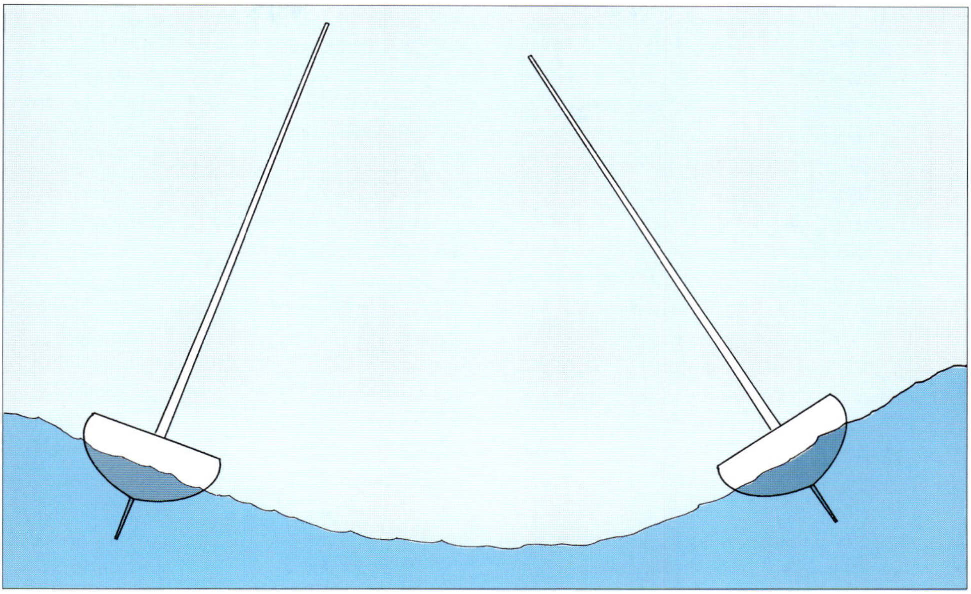

Abb. 4/5: Formstabile Yachten richten sich nach der Wasseroberflächenebene.

befindet sich gleichzeitig auf einer seitwärts gerichteten Rutschpartie. Nur der Kiel hält sie auf Spur. Da diese Spurhaltekraft auf Höhe des Kiels und die Abrutschkraft jedoch im höher liegenden Masseschwerpunkt ansetzt, entsteht ein zusätzliches Krängungsmoment. Und sollte die Yacht durch eine enge Kurve laufen (ausbrechen), würde die Kränung durch ein weiteres Moment verstärkt werden, das sich diesmal aus Spurhaltekraft und Fliehkraft zusammensetzt.
Fassen wir zusammen: Die Reststabilität muß neben der verbleibenden Krängungskraft des Windes am Rigg auch den Winddruck auf dem aufgerichteten Rumpf, die Vorkrängung durch eine schräge Wasseroberfläche, das Rollmoment in der seitlichen Welle und möglicherweise auch Fliehkräfte ausgleichen, weil die Yacht gerade aus dem Kurs bricht.

Abb. 4/6: Die dynamischen Krängungskräfte.

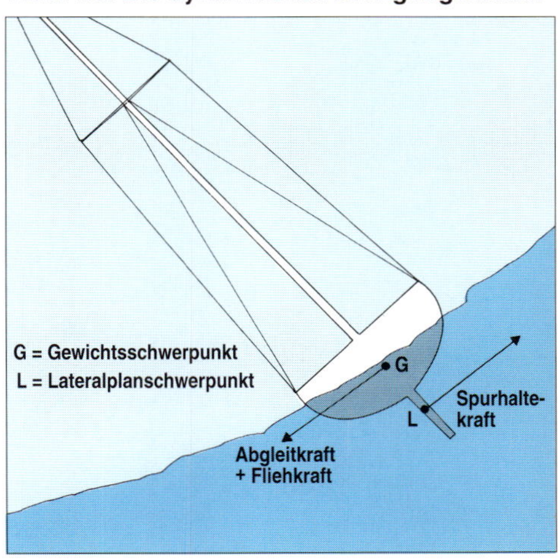

Während sich die Art dieser schließlich zum Kentern führenden Kräfte ziemlich einfach analysieren läßt, ist ihre Dimensionierung nur mit großem Aufwand möglich. Das Problem beginnt bereits bei der Festlegung der Modellbedingungen. Die möglichen statischen und dynamischen Zustände, unter denen sich eine Yacht im Seegang befinden kann, müßten katalogisiert und die Häufigkeit ihres Eintretens in der Natur festgestellt werden. Sodann müßte das Krängungsmodell, das die bekannten Krängungskräfte erfaßt, in diesem Seegangsmuster durchgerechnet werden. Das Ergebnis wäre hauptsächlich akademischer Natur. Was nutzt eine exakte Häufigkeitskurve, wenn die Frage, welche Häufigkeit noch toleriert werden soll, doch willkürlich entschieden wird.

In Abwesenheit berechneter Größen behilft man sich mit tradierten Faustwerten, zum Beispiel beim Germanischen Lloyd mit der Formel:

Reststabilität bei 90° in kNm = Wasserverdrängung in Tonnen

Für Regattayachten wollten die zuständigen Verbände bisher eine vergleichbar feste Vorgabe nicht machen. Stattdessen wird versucht, dem Sicherheitgebot über die Rennwertformeln genüge zu leisten. Konstruktionsmerkmale, die eine mindere Reststabilität ergeben, führen nach der

Abb. 4/7: Ein tiefliegender Gewichtsschwerpunkt, ein hoher Freibord und eine große Wasserverdrängung sorgen für gute Reststabilität.

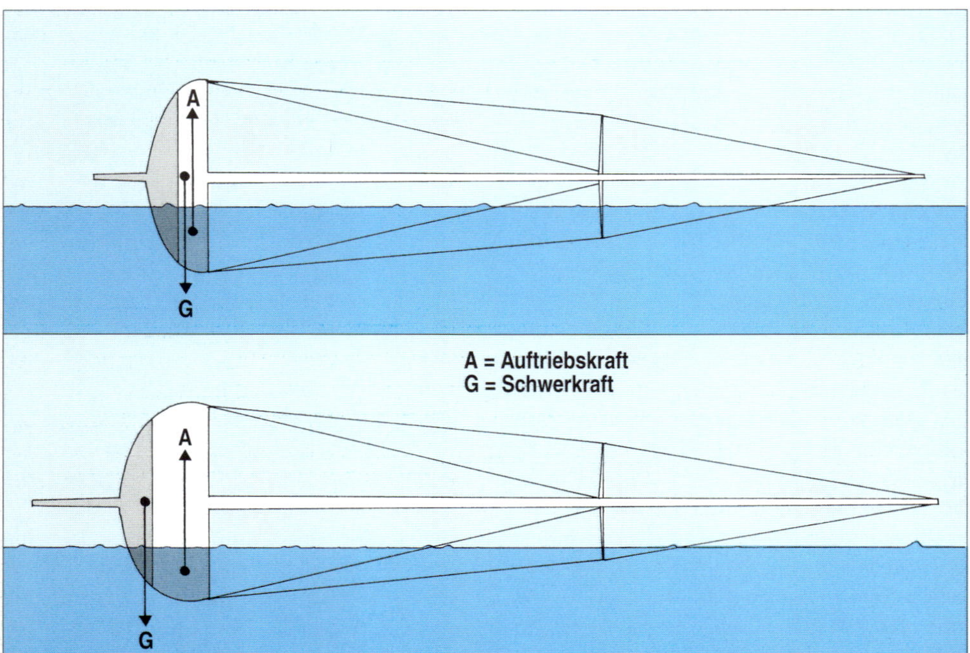

Formel zu einem ungünstigeren Rennwert. Finden wir uns damit ab, daß die Frage, welche Reststabilität erforderlich ist, letztlich wieder, wie bei den meisten Sicherheitsaspekten, eine Sache der persönlichen Präferenz ist.
Die Reststabilität kostet ihren Preis. Die konstruktiven Mittel, mit denen sich bei 90 Grad Krängung das aufrichtende Moment vergrößern läßt, haben negative Nebenwirkungen auf die Segelleistungen. Auf Abb. 4/7 erkennt man, daß ein hoher Freibord und ein tiefer Masseschwerpunkt den Kraftarm und somit das Aufrichtmoment vergrößern. Ebenso ließe es sich mit einer größeren Gesamtmasse steigern, durch die der Rumpf tiefer eintauchen und Auftriebs- und Gewichtskraft entsprechend zunehmen würden. Aber ein hoher Freibord würde aerodynamischen Widerstand kosten, ein tiefer Masseschwerpunkt bedeutete Abstriche an der Formstabilität und damit an der Segeltragefähigkeit, und eine größere Gesamtmasse würde den Wasserwiderstand vergrößern.
Wo liegen Gewichtsschwerpunkt und Auftriebsmittelpunkt bei einer realen Yacht? In keinem Prospekt findet man sie eingezeichnet. Schade, denn das interessiert natürlich den Kunden. Stattdessen beschränkt sich die Werbung auf Angaben des Ballastanteils an der Gesamtmasse. 40 bis 45 Prozent Ballastanteil wird mit Stolz verkündet. Nur, wo liegt der? Es ist ein Unterschied, ob er sich am langen Hebelarm eines Flossenkiels befindet oder als Kielwulst direkt unter dem Bauch eines Motorseglers. Ich fürchte, es wird bewußt wohl ein wenig Katz und Maus gespielt, denn wer will schon seine Käufer und vor allem deren weniger begeisterten Anhang mit dem düsteren Thema der Kenterproblematik konfrontieren?

Das Durchkenterproblem

Noch düsterer und zugleich geheimnisvoller ist das Durchkenterthema. Wie ist es möglich, daß Yachten überhaupt durchkentern, also um 180 Grad rollen, und dann auch noch in Kielobenlage verweilen. Natürlich ist eine Analyse dieses höchst mißlichen Verhaltens nicht im Interesse der Hersteller moderner Yachten, denn es würde die für viele völlig überraschende Erkenntnis zu Tage gefördert, daß eine moderne breitgeschnittene Segelyacht im durchgekenterten Zustand konstruktionsbedingt eine recht stabile Kielobenlage einnimmt. Die Stabilitätsverhälnisse sind ähnlich wie die einer ausschließlich formstabilen Jolle. Beide müßten erst ordentlich krängen, bevor sie kentern beziehungsweise zurückkentern (Abb. 4/8).
Nur wenn die kieloben liegende Yacht erneut ausreichend gekrängt wird, kippt sie zurück in die normale Aufrechtlage. Es muß also erst eine besonders steile Welle kommen, die die durchgekenterte Yacht wieder zurückkentern läßt. Der Winddruck dürfte wenig ausrichten, bedenkt man, daß der Kiel wenig Angriffsfläche bietet. Am meisten dürfte noch das Abrutschmoment einer seitlichen Welle an Krängung bringen, wenn das Rigg noch da ist und Rückhaltekraft ausübt.
Es gibt Berichte von Durchgekenterten, die von einer endlos langen Zeit sprechen, bis die Yacht sich schließlich wieder aufgerichtet hatte. Freilich hatte keiner in dieser Situation auf die Stoppuhr gedrückt, aber angesichts der physikalischen Zusammenhänge sind drei, fünf oder zehn Minuten absolut denkbar. Wenn Wasser in den kielobenliegenden Rumpf eintritt, und das ist wahrscheinlich, läßt die Stabilität nach und ein schnelleres Rückkentern wird wahr-

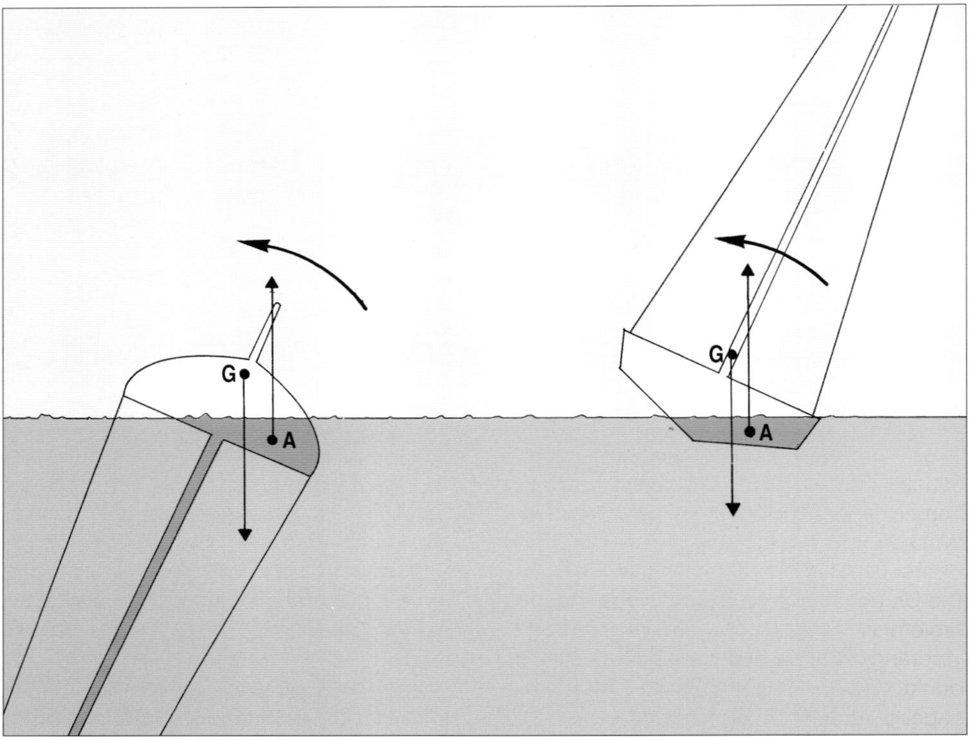

Abb. 4/8: Eine durchgekenterte Yacht hat die gleichen Stabilitätsverhältnisse wie eine aufrechte Jolle !

Abb. 4/9: Kräftemomente beim Zurückkentern - links einer Yacht, rechts einer Jolle.

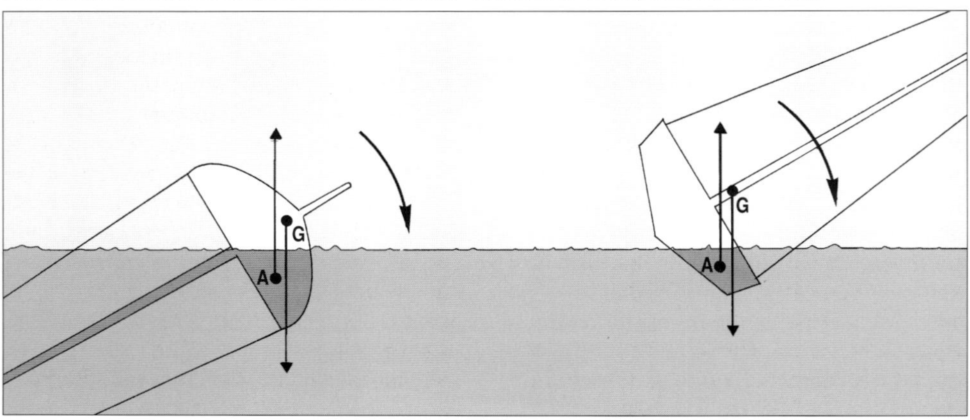

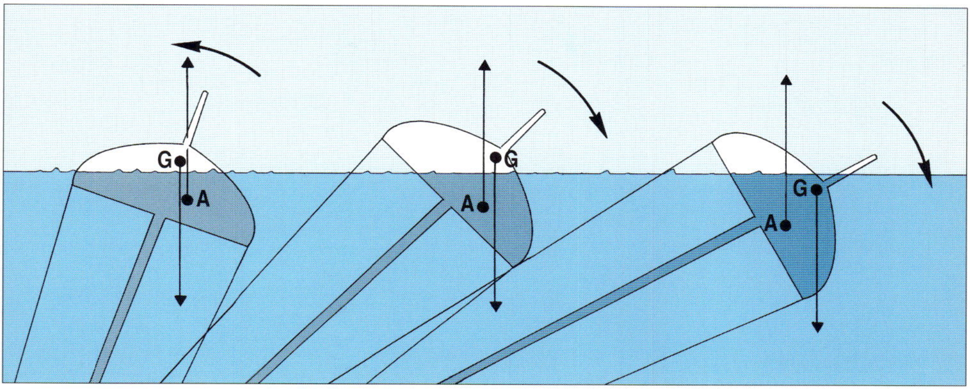

Abb. 4/10: Das Zurückkentern mit Wasser im Schiff geht leichter.

scheinlicher. Insofern hat die Besatzung immer eine Chance, und eindringendes Wasser, sonst Ursache von Angst und Schrecken, kann hier der Retter sein.

Die Ursache für solch kritisches Durchkenterverhalten liegt bei den modernen Leichtverdrängerrümpfen, deren Gewichtsschwerpunkt ziemlich hoch liegt. Je tiefer seine Lage, desto größer wird der Hebelarm zum Aufrichten und desto kleiner wird der Bereich der negativen Stabilität. Ebenso begünstigt eine größere Freibordhöhe das Krängungsverhalten. Durch sie liegt der Auftriebsschwerpunkt höher im Rumpfquerschnitt wodurch der Bereich negativer Stabilität erneut verkleinert wird.

Man kann der Abb. 4/11 leicht entnehmen, daß bei einem konventionellen ranken S-Spanter der Bereich der Kielobenstabiliät äußerst klein, theoretisch sogar null ist. Bei dem mittleren Beispiel eines hochbordigen Leichtverdrängers ist der Umkehrpunkt zur negativen Stabilität etwa bei 140 Grad erreicht, beim niedrigbordigen Beispiel schon bei etwa 130 Grad. Das bedeutet für den Fall der Durchkenterung, daß der ranke S-Spanter nur 5 bis 10 Grad von der Kielobenlage abweichen muß, um sich wieder aufzurichten, der hochbordige Leichtverdränger 40 und der niedrigbordige sogar 50 Grad! Das sind beeindruckende Zahlen. Sie sollten vor allem Fahrtenseglern auf Rennziegen zu denken geben.

Resümieren wir: Das Seglervolk gibt sich zu schnell mit dem Lehrsatz zufrieden: Yachten seien kentersicher. Richtig ist, daß sie kentersicherer als Jollen sind und sich insofern von ihnen unterscheiden. Das ausgewogene Aufrichtmoment dient zum einen dem Segeltragevermögen, zum anderen der Sicherheit gegen das Kentern. Für das Segeltragevermögen brauchen wir eine große Anfangsstabilität, für die Kentersicherheit eine große Endstabilität. Sicherheit gegen Materialüberlastung gewährt eine nur moderate Anfangsstabilität. Der marktbedingte Trend, Fahrtenyachten immer mehr den Rennyachten anzupassen, hat im Laufe der Entwicklung am Sicherheitsaspekt genagt. Er geht bei der hohen Anfangsstabilität hart an die Grenze des Akzeptablen und hat beim Kenterverhalten die Grenze wahrscheinlich schon über-

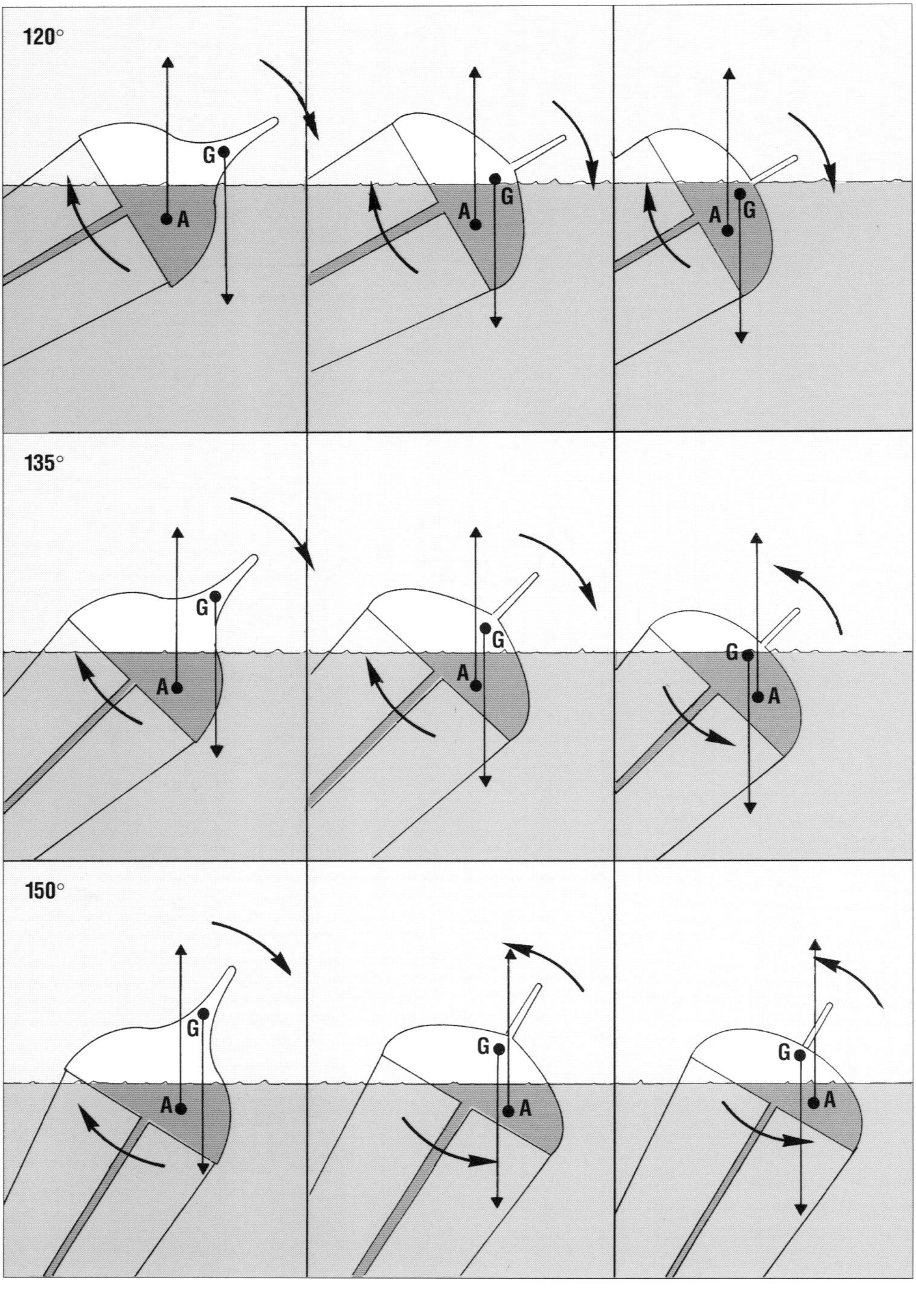
120°
G
A
A
G
A
G
135°
G
A
G
A
G
A
150°
G
A
G
A
G
A

Abb. 4/12: Stabilitätskurve einer schwerwettertauglichen Yacht.

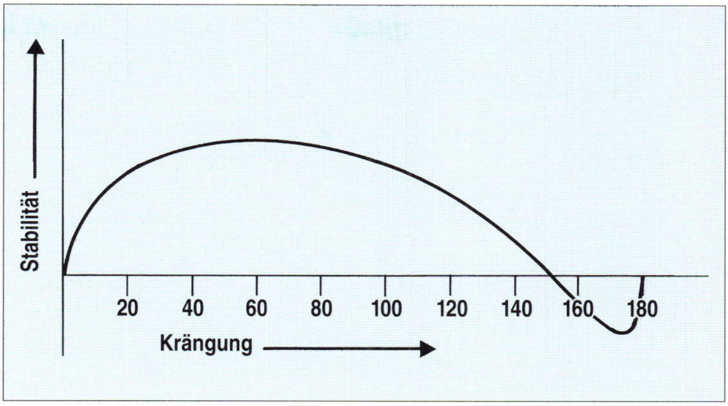

schritten. Wahrscheinlich, schränke ich ein, weil eine allgemein anerkannte Definition des Tolerierbaren nicht existiert. Leben können wir mit dieser Situation nur, weil die Seegangsbedingungen, die zum Kentern führen, in einem typischen Seglerleben kaum vorkommen.

Wer jedoch vorwiegend echtes Hochseesegeln plant und das nicht nur in der Schönwetterzeit, der sollte eine Yacht vorziehen, die eine auf Sicherheit optimierte Stabilitätskurve hat. Sie enthält eine Mischung aus Gewichts- und Formstabilität. Ihr Anfangsbereich ist ein Kompromiß aus der Steifheit eines Jollenrumpfes mit der Nachgiebigkeit eines traditionellen S-Spanters. Über 45 Grad geht das Aufrichtmoment dem nachlassenden effektiven Winddruck folgend nur langsam zurück, um ein starkes Polster an Reststabilität über den gesamten Kenterbereich bis gut 135 Grad zu bieten. Der negative Stabilitäsbereich im Falle der Durchkenterung ist mit 30 Grad nach beiden Seiten so schmal, wie es konstruktiv eben erzielbar ist (Abb. 4/12).

◀ Abb. 4/11: Stabilität beim Durchkentern einer konventionellen Yacht (links), einer hochbordigen Leichtverdrängeryacht (Mitte) und einer flachbordigen Leichtverdrängeryacht (rechts).

5 Die sichere Yacht
Dichtigkeit

Eine Yacht muß dicht sein. Eine Binsenweisheit? Weit gefehlt. Die zweithäufigste Ursache der Yachtverluste ist nach Feuer an Bord der Wassereinbruch. Ganz abgesehen von Kollisionen mit Unterwasserhindernissen, geschehen Wassereinbrüche durch Materialermüdung, durch Losrütteln, durch Überlastung und natürlich auch durch Fehlbedienung. Konstruktionsmängel, nachlässige Wartung, oder mangelhafte Creweinweisung mag der innere, schweres Wetter der äußere Anlaß sein. Betrachten wir der Reihe nach, was alles falsch gemacht werden kann:

Niedergänge, Luken und Lüfter

Das Deck selbst ist gegen den Wasserschlag ziemlich unempfindlich, solange die See von vorn oder schräg von vorn kommt. Sülle, Luken und Fenster müssen allerdings weitgehend parallel zur Schlagrichtung, also horizontal oder in Schiffslängsrichtung angeordnet sein. Sie dürfen keine nach vorn gerichteten Stirnflächen aufweisen.

Bei den modernen Yachten ist diese Forderung allgemein recht gut erfüllt, zumal

Abb. 5/1: Skylight mit zusätzlichen Zurrings.

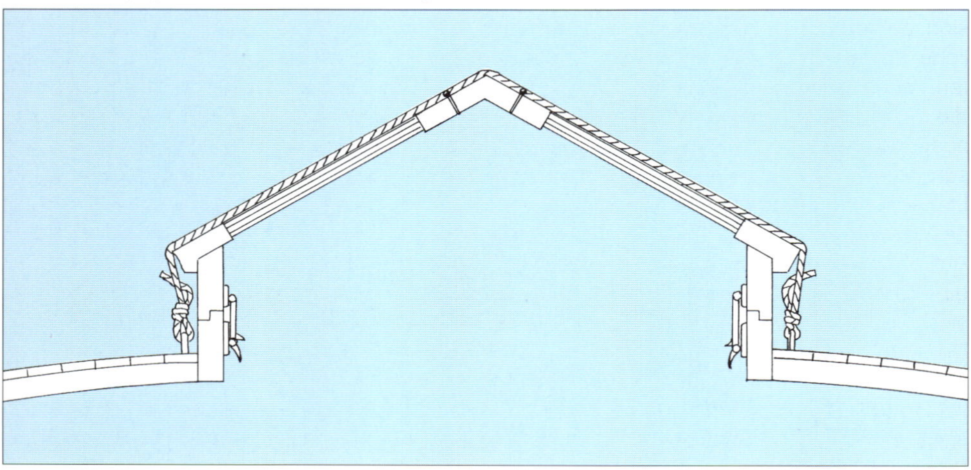

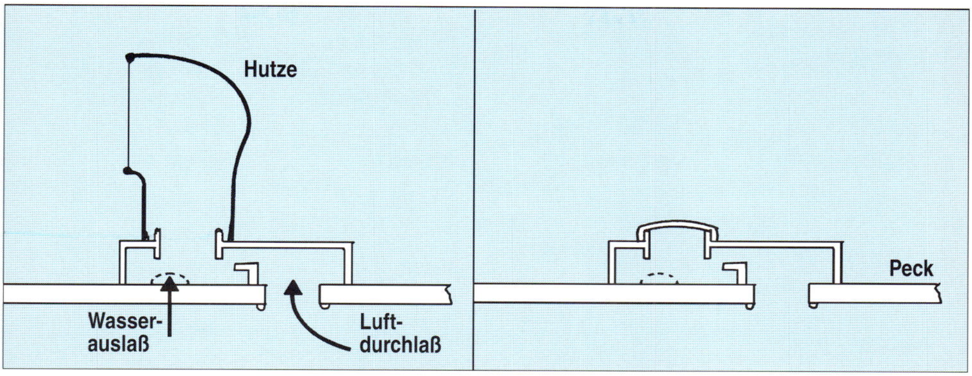

Abb. 5/2: Doradelüfter (rechts gegen Aufschraubdeckel ausgetauscht).

sie sich mit dem „Racer-Look" deckt, der zur Zeit im Publikumsgeschmack dominiert. Viel problematischer sind dagegen die Decks der traditionellen Yachten. Auf ihnen steht so einiges mit aufragenden Fronten. Zum Beispiel können die wunderschön aussehenden Skylights von einer schweren See einfach weggerissen werden. Ihre Verankerung an Deck würde ich sehr kritisch beäugen, vor allem wenn sie sich auf dem Vorschiff befinden. Zusätzliche Vorreiber oder Zurrings können helfen, auch sollte das Glasmaterial gegen die moderneren, festeren Acrylscheiben ausgewechselt werden. Ideal sind maßgeschneiderte Skylight-Persennings, deren Liekaugen stramm auf die Decksplanken gezurrt werden.

Auf alten wie auf den modernen Yachten gibt es hoch aufragende Lüfter. Im Prinzip sind es immer die gleichen guten alten Doradelüfter mit trompetenartigen, abgewinkelten Lufthutzen aus Metall oder Kunststoff. Die führen die Luft durch einen Kasten, wo das Spritzwasser nach dem Syphonprinzip abgeschieden wird, aber eben nur das Spritzwasser. Grünes Wasser geht durch. Und nicht nur das, eine richtige See, die über das Deck rollt, nimmt die Lüfter mit, so wie sie sind. Alle Doradelüfter sollten deshalb abschraubbar sein. Bei schwerem Wetter werden sie dann gegen flache Aufschraubdeckel ausgetauscht, und das Problem ist beseitigt.

Wenn die See von hinten über das Achterschiff kommt, und das kann beim Ablaufen vor der See schon passieren, dann ist ihre Wucht wegen der geringeren Differenzgeschwindigkeit zur Yacht nicht so stark, als wenn das von vorne passierte. Aber die Wassermenge ist ebenso groß, und damit die nicht ins Schiff eindringt, muß in erster Linie der Niedergang gut abgeschottet sein. Gut heißt erstens, dicht und stabil und zweitens, unkompliziert von innen und außen zu öffnen und schließen. Denn muß man zum Beispiel erst einzelne Steckschotten in Reihe bringen oder den berühmten „Nippel durch die Lasche ziehen", wird man schnell nachlässig und läßt das Schott einfach offen. Bei Sturm kann das tödlich sein.

Versteckte Borddurchlässe

Jeder Segler weiß, wozu Seeventile dienen, und was man mit ihnen zu tun hat. Wollen wir das nicht wiederholen. Aber ist auch bekannt, daß längst nicht alle Borddurchlässe Seeventile haben? Es gibt deren eine ganze Reihe.

Beginnen wir mit den Gebern für Log und Echolot. Sie brauchen kein Seeventil, denn sie sind quasi eines. Je nach Gerätetyp können sie zum Saubermachen aus ihrer Hülse gezogen werden, die mit einem mitgelieferten Ersatzstopfen sofort wieder verschlossen werden kann. Sollte jedoch einmal die Hülse, die oft aus Kunststoff gefertigt ist, von einem schweren Gegenstand in der Bilge abgebrochen werden, muß schnell ein Notstopfen heran, den man in verschiedenen Größen beim Lecksicherungswerkzeug vorrätig haben sollte.

Apropos Lecksicherungswerkzeug: Wenn's schnell gehen soll, findet man normalerweise nichts. Jeder kennt das. Deshalb ist es keine schlechte Idee, für die potentiellen Panikfälle gut Ordnung zu schaffen. An auffallender Stelle, für alle griffbereit, würde ich den Verbandskasten, die Seenotsignalmittel und den Lecksicherungskasten anbringen. Letzterer enthält eine kleine aber scharfe Axt, einen kurzstieligen schweren Hammer, konische Gummi- oder Weichholzstopfen in verschiedenen Stärken sowie Dichtwerk frei nach Phantasie und Marktangebot.

Ein weiterer nicht ganz unproblematischer Borddurchlaß ist der Lenzauslaß. Ebenfalls ohne Seeventil. Meistens fördern alle Lenzpumpen in eine gemeinsame Schlauchleitung, die achtern seitlich ins Freie führt. Wenn dieser Auslaß bei extremer Lage unter die Wasserlinie taucht, kann Seewasser zurückströmen. Es braucht dann nur noch die Lenzpumpe eine vom ventillosen Typ zu sein (z.B. eine Kreiselpumpe), dann läuft das Wasser ungehindert ins Schiff.

So wie die Lenzöffnung auf modernen Yachten angebracht ist, glaubt man zunächst nicht, daß sie je unter die Wasserlinie gelangen könnte. Doch man bedenke die hochgezogene Heckwelle, die manchmal bei schneller Fahrt in Lee bis an die Bordkante heranreicht! Deshalb sollte zur Sicherheit ein Rückschlagventil eingebaut werden.

Vielfach führt bei modernen Yachten die Lenzleitung über einen in der Mittschiffsebene liegenden Schwanenhals, um den gleichen Effekt zu erzielen. Mit solch einer Anlage ist es jedoch schon passiert, daß nach dem Lenzen die geschlossene Wassersäule im Lenzschlauch blieb, und das Wasser nach dem Saugheberprinzip durch den Schwanenhals hindurch in die Bilge zurückströmte. Bei dem konkreten Fall, den ich hier im Auge habe, hatte die Crew vergeblich nach der Quelle des Wassereinbruchs gesucht. Denn der Lenzkorb, durch den das Wasser einströmte, steckte in einem tiefen Lenzbrunnen im Kiel. Nach jedem Lenzen stieg das Wasser sofort wieder an, und keiner wußte warum. Ich glaube die armen Teufel hatten noch stundenlang gelenzt, bis sie aus irgendeinem Grunde auf den anderen Bug gingen, und der Spuk vorbei war.

Weiter geht es mit den unbeachteten Borddurchlässen, die man übrigens alle studieren kann, wenn die Yacht aufgepallt ist. Man sollte selbst den Unterwasseranstrich machen, dann hat man Gelegenheit dazu! Eine Zeitlang war es Mode, das schmutzige Regenwasser nicht über die glänzend weiße Bordwand abfließen zu

lassen, sondern durch Lenzbrunnen im Wassergang, die durch Rohre mit Borddurchlässen unter der Wasserlinie verbunden waren. Weil die Rohre recht stabil ausgeführt und schwingungsfrei an der Innenbordwand fixiert waren, gab es keine Notwendigkeit für Seeventile. Aber, sollte jemand solch eine Yacht segeln, möge er darauf achten, daß diese Röhren in den Backskisten oder in den Stauräumen hinter den Salonkojen nicht als Festpunkte für Laschings mißbraucht oder sonst von schwerem Staugut beschädigt werden. Es wäre nicht das erste Mal! Ein Leck vermutet man dann überall, nur nicht an so einem dämlichen Stehrohr.
Und bitte nicht die Lüftungsöffnung für die Gasflasche vergessen. Sie liegt zwangsläufig ziemlich tief, damit auftretendes Leckgas, das schwerer als Luft ist, ungehindert abfließen kann. Führt diese Öffnung seitlich durch die Bordwand hinaus, muß auf alle Fälle der Gaskasten zum Schiffsinneren hin wasserdicht sein. Denn bei Lage wird er geflutet. Obwohl der Gaskasten ohnehin nach innen dicht sein sollte, was im Zusammenhang mit der Flaschengasinstallation noch erläutert wird, ist es deshalb besser, die Lüftungsöffnung durch den Heckspiegel ins Freie zu führen.
Und nun ein letzter Fall aus der Kategorie der ungeahnten Borddurchlässe. Was passiert, wenn aus irgendeinem Grunde die Schraubenwelle bricht, was nicht zum ersten Male der Fall wäre. Das abgebrochene Wellenstück rutscht nach achtern, denn die Schraube zieht sie im Fahrtstrom zurück. Gehalten wird sie bestenfalls durch die Reibung in der Stopfbuchse, jener Dichtpackung, die verhindert, daß Wasser entlang der Welle durch das Stevenrohr kommt. Stopfbuchsen sind unterschiedlich fest angezogen, und entsprechend verschieden ist auch ihre Reibung. Schlimmstenfalls reicht die Reibung nicht und die Welle samt Schraube ist weg! Zurück bleibt ein Loch durch das das Wasser sprudelt.
Um dieses Problem geht es. Eigentlich ist es gar keines, weil man sich so einfach davor schützen kann. Man schraube eine ganz normale Rohrschelle vor der Stopfbuchse um die Welle, und das Problem ist vorbei.

Toiletten

Nun zum immerwährenden Thema, der Bordtoilette. Es passiert wieder und wieder: Die Crew kehrt friedlich vom Landgang zurück und findet die Yacht verdächtig tief eingetaucht vor. Einer, der als letzter auf der Toilette war, kriegt einen hochroten Kopf.
Zugegeben, für den Neuling klingt das Benutzungsverfahren kompliziert, und die Horrorgeschichten, die bei der Einweisung erzählt werden, tragen nicht gerade zum Vertrauensverhältnis Mensch und Toilette bei. Was fehlt, ist eine angemessene Einführung. Denn ich finde, sobald jemand die Funktionsweise wirklich verstanden hat, wird er zeitlebens mit Pumpe und Ventilen Gutfreund sein.
Es gibt inzwischen verschiedene Prinzipien, nach denen die Bordtoiletten arbeiten, doch das Wesentliche haben sie gemeinsam. Alle liegen mit der Kloschüssel knapp über oder knapp unter, bei Krängung aber immer unter der Wasserlinie, weshalb bei Fehlbedienung Wasser in das Schiffsinnere gelangen kann. Alle haben einen Seewasserzulauf zum Spülen und einen Abwasserablauf, der aus gegebe-

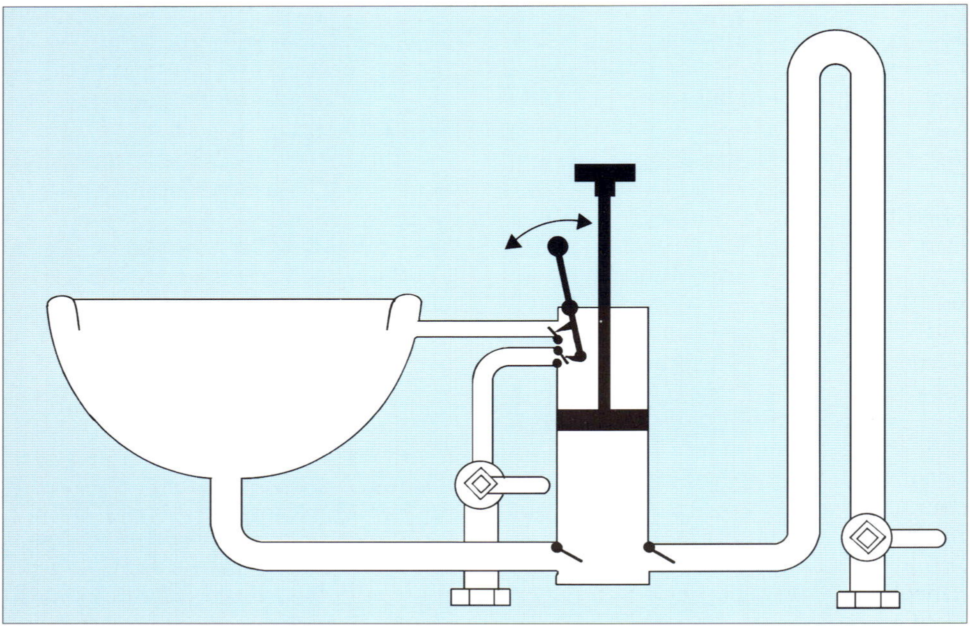

Abb. 5/3: Zur Erinnerung: Die Funktion einer Bordtoilette (Spülhebel nach links: spülen; nach rechts: leerpumpen).

nem Grunde einen etwas größeren Leitungsquerschnitt aufweist.
Am meisten verbreitet ist die Toilettenversion mit der doppelt wirkenden Pumpe. Zur Erinnerung wird ihr Funktionsprinzip hier noch einmal dargestellt:
Die Seeventile, die den Zu- und Ablauf sichern, können naturgemäß auch versagen. Das Unangennehme dabei ist, daß man es erst merkt, wenn weitere Ventile in der Folge auch undicht geworden sind, also die Redundanz schon nicht mehr existiert. Seeventile, vor allem die modernen aus Kunststoff, leiden unter harten Gegenständen, die zwischen Kugel und Pfanne geraten. Das können ganz einfache Seepocken sein, die zwar normalerweise bei der Bewegung des Ventils abgeschert werden, die aber manchmal scharfkantige Fundamente zurücklassen. Sie verursachen Riefen in den Oberflächen, die eigentlich dichten sollten, und im Laufe der Zeit läßt das Ventil ganz schön Wasser.
Im Zulauf sind alle Pumpventile so gerichtet, daß sie eindringendes Wasser durchlassen. Nur der kleine Umschalter von Spülen auf Leerpumpen macht den Zulauf dicht. Er blockiert die Zulaufklappe des Spülpumpenzylinders. Wird der also versehentlich auf „spülen" stehen gelassen, und ist das Seeventil offen oder undicht, dringt Seewasser ungehindert ein. Ein Schwanenhals im Zulauf würde nicht helfen, weil das Wasser hindurchgesogen würde. Ein Snifflevalve, um das zu verhindern, würde nicht funktionieren. Es würde bewirken, daß das

Klo beim Pumpen Luft und nicht Seewasser ansaugte. Es bleibt also dabei, daß man beim Zulauf nur diese zwei Sicherungen hat, die eben nicht vergessen werden dürfen. Das Seeventil kann getestet werden, indem man den kleinen Umschalter auf Spülen stehen läßt, und bei geschlossenem Seeventil vorsichtig versucht zu pumpen.

In der Ablaufleitung sind die beiden Pumpenventile so gerichtet, daß sie gegenüber eindringendem Seewasser schließen würden. Sie schließen aber nicht hundertprozentig, weil sie grobe Arbeit gewöhnt sind. Kriechwasser würden sie durchlassen, was ausreichte, eine wochenlang unbenutzte Yacht auf ihrem Liegeplatz zu versenken. Um nicht die ganze Verantwortung dem Seeventil zu überlassen, wird die Abflußleitung allgemein als Schwanenhals verlegt. Die Gefahr des Rücksaugens besteht kaum, da beim Pumpen durch den großen Leitungsquerschnitt die geschlossene Wassersäule kaum zustande kommt.

Das Abflußseeventil kann man leider nicht testen, ohne den Schlauch abzuziehen. Das ist bedauerlich und ein Grund mehr, einen Schwanenhals vorzusehen.

Ein letztes Sicherheitselement ist die Einbauhöhe der Toilette. Sie sollte auf ebenem Kiel mit der Schüsselkante wenigstens fünf Zentimeter über der Wasserlinie liegen. Das schützt wenigstens im Hafen.

Resümee: Eine richtig bediente Bordtoilette ist absolut sicher. Auch ist ihre Funktion, wenn man sie einmal verstanden hat, so übersichtlich, daß sich die richtige Bedienung eigentlich zwangsläufig ergibt. Das Sicherheitsproblem liegt bei der Fehlbedienung, die auf mangelhafte Einweisung oder auf Unachtsamkeit zurückzuführen ist. Schusselei ist menschlich, man kann sie nicht unterbinden. Deshalb gehört der Toilettencheck zum regelmäßigen Kontrollgang unterwegs und vor allem beim Verlassen der Yacht im Hafen. Nichts stimmt trauriger als eine Yacht, von der nur noch Mast und Festmacher aus dem Wasser ragen.

Als vertrauensbildende Maßnahme empfiehlt es sich, die Funktionsskizze (oben) und die Bedienungschritte der Toilette auf das Wesentlichste reduziert in Augeshöhe an die Wand zu pinnen:

> Zwei Ventile auf
> „Flush“ - Wasser reinlassen -
> “Dry Pump“
> Geschäft
> „Flush“ - Sauberpumpen -
> „Dry Pump“ - Leerpumpen plus 10
> Zwei Ventile zu

Wasser im Motor

Wenn Wasser durch den Auspuff in den Motor gelangt, versenkt es nicht gleich das Schiff, aber es macht den Motor kaputt. Es gelangt von außen vor die Auspuffventile der Zylinder, von denen bei stehendem Motor mindestens eines immer offen steht. In diesen Zylinder dringt das Wasser ein und sickert zwischen Kolben und Zylinderwand in die Ölwanne. Nach zwei, drei Seetagen mit ordentlichem Seegang bildet sich mit dem Öl eine schmierig weiße Emulsion, die beim Motorbetrieb zwar wieder verschwindet, aber inzwischen schon einigen Schaden angerichtet haben kann. Gefährlich wäre es, die Maschine zu starten, wenn der Ölstand, besser der Wasser/Öl-Stand, schon weit über den Sollstrich gestiegen ist. Die Brühe würde von der Kurbelwelle zu Schaum geschla-

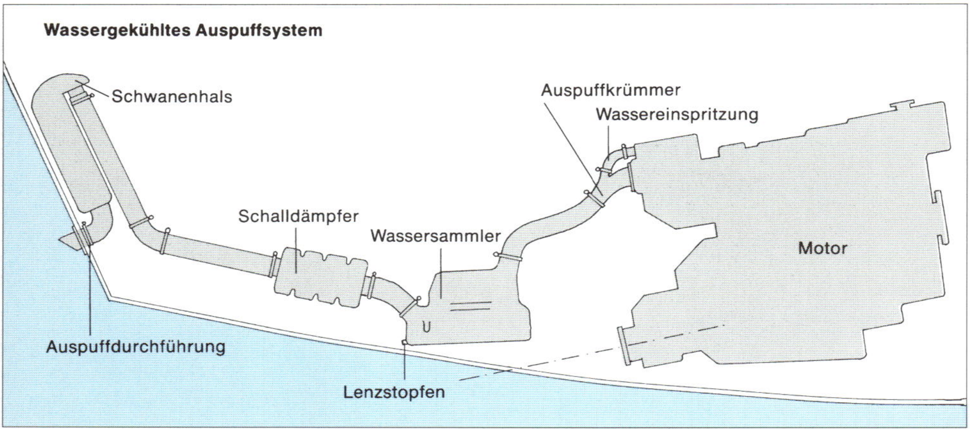

Abb. 5/4: Sichere Auspuffanlage

gen werden und seine Schmierfunktion verlieren.

Es gibt viele Varianten, die Auspuffleitung zu verlegen, solange das Prinzip gewahrt bleibt: der Auspuffstutzen am Motor muß höher liegen als die Wasserlinie, oder ein Schwanenhals in der Leitung muß deutlich über die Wasserlinie ragen. Als Wasserlinie, besser -fläche gilt diejenige, die sich bei Fahrt und Krängung ergibt. Folglich muß der Schwanenhals, also der Bogen, der Auspuffschlauch oder -rohr eine kurze Strecke über die Wasserfläche führt, nicht seitlich sondern in der Mittschiffsebene liegen. Zweitens sollte er möglichst dicht an der Maschine, also nicht im Heckbereich liegen, weil die heftigen Stampfbewegungen des Achterschiffs das Wasser im Auspuff förmlich durch den Schwanenhals hindurch nach innen schlenkern können.

Ein Wasserrückstautopf, auch Wassersammler genannt, löst das Problem eines mangelhaften Schwanenhalses nicht. Er fängt lediglich den Rest des Kühlwassers auf, der beim Abstellen des Motors noch im Auspuff war, und der Schwerkraft folgend zum Motor zurücklaufen würde. Ohne Topf würde dieser Kühlwasserrest im Seegang vor und zurück schaukeln und schließlich in den Motor hineinschwappen. Nur dafür dient der Rückstautopf, nicht als Rückschlagventil gegen eindringendes Seewasser. Würde bei schlechter Anbringung des Schwanenhalses immer wieder Seewasser in den Auspuff gelangen, wäre der Topf bald voll und das Wasser würde weiter bis zum Motor steigen (Abb. 5/4).

Bei den meisten modernen Serienyachten läßt sich der Schwanenhals aus Platzgründen nicht in der Nähe des Motors anbringen. Deshalb wird oft der Platz in der Achterpiek gewählt, wo der Auspuff mittschiffs hochgeführt und unter dem Deck an der Spiegelkante entlang seitwärts zur Bordwand umgelenkt wird. Es ist die zweitbeste Lösung.

Wasser kann auch über einen weiteren Weg in den Motor gelangen: über den Kühlwasserzulauf. Er muß, ebenso wie der Auspuff, einmal über die Wasserebene hinausgeführt werden, per Schwanenhals, wie gehabt. Sonst würde das Kühlwasser

Motor in Betrieb: Kühlwasser wird vom Auspuff mitgerissen.

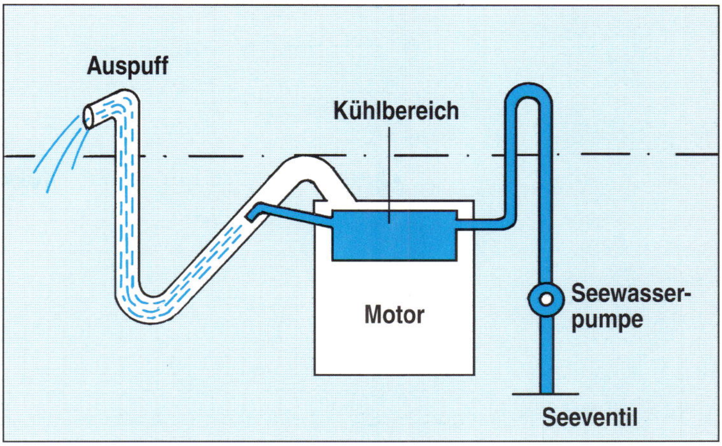

Motor abgestellt: Kühlwasser steigt im Auspuff und läuft durch die Zylinder in die Ölwanne.

Mit Saugventil: Kühlwasser kann nicht nachlaufen, nur Restwasser sammelt sich im Auspuff.

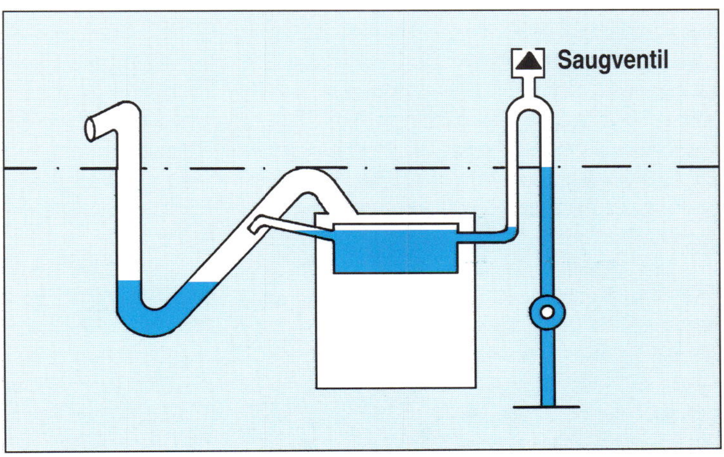

Abb. 5/5:
Das Flutungsproblem über den Kühlwasserzulauf.

ungehemmt durch die Kühlwasserpumpe hindurch, durch den Kühlbereich in den unter der Wasserebene liegenden Auspuff strömen, von wo es, wie oben beschrieben, über die Zylinder in das Motoröl gelangt.
Mit dem Schwanenhals gibt es hier allerdings ein neues Problem, das man am besten mit den drei Zeichnungen (Abb. 5/5) erklärt:
Oben: Bei laufendem Motor befördert die Seewasserpumpe das Seewasser über den Schwanenhals durch den Kühlbereich in den Auspuff, wo es von den Auspuffgasen mitgerissen und ins Freie geschleudert wird.
Mitte: Der Motor ist abgestellt worden. Da der Kühlbereich unter der Wasserlinie liegt, strömt nach dem Saugheberprinzip das Seewasser durch den Schwanenhals und durch die stehende Seewasserpumpe hindurch nach und füllt die Auspuffleitung an. Dort bleibt es, weil bei stehendem Motor kein Auspuff das Wasser hinausschleudert. Es steigt höher und höher, bis es schließlich über den Auspuffkrümmer in den Motor fließt. Die Folgen kennen wir schon. Es ist der gleiche Ärger, den wir schon hatten, als das Wasser von außen in den Auspuff drang.
Unten: Das Nachströmen durch den Schwanenhals muß also unterbunden werden. Das wird gemacht durch Nebenluft, die man über ein kleines Saugventil in den Schwanenhals gelangen läßt. Der Schwanenhals läuft leer, und das Restwasser daraus sammelt sich friedlich im dicken Auspuffschlauch.
Das Snifflevalve, so heißt das Ventil im Fachjargon, neigt dazu, sich zuzusetzen. Es muß öfters überprüft, gereinigt und zuweilen ausgewechselt werden. Seine Funktion ist wichtig!

Ein Sicherheitslenzsystem

Lecksicherheit ist das eine Bein, ein wirksames Lenzsystem das andere. Eine Yacht sollte mit Lenzvorrichtungen ausgestattet sein, die zwei Aufgaben erfüllen: Erstens alles, was sich bei Normalbetrieb an Wasser im Schiffsrumpf sammelt, hinauszubefördern und zweitens im Falle eines Lecks, gegen den Wassereinbruch anzupumpen. Im ersten Falle geht es um Qualität im zweiten um Quantität.
Beginnen wir mit der friedlichen Aufgabe: Die Yacht soll immer schön trocken sein. Nasse Bilgen und Pfützen modern und stinken. Zu diesem Zweck ist normalerweise der gesamte Schiffsboden so konstruiert, daß alle Wasserpfützen zum Bilgebrunnen abfließen kännen, in dem eine Lenzpumpe saugt. Für den Fall, daß sich bei Lage in der Leerundung des Bodenbereiches Wasser sammelt, werden auch dorthin Saugrohre geführt, die sich über Ventile auf die Lenzpumpe schalten lassen. Und um modernen Ansprüchen zu genügen, werden schließlich auch die Duschbecken über Verteilerventile an die Lenzpumpe angeschlossen. Alle Saugstellen dieser Anlage müssen möglichst flach am Boden absaugen und Rückschlagventile haben, damit nach dem Lenzen der Rohrinhalt nicht wieder zurückfließt. Die Pumpe kann elektrisch oder handbetrieben sein, und darf nicht nach dem Kreiselpumpenprinzip arbeiten. Die Kreiselpumpe saugt nämlich nicht an. Erst, wenn sie Wasser zwischen ihre Schaufeln kriegt, das dann durch Fliehkraft nach außen in die Druckleitung geschleudert wird, funktioniert sie und saugt dann auch.
Dieses „friedliche“ Lenzsystem findet man

auf den meisten modernen Yachten als Hauptlenzsystem, obwohl es mit seinen dünnen Leitungsquerschnitten, seinen Umschaltventilen, Zwischenfiltern und seiner Pumpenart in keiner Weise die Leistung erbringen kann, die man von einem Notlenzsystem erwartet. Es wäre völlig hoffnungslos mit diesem „Reinschiffsystem" gegen einen echten Wassereinbruch anpumpen zu wollen.
Unverständlicherweise wird dieses System in den gültigen Sicherheitsrichtlinien als Lenzsystem anerkannt. Es werden dort lediglich zwei von einander unabhängige Systeme vorgeschrieben, ohne etwas über deren Pumpleistung auszusagen. Hier wird wohl noch mit einer Korrektur zu rechnen sein.
Das Notlenzsystem soll auf große Förderleistung optimiert sein. Das tun am besten Kreiselpumpen mit starkem Antrieb. Der Antrieb ist das Problem. Man könnte zwar Tauchpumpen mit 1000 Watt Leistung bei 12 Volt Spannung einsetzen, die dann ähnlich wie die Ankerwinsch oder der Anlasser mit kugelschreiberdicken Kabeln versorgt werden würden. Aber sobald die Batterien unter Wasser geraten, verlören sie schnell an Leistung und die Sache wäre vorbei.

Der Diesel ist ein wirkungsvoller Pumpenantrieb

Der beste Pumpenantrieb ist der Dieselmotor selbst, obwohl diese Lösung immernoch sehr selten ist. Es ist konstruktiv nicht sehr aufwendig, eine leistungsstarke Kreiselpumpe im unteren Bereich der Motorfront zu montieren. Sie würde mit einem Keilriemen angetrieben werden, der nur beim Einsatz aufgezogen und mit einem Spannhebel dichtgesetzt würde.

Auf lange Sicht könnten die Motorenhersteller serienmäßig eine festintegrierte Kreiselpumpe noch unter der Keilriemenebene anordnen, womit eine völlig wartungsfreie, immer in Bereitschaft befindliche Lösung gegeben wäre. Sie könnte für Förderleistungen um die 15000 l/h ausgelegt werden, was dann tatsächlich eine echte Sicherheit gegenüber Wassereinbrüchen bedeuten würde.
Diese Pumpe würde ständig leer mitlaufen. Solange sie nur Luft fördert, kostet das kaum Leistung und entlüftet nebenbei den Motor- oder Bilgenraum, je nach dem wo der Saugkorb liegt. Steigt das Wasser im Lenzbrunnen, fördert sie automatisch Wasser. Apropos, die Pumpe muß ziemlich tief angebracht sein, um trotz der prinzipeigenen Ansaugschwäche das Wasser anfänglich in die Pumpe zu bekommen.
Skeptiker mögen einwenden, daß bei Wassereinbruch auch der Motor nicht mehr läuft. Sie werden staunen, wie lange er das tut und wie gut. Mir wurde einmal von einem Fall berichtet, als der Motor zu zwei Dritteln unter Wasser stand und noch tadellos arbeitete. Nur bildeten sich unter Wasser abenteuerliche Funkenstrecken im elektrischen Bereich, die aber den Lauf des Motors nicht störten. Um ganz auf der sicheren Seite zu sein, könnte man bei Motoren, die zum Notlenzen vorgesehen sind, den Luftansaugstutzen etwas höher legen. Dann stünde dem Unterwasserbetrieb nichts mehr im Wege. Halt! Wie startet man ihn, wenn die Batterien schon schwach geworden sind? Gute Frage, aber Geduld bitte!
Die leistungsstarke Notlenzanlage muß erheblich größere Leitungsquerschnitte haben als die andere, die „Reinschiffanlage". Zweizolleitungen sind nicht übertrieben. Der Lenzkorb muß großflächig sein, so

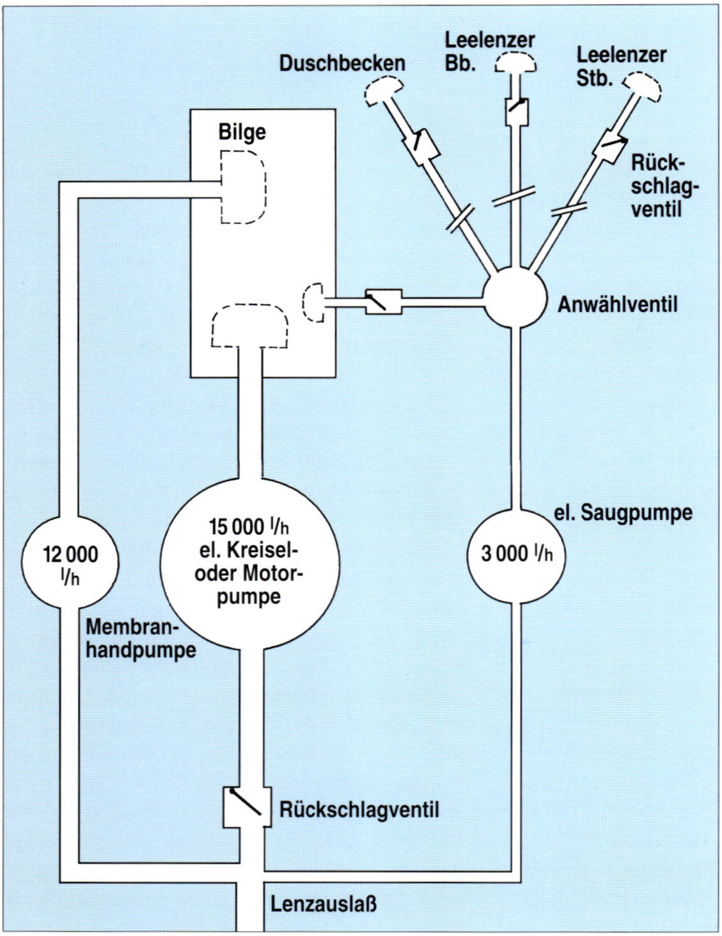

Abb. 5/6: Das Sicherheitslenzsystem - Mittlerer Strang: 1. Notlenzanlage; linker Strang: 2. Notlenzanlage; rechter Strang: Reinschiffanlage.

groß wie ein Schuhkarton, und man muß ihn schnell heben und reinigen können. Damit der Ansaugschlauch so kurz wie möglich ausfällt, braucht der Lenzkorb nicht unbedingt im Bilgenbrunnen liegen. Direkt vor dem Motor würde reichen, um nur die großen Wassermengen hinauszuexpedieren. Den Rest pumpt dann das Reinschiffsystem hinaus.

Wie gesagt, sind die motorgetriebenen Pumpen noch selten. Die zweitbeste Lösung ist die elektrische Tauchpumpe, bei deren Einsatz aber das Wasser nicht über die Batterien steigen darf. Sie gibt es heute im Handel mit Leistungen um 7000 l/h. Die doppelte Leistung wäre angemessen.

Als Reserve und zugleich auch als Leistungssteigerer sollte jede Yacht ein unabhängiges zweites Notlenzsystem haben. Diesmal sollte die Pumpe handgetrieben sein und aus dem Cockpit heraus bedient werden können. Denn, das mag auch vielen unbekannt sein, hat man Wasser im Schiff bei schwerem Seegang, ist unter Deck die Hölle los. Kein Mensch kann sich da unten aufhalten, ohne von Bodenbrettern und anderem Treibgut kurz- und kleingeschlagen zu werden. Die handgetriebene Notlenzpumpe sollte sehr großhubig sein und einen überlangen Schwengel haben. Ein durchschnittlicher Bediener sollte pro Minute etwa 200 Liter schaffen können.

Das dritte Notlenzsystem - viele besitzen es und wissen es nur nicht - ist die Schlagpütz, also der normale Henkeleimer, den man, aus etwas festerem Gummi gefertigt, küstauf küstab auf allen Yachten zum Reinschiffmachen oder zum Abbremsen beim Anlegen unter Segeln braucht. Man mag es nicht glauben, ein kräftiger vom Überlebensdrang beflügelter Mann pützt auf der Niedergangsleiter stehend pro Minute 12 Schlag ins Cockpit hoch, das sind rund 100 Liter pro Minute oder 6000 l/h. Damit befindet er sich in direkter Konkurrenz zu den heute meist verbreiteten Tauchpumpen. Die Pütz ist also nicht nur Reservenotlenzsystem, sondern ein echter „Lenzbooster"!

Das selbstlenzende Cockpit

Heute sind sie eine Selbstverständlichkeit, zur Zeit der Folkeboote und der 8-KR-Yachten waren sie eine Novität, die selbstlenzenden Cockpits, Plichten, deren Boden deutlich über der Wasserlinie liegt, so daß eingedrungenes Wasser durch einfache Lenzrohre wieder abfließen kann.
Heute werden selbstlenzende Cockpits für hochsee- und schwerwettertaugliche Yachten als unverzichtbar betrachtet. Denn es läßt sich in schwerer See nicht verhindern, daß meistens von achtern einzelne Seen über Deck kommen und das Cockpit überfluten. Es sind die üblichen Einsteiger, die außer naß völlig harmlos sind, wenn sie gleich wieder abfließen. Das Problem beginnt, wenn das Cockpit noch halb voll ist, während schon der nächste Einsteiger kommt. Dann bleibt das Cockpit voll, und das drückt die Yacht achtern tief ins Wasser. Abgesehen von der Hinderlichkeit, Ruder und Schoten aus der vollen Badewanne bedienen zu müssen, würde das tief eingetauchte Achterschiff das Seeverhalten schlimm beeinträchtigen.
Das Cockpit muß in einer, höchstens in zwei Minuten wieder leer sein. Zweierlei Vorkehrungen sind dazu nötig. Erstens darf das Cockpit, besser gesagt die eigentliche Wanne, in der das Wasser stehen bleiben würde, nicht unnötig groß sein. Und zweitens müssen die Lenzrohre so großkalibrig sein, daß das Wasser nur so wegrauschen kann. Je niedriger der Cockpitboden über dem Wasser liegt, desto langsamer läuft das Wasser ab und desto größer müssen deshalb die Rohrquerschnitte ausfallen. Zwei Rohre à 8 cm Durchmesser sind absolut normal bei einer 12- bis 14-Meteryacht. Siebe würden nur stören, die Rohre sollten völlig hindernisfrei sein.
Leider gibt es in der Yachtgeneration der siebziger Jahre noch Cockpits, deren Lenzer als Regenwasserbeseitiger gedacht waren. Diese Yachten sind nicht schwerwettertauglich! Obendrein könnte man bei solchen Yachten auch nicht im Notfalle Lenzwasser ins Cockpit pützen. Es würde nicht schnell genug ablaufen.
Andere Yachten, allen voran die kleineren IOR-Rennyachten haben nach hinten völlig offene Cockpits. Dabei handelt es sich nicht um übertriebenes Sicherheitsdenken, sondern schlicht um die Umgehung einer die Cockpitgröße einschränkenden Regel. Nach dieser müßten die Cockpits kleinerer IOR-Yachten so eng gehalten sein, daß sich die Crew bei den Manövern gegenseitig behindern würde. Mit einem nach achtern offenen Cockpit gilt diese Einschränkung jedoch nicht.

6 Die sichere Yacht
Der Motor

Längst sind die Zeiten vorbei, als es noch schick war, völlig ohne Motor auszukommen. Heute ist es unumstritten, daß der Motor einen wichtigen Beitrag zur Sicherheit leistet. Wenn's eng wird, kommen die Plünnen herunter und weiter geht's, wie mit dem Auto. Das, wenigstens, ist die landläufige Meinung.
Es lohnt sich weiterzudenken: Mit dem Motor gehen wir in enge Häfen hinein, die wir unter Segeln nicht anlaufen würden. Wir gehen mit minimaler Crew auf Törn, was wir ohne Motor nicht tun würden. Und wir wagen uns in enge Kanäle und Baggerrinnen, in denen man unter Segeln ziemlich hilflos wäre. Kurz, wir haben den Motor von der Reservebank in die Stürmerlinie geholt. Wäre es nicht an der Zeit, den „Hilfsmotor" einer Segelyacht als ganz normalen Bestandteil derselben anzuerkennen? Er hat nicht mehr die Funktion eines Sicherheitsaddendums, im Gegenteil er benötigt eigene Sicherheitsvorkehrungen für den Fall seines Ausfalls.
Denn wir kennen das. Meistens passiert es ausgerechnet beim Hafenmanöver: Flop flop Pause flop Ende. Großes Geschrei nach Leinen, Bootshaken, Fendern, Anker. Manchmal geht's gut aus. Manchmal auch nicht.
Eine gute Crew ist auf diesen Fall vorbereitet. Sie fährt beim Hafenmanöver grundsätzlich den Anker klar zum Fallen. Sollte der Restschwung nicht zum Anlegen am nächsten besten Angelpunkt reichen, kann man immer vor Anker erst mal Halt finden.
Die Kunst auf Maschinenausfall gut zu reagieren, ist eigentlich schon der zweite Schritt. Dazu muß es jedoch gar nicht erst kommen, wenn man sich intensiv um die Betriebssicherheit des Motors gekümmert hat.

Inspektion nach der Inspektion

Bevor ich mir den Zorn der Marinemotorenbranche zuziehe, sei völlig ungeschminkt festgestellt, daß die Sicherheitsvoraussetzungen der modernen Maschinenanlagen einhellig hervorragend sind. Die Entwicklung hat Erstaunliches geleistet. Längst sind wir weg von dem schlecht und recht marinisierten Fahrzeugmotor. Die neuen Triebwerke sind für den Yachteinsatz optimiert. Bei fachgerechter Wartung leisten sie zuverlässig ihren Dienst.
Weil aber der Teufel ein Eichhörnchen ist, gibt es dennoch Ausfälle. Sie sind auf Materialermüdung, Fehlbedienung, verschmutzten Kraftstoff, auf Lufteinschlüsse und so weiter zurückzuführen, Ursachen, die der Hersteller nicht zu vertreten hat.
Der erste Schritt zur Abhilfe ist, seinen Motor kennenzulernen. Zu diesem Zweck empfiehlt es sich, ihn selbst von Zeit zu Zeit zu säubern und dabei alle Teile zu untersuchen und ihren Zweck zu erkennen.

Besonders nach Werksarbeiten an der Maschine würde ich mich mit dem Studium vor Ort beschäftigen, zumal ich dann gleich die eine oder andere Schraube nachprüfen könnte, die bei der Inspektion oder Reparatur gelöst werden mußte, oder auch das Werkzeug finden würde, das versehentlich unter dem Motor liegen geblieben ist. Vertrauen ist gut, Kontrolle aber besser. Grundsätzlich würde ich in regelmäßigen Abständen die Schrauben des Wellenflansches und der Motorfundamente nachprüfen. Ebenso die Befestigung der Lichtmaschine, und anderer Geräte, die mit Keilriemen angetrieben werden. Diese Schrauben sind es, die sich erfahrungsgemäß am häufigsten losrütteln.
Es kann nie schaden, in Ruhe den Verlauf der Kraftstoffleitungen zu verfolgen und das Funktionsprinzip zu erkennen. Mit etwas rotem Lack würde ich die Entlüftungsschrauben markieren. Dann findet man sie leichter, wenn es einmal schnell gehen muß.
Ebenso würde ich die wesentlichen elektrischen Anschlüsse an der Lichtmaschine, am Starter, an der Vorheizung, am Absteller und an den Fühlern für Öldruck und Temperatur studieren, den Sitz der Muttern prüfen und feststellen, ob und wo in den Zuleitungen Schmelzsicherungen verborgen sind. Sie sind ein heißer Diagnosetip, wenn die Elektrik mal nicht so will, wie sie soll.
Der Lerneffekt steht im Vordergrund bei dieser Übung. Der Double Check gegenüber der Winterinspektion fällt dabei an. Keiner möge sich zu erfahren wähnen, um nicht noch Neues entdecken zu können. Auch Nebensächlichkeiten können wichtig werden. Zum Beispiel spart die Erkenntnis, daß alle Schrauben an diesem Motor Zollschlüsselweiten haben, den ersten Ärger bei einer anfallenden Reparatur. Welche Schlüsselweiten sind es? Oft reichen drei Schlüssel für den ganzen Motor. Gut zu wissen.
Im Zusammenhang mit diesen Sichtkontrollen sei noch ein besonderer Test erwähnt, für Yachten, die in der zurückliegenden Zeit einmal einen Tampen so kräftig gefangen haben, daß der Motor unter Last abgewürgt wurde. In diesem Fall können die Metallsockel der Gummifundamente gebrochen sein. Die Maschine bäumt sich bei Blockierung der Welle auf, was die Fundamente überlasten kann. Diese Brüche sieht man bei unbelastetem Motor nicht, weil der Motor auf der Bruchstelle ruht. Für diesen Test würde ich jemanden bitten, voraus oder zurück zügig anzufahren, während ich mit starkem Licht und Lupe bewaffnet die Fundamente beäuge. Wenn der Motor sich beim Beschleunigen aufbäumt, kann man Brüche erkennen. Ich habe es allein zweimal erlebt, daß ein Bruch monatelang unerkannt geblieben war.

Sichere Kraftstoffversorgung

Die Tatsache, daß moderne Motoranlagen viel seltener Luft ziehen als die älteren, zeigt, daß es bei den betagteren Yachten einiges nachzurüsten gibt.
Die „neue Technologie“ beginnt beim Tank selbst. Er muß Schlingerschotten haben, damit der Kraftstoffspiegel einigermaßen stabilisiert wird. Anderfalls würde der Kraftstoff hin- und herbranden und Schaum schlagen. Schlingerschotten allein reichen nicht, um zu gewährleisten, daß an der Entnahmestelle immer ein Kraftstoffspiegel

steht und nie Luft angesaugt werden kann. Gute Tanks haben dort einen kleinen Behälter, in den die auf- und abschwellende Flüssigkeit hineinströmt, aus dem sie aber nicht wieder seitwärts hinausfließen kann (Abb. 6/1).

Wegen des Entleerungsproblems bei Lage sollten auf Seglern die Kraftstofftanks möglichst geringe Breitenmaße und einen V-förmigen Tankboden haben. Wo das aus Platzgründen nicht möglich ist, kann man sich mit einem tiefer gelegenen, getrennt angebrachten Sumpfbehälter behelfen, in den der Kraftstoff aus beiden Tankecken durch Schwerkraft nachläuft (Abb. 6/2).

Ist auch dafür kein Platz, eignet sich eine etwas größere „Dieselfalle“ als nächst bessere Lösung. Man nutzt dabei die Tatsache, daß bei Lage auch immer ein wenig Seegang steht, und daß der Tankinhalt deshalb schlingert. Durch dieses Schlingern reichen immer wieder Flüssigkeitswellen aus der Lee-Ecke hinauf in die „Dieselfalle“ in der Mitte des flachen Tankbodens, so daß der kleine Behälter immer voll Kraftstoff sein wird.

Man sollte wissen, nach welchem Prinzip der Kraftstofftank einer Yacht arbeitet. Nur dann kann man sich vernünftige Grenzen setzten, bis zu welchem Stand man den Kraftstoffvorrat herunterfahren kann bei Lage, wie weit ohne Lage, wie weit bei Lage mit Seegang, wie weit bei Lage ohne Seegang, und bei welcher Lage. Das klingt ein wenig kompliziert, ist es aber nicht. Man muß nur das Tankprinzip vor Augen haben. Übrigens zeigen alle handelsüblichen Kraftstoffvorratsanzeigen viel zu ungenau

Abb. 6/1: Die „Dieselfalle“ verhindert, daß Luft angesaugt wird.

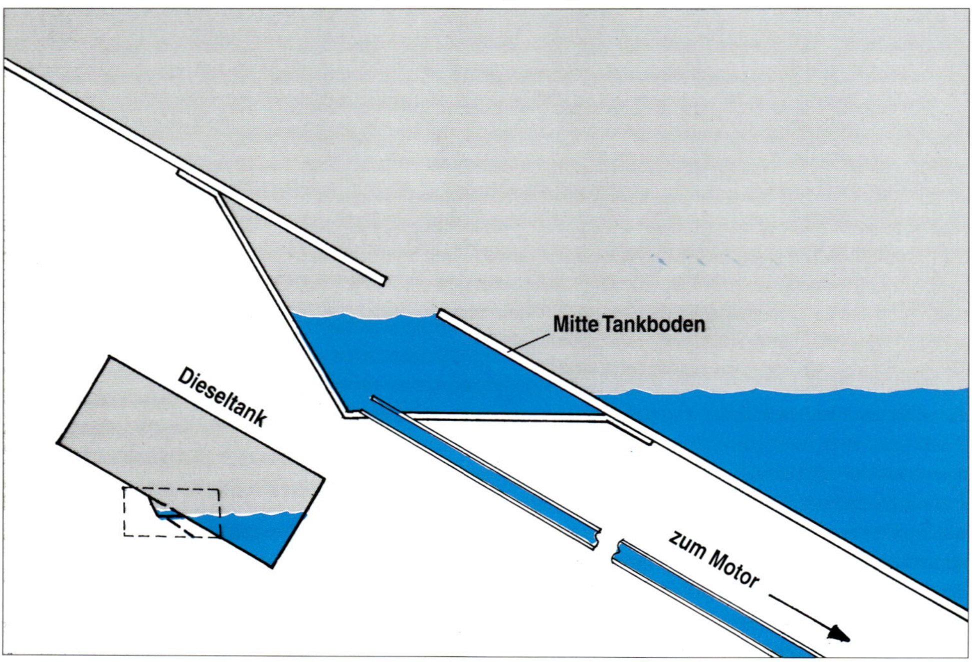

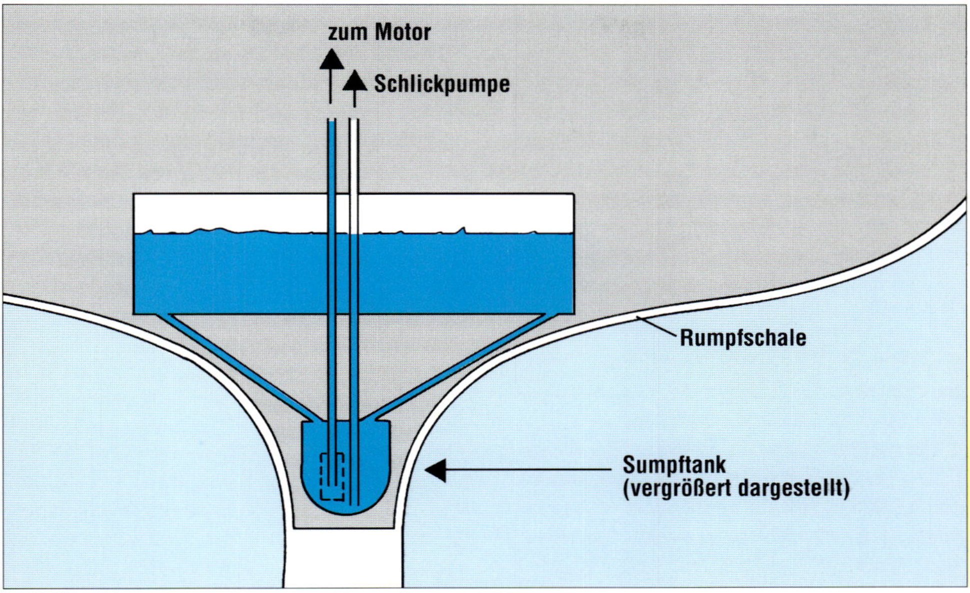

Abb. 6/2: Abgesetzter Sumpftank mit Schlickabsaugung.

an, um überhaupt einen zur Neige gehenden Vorrat ohne Risiko ausschöpfen zu können. Die bessere Alternative wäre, den Vorrat über den Meilenzähler zu messen. Hat man einmal über einen längeren Versuch den Meilenverbrauch ermittelt, kann man im Logbuch die gelaufenen Motormeilen festhalten und den Kraftstoffstand mitkoppeln. Ich mache das seit Jahren so und liege mit der Genauigkeit immer innerhalb von fünf Prozent.

In jedem Tank sammelt sich im Laufe der Zeit Schlick und Kondenswasser. Anspruchsvollere Tanks haben einen Sumpfdom, so wie das Euter bei der Kuh. Wasser und Schlick sammeln sich in der Vertiefung und werden dort mit einer kleinen Handpumpe abgesaugt (Abb. 6/2). Fehlt diese feine Einrichtung, muß man alle zwei Jahre den leeren Tank öffnen und reinigen. Das ist keine angenehme Arbeit.

Nebenbei, wer seinen Tank völlig gefüllt überwintert, bekommt weniger Kondenswasser. Denn ohne die feuchte Luft über dem Kraftstoff kann sich kein Kondenswasser bilden.

Die neueren Motoren haben Kraftstoffanlagen, die auch mit weniger perfekten Tanks auskommen. Ihre Vorfilter scheiden Wasser und Schlick ab, und kleinere Lufteinschlüsse werden vom Hauptfilter verarbeitet. Der Trick ist einfach: Das Gehäuse des Hauptfilters bildet einen kleinen Dom, in dem sich die Luftblasen, falls vorhanden, sammeln (Abb. 6/3). Der Kraftstoff wird durch die Förderpumpe in das Filtergehäuse gedrückt, von wo eine kleine Menge, je nach Bedarf, zur Einspritzpumpe weitergeleitet wird. Der größere Teil fließt über eine Rücklaufleitung in den Tank zurück. Diese Rücklaufleitung beginnt an der Spitze des Doms. Hat sich

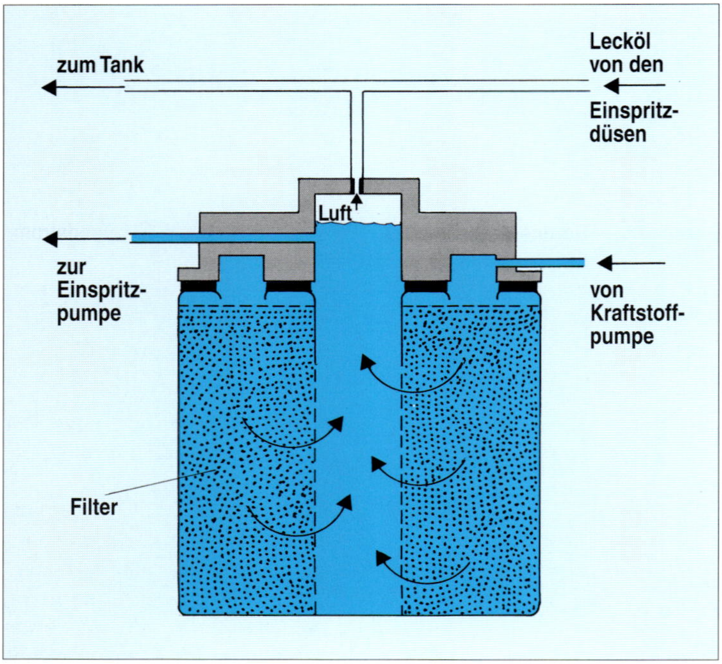

Abb. 6/3: Selbstentlüftender Kraftstoffilter.

dort Luft gesammelt, wird sie mit dem Rückfluß in den Tank zurückgedrückt. Die Leitung zur Einspritzpumpe beginnt etwas tiefer im Filtergehäuse, da wo sich keine Luft mehr befindet.

Hin und wieder trifft man noch auf ältere Anlagen, die überhaupt keine dieser verschiedenen Vorkehrungen gegen das Luftansaugen haben. Ich finde, daß in diesen Fällen die Eigner ernsthaft eine Nachrüstung erwägen sollten. Ein selbstentlüftender Filter zum Beispiel ist nicht einmal teuer.

Manche älteren Anlagen haben einen Falltank. Man pumpt mit einer Handpumpe den Kraftstoff aus dem Haupttank in einen kleineren über dem Motor angebrachten Zwischentank, von dem der Kraftstoff der Schwerkraft folgend, direkt zum Motor fließt. Lufteinschlüsse sind ausgeschlossen und Krängungsprobleme gibt es auch nicht. Man darf nur nicht vergessen, rechtzeitig nachzupumpen. Ich finde diese etwas antiquierte Methode gar nicht schlecht, zumal ich einer von denen bin, die ohnehin in kurzen Abständen nach dem Motor sehen, und den Falltank bestimmt nicht vergessen würden. Eine Automatik einzubauen, würde mir erst gar nicht einfallen.

Luft in der Leitung

Wenden wir uns nun dem Entlüften selbst zu. Irgendwie passiert es immer wieder, daß trotz aller Raffinessen am Tank, Luft in die Leitung kommt, und der Motor stehen bleibt. Ich empfehle dann als ersten Schritt herauszufinden, woher die Luft gekommen ist. Denn es nützt nichts, zu entlüften, wenn die Ursache nicht abgestellt worden

ist. Das mag banal klingen, aber ich kenne die Praxis. Fast immer wird sofort ganz hektisch entlüftet und wieder zu starten versucht, als wollte man dem Motor unterstellen, er hätte ohne Anlaß gestreikt.
Wenn der Kraftstoffstand im Tank nicht bereits im kritischen Bereich ist, kann die Ursache nur eine Undichtigkeit zwischen Tank und Kraftstofförderpumpe sein. Und zwar nicht allein. Denn bei normalem Ansaugdruck kommt nicht so schnell Luft durch irgendwelche mangelhaft dichten Verschraubungen hindurch. Das passiert erst, wenn die Förderpumpe gegen einen Verstopfungswiderstand am Entnahmepunkt im Tank anpumpen muß. Dann entsteht in der Leitung ein extremer Unterdruck, und der zieht Luft durch die feinste Kapillare. Lösung: Man trennt die Leitung und bläst mit einer Handpumpe Luft zurück in den Tank, um den Schlickpfropfen dort zu lösen. Bei nächster Gelegenheit reinigt man aber schleunigst den Sumpf, oder am besten den ganzen Tank, damit das gleiche nicht wieder passiert.
Die zweite mögliche Ursache könnten Lufteinschlüsse in der Leitung sein, die sich dort seit dem letzten Entlüften noch befanden, und die durch die Schiffsbewegungen und durch den Flüssigkeitsstrom Stück für Stück in Richtung Motor gerutscht sind. Diese Ursache ist allerdings nur möglich bei einer unprofessionell verlegten Leitung. Die Leitungsquerschnitte sollten so klein gewählt werden, daß Luftblasen mit dem Flüssigkeitsstrom mitgerissen werden, oder die Leitungen müssen ein stetiges Gefälle haben mit dem tiefsten Punkt am Hauptfilter, wo sich die Luftblasen der Schwerkraft folgend, sammeln und abgelassen werden können.
Und noch ein kleiner Trick zum Abschluß. Manchmal steckt einfach der Wurm drin, und man kriegt die Anlage nicht luftdicht. Da empfiehlt es sich als Provisorium, bei laufendem Motor von Zeit zu Zeit die Entlüftungsschraube am Hauptfiltergehäuse leicht zu lösen und vorhandene Luft entweichen zu lassen. Denn erst wenn sich dort ein paar Kubikzentimeter Luft angesammelt haben, kann Luft in die Einspritzpumpe geraten und gefährlich werden.

Startsicherheit

Manchmal bleibt der Motor nicht stehen, sondern er springt gar nicht erst an. Der Anlasser rührt sich nicht oder nur kaum. Was ist los?
In aller Regel ist die Batterie zu weit entladen, was man direkt am Spannungsmesser (unter 11 Volt) ablesen oder an den absterbenden Kontrollampen sehen kann, wenn man auf den Starter drückt. Auch kennt man im Laufe der Zeit den eindeutigen Klang: „Klack - würg - Ruhe“.
Wie schützt man sich dagegen?
Daß man an Bord zwei getrennte Batterien benutzt, ist hinlänglich bekannt. Nicht so bekannt ist jedoch, daß die meisten älteren Zweibatterienanlagen eine Scheinsicherheit vortäuschen. Es sind die Systeme, (Abb 6/4), bei denen man mit dem Hauptschalter (1,2,both,off) eine, die andere oder beide Batterien einschaltet. Was bedeutet einschalten? Um diese Frage geht es, denn die Batterien werden hier zur Ladung und für den Verbrauch zugeschaltet. Solange der Schalter auf 1 steht, wird die Batterie zwei nicht geladen auch wenn der Motor läuft.
Das bedeutet, es muß manuell hin und hergeschaltet werden um sicherzustellen, daß beide Batterien immer geladen werden, aber daß beim Entladen immer nur

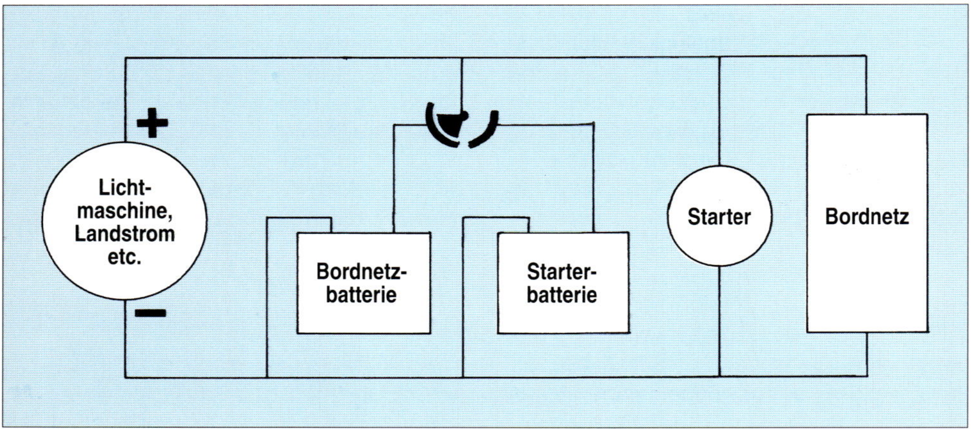

Abb. 6/4: Das herkömmliche Zweibatteriensystem ist nicht startsicher.

eine zugeschaltet ist und die andere in Reserve bleibt. Da dies nicht automatisch gewährt wird, und der Mensch eben nun einmal ein Schussel ist, bezeichne ich diese Schaltung als nicht startsicher!

Auf moderneren Yachten finden wir verschiedene Varianten einer startsicheren Elektrik. Die meisten befolgen das Prinzip der zweckgebundenen Batterien, von denen die eine ausschließlich den Starter speist, und die andere ausschließlich das Bordnetz. Nur für den Notfall, daß die Starterbatterie leer ist, besteht die Möglichkeit, die Bordnetzbatterie auf den Starter zu schalten. Umgekehrt läßt sich die Starterbatterie weder absichtlich noch versehentlich auf das Bordnetz schalten. Und genau dieser Umstand gewährt die Startsicherheit des Motors. Beide Batterien werden über Dioden ständig von der Lichtmaschine oder vom Landstrom geladen, ohne daß irgend eine Umschaltung dazu nötig wäre (Abb. 6/5).

Es sei am Rande bemerkt, daß die zweckgebundenen Batterien es endlich erlauben, für den Starter und für das Netz die nötigen unterschiedlichen Kapazitäten und Endladetypen vorzusehen, was bei dem herkömmlichen System zweier gleicher Batteriesätze sträflich vernachlässigt wird.

Ist genügend Strom da, und rührt sich der Starter trotzdem nicht, liegt das Problem im Zündschloßbereich oder bei den Kontakten. Für diesen Fall sollte ein Skipper immer die Kontakte an dem Starterrelais kennen, die man mit einer Zange überbrücken kann, um die Maschine zu starten. Es sind immer einer der beiden dicken Kontakte (Anlaßstrom) und ein schwächerer (Relais), die verbunden werden müssen. Das Relais bekommt dann seinen Strom, statt vom Zündschloß, direkt von der Batterie über das Anlaßstromkabel (plus) und löst den Starter aus. Aufpassen! Beim Überbrücken darf man nicht abrutschen und den Anlaßstrom auf Masse bringen. Das wäre ein Kurzschluß, der fürchterlich blitzt und qualmt. Man merkt das gleich.

Wieder eine Bemerkung am Rande. Zuwei-

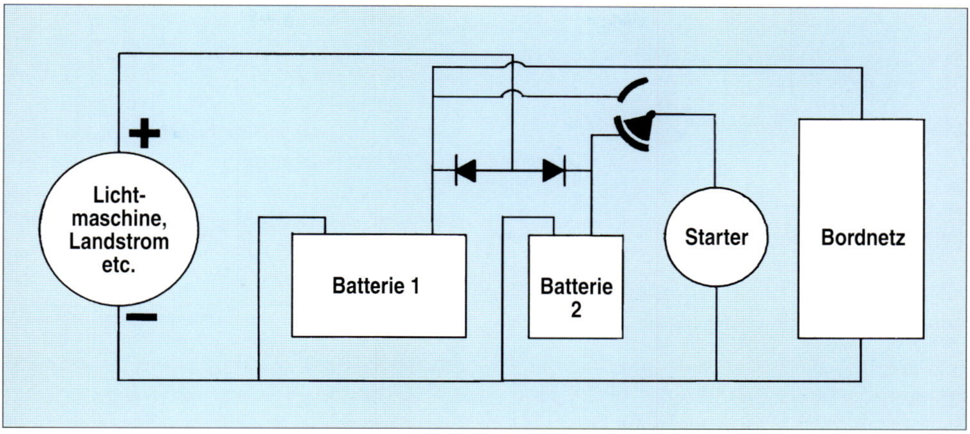

Abb. 6/5: Modernes Zweibatteriensystem mit zweckgebundenen Batterien.

len wird auch ein Zündschlüssel abgebrochen, so daß der Bart im Schloß steckt. Die Lösung in diesem Falle ist so einfach, aber sie wird in der Aufregung leicht übersehen: Man steckt einen Elektrikerschraubenzieher oder eine Taschenmesserklinge neben den Bart und dreht das Schloß wie mit einem Schlüssel. Entriegelt ist es ja schon durch den darinsteckenden Bart.

Ist die Batterie so schwach, daß sie den Motor wohl durchdreht aber nicht die zum Starten nötige Drehzahl bringt, kann man bei vielen Motoren einen Trick anwenden. Es muß sich allerdings um Motoren handeln, die an den Zylindern Dekompressionshebel haben. Mit diesen Hebeln wird das Auspuffventil des Zylinders offengehalten, so daß dieser Zylinder nicht komprimiert. Werden alle Hebel aufgemacht, läßt sich infolgedessen der Motor ganz leicht durchdrehen. Leider sind nicht alle Motoren mit diesem Hilfsmittel ausgestattet. Der Trick ist nun folgender: Alle Dekompressionshebel werden aufgemacht. Dann wird der Starter betätigt, der nun ohne großen Widerstand den Motor, trotz müder Batterie, auf Schwung bringt. Sowie der Schwung ausreicht, wird ein Dekompressionshebel nach dem andern wieder umgelegt, worauf in dieser Reihenfolge die Zylinder zünden. Die erste Zündung gibt nochmal Schwung für den zweiten Zylinder, und im Handumdrehen läuft der Motor.

Wem die Elektrik grundsätzlich suspekt bleibt - es soll Skipper geben, die einen unheilvollen Einfluß auf die Elektrik haben - , für diese gibt es ein Geheimnis auf dem Markt : den Federkraftanlasser (Abb. 6/6). Er ist kein Aprilscherz, sondern einfach nicht bekannt. Federkraftstarter haben äußerlich die gleiche Form wie herkömmliche Anlasser, sie werden auch ebenso montiert und greifen genauso in den Zahnkranz auf der Schwungscheibe. Sie werden von Hand mit einer Kurbel aufgezogen (12 Umdrehungen) und zum Starten mechanisch ausgelöst. Die Federkraft reicht für eine schnelle Umdrehung des Motors, was bei Mehrzylindermotoren zum Starten völlig ausreicht. Bisher sind solche

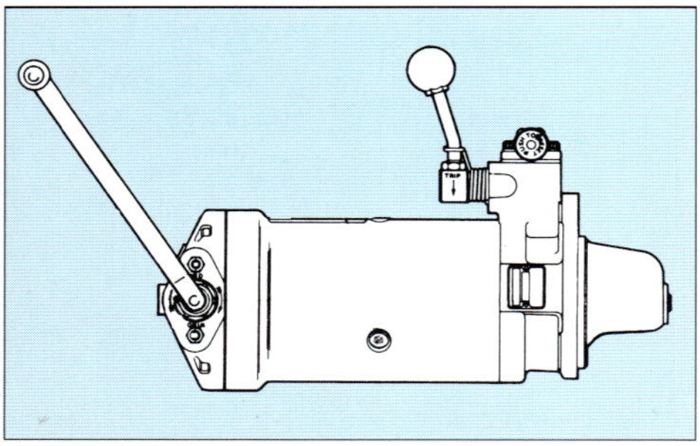

Abb. 6/6: Federkraftanlasser.

Federkraftanlasser vornehmlich auf Rettungsbooten zu finden aber auch bei Industriemotoren, Feuerspritzen und so weiter, überall, wo man gern auf eine elektrische Anlage verzichtet. Das im Handel befindliche Gerät paßt auf die meisten gängigen Yachtdiesel bis zu 6 Litern Hubraum und ist über die Motorenhersteller zu beziehen.

Notsteuerung für Gas und Getriebe

Wenn die Bowdenzüge für Gas und Getriebehebel brechen, geschieht das garantiert beim Hafenmanöver, wo man es am wenigsten gebrauchen kann. Dahinter verbirgt sich nicht etwa Rasmus' Rache für frevelhaftes Einlaufen unter Motor, sondern viel mehr die einfache Tatsache, daß man im Hafen die Steuerhebel viel öfter bewegt als draußen auf Strecke.

Wer es noch nicht erlebt hat, muß es sich vorstellen: Der Bug zeigt genau auf die Parklücke, jetzt Kleine zurück, und es tut sich nichts. Die Maschine nudelt weiter voraus. Verteufelt! Im Reflex zieht man den Steuerhebel ganz zurück und gibt auch noch Vollgas ohne zu wissen, daß das Getriebe unten immer noch auf voraus steht. Da kann man nur noch hoffen, daß links oder rechts Platz ist, und man mit Hartruder noch heil herauskommt. Ist auf beiden Seiten alles dicht, hilft nichts, dann muß man die Stelle suchen, wo der Schaden am geringsten erscheint. Natürlich greift man sofort zum Stoppzug und stellt die wild gewordene Maschine ab. Das rettet die Sache zwar nicht mehr, mildert sie aber.

Ist der Ausfall nicht gerade in diesem kritischsten aller Augenblicke passiert, hat man etwas mehr Zeit zu reagieren und kann alles wieder unter Kontrolle bringen. Es kann sogar das Manöver fortgesetzt oder neu gefahren werden. Voraussetzung ist nur eine gut vorbereitete Crew.

Ich habe immer bei der Sicherheitseinweisung am Beginn des Törns einen Maschinenspezialisten eingeteilt, dem gezeigt wurde, wie man direkt am Motor das Getriebe schaltet, wie man von unten Gas gibt, und wie man den Motor abstellt. Bricht ein Bowdenzug, ist der jeweilige Hebel an der Maschine frei beweglich. Nach Zuruf steuert der „Maschinengast" Getriebe oder Gas von unten, und das Manöver wird weitergefahren mit Maschinenkommandos wie auf richtigen, großen Dampfern. Je nach dem, wie schnell der Maschinengast im Ernstfall die Motorabdeckung aufbekommt, kann ein begonnenes Manöver nach 10 oder 15 Sekunden fortgesetzt werden. Ich hatte einmal die Gelegenheit dazu auf einer 17-Meter-Yawl in Christiansö, und es klappte. Falls der Maschinengast von damals dieses Buch liest, muß ich einräumen, daß ich nicht bedacht hatte, wie heiß der Hebel an der Einspritzpumpe wird. Ich bitte nochmals um Entschuldigung.

7 Die sichere Yacht
Die Elektrik

Früher fuhren Yachten ganz ohne Elektrik. Beleuchtung und sogar die Positionslampen waren petroleumbetrieben, und entsprechend roch es an Bord. Inzwischen hat sich die Welt verändert, Stromausfall an Bord würde heute nicht allein den Rückfall zum Petroleum bedeuten sondern auch den Verzicht auf das Navigationssystem, das Echolot, die Logge, die Kompaßbeleuchtung und unter Umständen auch auf den Motor. Welcher Skipper ist heute noch in der Lage, ohne diesen technischen Service sicher zu manövrieren und sein Ziel zu erreichen? Wir sind verwöhnt. Hand aufs Herz!

Bordelektrik ist heute nicht mehr eine Komfortsache, sie ist unverzichtbare Sicherheitsausrüstung.

Leider ist auch ihr Betrieb nicht ganz ungefährlich, vor allem wenn die Anlage unfachmännisch verlegt und geschaltet oder nicht gewartet worden ist. Wegen fehlerhafter Elektrik sind schon ganze Schiffe abgebrannt, und seitdem 220-Volt-Anlagen an Bord keine Seltenheit mehr sind, besteht ernsthafte Verletzungsgefahr durch Stromschlag. 220 Volt in der nassen Umgebung an Bord sind eine weitaus gefährlichere Spannung als die 220 Volt zu Hause. Aber eins nach dem andern:

Funktionssicherheit

Wir befassen uns hier mit den üblichen Bordanlagen, bestehend aus Lichtmaschine und Ladegerät als den Stromquellen, aus zwei getrennten Batteriesätzen, entweder in der herkömmlichen manuell zu schaltenden Weise oder in der moderneren mit Diodenbrücken fest geschalteten Art (Abb. 6/4 und 6/5), aus einem über Sicherungsautomaten angeschlossenen Verbrauchernetz und aus einigen Starkstromanschlüssen wie der Starter und die Ankerwinsch. Unsere Bordanlage ist mit den nötigen Überwachungsinstrumenten ausgestattet, je einem Batteriespannungsmesser (V1 und V2 auf Abb. 7/1) und je einem Ladestrommesser (A1 und A2) sowie einem Stromverbrauchsmesser (A3) für das Bordnetz ohne Starkstromverbraucher.
Drei Dinge sind Grundvoraussetzung für das sichere Funktionieren der Bordelektrik: Erstens ein vernünftiges Management des Stromvorrats, zweitens regelmäßige Kontrolle und Wartung der Bauteile und drittens striktes Unterlassen aller halbfachmännischen Basteleien.
Nicht schmunzeln bitte! Keiner fühlt sich angesprochen, und dennoch sind viele unter uns, die schon einmal ein neues Gerät eingebaut und angeschlossen haben. Es passieren immer wieder folgenschwere Irrtümer dabei, indem man zum Beispiel eine Sicherung umgeht oder eine schlechte

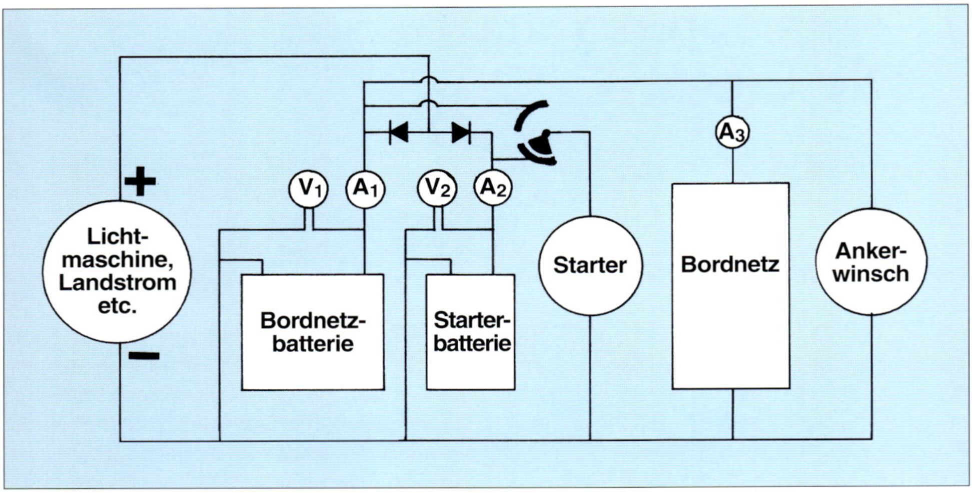

Abb. 7/1: Überwachungsinstrumente der Bordelektrik (ohne 220-V-Teil).

Kontaktstelle hinterläßt. Man legt Zeitbomben, ohne es zu ahnen.

Daß man den Stromvorrat auch bewirtschaften muß, liegt nicht für jeden gleich auf der Hand, glaubt man doch Strom produzieren zu können wie man will. Die Praxis erweist sich jedoch anders, was die zahlreichen Fälle leergelutschter Batterien beweisen.

Wie voll eine Batterie ist, erkennt man an ihrer Spannung und zwar bei abgeschalteten Verbrauchern. (V1 und V2 auf Abb. 7/1.) Etwa 12,7 Volt bedeutet voll und 11,8 Volt leer, was allerdings von Anlage zu Anlage um ein paar Zehntel variieren kann. Exakt mißt man den Ladezustand mit einem Säureheber, der die Dichte der Batteriesäure anzeigt. Ich empfehle dies mit einem geliehenen Instrument einmal zu tun, um die korrespondierenden Spannungswerte für die Ladezustände 100, 75, 50, 20 und 0 Prozent festzuhalten. Mit diesen so ermittelten Spannungswerten kann man dann in Zukunft den Ladezustand direkt vom Voltmeter ablesen (Tabelle 7/2).

Ladezustand	Ruhespannung	Säuredichte
100 %	12,7 V	1,28 kg/l
75 %	12,5 V	1,24 kg/l
50 %	12,2 V	1,20 kg/l
25 %	12,0 V	1,15 kg/l
0 %	11,8 V	1,19 kg/l

Abb. 7/2: Tabelle Kennwerte für den Ladezustand von Batterien (Quelle: VARTA Bordnetzbuch).

Leider sind Ladezustand und Stromvorrat nicht gleichbedeutend. Sie sind es aber fast. Man muß dazu wissen, wie groß die tatsächliche Kapazität der Batterie oder der Batterien, um die es gerade geht, ist, und die Prozentzahl darauf beziehen. Die tatsächliche Kapazität ist immer geringer als die Nennkapazität, es sei denn, es handelt sich um eine neuwertige Batterie. Sie sinkt im Laufe der Jahre ab, bis sie nach fünf bis sieben Jahren (je nach Art der Be- oder Mißhandlung) praktisch bei null angelangt ist.

Die tätsächliche Batteriekapazität ermittelt man an Bord am besten, indem man eine Zeitlang über den Stromverbrauch Buch führt. Man benutzt dazu eine Periode möglichst gleichbleibenden Stromverbrauchs, zum Beispiel eine Nachtfahrt, und multipliziert die Amperesumme der eingeschalteten Verbraucher mit der Stundenzahl. Wenn dann eine Abnahme des Ladezustand von angenommenerweise 75 auf 50 Prozent abzulesen ist, betrüge die tatsächliche Kapazität vier mal die Zahl der verbrauchten Amperestunden.

Da wir alle nicht das Geld zum Fenster hinaus werfen wollen, benutzen wir Batterien ruhig solange, bis sie auf die Hälfte ihrer ursprünglichen Kapazität abgefallen sind. Nur sollte man dann auch etwas bewußter den Stromverbrauch im Auge haben. Andernfalls kann es passieren, daß man bei schönstem Segelwind dieseln muß. Und nicht nur die begrenzte Batteriekapazität sollte Anlaß sein für eine vernünftige Strombewirtschaftung. Bedenken wir doch, daß hohe Stromverbräuche, je nach Leistung der Lichtmaschine oder eines anderen Generators, ewig lange Ladezeiten zur Folge haben würden. Machen wir die ganz einfache Rechnung: Leiste ich mir 10 Stunden lang einen Stromverbrauch von 15 Ampere, was etwa den Positionslampen plus Kühlschrank entspricht, und habe eine Lichtmaschine, die im großen Durchschitt mit 30 Ampere lädt, muß ich dafür 5 Stunden dieseln!

Zur Strombewirtschaftung benötigt man den Verbrauchsamperemeter (A3 auf Abb. 7/1). Er zeigt den Stromverbrauch der augenblicklich eingeschalteten Lampen und Geräte des Bordnetzes (ohne Starkstromverbraucher) an. Man schaltet die benötigten Geräte ein, liest ab und multipliziert mit der voraussichtlichen Stundenzahl. Das Ergebnis zeigt dann, ob man sich den Verbrauch leisten kann - und will.

Zeichnet sich eine kritische Entwicklung ab, muß rationiert werden. Alle nicht wesentlichen Stromverbräuche kommen dafür in Frage, allen voran der Kühlschrank, die Heizung, das Ausmaß der Innenbeleuchtung, der Ventilator, die Stereoanlage und so weiter. Es ist erstaunlich, wie sich der Stromvorrat strecken läßt. Vermeiden sollte man auf alle Fälle eine „Tiefentladung" der Batterien. Ist nämlich eine Batterie einmal total leergesaugt, läßt sie sich nur noch mit besonderer Behandlung wieder hochpeppeln. Mit dem normalen Ladevorgang würde sie keinen Strom aufnehmen.

Wenden wir uns der Kontrolle und Wartung zu, da diese ebenso wie die beschriebene Bewirtschaftung zum zuverlässigen Betrieb der Bordelektrik gehören.

Ein achtsamer Skipper wird nach dem Starten des Motors nicht nur das Verlöschen der Ladekontrollampe abwarten, sondern auch den Ladestrom ablesen (A1 und A2 auf Abb. 7/1), um den Landevorgang zu kontrollieren. Unmittelbar nach dem Anlassen muß bei teilentladenen Batterien und ausreichender Drehzahl einige Minuten lang der maximalen Ladestrom fließen. Er sollte immer der gleiche sein. Bei geringerer Drehzahl schafft die Lichtmaschine den maximalen Ladestrom nicht. Die Anzeige müßte aber konstant bleiben, bis die Ladespannung, die zunächst zusammenbricht, wieder auf ihren Nennwert von 13,5 bis 14,5 Volt angestiegen ist. Dann nämlich sind die Batterien soweit geladen, daß ihr Innenwiderstand das volle

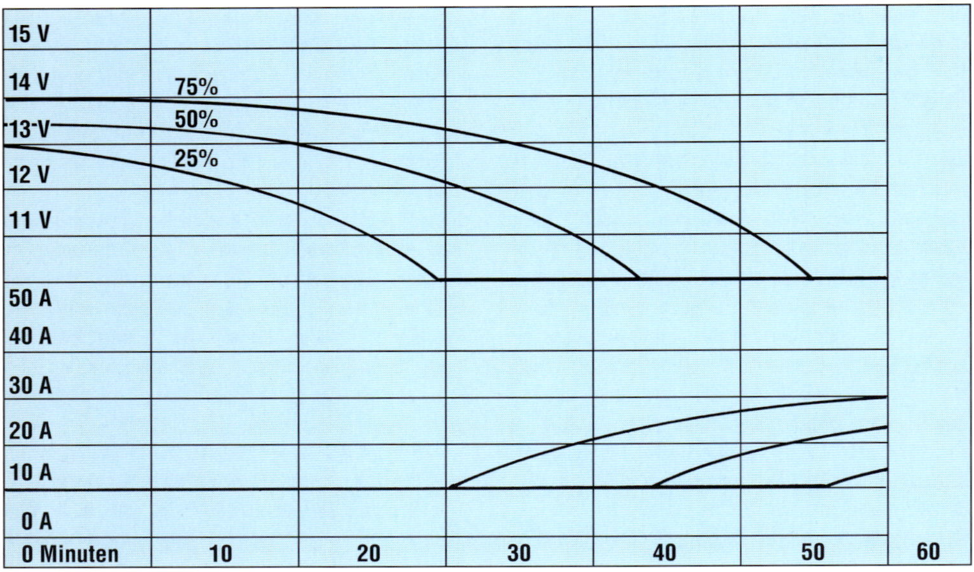

Abb. 7/3: Verlauf von Ladespannung und Ladestrom bei einer Bordanlage für anfängliche Batterieladezustände von 25%, 50% und 75%.

Stromangebot von der Lichtmaschine nicht mehr durchläßt. Der Ladestrom sinkt entsprechend. In der Abb. 7/3 zeigen die Kurven den Ladestrom und die Ladespannung im Verlaufe der ersten Stunde für eine exemplarische Batterie mit den Anfangsladeständen von 25, 50 und 75 Prozent. Ich empfehle, den Ladestrom der eigenen Anlage im gesunden Zustand zu beobachten und entsprechende Kurven anzulegen. Man benötigt diese Referenzwerte, um später Fehler bei der Lichtmaschine oder bei den Batterien erkennen zu können.

Falls noch nicht bekannt: Nie darf die Ladespannung über 14,5 Volt ansteigen! Denn ab dieser Spannung beginnt die Säure zu gasen, auf deutsch zu kochen, was erstens der Batterie schadet, zweitens den Säurestand dezimiert und drittens explosives Knallgas produziert!

Ideal ist es natürlich, wenn man Ladestrom und -spannung für jede Batteriegruppe einzeln überwachen kann, so wie das in der Anlage auf Abb. 7/1 vorgesehen ist. Folgende etwas sparsamere Version ist jedoch auch häufig auf Yachten anzutreffen. Sie enthält nur einen zentralen Ladestrommesser, der vielfach gleich am Motorinstrumentenbrett montiert ist und den Lichtmaschinenausgang mißt. Mit dieser Anordnung lassen sich fehlerhafte Ladeströme leider nicht auf die einzelne Batteriegruppe beziehen, und man muß mit anderen Mitteln den Sünder identifizieren. Ein gemeinsamer Spannungsmesser ist hingegen kein echter Nachteil, wenn es sich um eine der älteren, manuell zu schaltenden Anlagen handelt. Er mißt die Spannung der jeweils aufgeschalteten Batterie und damit deren Ladezustand. Bei Anlagen mit fester Batteriezuordnung, müßte der Spannungsmesser allerdings wahlweise aufschaltbar sein. Sonst könnte man nicht alle Batteriegruppen prüfen.

Unterschiedlich geladene Batterien nacheinander laden

Bei den manuell zu schaltenden Batterieanordnungen ist noch ein kleiner Hinweis angebracht. Die Auffassung, man stelle beim Laden den Batteriehauptschalter einfach auf „both" und befände sich auf der sicheren Seite, ist, weil einfach, weit verbreitet. Sie kann aber auch falsch sein. Wenn eine der beiden Batterien als Startreserve fast voll, die andere aber fast leer ist, würde Ladestrom von der vollen in die leere fließen und somit die Startreserve dezimieren. Sie würde zwar wieder aufgebaut werden, wenn man lange genug laden würde, aber es ist schon passiert, daß irgendwann zwischendurch gestartet werden mußte, und beide Batterien es dann nicht taten. Die goldene Regel heißt deshalb: Unterschiedlich geladene Batterien zunächst nacheinander zu laden. Gemeinsam kann man sie erst laden, wenn die Ladespannung ihren Nennwert (zwischen 13,5 und 14,5 Volt) erreicht hat.

Genauso gut wie sich von den Instrumenten aus der Ladevorgang überwachen läßt, kann man auch die störungsfreie Funktion der Verbraucher kontrollieren: Man schaltet einzelne Verbraucher ein und liest am Stromverbrauchsmesser (A3 auf Abb. 7/1) den Ampereanstieg ab. Drei Fehler sind zu entdecken: Rührt sich der Zeiger überhaupt nicht, ist der Verbraucher selbst oder die Leitung dorthin kaputt. Liegt der Stromanstieg unter der Nenn-Amperezahl des Verbrauchers, sind Kontakte korrodiert und der Verbraucher kriegt nur halben Saft. Liegt der Stromanstieg über der Nenn-Amperezahl, fließt Fehlstrom ab. Bei der allgemeinen Feuchtigkeit an Bord, und auch wegen der Salzbildung bei Korrosion fließen gern Kriechströme kreuz und quer. Manche davon kriechen nicht nur, sondern strömen ganz ordentlich. Der Strom fließt zum Beispiel durch den Salzmantel, der sich über die Isolierungen legt. An Scheuerstellen kann er auch direkt ins Rigg entweichen. Weil das Rigg zwar geerdet aber nicht mit Batteriemasse verbunden ist, entsteht kein voller Kurzschluß. Fehlströme sind meistens zu gering, um die Sicherung ansprechen zu lassen. Deshalb können sie ungehemmt fließen, die Korrosion weiter fördern und auf Dauer natürlich die Batterien leerlutschen.

Um den Kühlschrankverbrauch zu überwachen, muß man neben dem Stromaufnahmewert auch mal eine viertel Stunde lang bei normal durchgekühltem Inhalt den Laufzeitanteil festhalten. Beide Werte benötigt man, um später Störungen feststellen zu können, und natürlich auch für die Verbrauchsdisposition.

Die Funktionsüberwachung der Bordelektrik verlangt Engagement. Man muß ein wenig nachdenken, muß das alte Ohmsche Gesetz aus der Schule hervorholen und das Schaltschema der eigenen Bordelektrik studieren. Nicht minder aufwendig ist die handwerkliche Arbeit, wenn es um die Wartung der Anlage geht. Die mutmachende Aussage des Herstellers, die Elektrik sei völlig wartungsfrei, wahrscheinlich wegen des neuen wartungsfreien Batterietyps,

mag vielleicht für das erste Jahr gelten. Dann aber würde sich jede Nachlässigkeit rächen.
Den kleinen „E-Dienst“ würde ich zu Beginn und zum Ende der Saison machen und auch einmal mitten drin, vor allem, wenn die Yacht ordentlich gebeutelt wurde, und das Salzwasser überall hinkriechen konnte. Dazu gehören:

1. Batterien auffüllen, Kontakte abnehmen, putzen und fetten.
2. E-Tafel öffnen, Kontakte nachsehen, Salzkrusten mit Frischwasser wegspülen, alles trocknen und dünn einsprayen.
3. Verteilerdosen öffnen, Behandlung wie 2.
4. Steckverbindung unter anderem am Mastfuß öffnen, entsalzen, fetten.
5. Alle Außenleuchten und -laternen öffnen Kontakte putzen und fetten. Kompaß beleuchtung nicht vergessen!
6. Motor-Instrumentenbrett öffnen, Behandlung wie 2.
7. Alle Klemmkontakte an der Lichtmaschine auf festen Sitz prüfen, abnehmen und fetten. Befestigungsschrauben der Lichtmaschine prüfen. Keilriemenzustand und -spannung prüfen.
8. Alle Starkstromkonakte (z.B. Anlaßkreis und Ankerwinschkreis) lösen, entsalzen und fetten.

Ob darüber hinaus noch ein großer „E-Dienst“ angeraten ist, hängt wohl von der Aussstattng der Yacht ab. Er würde sich sich hauptsächlich auf die Geräte selbst beziehen, allen voran auf solche, die der Korrosion durch Salzwasser besonders ausgesetzt sind. Vielleicht ist hier aber die Grenze erreicht, ab der man die Wartung besser einem Fachbetrieb übertragen sollte.

Die Brandgefahr

Was eine Leitung zum Glühen bringt, sind nicht Volt, auch nicht Watt, sondern Ampere. Und Ampere gibt es bei den Niedervoltanlagen an Bord reichlich.
Bei werftneuen Yachten sind die Stromkreise in aller Regel durch Automaten abgesichert, die in der Navigationsecke auf der Schalttafel wunderbar übersichtlich angeordnet sind. Bei Kurzschluß schaltet der entsprechende Sicherungsautomat ab, noch ehe die Leitung heiß werden kann.
Heiß wird sie, wenn der Automat nicht funktioniert, oder wenn er gar nicht da ist. Letzteres passiert bei wilden Basteleien, wenn nachträglich Geräte angeklemmt werden, und dabei Schaltfehler unterlaufen oder wenn mangels Überschaubarkeit einfach der direkte Weg gewählt wird. „Nobody is perfect“, vor allem nicht der Bastler.
Ältere Sicherungsautomaten können auch einmal zu alt sein. Ich habe schon welche erlebt, die trotz eindeutiger Überlastung nicht daran dachten, auszulösen. Deshalb ist es nach einigen Jahren angeraten, die Automaten durch eine angemessene Überlast zu prüfen. Dazu baut man sich eine Testbrücke, die aus einem Sicherungsautomaten etwas höherer Amperezahl und zwei daran angeschlossenen ausreichend starken Drahtenden besteht. Damit schließt man den zu testenden Stromkreis kurz und sieht, ob dessen Sicherung anspricht oder nicht. Falls nein, trennt die Sicherung der Testbrücke. Es kann also nichts passieren.
Auf vielen Yachten, auch auf neueren, sind die Starkstromkreise nicht abgesichert. Fast immer fehlt die Sicherung beim Anlaßstromkreis und zuweilen auch bei der elektrischen Ankerwinsch. Dieser eigentlich unverständliche Mangel scheint tradi-

tionell bedingt zu sein und aus dem Fahrzeugbau zu stammen. Dort haben die Anlasser nämlich auch keine Sicherungen. Nur: Fahrzeugbatterien sind so klein bemessen, daß ihr maximal möglicher Kurzschlußstrom vom Anlasser und dessen Zuleitungen verdaut werden könnte. Bei Yachtbatterien, die oft doppelt bis vierfach so stark sind, würden bei einem blockierten Starter mit Sicherheit Kabel und Motorwicklungen zu kokeln anfangen. Nebenbei: Ein blockierter Anlassermotor bildet einen So-gut-wie-Kurzschluß, wer das aus dem Physikunterricht nicht mehr weiß.

Es steht völlig außer Zweifel: An Bord einer Yacht müssen der Anlasserstromkreis, sowie der Stromkreis für die elektrische Ankerwinsch und andere Starkstromantriebe mit geeigneten Sicherungen versehen sein. Sie gibt es als Schmelzsicherungen oder als Automaten im Fachhandel. Sollten Sicherungen unterschiedlicher Auslöseträgheit zur Auswahl stehen, ist unbedingt der trägere Typ zu empfehlen, um die hohen Einschaltstromstöße verdauen zu können. Unabgesicherte Starkstromkreise bilden eine ständige Brandgefahr. Es ist unverständlich, daß selbst renommierte Yachthersteller dies nicht immer beachten.

Auch bei normalem Stromfluß gibt es bei den vermaledeiten Starkstromkreisen Brandgefahr. An Klemmen, Kabelschuhen oder Quetschverbindungen können die einzelnen Kupferlitzen des Kabels korrodieren. Salzwasser und Wärme fördern die Korrosion. Wenn der Kabelfraß fortschreitet, und immer weniger Litzen übrigbleiben, verringert sich an dieser Stelle der Leitungsquerschnitt, und der Kontakt wird heiß. Bemerkt keiner den Schaden rechtzeitig, kann, wenn entzündbare Stoffe zugegen sind, Feuer entstehen. Keine Sicherung hilft in diesem Falle, denn der Stromfluß geht ja im Gegensatz zum Kurzschluß nicht hoch sondern nimmt sogar noch ab. Einzig und allein gewährt die regelmäßige Wartung, wie bereits weiter oben beschrieben, Sicherheit gegen solche Korrosionsbrandherde.

Besonders ist die elektrische Ankerwinsch davon betroffen. Ihre Anschlüsse und die Kontakte des Schaltrelais liegen oft im Spritz- und Dunstbereich des Kettenkastens. Per Sichtprüfung ist der Korrosionsbefall festzustellen, sind die Kontakte zu reinigen und neu einzufetten. Man wird, ganz abgesehen vom Brandschutzaspekt, die freudige Überraschung erleben, daß der Ankerwinschmotor auf einmal besser zieht. (Warum wohl?)

Übrigens, falls Verteilerdosen und Verkleidungen aus entzündbarem Material vorhanden sind, würde ich sie schleunigst gegen nicht entflammbare Abdeckungen auswechseln. Sie sind es, die einen heißen Kontakt erst in einen Brandherd verwandeln.

Verletzungen durch Stromschlag

Gibt es 220-Volt-Stromkreise an Bord, zum Beispiel einen Landstromanschluß mit Batterieladegerät, Warmwasserbereiter und einigen 220-Volt-Steckdosen, haben wir es zusätzlich mit der Stromschlaggefahr zu tun. Warum, wird sich der eine oder andere fragen, sind wir doch an den täglichen Umgang mit dem Haushaltsstrom gewöhnt. Es sind zwei Gründe, weshalb 220 Volt an Bord gefährlicher ist als der Haushaltsstrom: Erstens ist man durch die Niedervoltanlage an Bord an den gefahrlosen Umgang mit Kabeln und Kontakten gewöhnt und hat den Respekt vor blanken Anschlüssen verloren. Und zweitens steht man an Bord öfters als zu Hause im Reihenhäuschen barfuß im Nassen, und noch im salzig Nassen. Mit solcher Erde geht ein elektrischer Schlag natürlich so richtig durch und durch! Bitte nicht probieren!

Eine wunderbare Sache sind die modernen FI-Schalter (Fehlstromschalter), die es im Fachhandel reichlich gibt. Ist irgendeine Isolierung schadhaft, so daß Strom über ein Gehäuse oder auch über einen menschlichen Körper abfließt, trennt der FI-Schalter sofort. Diese Sicherheitsschalter sind so sensibel, daß sie abschalten, noch bevor der Fehlstromfluß durch den menschlichen Körper zu irgendwelchen Schäden führen könnte. Ich habe es probiert: Man kriegt einen spürbaren Schlag zur Strafe für seinen Leichtsinn, und mehr aber auch nicht.

Moderne Marinas haben einen Fehlstromschalter unmittelbar in den Zapfstellen an der Pier. Zusätzlich würde ich bordseitig einen installieren und zwar direkt nach dem Stromeingang. Denn, fehlt der FI-Schalter an Land, was sicher vorkommt, hat man dann seinen eigenen Schutz.

Sollte eine 220-Volt-Anlage erst noch eingebaut werden, würde ich als besondere Sicherheitsvorkehrung die gesamte Hochspannungsverkabelung konsequent von der Niedervoltanlage trennen und obendrein auch noch mit eigenen Farben kennzeichnen. Ich würde getrennte Kabelschächte und Verteilerkästen benutzen und würde auch eine eigene Bedientafel in der Navi-Ecke haben. Der Kabelsalat hinter den Paneelen muß absolut „minenfrei“ sein!

8 Die sichere Yacht
Blitzschutz

Ein heißes Thema, der Blitzschutz. Denn richtig ist, daß die Wissenschaft in der Blitzforschung noch einiges offen läßt, daß wir Laien mit unserem Ohmschen-Gesetz-Denken völlig überfordert sind, daß Sicherheitstheoretiker und Geräteanbieter in diese geistige Ohnmacht vordrängen und der biedere Segler Verteidigungsstellung bezieht.
Das folgende Kapitel versucht aufzuklären. Es stützt sich im wesentlichen auf die Ergebnisse von Arbeitsgruppen nationaler und übernationaler Verbände, die nicht zuletzt auch in den Sicherheitsrichtlinien der Kreuzer-Abteilung des Deutschen Segler-Verbandes veröffentlicht sind. Und es versucht, die Ratio, die hinter den Empfehlungen steht, mit einfacher Physik zu erläutern. Vielleicht gelingt's.

Der Blitz - das unbekannte Wesen

Bis vor nicht allzu langer Zeit wurde unter Seglern der Standpunkt vertreten, daß ein geerdeter Mast den Blitz nur anzöge, und man ihn deshalb nicht erden sollte.
Wer heute noch nach dieser Devise segelt, mag sich vielleicht nicht so schnell einen Blitzschlag fangen. Passiert es aber dennoch, würde im Gegensatz zu einer Yacht mit geerdetem Mast der Schaden unvergleichbar groß sein. Denn mangels Abflußmöglichkeit würde sich die Blitzenergie in allem, was an Bord mehr oder weniger leitend ist, hemmungslos austoben. Wo sollte die Energie auch hin?
Quält sich elektrische Strom durch einen engen oder einen schlechten Leiter, wird Wärme produziert. Bei Blitzschlag können deshalb an allen schlechten Kontaktstellen Metalle erglühen und entflammbares Material entzünden. In nichtleitenden Bauteilen, wie Holz oder Kunststoff würde eingeschlossene Feuchtigkeit unter der Hitze verdampfen und das Material auseinandersprengen.
Moderne Elektronik wird mit Sicherheit Opfer unkontrollierter Blitzenergie. Sie reagiert äußerst sensibel gegenüber den hohen Spannungsstößen. Kein Halbleiter hält Überspannung aus.
Bei elektrischen Kabeln, in die sich der Blitz verirrt hat, schmoren die Isolierungen. Als Folge entstehen Kurzschlüsse, über die dann der Batteriestrom besorgt, was der Blitz bis dahin nicht geleistet hat. Auf Elba ist eine Yacht durch Sekundärentzündung nach einem Blitzschlag abgebrannt. Die Annahme, daß die Sicherungsautomaten der Verbraucherstromkreise eine Sekundärzündung verhindern würden, scheint nicht immer zuzutreffen. Vielleicht zerstört der erste Spannungsstoß die Trennrelais der Sicherungsautomaten, bevor sie öffnen können.
Die Blitzenergie verhält sich leider keineswegs so, wie wir es beim elektrischen

Strom gelernt haben. Man muß sich vorstellen, daß beim Einschlag eine große Menge elektrischer Energie mit viel Schwung in das Rigg geschleudert wird. Und weil dies mit so ungeheuerer Dynamik geschieht, setzt sich der Energiestoß durch die verschiedenen Leiter in Form einer heftigen Schwingung fort mit Reflexionen und Stauungen, ähnlich wie die Tidenwelle in einem Fjord. An allen Enden, wo es nicht weitergeht, steigt die Spannung hoch über das ursprüngliche Maß hinaus, und mit stattlichen Funkenstrecken springt die Energie zum nächsten Leiter über, der sich gerade in der Nähe befindet. Ferner erzeugen die Stromstöße der Energieschwingungen im Leiter Magnetfelder, die den Leiter umhüllen und wiederum Stromstöße in anderen Leitern induzieren, die sich innerhalb des Feldes befinden. Auf diese Weise wird Blitzenergie in Kabelstränge und andere metallische Bauteile übertragen, auch wenn diese keine elektrische Verbindung zum Rigg haben, in das der Blitz ursprünglich eingeschlagen hat.
Die Blitzspannung bricht zusammen, wenn die Energie in die Erde abfließen kann. Je leichter das geht, desto geringer fallen die Spannungsspitzen an den Verästelungen aus und damit die Möglichkeit des Funkenüberschlags. Die Energieübertragung durch Induktion bleibt dessen ungeachtet voll erhalten, denn der verursachende Stromfluß wird für den Augenblick der Ableitung maximiert.

Blitzschutzanlagen

Blitzschutzanlagen sorgen deshalb in erster Linie für hochwirksame Ableitung der Primärenergie. Die übergesprungene oder durch Induktion übertragene Sekundärenergie versuchen sie durch ein abgestuftes System der Abtrennung und Ableitung zu beherrschen, um die empfindliche Bordelektrik und -elektronik zu schützen.
Ein Blitzfänger - früher hieß er Blitzableiter - muß möglichst hoch auf dem Mast oder den Masten stehen und Antennen und sonstige Geräte dort oben deutlich überragen (Norm: 15 cm). Antennen selbst können natürlich auch als Blitzfänger dienen, wenn sie einen ausreichenden Leiterquerschnitt haben und mit einem großen Umschalthebel unter Deck vom Radiogerät auf Erde umgelegt werden können. Da heute aber alle Antennenkabel dünnere Querschnitte haben, belassen wir es bei der theoretischen Möglichkeit. Übrigens hat man sich inzwischen auf einen genormten Leiterquerschnitt für alle blitzstromführenden Bauteile geeinigt. Er ist 8 mm^2 bei Kupfer und 16 mm^2 bei Aluminium.
Von diesem Blitzfänger muß die Energie möglichst ohne Umwege ins Wasser abgeführt werden. Ein kräftiger Alumast ist dazu bestens geeignet, wenn er mit dem Eisen- oder Bleikiel leitend verbunden ist. Der Kiel darf nicht in Kunststoff oder in wasserdichte Lacke eingepackt sein. Es müssen mindestens ein zehntel Quadratmeter metallischer Kontaktfläche mit dem Wasser bleiben. (Trick: die Kielunterfläche kann ohnehin schlecht gestrichen werden und wird beim Rutschen über die versandete Hafeneinfahrt auch immer schön blank gehalten.)
Benutzt man den Mast selbst als Blitzableiter, müssen alle Wanten und Stagen am unteren Ende geerdet sein, um Spannungsspitzen dort zu vermeiden. Innerhalb eines Zweimeterabstandes von den blitzstromführenden Riggteilen ist mit Induk-

tion zu rechnen, weshalb alle metallischen Bauteile zu erden sind, die sich dort befinden. Vor allem gilt dies für die Gehäuse der Bordelektronik. Wenn die ausreichend geerdet sind, ist ihr empfindlicher Inhalt einigermaßen geschützt. Alle diese Erdungen müssen wieder blitzgerechte Querschnitte haben. Sie führen zur Blitzerde also zum Kiel. Die Betriebserde der Elektronik ist davon getrennt und sollte auch im Wasser möglichst weit vom Kiel entfernt liegen. Man will ja nicht die Blitzenergie durch die Hintertür in die Elektronik lassen.

Alle metallischen Bauteile, die sich nicht innerhalb der Induktionsdistanz von zwei Metern von den Hauptblitzleitern, also dem Mast, den Wanten und Stagen, befinden, sind gemeinsam mit der Betriebserde zu verbinden. Offensichtlich geht man dabei davon aus, daß diese Bauteile, zum Beispiel der Motor, die Tanks und der Ruderantrieb nur relativ geringe Streuspannungen abkriegen, die aber trotzdem abgeführt werden müssen, um Schäden an Menschen und Geräten zu vermeiden. Sie liegen an der Betriebserde und nicht am Kiel, der Hauptblitzerde, damit der Primärblitzstrom von dort nicht in den abgesetzten Bereich fließen kann.

Man möchte auch nicht, daß Streuströme dieses Bereiches durch die gemeinsame Erdleitung über Motor und Schraubenwelle in das Wasser abfließen. Das könnte zumindest die Gleichrichterdiode an der Lichtmaschine kosten und weitere Elektronik, mit der heute die Maschinenanlagen ausgestattet sind. Unkontrollierter Blitzstromabfluß über den Motor wird jedoch durch den Nebeneffekt nichtleitender Wellenkupplungen (z.B. Hardy-Scheibe) automatisch unterbunden, wenn die Wellenanlagen damit ausgerüstet sind.

Wo Blitzerdungen die eingentliche Funktion eines Bauteils stören würden, zum Beispiel bei Antennen, wird eine Schutzfunkenstrecke zwischengeschaltet, die vom Blitz wohl übersprungen wird, nicht aber von der normalen Betriebsspannung. Und schließlich muß verhindert werden, daß Blitzenergie über die normalen elektrischen Leitungen in die Elektronikkästen gelangt. Zu diesem Zwecke müssen alle Eingänge mit Überspannungsschutzschaltern gesichert sein, die entweder in dem Elektronikbauteil bereits vorhanden sind (selten) oder als zusätzliches Kästchen vorgeschaltet werden müssen.

Das waren bereits die wesentlichen Prinzipien einer zeitgemäßen Blitzschutzanlage. Sie ist zugegebenermaßen recht aufwendig, vor allem, wenn sie nachgerüstet werden muß. Wird sie dagegen bei der ursprünglichen Konzeption der gesamten Bordelektrik gleich mitberücksichtigt, könnten von vorn herein die nötigen Abstände gewahrt werden, so daß die empfindlichen Teile nur im abgesetzten Streubereich liegen. Es könnten Geräte ausgewählt werden, die einen integrierten Überspannungsschutz besitzen. Man könnte die Erdungsschleifen gleich beim Einbau der Inneneinrichtung verlegen, und die Erdung der Außenteile gleich in die Konzeption von Rigg und Reling einbeziehen.

Für kleinere Yachten, die nicht so aufwendig ausgerüstet sind, und vielleicht auch für die Träger kleinerer Geldbeutel bleibt folgende Sparlösung: Eine gute elektrische Verbindung zwischen Mast und teilentblößtem Kiel, über die Fußreling an den Kiel geerdete Püttings und Stage, ferner eine Ringerde für alle Elektronikgehäuse, die getrennt vom Kiel an die Betriebserde oder an die Motormasse gelegt wird.

Personenschutz

Verglichen mit den Drahtkörben im Physikunterricht oder dem bemannten Faradayschen Käfig im Deutschen Museum in München, ist das Drahtwerk aus Wanten und Stagen einer Segelyacht doch ziemlich lückenhaft. So sieht es auch der Blitz. Wanten und Stagen sind Einzelleiter, die nicht wie der Faradaysche Käfig den Strom nur außen führen. Wer sich gerade an einem Stag festhält, wenn der Blitz einschlägt, bekommt einen Teil der Energie ab. Das kann bei einem Elektroschock bleiben, es kann aber auch zu Verbrennungen und bleibenden Schäden führen. Grundsätzlich muß bei Gewitter jedes Metallteil an Deck gemieden werden. Wenn es nicht anders geht, und man zufassen muß, ist irgendeine Isolierung besser als gar keine. Ein Handschuh oder auch nur der lang gezogene Ölzeugärmel mag gerade ausreichen, einen Streustroß abzuisolieren. Nicht jeder blitzinduzierte elektrische Schlag, hat gleich die volle Gewalt. Ich würde bei herannahendem Gewitter meine Crew noch einmal mit folgender Checkliste ins Gebet nehmen:

1. Jeder im Cockpit Entbehrliche verschwindet unter Deck. Auch Seekranke.
2. Wer oben bleiben muß, pickt sich am Cockpitboden oder an der Steuersäule ein.
3. Der Rudergänger versucht optimalen Abstand vom Achterstag und von der Baumnock zu haben.
4. Er trägt Gummihandschuhe oder Plastikbeutel über den Händen und vermeidet es, Achterstag und Seereling anzufassen.
5. Deckshände, die für Manöver oder zum Reffen nach oben gerufen werden, picken sich nicht an der Seereling oder den Strecktauen (Jackstays), sondern an der langen Sorgleine ein.

9 Die sichere Yacht
Brandschutz

Der Brandschutz beginnt nicht erst beim Feuerlöscher. Wird der gebraucht, hat neunzig Prozent des Brandschutzes schon versagt. Denn Brandschutz ist in erster Linie Vorkehrung.

Er beginnt bei der sachgemäßen Installation und Wartung der feuergefährlichen technischen Anlagen, als da sind die Elektrik, die Maschine mit ihrer Kraftstoffversorgung, sowie der Herd und möglicherweise Heiz- und Heißwassergeräte mit ihren Brennstoffanlagen. Zum Brandschutz gehört ferner der richtige Umgang mit diesen Einrichtungen und Geräten, und es gehört dazu die nötige Umsicht bei den verschiedenen Pflege- und Reparaturarbeiten an Bord, wenn - was meistens der Fall ist - feuergefährliche Stoffe dabei im Spiel sind.

Erst wenn man alles an Vorkehrungen gegen die Brandgefahr getan hat, ist der zweite Schritt an der Reihe. Was tue ich im Brandfalle? Welches Feuerlöschgerät benötige ich an Bord, wo wird es in Bereitschaft gehalten und wie angewendet?

Elektrik

Beginnen wir mit elektrischen Bränden. Ein unerklärlich erhöhter Stromverbrauch bedeutet Alarmstufe eins. Man schaltet die einzelnen Stromverbraucher der Reihe nach ab und ermittelt durch Beobachtung des Verbraucher-Amperemeters den Sünder. Soweit möglich, versucht man nun dessen gesamten Stromkreis abzufühlen, um heiße Stellen zu entdecken. Sollte ein zweiter Versuch nötig sein, würde ich den Strom wieder einschalten, um die schadhafte Stelle deutlicher fühlen zu können.

Die zweite Alarmstufe wird über den Geruchssinn ausgelöst. Keiner ahnt etwas Böses, als es plötzlich nach angekokelter Isolierung riecht. In diesem Falle ist keine Zeit zu verlieren. Irgenwo schmort etwas, man weiß nicht wo, zum Suchen besteht keine Zeit, wenn ein Feuer verhindert werden soll. Es muß sofort der ganze Strom abgeschaltet werden.

Falls der Motor läuft, wird der als erstes abgestellt, und dann die Batteriehauptschalter ausgedreht. Auch wenn es eilig ist, sollte man nicht die Grundregel vergessen, nie bei laufendem Motor die Batterien abzustellen. Es könnnte sonst die Dioden kosten.

Nun wird die Spürnase eingesetzt. Solange die Schmorstelle noch frisch ist, müßte man durch den Geruch an die Schadstelle geleitet werden. Gelingt das nicht, kann man den Versuch unterstützen, indem man einzeln die Verbraucherkreise testweise einschaltet. Ist die Schmorstelle gefunden, wird die Ursache gesucht und abgestellt. Die verschmorten Isolierungen werden repariert, und weiter geht's. Ist man nicht in der Lage, mit Bordmitteln dies zu leisten, muß auf den Stromkreis verzichtet werden.

Die zugehörige Sicherung bleibt aus und wird zur Sicherheit deutlich mit Klebestreifen abgeklebt.
Steigt irgendwo bläulicher Qualm aus der Ecke, ist Alarmstufe drei gegeben. Bitte nicht gleich mit dem Feuerlöscher zur Attacke stürmen, sondern einfach aber schnell den Strom abschalten. Nicht vergessen: erst Motor dann Batteriehauptschalter. Hat man Glück gehabt, war's das schon. Der Rauch verzieht sich, der Täter kann entlarvt werden, solange er noch den verräterischen Amperegeruch verströmt.
Hat das heiße Kabel schon irgendwelche Sachen entzündet oder auch nur einen Schwelbrand verursacht, muß natürlich gelöscht werden. Aber bitte mit Maß und Ziel. In aller Regel ist der Brand sehr lokalisiert, so daß es reicht, mit einer Feuerlöschdecke, oder in Ermangelung solcher, mit irgendeinem feuchten Feudel den Brand zu ersticken und die schwelenden Teile abzukühlen. Man kann auch das Backblech aus dem Herd oder ein umgedrehtes Bodenbrett zur Hilfe nehmen, den ganzen glimmenden Haufen aus dem kokelnden Schapp daraufkippen und ins Wasser befördern. Das stinkt dann am wenigsten. Ich würde einen Feuerlöscher nur einsetzen, wenn der Brand schon mehr als ein Backblech voll Zeug ergriffen hat. Noch lieber würde ich mit Wasser löschen. Das generelle Wasserverbot bei elektrischen Bränden zählt hier nicht, da wir es an Bord üblicherweise mit Niedervoltanlagen zu tun haben. Nur bei aktiven 220-Volt-Anlagen, also wenn Landstrom eingeschaltet ist, oder wenn der Hilfsgenerator läuft, ist Vorsicht geboten.

Maschine

Feuer im Maschinenraum kommt gar nicht so selten vor. Benzinmotoren bergen natürlich das größere Risiko, weil Benzin auch in flüssiger Form leicht entflammbar ist. Seine Dämpfe sind im richtigen Mischungsverhältnis mit Luft sogar explosiv. Deshalb muß die Maschinenraumlüftung grundsätzlich lange genug vor dem Starten eingeschaltet sein. Benzinmotor-Eigner sollten sich angewöhnen, analog der „Rudolf-Diesel-Gedächtnisminute“ eine halbe Minute lang die Lüftung laufen zu lassen, bevor sie den Motor starten.
Fabrikneue Maschinenanlagen haben brandsicher verlegte Benzinleitungen, -filter und -pumpen. Auch die Vergaser oder Einspritzpumpen liegen so, daß Leckbenzin nicht auf den Auspuff oder die Lichtmaschine tropfen und entflammen kann. Trotzdem gehören Sicht- und Geruchskontrollen zur regelmäßigen Routine eines umsichtigen Skippers.
Bei Dieselmotoren ist die Feuergefahr wesentlich geringer, weil der Dieselkraftstoff bei normalen Temperaturen nicht so leicht entflammt. Wehe aber, wenn Diesel auf einen heißen Auspuff tropft und verdampft, oder wenn er aus den Hochdruckleitungen vor den Einspritzdüsen als feinster Spray austritt und den ganzen Motorraum einnebelt. Dann brennt oder explodiert Diesel, genauso, wie er es beim Verbrennungsvorgang im Zylinder tut.
In aller Regel sind die Auspuffanlagen wassergekühlt, und wenn nicht, dann ist die ganze Kraftstoffanlage auf der vom Auspuff abgekehrten Seite verlegt. Achtung Bastler: Das ist Absicht und sollte nicht verändert werden!
Dieselspray droht vor allem nach der

großen Motoreninspektion, wenn die Einspritzdüsen gewechselt worden sind. Die Überwurfmuttern, die die Kupferleitung auf die Düsen pressen, müssen nach den ersten Betriebsstunden nachgezogen werden! Desgleichen gilt, wenn zum Zwecke der Entlüftung die Verbindungen an den Hochdruckleitungen gelöst worden sind.
In beiden Fällen, Benzin wie Diesel, würde ein Maschinenbrand mit einer mehr oder weniger starken Verpuffung beginnen, bei der ohne weiteres die Motorabdeckung hochfliegen kann. Hoffentlich fällt sie wieder in ihre alte Position zurück, damit der Brand möglichst wenig Luftzufuhr hat. Gelingt es, den Motorraum geschlossen zu halten, braucht man nur noch mit einem geeigneten Feuerlöscher, am besten CO_2, durch eine kleine Öffnung hineinzustrahlen, jemand anderes muß den Kraftstoffabsperrhahn schließen und schon ist die Sache vorbei. Nicht vergessen, den Motor abzustellen, um die damit verbundene Maschinenraumlüftung auszuschalten. Auch bei Benzinmotoren erscheint mir das wichtiger, als den Restkraftstoff im Vergaser zu verbrauchen.
Ist die Motorabdeckung davongeflogen, und gelingt es nicht, sie trotz Feuer wieder aufzusetzen, muß mit mehr Aufwand gelöscht werden. Dann ist auch nicht mehr der CO_2-Löscher bestgeeignet, sondern der normale Pulverlöscher (ABCD-Löscher). Mit ihm kann man den Brandherd selbst abdecken und zwar von unten nach oben. Der CO_2-Löscher ist dagegen ein Gaslöscher, der einen Raum ausfüllt und ungezielt eingesetzt werden kann.

Pantry

Gasanlagen sind von Hause aus gefährlich. Die Brandgefahr ist noch glimpflich gemessen an dem Vergiftungs- und Explosionsrisiko. Deshalb sind Gasanlagen kompromißlos vom Fachbetrieb installieren zu lassen, der sich streng an die vom Deutschen Verein des Gas- und Wasserfaches e.V. erlassenen Normen hält. Die empfohlenen Sicherheitsinspektionen in Zweijahresintervallen sollten ebenso vom Fachbetrieb vorgenommen werden. Im Falle eines Unfalles, würde sich der Eigner der fahrlässigen Körperverletzung schuldig machen, sollte er diese Sicherheitsrichtlinien vernachlässigt haben.
Tritt bei einem Gasherd irgendeine Nebenflamme auf, ist schleunigst der Gasabsperrhahn zu schließen, der deshalb bitte nicht irgendwo hinter dem Herd versteckt angebracht sein darf. Er gehört ein paar Meter weg vom Herd, so daß man ihn trotz Feuer, Schreck und Angst sicher betätigen kann.
Die angeblich so sicheren Petroherde haben es auch in sich. Da sich der Brennstoff unter Druck im Tank befindet, ist die Anlage sehr leckempfindlich. Korrosion, Verunreinigung und ständig wechselnde Temperaturen tragen zur Leckempfindlichkeit bei. Gerät Lecköl auf heiße Teile, hat man gleich ein kleines Feuer, das sich natürlich beliebig ausbreiten kann. Wenn man Pech hat, dringt das Lecköl auch noch in die Steinwollisolierung der Backröhre ein, und dann ist der Molotow-Cocktail komplett.
Petro- und ebenso Spiritusherde müssen deshalb besonders gut gewartet werden. Alle Ventile müssen sauber gehalten, alle Fittinge nachgezogen und auch die kleinste Undichtigkeit sofort repariert werden.

Einen brennenden Petro- oder Spiritusherd bekämpft man mit ABCD- oder CO_2-Löschern. CO_2 diesmal auch im gezielten Einsatz. Der Versuch, die Flammen mit einer Decke zu ersticken, ist gefährlich, weil die Decke - es sei denn, es handelt sich um eine richtige Feuerlöschdecke - wie ein Docht die Flamme übernehmen kann, und man dann eine Riesenfackel in der Hand hat. Die Feuerlöschdecke bitte nicht bei der Bettwäsche stauen, sondern schnell greifbar, so wie die anderen Feuerlöschgeräte!

Leider haben Petroherde keinen Notabstellhahn. Um die Petro-Zufuhr zu unterbrechen, muß man hinter den Herd greifen und den Tankdeckel aufschrauben. Dann entweicht der Druck (übrigens ungefährlich), und der Brennstroff kann nicht mehr durch das Rohrsystem zu den Hähnen und Brennern gelangen. Wenn der Herd in Flammen steht, kommt man an den Tankdeckel allerdings nicht heran. Ein von vorn zu betätigender Notabsperrhahn würde das Problem meines Erachtens lösen. Vielleicht greift ein Hersteller diese Anregung auf?

Die brennende Fettpfanne ist das nächste Thema. Ein umsichtiger Smut vermeidet natürlich von vornherein, das Fett zu heiß werden zu lassen. Ist es aber einmal passiert, und die Pfanne steht in Flammen, dann bitte keine Panik. Ein Pulverlöscher würde den Fall sofort erledigen, allerdings auch das Essen verderben. Besser ist ein Deckel, der vorsichtig von der Seite über die Pfanne geschoben wird und die Flamme erstickt. Geduld, sie blubbt noch zweimal und ist dann aber aus. Hat man keinen Deckel zur Hand, tut's auch das Schneidebrett oder eines der Backbleche.

Bitte keinesfalls die Flammen mit einem Tuch auszuschlagen versuchen! Es würde sofort Feuer fangen, und man würde die brennenden Fettspritzer auf den ganzen Salon verteilen. Sehr viel Kaltblütigkeit würde der Versuch kosten, die brennende Pfanne den Niedergang hochzubalancieren und sie über Bord zu kippen. Ich würde es nicht probieren. Denn mißlingt's, hat man das brennende Fett auf dem Boden.

Feuergefährliche Farben

Daran denkt man oft gar nicht. Man konzentriert sich auf eine saubere Arbeit, wegen des Härters muß alles sehr fix gehen, und schon kippt der Nitrobecher genau auf die Heizsonne darunter. „Wuff", und alles steht in Flammen. Anderen ist ihr Schiff schon bei dem Versuch, die Polster mit Spiritus zu reinigen, abgebrannt. Was ist nicht alles schon mit schlecht funktionierenden Petroheizöfen passiert.

Kurz, jeder, vor allem wem bisher noch keiner passiert ist, sollte sich ernsthaft mit Feuerunfällen befassen. Vielleicht gewöhnt er sich dann daran, Warnungen wie „feuergefährlich" oder „kein offenes Licht" ernst zu nehmen. Natürlich leuchtet keiner mit einer Kerze in die Öffnung einer Acetonflasche. Aber wie leicht fällt etwas um oder es stolpert einer, und wenn dann noch ein offenes Licht in der Nähe ist ...

Feuerlöscher

Die Sicherheitsrichtlinien des Deutschen Segler-Verbandes sehen zwei Feuerlöscher à 2 kg vor. Nach meiner Auffassung ist das ein bißchen wenig. Diese kleinen Feuerlöscher spritzen weniger als zehn Sekunden, was bei geübtem Umgang gerade für einen ganz eng begrenzten Entstehungsbrand reicht. Da Preis und Stauraum keine großen Probleme darstellen, würde ich 6-kg-Löscher vorziehen. Einer der beiden würde ein CO_2-Löscher sein, weil er in engen Räumen nicht gezielt eingesetzt werden muß, und nach dem Brand keine Schweinerei hinterläßt. CO_2 löscht keine Glimmbrändee, was für mich allerdings kein Nachteil ist. Glimmbrände gibt es mehr im Wald als auf Segelyachten. Eine glimmende oder schwelende Matratze würde ich nicht löschen, sondern schlicht nach außenbords befördern.

Leider sind Halonlöscher neuerdings verboten. Halon sei gesundheitsschädlich (Feuer ist es allerdings auch) und ruinierte, weil es ein Fluorchlorkohlenwasserstoff ist, die Ozonschicht der Erde. Ich finde, die Umweltschützer haben hier das Kind mit dem Bade ausgeschüttet. Im Gegensatz zur Verwendung als Treibgas in Haarsprayflaschen und ähnlichem ist FCKW im Feuerlöscher nicht für den Verbrauch bestimmt sondern für die Bereitschaft. Von wieviel tausend Feuerlöschern gelangt je einer zum Einsatz?

Als Ersatz für Halon empfehle ich wieder auf die guten alten Kohlendioxidlöscher (CO_2) zurückzugreifen. Man benötigt für die gleiche Löschleistung zwar erheblich mehr Gas, also voluminösere Feuerlöscher, aber das ist wohl der Preis für den Umweltschutz.

Der zweite Löscher sollte ein Pulverlöscher für die Brandklassen ABCD (Feststoffe, Flüssigkeiten, Gase und elektrische Brände) sein. Er ist auch für offene Brände geeignet, deren Brennstoff unter der Flamme mit gezieltem Strahl luftdicht abgedeckt werden muß.

Den Pulverlöscher würde ich in einer vom Cockpit zugänglichen Backskiste fahren, den CO_2-Löscher in der Nähe des Niedergangs, so daß er auch bei einem Motorbrand sicher von innen und außen gegriffen werden kann.

Als drittes Feuerlöschgerät würde ich unbedingt eine Löschdecke an Bord haben. Das ist ein Stück Tuch aus feuerfestem Material, mit dem man wunderbar Flammen ersticken kann, ohne irgendwelche Feuerlöschschäden zu hinterlassen. Je nach Fabrikat und Machart ist die Feuerlöschdecke zugleich für andere Zwecke an Bord verwendbar, vom Polsterschutz gegen nasses Ölzeug bis zur Kutscherdecke bei kalten Nächten am Ruder. Die Feuerlöschdecke gehört in einen festen Bereitschaftsbehälter, der neben dem Feuerlöscher am Niedergang angebracht ist. Jeder sollte wissen daß sie existiert, und wie man sie einsetzt.

Und schließlich gehört auch die Schlagpütz zu den Feuerlöschrequisiten. Ohne Zweifel kann ein schneller Guß das frühe Ende eines werdenden Großfeuers bedeuten. Doch bitte nie Wasser in siedendes Fett kippen! Das gäbe eine mittlere Explosion mit brennenden Fettspritzern überall. Auch gegen brennenden Kraftstoff ist Wasser unangebracht. Wohl aber gegen alle brennenden Feststoffe und gegen Schwelbrände, die nach Einsatz der Feuerlöscher möglicherweise zurückgeblieben sind.

Weil die Schlagpütz Feuerwehrgerät in Nebenfunktion ist, und nicht allein deshalb, sollte sie an Bord einen festen, jedermann bekannten Platz haben. Meine ist am Heckkorb festgeknotet, übrigens von unten über die Schraube des Außenborders gestülpt, so daß der gleich gegen irgendwelches Hinterhaken beim Anlegen geschützt ist.

10 Die sichere Yacht
Umweltschutz

Eine glücklicherweise unwahre Geschichte möge die richtige Stimmung erzeugen: Jeden Samstag schippern die Elbsegler mit der ersten Tide in einem Riesenpulk von Wedel aus die Elbe hinunter und sammeln brav allen Müll in große Tüten. Jeden Sonntag schippern sie mit der letzten Tide wieder im gleichen Riesenpulk die Elbe hinauf nach Wedel und sammeln wieder brav allen Müll in große Tüten. Im Yachthafen Wedel hinten rechts steht brav eine Riesenmüllschute, und alle Segler werfen brav ihre Mülltüten dort hinein. Und jeden Montag mit der ersten Tide dampft brav ein Schlepper mit der Schute auf dem Haken die Elbe hinunter und verklappt den ganzen Müll gleich hinter Scharhörn.

Nun gut. Bemühen wir uns weiter. Eine anständige Yacht hat heute vernünftige Müllbehälter für den Tagesmüll und Stauraum für den angesammelten Müll. Sie hat Fäkalientanks für die Bordtoiletten und eine abgetrennte Motorbilge mit Ablage für Öllappen und ähnlichen Sonderschmiermüll. Sie hat einen überlaufsicheren Kraftstofftank und einen auslaufsicheren Stauraum für die Reservekanister. Sie hat genügend Batteriekapazität, und verpestet nicht mit einem ständig laufenden Generator Häfen und Buchten.

Wohin mit dem Müll?

Es beginnt schon mit dem müllbewußten Einkaufen und Stauen. Kein unnötiges Verpackungsmaterial, vor allem kein sperriges, Verwendung eigener Behälter für „Schüttgut“ wie Reis, Nudeln, Zucker, Mehl und so weiter, Verzicht auf Dosen, wo es Pfandflaschen oder Papiercontainer gibt, und viel Einfallsreichtum in diesem Sinne lösen das Müllproblem schon zu einem guten Teil.

In der Pantry muß der Mülleimer geräumig sein, und er muß so handlich angebracht sein, daß er auch für wankelmütige Moralisten leichter zu erreichen ist als Dinge aus dem Niedergang über Bord zu werfen. Alle leeren Flaschen kommen wieder dahin, wo sie schon als voll gewesen waren, so bleibt der Stauraum gleich schön gepackt. Auf Langstrecke wird der Müll sortiert: Verderbliche organische Essensreste und wasserlösliches Papier dürfen über Bord, solange sich nicht hundert weitere Yachten auf der gleichen Quadratmeile entleeren und man weit genug von der Küste entfernt ist. Der gesunde Menschenverstand billigt diesen Kompromiß.

Alles andere wird aber gesammelt und in großen Plastiksäcken sicher vor aufschlitzenden Notpinnen oder Zweitankern in einer der Backskisten gestaut. Jemand hatte einmal für diesen Zweck den Plastiksack noch einmal in einen alten Segelsack gestellt. Nicht dumm. Wenn der Müll

Überhand nimmt, kommt man in Druck. Ich erinnere mich, daß ich schon einmal einen Hafen anlaufen mußte, nur um Müll loszuwerden.

Fäkalientanks

Es wäre zu schön. Alle Yachten hätten Fäkalientanks und nichts ginge mehr ins Wasser. Wirklich? Wie ginge es dann weiter? Man stelle sich vor, die ganze Armada kehrte am Sonntag abend in den Heimathafen zurück, zwischen 18 und 20 Uhr! Alle mit vollen Fäkalientanks!

Ich glaube das Problem liegt weniger bei den Yachten als bei den Yachthäfen. Es ist völlig unvorstellbar, wie hunderte von Yachten in wenigen Stunden an einem Abwasserprahm abgefertigt werden sollen. Oder wie das gleiche mit einem Pump-Trolly geschehen soll, der über die Stege zu den Liegeplätzen gezogen wird. Machen wir uns nichts vor, kein Yachteigner würde am Sonntag abend stundenlang warten, seinen Schit loszuwerden.

Soweit ich das überblicken kann, ist nur eine halbperfekte Lösung in Sicht. Man statte seine Yacht mit einem Fäkalientank aus, und zwar mit möglichst großer Kapazität. Wie wir weiter unten lesen werden, bedeutet das nicht notwendigerweise ein riesiges Tankvolumen. Die Toiletten haben allerdings ein Zweiwegeventil, mit dem man sein Produkt in den Tank oder nach außen befördern kann. Ebenso kann der Tank wahlweise nach außen oder über das ISO-Norm-Ventil in eine Absauganlage entleert werden.

So ausgerüstet kann man mit ein bißchen „good will" optimalen Umweltschutz er-

Abb. 10/1: Schaltskizze eines kompromißfähigen Fäkalientanks.

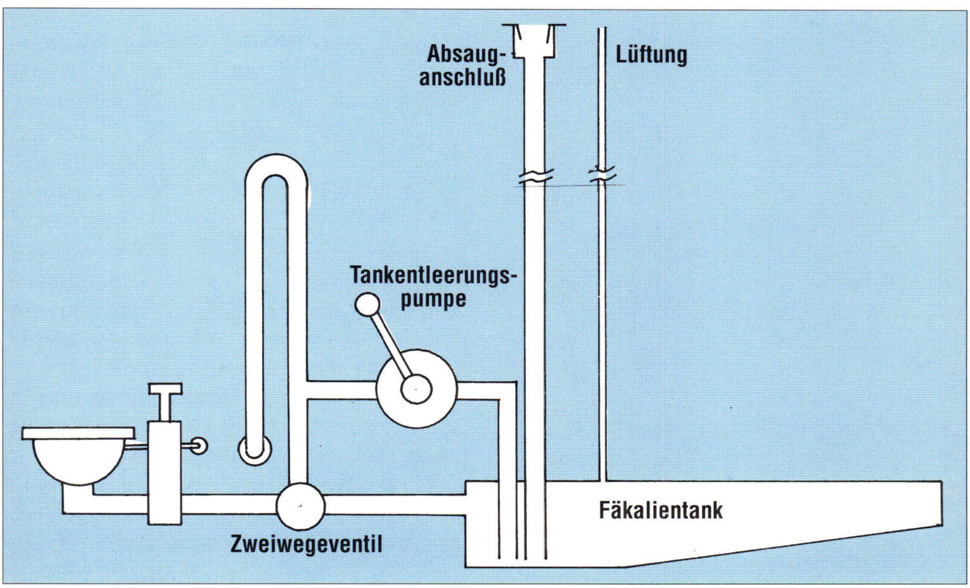

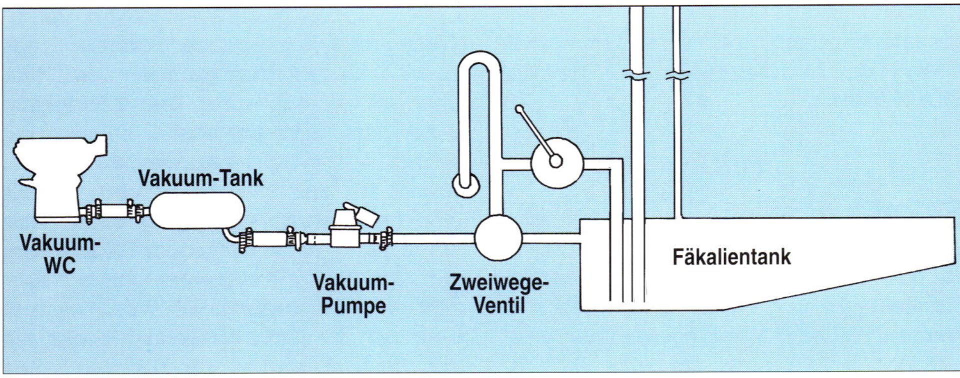

Abb. 10/2: Prinzipskizze der Vakuumtoilette (Sealand Vacu Flush).

zielen. Je nach vorhersehbarer Entleerungsmöglichkeit kann das Tankvolumen bewirtschaftet werden. Man kann kleine Geschäfte gleich nach draußen pumpen, und nur die großen in den Tank leiten. Und man kann den Tank, wenn man keine Chance auf Entsorgung hat, weit genug draußen auf freiem Wasser entleeren, was immer noch besser ist, als notgedrungen direkt den Kloinhalt an Ort und Stelle dem Wasser zu überlassen.

Ein echter Lichtblick ist die Entwicklung der Vakuumtoilette. Sie befindet sich inzwischen auf dem Markt und kann für einen erschwinglichen Preis in jede Yacht eingebaut werden. Man kennt sie von Reisen mit dem Flugzeug. Ein Knopfdruck, es zischt und alles ist weg. Ihr Hauptvorteil liegt im sparsamen Verbrauch von Spülwasser. 0,2 bis 0,5 Liter reichen pro Benutzung, ohne daß ein beschmutztes Becken zurückbleibt. Ideal für unser Problem, mit einem begrenzten Fäkalientankvolumen auskommen zu müssen.

Die Arbeitsweise der Vakuumtoilette kann der Abb. 10/2 entnommen werden. Die Vakuumpumpe hat zwei Funktionen: Sie sorgt für ständigen Unterdruck in dem Vakuumtank und sie transportiert dessen Abwasserinhalt mit Druck weiter zum Fäkalientank oder wahlweise nach draußen. Bei Auslösung des Spülvorganges wird eine kleine Menge Frischwasser aus dem Druckwassersystem in die Schüssel geleitet und ein Schieber zum Vakuumtank aufgemacht. Der Unterdruck verbunden mit dem scharfen Luftzug reißt den Toiletteninhalt in Sekundenschnelle fort.

Die saubere Bilge

Selten gibt es noch Yachten mit metertiefen Bilgekellern, in denen, wie in jedem guten Brunnen, gesundes Wasser stand. Es sammelte sich dort von den hölzernen Schiffswänden, deren Planken nur in feuchtem Zustand die richtige Dichtspannung aufbrachten. Die Bilgewasserpflege gehörte zu den großen Tugenden der Bootsleute auf den edlen alten Yachten. Heute sind die Bilgen flach und trocken, denn außer Schwitzwasser hat da nichts etwas verloren. Nur wenn mal etwas an den Wasser-

schläuchen repariert oder der Logimpeller gezogen worden ist, mag dort ein wenig Wasser zusammenlaufen. Sammelt sich ständig Wasser, ist etwas kaputt.
Keinesfalls darf Diesel oder Motoröl in die Bilge gelangen. Dann entsteht nämlich jener Schmierkram, der beim Lenzen diese blauschillernder Kreise um die Yacht herum erzeugt. Bei modernen Yachten sind getrennte Motorbilgen selbstverständlich. Bei älteren würde ich sie nachrüsten lassen, und sei's nur eine blecherne Tropfwanne, die unter den Motor montiert wird. In der Motorbilge werden die paar Tropfen Öl, die jeder verdiente Motor unter sich läßt, aufgefangen und ebenso die paar Tropfen, die durch die Stopfbuchse der Welle dringen. Wenn letztere richtig eingestellt ist, kommt weniger Wasser durch, als unter dem warmen Motor verdunsten würde. Insofern ist eine gut gepflegte Motorbilge auch im großen und ganzen trocken. Die paar Tropfen Öl werden mit Küchenpapier weggewischt.

In einer Ecke der Motorbilge befindet sich praktischerweise ein Behälter für solche zusammengeknüllten Ölpapiere. Auch die von der täglichen Ölstandkontrolle sind dabei. Beim nächsten Tanken werden sie dem dankbaren Tankwart übergeben.

Der überlaufsichere Kraftstofftank

Kraftstofftanks haben, neben den Verbindungen zum Motor, normalerweise eine Betankungs- und eine Entlüftungsleitung. Beide scheinen bei Yachten recht problematisch zu sein, denn im Gegensatz zu den Automobilen spritzt der Kraftstoff während des Tankens zuweilen heftig zurück und endet unwillkürlich im Wasser. Und genau das wollten wir vermeiden. Ähnliches kann über die Entlüftungsleitung passieren. Die Ursache des Problems liegt in den Schlingerbewegungen, die der Kraftstoff im Tank macht. Schlägt die Welle mit

Abb. 10/3: Dichtkragen an der Tankpistole gegen hochgehusteten Kraftstoff.

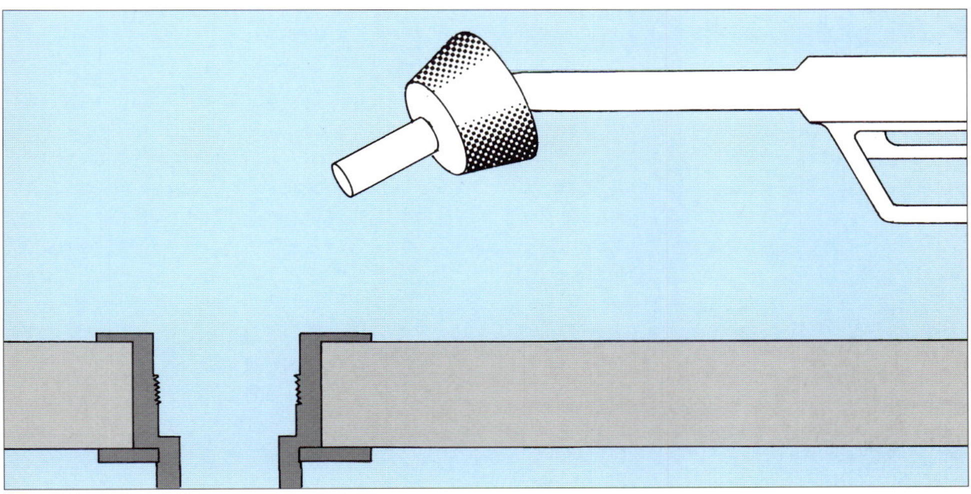

Schwung in die Ecke, wo der Betankungsstutzen einmündet, steigt die Flüssigkeitssäule mit dem gleichen Schwung nach oben und darüber hinaus. Deshalb ist die dringende Forderung an die Hersteller zu richten, technisch Abhilfe zu schaffen. Sollte dies durch Gestaltung des Tanks und der beiden Leitungen, nicht möglich sein, müßte ein einfaches und leichtgängiges Rückschlagventil am Tankeingang angebracht werden. Sehr wahrscheinlich wäre damit das Problem schon gelöst. Wessen Yacht einen dieser zurückspukkenden Tanks besitzt, sollte sich aus festem Schaumstoff oder Moosgummi einen dichtenden Kragen basteln, den er auf den Spund der Tankpistole steckt, und der die Pistole gegen den Einfüllstutzen abdichtet. Auf diese Weise wird hochgehusteter Kraftstoff zurückgehalten. Allerdings sollte die Tankentlüftung bei dieser Methode gut funktionieren.

11 Die sichere Yacht
Arbeitsplatz für die Crew

In der Wirtschaft nennt man es Betriebsschutz, womit wir uns jetzt befassen. Zugegeben, für Freizeitfreuden ist der Ausdruck weniger passend, aber um nichts anderes geht es uns letztlich. Wir wollen, daß allen an Bord, Skipper, Mitseglern und Gästen nichts passiert.
Dazu tragen in erster Linie die Menschen selbst bei durch ihr mehr oder weniger geschicktes Verhalten, und erst in zweiter Linie die infrastrukturellen Bedingungen, denen man aber gern die Alleinverantwortung zuschiebt. In diesem Kapitel befassen wir uns mit letzterem, mit der Gestaltung des „Arbeitsplatzes Yacht", seiner Ausstattung mit ergonomisch sinnvollen Hilfsmitteln und Einrichtungen und der Vermeidung unnötig gefährlicher Ecken, Kanten und Fallen.

Das Cockpit

Das Cockpit soll nicht zu groß sein, um im Falle einer einsteigenden See nicht zu viel Wasser zu schöpfen. Einerseits. Andererseits soll es genügend Raum bieten, um sicher an den Winschen und am Ruder arbeiten zu können. Obendrein soll es noch sicheren Platz bieten als Aufenthalt für die Restcrew. Ein Kompromiß ist gefragt, der allerdings mit einem kleinen Trick schnell zu Gunsten des größeren Raumangebots verschoben werden kann. Der Trick sind riesige Lenzöffnungen, durch die trotz des größeren Cockpitvolumens eingestiegenes Wasser rasch ablaufen kann.
Natürlich muß das begrenzte Raumangebot optimal genutzt werden. Man erreicht das durch eine längsgesteckte Form mit langen Sitzbänken und hohen schützenden Süllen, aber mit relativ kleiner Bodenfläche. Die Sitzkante gegenüber muß nah genug sein, damit man sich mit dem Fuß dort abstützen kann. Es ergibt sich ein relativ schmaler Fußraum, was in Anbetracht des klein zu haltenden Schöpfvolumens von Vorteil ist. Die Pinne, falls vorhanden, sollte gleich so hoch angebracht sein, daß sie ohne angehoben zu werden, frei über die Knie der Sitzenden schwenken kann. Das Ruderrad muß an den Seiten passierbar sein. Was nützt der schönste Racer-Look, wenn man aus dem Cockpit steigen muß, um hinters Ruderrad zu gelangen? Und was an den meisten Cockpits fehlt, das ist der Handlauf an der Süllkante. Wo hält man sich sonst fest, wenn man im Cockpit bei Lage nach achtern krabbelt? An der Winsch, an einer Klampe, am Schwalbennest, vielleicht auch an der Seereling? Wie einfach wäre es doch, in die Süllform einen Handlauf zu integrieren, der vom Kajütschott bis hin zum Rudergänger reicht!
Es gibt schon einzelne Yachttypen, deren Cockpit von einem „Überrollbügel" überspannt wird. Natürlich heißt dieser Bügel nicht so, aber der aus dem Autorennsport

stammende Ausdruck beschreibt sehr anschaulich, was er meint. In der richtigen Höhe angeordnet, bietet er der Crew zusätzlichen Halt und dient als Baumablage, wenn das Großsegel geborgen wird. Er ermöglicht ferner eine besonders stabile Anbringung einer Spritzpersenning (Sprayhood), die vor allem im kühlen Norden einen erheblichen Beitrag zur Durchhaltekraft der Crew leistet.

Eine echte Gefahrenquelle können Backskistendeckel sein. Wem schon einmal einer auf den Kopf gefallen ist, weiß das. Trotzdem gibt es immer wieder Yachten ohne Sicherung der offenstehenden Backskistendeckel. Für stürmische See müssen die Deckel zudem in geschlossener Stellung verriegelbar sein. Auch wenn man nicht gleich kentert, können die Deckel unter einer haltsuchenden Hand versehentlich aufgehen und zuschlagen, wenn gerade der Daumen dazwischen steckt.

Das Cockpit muß genügend Befestigungsmöglichkeiten für die Sorgleinen der Insassen haben. Der eben erwähnte Handlauf wäre auch dafür eine günstige Lösung. Man könnte die aus der Wand ragenden Augbolzen weglassen, an denen man sich nur ständig blaue Flecken holt.

Was Yachten allgemein noch fehlt, ist eine feste Anschnallmöglichkeit des Rudergängers. Wer schon in schwerer See hinterm Ruderrad gekämpft hat, wird meine Meinung teilen. So mancher Verreißer entsteht, wenn die Yacht Bocksprünge macht und der Rudergänger den sicheren Stand verliert. Steuerfehler sind gefährlich, vor allem im Sturm. Deshalb empfehle ich, für den festen Stand oder Sitz des Rudergängers etwas zu tun. Zum Beispiel könnte man Fußschlaufen ähnlich wie auf einem Surfboard anbringen. Sie müßten sich an Stellen rechts und links unter dem Ruderrad befinden, daß man sich auf beiden Bugen mit wenigstens einem Fuß unterhaken kann. Sie wären in Stehen wie auch im Sitzen zu benutzen. Für sicheren Halt beim Sitzen müßte man zusätzlich einen Beckengurt auf der Ruderbank einklinken

Abb. 11/1: In den Cockpitsüll integrierter Handlauf.

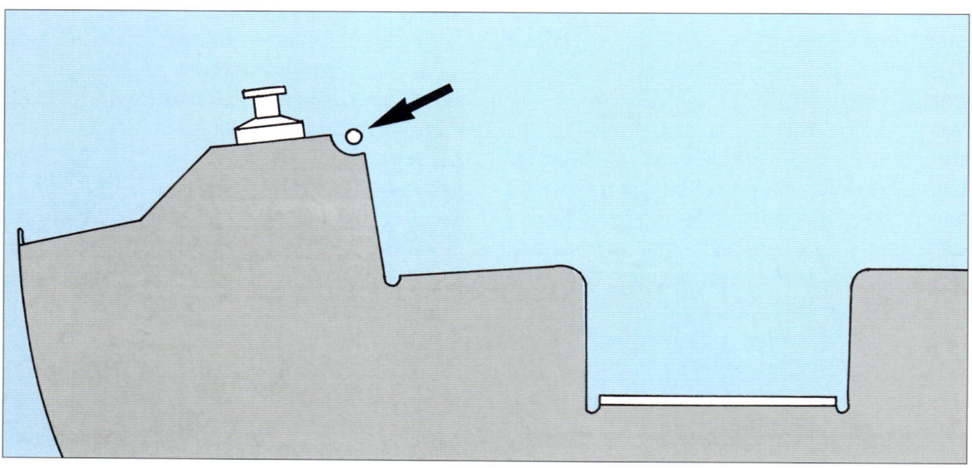

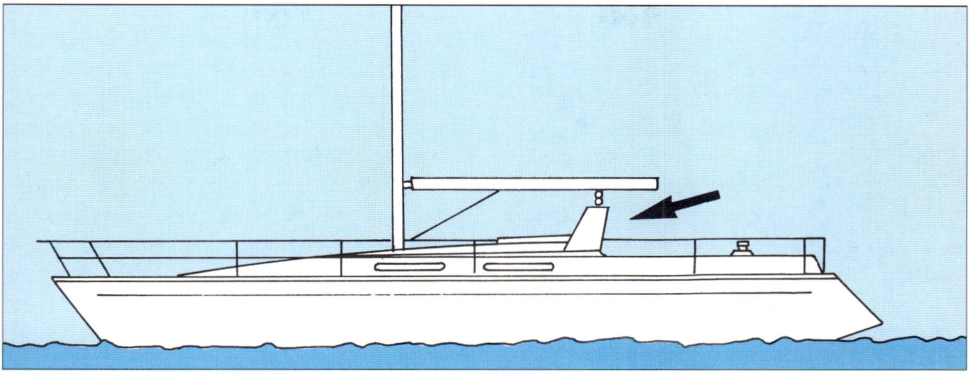

Abb. 11/2: „Überrollbügel" auf Yachten.

können. Der Gurt müßte Schnellverschlüsse haben ähnlich wie bei den Autogurten, sollte man sich wirklich einmal schnell befreien müssen. Im übrigen könnte der in den Süll eingelassene Handlauf ruhig auch hinter dem Rudergänger weitergeführt werden. Zum Festhalten hat er da hinten sonst nichts. Daß das noch niemandem aufgefallen ist?

Sollte einmal eine See mit großer Wucht den Rudergänger treffen, der sich ausschließlich am Rad festhält, muß die frei stehende Steuersäule die ganze Gewalt aushalten. Daß eine Steuersäule abbrechen kann, zeigt der Fall einer Baltic, der vor geraumer Zeit genau das auf dem Wege von Cuxhaven nach Helgoland passiert ist. Zugegeben, das Sockelrohr war schon leicht korrodiert gewesen und der Rudergänger war ein besonders kräftiger Typ, aber immerhin!

Die Sorgleinen

Ein paar Gedanken zu den Sorgleinen: Bei uns Amateursegelern hat der Körper keine Zeit, sich den Bewegungsabläufen des Decks unter den Füßen anzupassen. Unsere Motorik stimmt dann einfach nicht. Wir tapsen auf Stellen, auf die wir eigentlich gar nicht treten wollten, und stolpern

Abb. 11/3: Fußschlaufen und Beckengurt für den Rudergänger.

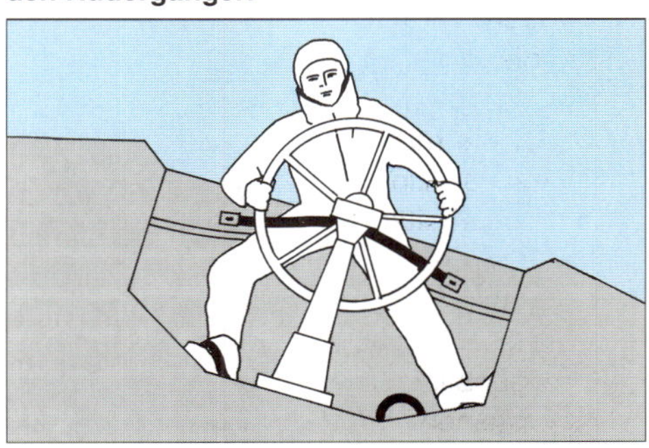

über ein Hindernis, das sich plötzlich in unsere Schrittbahn hineinhob. Der automatische Stolperreflex führt ins Leere, weil zwischenzeitlich das Deck nach unten verschwand. Wir alle kennen diesen unfreiwilligen Tanz.
Die Sorgleinen sollen nicht zusätzliche Stolperfallen darstellen, sie sollen auch nicht vom Träger mehr Aufmerksamkeit erfordern, als seine eigentliche Aufgabe. Man kann sich mit dem „überlappenden Voranpicken", wie es von Sicherheitsfanatikern gefordert wird, so beschäftigen, daß keine Hand mehr für den Segelsack bleibt, der eigentlich nach vorn gebracht werden sollte.
Deshalb rüstet man die Yacht besser mit Strecktauen (Jackstagen) aus, das sind auf beiden Seiten im Wassergang gespannte Drahttaue mit festen Verankerungen auf dem Vorschiff und achtern. In diese Taue pickt man sich mit seiner persönlichen Sorgleine ein und kann sich auf diese Weise frei nach vorn begeben. Etwas unangenehm ist dabei, daß die persönliche Sorgleine in der Standardversion oft zu kurz ist. Will man am Mast oder am Großbaum arbeiten, muß man sich am Strecktau auspicken, und am Mast eine neue Einpickmöglichkeit suchen. Das ist natürlich lästig, und es bedingt auch einen Augenblick erhöhten Risikos. Deshalb ist zu überlegen, ob man auf größeren Yachten nicht die persönlichen Sorgleinen verlängert, oder gleich eine freie lange Sorgleine benutzt, die mit dem einen Ende am Mast befestigt ist, und deren anderes Ende in den Sicherheitsgurt eingehakt wird. Mit der langen Sorgleine erspart man sich das Umpicken und ist frei beweglich. Fast frei beweglich. Tatsächlich verfängt man sich alle Augenblick an Winschen und anderen Stolpersteinen. Kein Patent ohne Kinken!
Vielleicht ist es die beste Idee, beide Verfahren vorzubereiten, also Strecktaue und die lange Sorgleine auszubringen. Man kann dann, je nach Geschmack und Art der Arbeit auf dem Vorschiff, das besser geeignete Geschirr wählen. In beiden Fällen würde ich die Länge achtern so begrenzen, daß im Falle eines Sturzes über Bord der Mann etwa in Höhe des Cockpits außenbords hängen würde. Dort kann man ihn mit einem kräftigen Griff, unterstützt durch die Krängung und die Heckwelle, wieder an Deck rollen.

Der Seezaun

Nun zur Seereling, zuweilen auch Seezaun genannt. Sie soll einen Menschen aufhalten, der an Bord den Halt verloren hat und im Begriff ist, über Bord zu stürzen. Aus optischen Gründen sind Relinge allgemein nur niedrig. Wären sie hoch wie eine Balkonbrüstung, würden sie sicherlich besser wirken, aber eben unmöglich aussehen. Wer sich eine Neunmeteryacht mit einem 80 Zentimeter hohen Seezaun vorstellt, mag dies schnell verstehen und einer Konzession zustimmen. Bei größeren Yachten werden die Relinge auch vernünftigerweise etwas höher ausgelegt. Beim letzten Whitbread Race zum Beispiel war sogar über das normale Maß hinaus eine Höhe von 70 Zentimetern vorgeschrieben.
Neben der Höhe scheint die Festigkeit ein Problem zu sein, denkt man nur daran, wie leicht Relingsstützen verbiegen oder gar aus dem Fundament brechen, wenn eine kräftige Hand die Yacht vom Nachbarschiff freihalten oder die Restfahrt aufstoppen will. Wie soll eine solche Relingsstütze dann erst einen Menschen aushalten, der

mit Wucht dagegengeschleudert wird? Sie tut's. Genauer gesagt nicht sie allein, sondern die ganze Reling. Die Relingsdurchzüge lenken die Kraft als Zugbelastung auf die Bug- und Heckkörbe um, während die Relingsstützen lediglich die Funktion haben, die Züge in der richtigen Postion zu halten. Ausschlaggebend ist deshalb die Robustheit von Bug- und Heckkorb und deren Verankerung im Deck. Die Durchzüge unterliegen großer Zugbelastung und sind nicht umsonst aus Stahltauwerk. Textil wäre sicherlich geschmeidiger und würde nicht so einschneiden, wenn man sich dagegenlehnt.

Der rutschfeste Fußboden

Ein letzter, aber wichtiger Punkt zur Sicherheit des Arbeitsplatzes ist das rutschfeste Deck. Es kann durch Spezial-Antirutschbeläge realisiert werden, die es in allen Abstufungen vom stumpfen Kork bis zum regelrechten Sandpapier gibt. Weil diese Beläge nicht sehr hübsch aussehen, nicht schiffig sind und auch empfindliche Spuren auf der Achterpartie sonnenhungriger Mitseglerinnen hinterlassen, muß man auch mit anderen, weniger rutschfesten Decksbelägen klarkommen. Sie alle, sei es Teak, geriffeltes Gelcoat, Antirutschfarbe oder normaler Anstrich, haben eines gemein. Man muß sie fettfrei halten. Mit einer hauchdünnen Fettschicht an Deck wird es bei Nässe gefährlich glatt. Da helfen auch das „Messerschnittprofil" und andere vertriebswirksame Merkmale teurer Yachtschuhe nicht weiter. Fett kommt an Deck durch Politur, Sonnencreme und Spritzfett aus der Pantry. Letzteres braucht nicht bis an Deck zu spritzen, es rieselt vor dem Herd auf den Boden, wo man hineintritt und das Fett an den Sohlen nach oben trägt. Vor allem die Niedergangstreppe wird dabei zur gefährlichen Rutschbahn. Wie oft habe ich darauf jemanden ausgleiten gesehen. Diese Stufen gehören, aller Häßlichkeit zum Trotz, mit derben Antirutschmaterial belegt!

Was tut man gegen die Proliferation von Pantryfett? Sehr einfach: Beim Braten liegen grundsätzlich zwei, drei Blatt Küchenpapier vor dem Herd auf dem Fußboden. Der Smut tritt darauf herum und wischt dabei ständig jeden Spritzer auf. Es wirkt Wunder!

Verzweifelte Segler haben schon den Glauben an ihre teuren Antirutschschuhe verloren, bis ein alter Freund ihnen empfahl, die Sohlen mit Benzin oder einem Spühlmittel zu entfetten. Das wirkte erstaunlich. Ähnlich bearbeitet man auch ein glitschiges Deck, wobei man den Erfolg nicht schon erwarten sollte, bevor das Seifenmittel restlos abgespült worden ist.

Persönliche Ausrüstung

Es beginnt mit der richtigen Bekleidung. Mit unmöglichen Plünnen zieht man sich schnell ein Sicherheitsrisiko an - im wahrsten Sinne des Wortes. Die Fachgeschäfte sind voll, man muß nur auswählen. Einige Gesichtspunkte dazu: Erstens, man muß sich noch bewegen können, egal was man anhat. Zweitens, die Knie müssen ebenso wie die Sohlen als Trittflächen betrachtet werden. Drittens, der Temperaturhaushalt muß harte körperliche Arbeit auf dem Vorschiff und Lei-

chenstarre hinter dem Ruder gleich gut verkraften können. Und viertens, wenn das Wasser überkommt, muß das ganze auch noch dicht sein.
Stellen wir diese Forderungen einander gegenüber, kommen nur Kompromisse in Frage. Extremlösungen wie Kälteschutzanzüge oder völlig abdichtende Trockenanzüge fallen schnell heraus. Es bleibt ein Konzept des flexiblen Übereinanderziehens kombinierbarer Teile. Eine leichte, atmungsaktive aber spritzwasserabweisende Bluse und Hose mit variablen Wärmepolstern in Form von Faserpelzsachen zum Unterziehen. Für kalte Nachtwachen vielleicht sogar in zwei Lagen. Alles mit langen Reißverschlüssen vorn zum Aufmachen nach dem Hitzestau eines Arbeitseinsatzes. Wichtig ist die warme Kopfbedeckung mit der erstaunlich zum Temperaturhaushalt beigetragen werden kann. Ein kleiner Hinweis am Rande: am besten bewährt hat sich immer noch der gute alte Pudel, absichtlich zu groß gestrickt und anschließend in kochend Wasser verfilzt.
Wird es naß an Deck, wird Ölzeug übergezogen, und zwar jeweils über die Anzahl der Lagen, die man der Temperatur entsprechend gewählt hat. Das Material des Ölzeugs braucht dann nicht mehr wärmeisolierend zu sein. Es soll es auch nicht, sonst müßte man für Sommergewitter noch einen zweiten Satz leichteren Ölzeugs dabei haben. Ölzeug sollte beim Tragen gut ventilieren, um die Körperfeuchtigkeit abzuführen. Moderne Fasern sollen das angeblich leisten, einfacher geht es durch konventionellen Schnitt, das heißt Jacke und getrennte Hose. Beide müssen so lose am Körper sitzen, daß mit jeder Bewegung Luft durchgepumpt wird. Die feuchte Luft entweicht dann zwischen Jacke und Hose. Dicht sein muß das Ölzeug an den exponierten Wassereintrittsöffnungen: Das sind Kragen, Ärmelmanschetten und für die Arbeit auf dem Vorschiff auch an den Hosenbeinen. Früher half man sich mit dem Wechselhandtuch im Kragen, heute gibt es schon fast dichte Neoprenmanschetten oder eng anliegende Membrane aus hochelastischem, anschmiegsamen Gummi.
Die übliche Kapuze hat Nachteile. Sie sammelt das Wasser an der Backe, von wo es in den Kragen läuft, und sie schränkt das Sichtfeld ein. Will man sich nach hinten umsehen, guckt man in die Kapuze. Man möge es einmal mit dem alten Südwester probieren. Richtig aufgesetzt, mit der langen Krempe über dem Kragen und der Dachrinne vorn hochgeklappt, löst er alle Probleme!
Nach meiner Auffassung fehlt es noch an einer geschickten Lösung an den Füßen. Heute zieht man die Hosenbeine über den Stiefelschäften mit Klettband dicht. Zu viel für Spritzwasser, zu wenig für die grüne See. Vielleich bietet die Branche einmal angeschweißte schaftlose Gummischuhe an, die das Problem lösen würden. Die schweren Stiefelschäfte sind ohnehin höchst überflüssig. Als ich früher häufiger mit flachbordigen Oldies auf der Nordsee segelte, habe ich eine Anglerhose mit angeschweißten Gummistiefeln getragen. Die war zwar klobig, aber ich hatte als einziger an Bord immer trockene Füße.
Sollte jemand über Bord gegangen sein, trägt das Ölzeug mit warmen Untersachen darunter ganz entscheidend zum Überleben im kalten Wasser bei. Das mehrschichtige Gewebe und die wasserdichte Schale darüber verhindern den Austausch des Wassers über der Haut. Das Grenzschichtwasser nimmt die Körpertemperatur an und bleibt an Ort und Stelle. Es wird

nur wenig Wärme durch die Kleidung hindurch abgegeben.

Vor Schrittgurten wird gewarnt

Das Sorgleinenthema wurde schon weiter oben behandelt. Um sie vernünftig am Mann zu befestigen, tragen Segler besondere Geschirre um die Brust (Lifebelts). Die Haltekraft der Lifebelts sind heute DIN-genormt und nur die Anordnung des Gurtwerks variiert von Fabrikat zu Fabrikat. Zuweilen, wenn es schnell gehen muß, stören die ständig vertörnten Schulter- und Brustbänder, weshalb ein Hersteller das ganze Bänderwerk auf ein Miniwestchen aufgenäht hat, das man einfach von hinten überzieht. Warnen will ich vor Schrittgurten, mit denen manche Lifebelts ausgestattet sind. Sie nützen wenig, sind bei der Bewegung recht hinderlich und können böse wehtun.

Der Brustgurt des Lifebelts braucht nicht ganz dicht gezogen zu werden, er hält auch so. Das Körpergewicht wird unter den Achseln getragen, nicht durch Umschnürung des Brustkorbes. Beim typischen Sturz kommt zwei mal Zug auf den Lifebelt: Einmal beim Fall in die straffkommende Sorgleine, wobei der Zug quer gerichtet ist, und zum zweiten Mal beim Eintauchen in die Strömung, wobei der Zug längs zum Körper kommt. Nur beim Zug längs des Körpers bestünde Gefahr, daß der Brustgurt über die Arme wegrutscht. Aber Schlepptests haben bewiesen, daß wegen der starken Strömung die Arme stets anliegen. Es würde viel Kraft kosten, die Arme gegen die Strömung hochzukriegen, was die Voraussetzung wäre, um aus dem Lifebelt zu rutschen.

Weil der Sitz des Brustgurts beim normalen Tragen unwesentlich ist, kann der Lifebelt auch problemlos in Rettungswesten und in Wetterjacken integriert werden. Nur ist dies für warmes Wetter unpraktisch, man brauchte dann für die Badehose noch einen zweiten, nackten Lifebelt.

Für Nachtfahrten sollte die Schutzbekleidung mit lichtreflektierenden Streifen versehen sein. Solche Reflektoren haben eine erstaunliche Leuchtkraft, wenn sie von einem Suchscheinwerfer angestrahlt werden. Ich würde diese Streifen an der Kopfbedeckung, vorn auf den Schultern, auf den Vordergurten des Lifebelts und auf den Brustblasen der Rettungsweste anbringen. Ferner gibt es im Handel kleine, batteriegespeiste Blitzlampen, die man auf Wache in der Tasche bei sich führt. Ist man bei Nacht über Bord gefallen, holt man sie aus der Tasche, schaltet ein und hält sie hoch.

Nun zu den Rettungswesten. Ihrer Entwicklung wurde in den letzten zwanzig Jahren so viel Aufmerksamkeit geschenkt, daß wir heute wirklich ausgereiftes Material vor uns haben. Worauf kommt es an?

Erstens müssen die Rettungswesten so tragefreundlich sein, daß man sie auch anhat, wenn man sie braucht. Damit scheiden schon die Feststoffwesten aus, die den Träger böse behindern würden, würden sie die richtig bemessenen Auftriebskörper haben. Es bleiben nur die aufblasbaren Westen.

Zweitens sollen die Rettungswesten, wenn einer über Bord gefallen ist, diesem dienen und nicht umgekehrt. Solche Geräte, die erst kompliziert aktiviert oder gar selbst aufgeblasen werden müssen, sind ungeeignet. Der über Bord Gefallene mag dazu gar nicht in der Lage sein. Eine Aufblasautomatik ist unabdingbar.

Drittens darf die Automatik, die ja auf Wasser reagiert, nicht schon durch Spritzwasser den Aufblasmechanismus auslösen.

Viertens und schließlich muß die aufgeblasene Weste im Wasser auch den möglicherweise verletzten oder bewußtlosen Menschen sicher tragen (Stichwort: Ohnmachtssicherheit).

Die für das Hochseesegeln empfohlenen Modelle der Marktführer sind exakt in diesem Sinne konstruiert. Sie erfüllen alle Forderungen in optimaler Weise. In optimaler, nicht absoluter Weise, denn auch bei den Rettungswesten gibt es keine hundertprozentige Sicherheit. Der Begriff Ohnmachtssicherheit bedeutet nicht die Gewähr, daß ein Ohnmächtiger nicht ertrinken würde, sondern viel mehr die Tatsache, daß diese Rettungsweste auch einem Ohnmächtigen den bestmöglichen Schutz vor dem Ertrinken gewährt.

Freibordhöhe für Rettungswesten

Interessant ist, wie dies erreicht wird: Ein lebloser Körper würde wie eine Krabbe kopfüber mit krummen Rücken im Wasser treiben. Um ihn aufzurichten, muß ein Auftriebskörper die Brust anheben. Der Körper würde dadurch in eine horizontale Rückenlage schwenken. Mit einem weiteren Auftriebskörper unter dem Nacken müßte nun der Kopf angehoben werden, um das Gesicht aus dem Wasser zu heben. Wird dieses Kopfkissen jedoch zu groß, kippt der Körper wieder vorn über oder seitwärts zurück in die ursprüngliche krumme Krabbenhaltung. Also müssen die Brustauftriebskörper immer größer als die für die Kopfunterstützung sein. Letztere sollte aber ausreichend dick ausfallen, damit der Kopf möglichst hoch aus dem Wasser ragt. In Fachkreisen spricht man von einem Freibord, und meint die Höhe der Mundwinkel über dem Wasser (nach DIN 7929: mindestens 8 cm bei spiegelglatter See). Irgendwo gibt es da ein Ende der Praktikabilität.

Größere Lufteinschlüsse in der Kleidung, zum Beispiel bei Trockenanzügen, kann die Drehfunktion der ohnmachtssicheren Rettungsweste ohnehin nicht überwinden. Darüber sollte sich jeder im klaren sein. Auch der „Freibord“ ist eine sehr theoretische Größe. Er beschreibt lediglich die Effektivität des Kopfkissens. Ein Freibord wird nicht verhindern können, daß bei Seegang die eine oder andere Ladung Wasser voll in Mund und Nase landet.

Abb. 11/4: Spraycap gegen Ertrinken im Flugwasser.

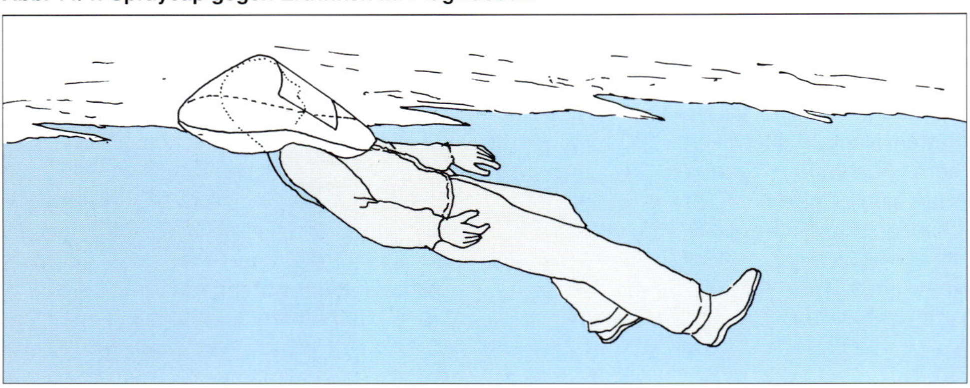

Eine noch wenig bekannte Gefahr ist das Ertrinken durch Spritzwasser. Bei starken Winden richtet sich ein mit Rettungsweste in Rückenlage treibender Mensch immer mit dem Gesicht zum Wind aus. Sein Kopf mit der Rettungsweste bietet dem Wind Angriffsfläche, während der Körper als Treibanker wirkt. Ab etwa acht Windstärken fliegt einem in dieser Lage permanent von der Wasseroberfläche weggewehte Gischt ins Gesicht. Man möge sich einmal zu Hause die Dusche ins Gesicht richten und dabei versuchen zu atmen!
Als Abhilfe kann man neuerdings Rettungswesten mit sogenannten Spraycaps ausrüsten, die so ähnlich aussehen wie die Regenpersenning eines Kinderwagens. Dieser Überzug ist am Auftriebskörper hinter dem Kopf angeschlagen und wird nach vorn über das Gesicht gespannt. Luft kriegt man darunter von der Seite.
In den Rettungswesten mit Automatik steckt eine empfindliche Technik, weshalb auch einiges an Wartung geleistet werden muß. Wer nicht gerade zwei linke Hände hat, kann diese Kontroll- und Pflegearbeiten nach der Betriebsanleitung selbst ausführen. Die Hersteller empfehlen Zweijahresintervalle für die detaillierte Durchsicht, während entsalzen, trocknen und Pflege nach jedem Einsatz sinnvoll sind. Wer will schon Salzkrusten an der Auslösemechanik tolerieren? Die Zweijahresinspektionen, denen mit TÜV-ähnlichen Plaketten Nachdruck verliehen wird, müssen vom Fachhandel gemacht werden, will man sich seine Ansprüche nach dem Produkthaftungsgesetz erhalten. Ich darf darüber schmunzeln, mich erinnert das an den berühmten Fallschirm mit Garantieschein.

Die Kojen

Nicht zu glauben, auch die Kojen können Risiken bergen: Es wäre nicht der erste Fall, daß jemand bei hartem Stampfen aus der Koje fliegt und leewärts irgendwo hart landet.
Aber es geht nicht um die blauen Flecke. Beläßt man die Kojen auf dem Bootsausstellungsstandard, kann bei schwerem Wetter in den Luvkojen kaum jemand schlafen. Man müßte dort ständig gegen das Hinausrollen ankämpfen. Die Vorschiffskojen fallen ohnehin aus, weil es dort zu stark auf- und niedergeht. Es würde allgemeiner Schlafmangel entstehen. Gefährliche Gleichgültigkeit und folgenschwere Fehlentscheidungen wären die unweigerliche Folge.
Die Kojen müssen das richtige Maß haben. Ehebetten mögen zu Hause oder im Hafen ihren Zweck erfüllen. Für Seegang taugen sie nicht. Eine Koje muß so breit sein, daß man gerade eben in stabiler Schlaflage (Zeichnung) eingeklemmt liegen kann. Eingeklemmt, tatsächlich, sonst wälzt sich der Körper ständig hin und her. Am besten sind die Kojen, die sich mit einem Kojenbrett vorn abgeschließen lassen. Dagegen kann man sich wunderbar abstützen. Man kann auch die Matratze auf das Brett legen oder Fender darunter klemmen, um die Koje etwas zu trimmen. Irgendwie kriegt man das Ding schon gemütlich.
Gibt es kein Kojenbrett, tun es auch die Kojensegel. Nur müssen ihre Toppnanten so geschoren sein, daß man wenigstens den am Oberkörper von innen bedienen und ordentlich dichtholen kann. Eine kleine Talje mit Klemmblock ist keine verkehrte Idee. Denn wenn die Kojensegel nicht durchgesetzt sind, landet man bei Lage

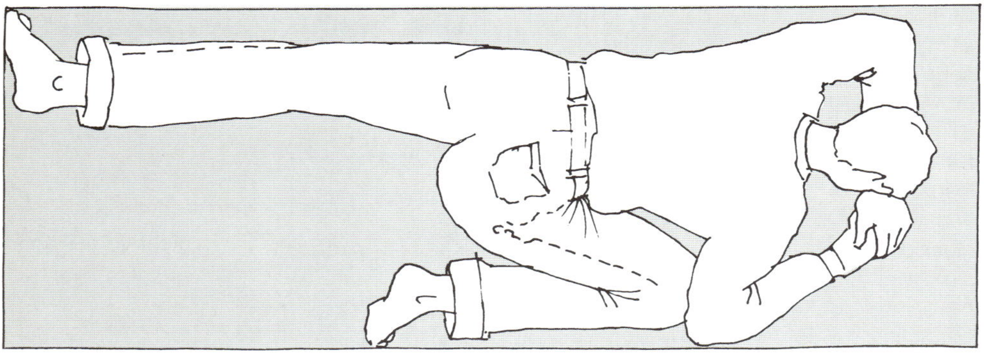

Abb. 11/5: Stabile Schlaflage.

neben der Koje im Segel, und man könnte sich gleich eine Hängematte zurren.

Gasvergiftungen an Bord

Um mit den „leisen" Gefahren fortzufahren, befassen wir uns nun mit diversen Gasvergiftungen, die an Bord auftreten können. Es handelt sich nicht nur um die Flüssiggasanlage. Aber beginnen wir mit ihr:

Die Anlage sollte immer vom Fachhandel bezogen sein. Gefährlich sind Gebrauchtgeräte und noch gefährlicher ist die Montage durch erfahrene Bastler. Alle Geräte und Zubehörteile unterliegen öffentlichen Sicherheitsvorschriften, im deutschen Bereich dem Regelwerk DK 662.95 des DVGW (Deutscher Verein des Gas- und

Abb. 11/6: Kojentrimmen: Aufgelegte Matratze.

Abb. 11/7: Kojentrimmen: Untergelegter Fender.

Wasserfaches e.V.) und außerdem auch der DIN. Alle Neuinstallationen sind von einem DVGW-anerkannten Sachkundigen zu prüfen, wobei Serienbauten nur typgeprüft zu sein brauchen. Die Prüfungen sind alle zwei Jahre zu wiederholen.

Insofern sollten wir uns über die Installationsweise selbst keine großen Gedanken machen. Vielmehr über den Betrieb und die typischen kleinen, aber gefährlichen Abweichungen von der Betriebsanleitung.

Erstens: Die Entlüftung des Gasflaschenkastens wird gern kurzerhand verlegt, wenn der Entlüftungsschlauch in der Backskiste stört oder wenn man zu unbequem an das Türchen herankommt. Bitte nicht ins Cockpit enlüften! Eine Gasflaschenfüllung, die bei achterlichem Wind übers Cockpit in den Niedergang geweht wird, reicht für die Schlafenden unten.

Ferner: Eine Entlüftung durch ein Schläuchlein, vorschriftsmäßigerweise vom Boden des Kastens abgeführt, ist sinnlos, wenn der Kasten oben offen ist und in der Backskiste steht. Denn entweicht Gas, geschieht das schneller als es per Schwerkraft durch das Schläuchlein abziehen könnte. Es fließt über den oben offenen Kasten und füllt die Backskiste. Die wiederum hat in aller Regel eine Öffnung zur Bilge, und so gelangt das Gas in den Salon.

Wenn es Probleme gibt, die Entlüftung absteigend nach außen zu verlegen, weil man zum Beispiel damit zu dicht an die Wasserlinie gelangen würde, möge man sie ruhig hochführen, vielleicht sogar über einen Schwanenhals, solange der Kasten selbst dicht ist. Wenn Gas entweicht, folgt es in erster Linie dem Druck und nicht so sehr der Schwerkraft. Die wirkliche Gefahr liegt doch nicht so sehr an einer winzigen Undichtigkeit der Abstellschraube, bei der das bißchen Gas auch durch den Schlauch abziehen würde, sondern viel mehr beim Bruch des Schlauches oder des Druckreduzierventils. In diesen Fällen pfeift der Inhalt der Gasflasche in zwei, drei Minuten heraus. Und dieser Gasstrom ist es, der nach außenbords geführt werden muß.

Zweitens: Der Zuleitungsschlauch zum schwingend aufgehängten Herd wird zuweilen umgelegt damit man ihn besser sauberhalten kann, oder damit der Herd besser auf ebenem Kiel steht. Bitte darauf achten, daß der Schlauch im gesamten Schwingbereich des Herdes nicht abknickt, nicht irgendwo hinterhakt, nirgends scheuert und nie stramm kommt. Der Schlauch ist ein Abnutzungsteil. In der dunklen Ecke und manchmal auch unter Bratenfett verborgen, sind poröse Stellen leicht zu übersehen. Ich empfehle, den Schlauch grundsätzlich alle zwei Jahre auszuwechseln. Bitte die Ersatzteile vom Fachhandel beziehen!

Drittens: Starke Brennstellen, wie das Bratrohr oder Heißwassergeräte, verlangen viel Zuluft und Abluft. Wenn vom Installateur nicht eine Außenzu- und Abluft vorgeschrieben ist, sollte man immer auf ausreichende Durchlüftung des Raumes achten. Die Verbrennungsgase, hauptsächlich geruchloses Kohlendioxyd, verdrängen die Atemluft. Den Herd als Heizung zu mißbrauchen, ist gefährlich.

Viertens: Fest installierte Abzüge von Verbrennungsgasen müssen unverändert bleiben und dürfen vor allem nicht durch Persennige oder Cockpitzelte unwissentlich nach innen umgeleitet werden.

Und fünftens: Die handelsüblichen Gaswarngeräte, die man in der Bilge oder unter dem Herd anbringt, haben es in sich. Sie reagieren auf jede Luftverunreinigung, egal welchen Ursprungs. Das veranlaßt viele Betreiber, sie schnell wieder aus dem

Verkehr zu ziehen. Die meisten Geräte sind justierbar. Aber es verlangt viel Geduld, die richtige Empfindlichkeit mit Hilfe eines Gasfeuerzeuges als Testgasquelle herauszubekommen. Dennoch werden Fehlalarme nicht ausbleiben.
Nicht minder giftig sind Auspuffgase der Antriebsmaschine. Wenn man eine ganze Nacht motoren muß, gewöhnt man sich an so einiges. Das laute Brummen hört man nicht mehr, die Vibrationen fühlt man nicht mehr, den üblichen Dieselgestank riecht man nicht mehr und nun wird es gefährlich: Der Auspuffgeruch, der ursprünglich kaum spürbar war, langsam aber etwas stärker wurde, der wird nun auch nicht mehr wahrgenommen. Hält dieser Zustand lange genug an, kann auf diese Weise die ganze Freiwache ums Leben kommen. Es wäre nicht das erste Mal, daß sich ein Flansch gelöst hat oder daß in einem Krümmer ein Riß entstanden ist. Hätte sich der ganze Auspuff irgendwo gelöst, würde bald Wasser im Schiff stehen, denn das Kühlwasser würde ins Schiffsinnere gepumpt werden. Die aufschwimmenden Bodenbretter würde dann wenigstens den rettenden Hinweis geben. Aber bei kleinen Undichtigkeiten ist das nicht der Fall, und die Auspuffgase breiten sich langsam und gefährlich aus.
Deshalb Nasen auf! Ein oller stinkender Motor ist kein Kavaliersdelikt. Er birgt tödliche Gefahr!

12 Die sichere Yacht
Ausrüstung für die Navigation

Natürlich ist auch die Navigation sicherheitsrelevant. Navigationsfehler führen nicht nur zum Verfehlen des Ziels, sondern sind auch in aller Regel die Ursache von Auflaufunfällen und Strandungen.

Trotz aller modernen Hilfsmittel bleibt Navigation die Leistung des Menschen. Kein Instrument nimmt dem Navigator die Verantwortung ab. Deshalb wird in einem späteren Kapitel die Sicherheit bei der Arbeit des Navigators ein eigenes Thema sein. Hier, wo es um die Ausrüstung der Yacht geht, wollen wir uns zunächst mit den Geräten befassen.

Über den Kompaß

Er ist das zentrale Instrument der Navigation und bildet auch gleich die zentrale Gefahrenquelle. Ich habe die Gelegenheit, auf sehr vielen verschiedenen Yachten zu segeln, und mache immer wieder die Erfahrung, daß die Leute an Bord in unbedarfter Weise die Deviation mit null annehmen. Begründung: dies sei eine Kunststoffyacht und der Abstand zum Motor und anderen ablenkenden Metallteilen sei ausreichend groß. öfters ergibt sich dann die Chance, eine schnelle Deviationskontrolle über bekannte Peilungen zu machen, und dann kommt die Überraschung. Ablenkungen zwischen fünf und zehn Grad sind keine Seltenheit.

Die Skipper haben in aller Regel gar nicht registriert, daß ihr Kompaß ungenau ist. Unter Landsicht, wo man in kurzen Abständen Standorte machen kann, oder sich einfach so orientiert, tritt die Kompaßablenkung kaum in Erscheinung. Und wenn sie bei längeren Schlägen nicht mehr zu übersehen ist, wird eher dem Rudergänger die Schuld gegeben als dem Kompaß mißtraut. So sind die Menschen!

Wie kommt's, daß der Kompaß auf Kunststoffyachten eine Deviation hat? Sehr einfach: Fast alle Kompasse haben eingebaute Kompensiermagnete, die von außen mit einem Schraubenzieher eingestellt werden. Beim werkseitigen Einbau des Kompasses werden diese Magnete grob auf neutral gestellt, aber es wird keine Deviationskontrolle durchgeführt. Mit solcher Grobjustierung ergibt sich im allgemeinen eine Deviationskurve, die um drei bis fünf Grad von der Nullinie abweicht. Spätestens, wenn einmal die Birne der Kompaßbeleuchtung ausgewechselt werden mußte, dreht irgend jemand versehentlich an den Kompensierschrauben, und produziert weitaus größere Ablenkungswerte.

Man braucht als Sportsegler nicht gleich einen amtlichen Kompensierer zu bestellen. Meistens reicht es, selbst eine Deviationstabelle aufzustellen. Das Verfahren ist einfacher als in den meisten Lehrbüchern dargestellt: Bei guter Fernsicht wähle man einen Ort, von dem aus eine möglichst weit entfernte Peilmarke (10 bis 20 sm) sichtbar ist und drehe das Schiff ganz langsam Stück für Stück in einem engen Kreis. Dabei peilt man alle 30 Grad über den Steuerkompaß den Peilpunkt und notiert die Ablesung. Es entsteht eine Liste wie bei diesem Beispiel:

Kompaßkurs	Kompaßpeilung
030	072
060	071
090	070
120	069
150	069
180	070
210	071
240	072
270	073
300	074
330	074
360	073

Nun vergleicht man die Ist-Werte mit der Soll-Peilung, die man der Karte entnommen und mit der Mißweisung mit umgekehrtem Vorzeichen beschickt hat. (Von der Karte zum Kompaß ...) In unserem Beispiel sei die Kartenpeilung 070 Grad und die Mißweisung -2 Grad, so wäre die Soll-Kompaßpeilung 072 Grad. Der Unterschied zwischen Ist und Soll wäre dann die Deviation, und zwar wegen des korrekten Vorzeichens in der Reihenfolge Soll minus Ist. Denn das Vorzeichen bezieht sich auf die Kompaßablesung, die um die Deviation zu berichtigen ist. Für unser Beispiel ergäben sich demnach folgende Deviationswerte:

Kompaßkurs	Kompaßpeilung	Deviation
030	072	0
060	071	+ 1
090	070	+ 2
120	069	+ 3
150	069	+ 3
180	070	+ 2
210	071	+ 1
240	072	0
270	073	- 1
300	074	- 2
330	074	- 2
360	073	- 1

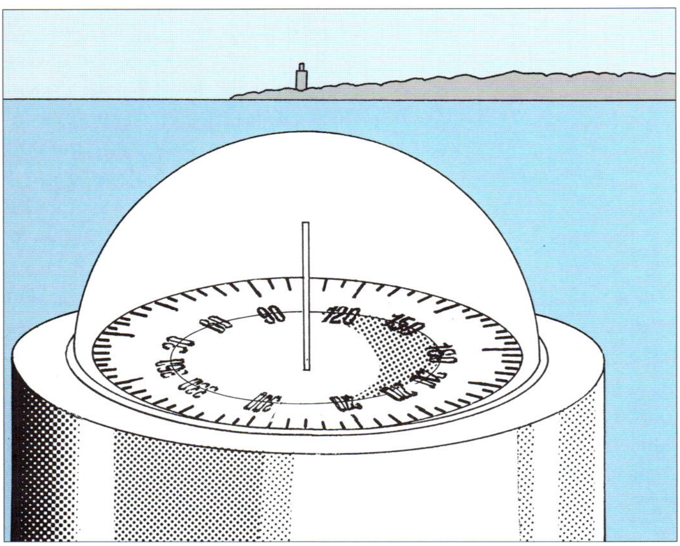

Abb. 12/1: Peilen über einen Kalottenkompaß mit Schattenstift.

Ergeben sich bei einer Yacht Abweichungen über +/- 5 Grad, würde ich mich ruhig einmal als Kompensierer versuchen. Man manövriert die Yacht zunächst auf Nordkurs. Während der Rudergänger den Kurs ganz exakt nach Sicht hält, dreht man vorsichtig an der N-S Schraube die Hälfte der Deviation weg. Dann wendet man auf Süd und macht das gleiche. Zurück auf Nord gewendet wird nun noch einmal, falls erforderlich die halbe Deviation weggedreht, und so weiter. Nach zwei bis drei Versuchen ist man dann schon für den Nord- und Südsektor im tolerierbaren Bereich. Die gleiche Prozedur wird nun mit dem Ost-West-Sektor unternommen. Und schließlich der Nord-Süd-Sektor nachkontrolliert. Es ist ein Geduldspiel, aber es funktioniert. Ich habe einmal eine GFK-Yacht von einer Deviation bis zu 17 Grad erlöst!

Noch etwas anderes zum Thema Kompaß: Es ist erstaunlich, wieviel Vertrauen viele Skipper in ihre Meßergebnisse mit dem Handpeilkompaß setzen. Die Überraschung stellt sich schnell ein, wenn man nur probehalber eine vergleichende Meßserie macht. Unterschiede von bis zu zehn Grad resultieren aus Ablesefehlern, unbekannter Deviation und aus der vielfach unausgewogenen Dämpfung. Es gibt hochwertige Ferngläser mit eingebauten Peilkompassen, die sich schon im leichten Seegang nicht mehr bewähren.

Die Lösung des Problems wäre einfach, wenn die Steuerkompasse, die heute meistens hoch auf der Rudersäule thronen, immer noch den alten Schattenstift in der Mitte hätten. Man könnte dann über den Steuerkompaß peilen, der garantiert die bessere Dämpfung besitzt, und dessen Deviation bekannt ist (oder sein sollte).

Leider wird neuerdings der Schattenstift vielfach weggelassen, der ursprünglich für die astronomische Kompaßkontrolle gedacht war. Man errechnete sich bei tiefstehender Sonne den Sonnenazimut und verglich diesen Wert plus 180 Grad mit dem Stand des Schattens. Das macht natürlich heute kaum jemand mehr.

Wessen Kompaß diesen Mittelpin, genannt Schattenstift, noch hat, möge einmal probieren, über den Kompaß zu peilen. Man muß dazu ein wenig in die Knie gehen und kann dann mühelos auf etwa zwei Grad genau ablesen. Das ist hundert Prozent besser als die Ablesung mit irgendeinem Handpeilkompaß.

Überbieten läßt sich diese Peilqualität nur noch mit einer richtigen Peilscheibe in Verbindung mit dem Steuerkompaß. Ich finde, man hat diese Instrumente zu schnell zu den Nautiquitäten gepackt. Eine etwas handlichere Version, könnte durchaus auch heute noch Freunde gewinnen.

Elektronische Navigationssysteme

Das Angebot ist überwältigend. Die Navigationsgeräte basieren auf den Systemen DECCA im ehemals britischen Einflußbereich, LORAN überall wo die US-Marine zugegen ist oder war und schließlich GPS, weil von Satelliten gestützt, weltweit. TRANSIT ist ein Übergangssystem auf Satellitenbasis. Es gehört nicht ganz zu dieser Gruppe, weil es nicht kontinuierlich Standorte abgibt.

DECCA (AP-Navigator) und LORAN-C (die aktuelle Version von LORAN) sind nicht völlig wetterunabhängig. Schwere Regenfälle können örtlich die Sendeenergie buchstäblich wegspülen, in schwerem Wetter kann Salzwasser den Antennenstrom ab-

leiten und schließlich gibt es noch weitere, nicht so einfach zu erklärende atmosphärische Störungen. Kurz, man muß damit rechnen, daß man auch mal nicht damit rechnen kann. GPS hingegen soll wirklich nahezu wetterunabhängig sein. Warten wir's ab.
Elektronisch sind die marktüblichen Geräte äußerst robust. Bei Geräteausfall liegt es fast immer an einem Kontaktfehler der Steckverbindungen oder, was schon vorgekommen ist, daran daß die Antenne gar nicht mehr da ist.
Übrigens gibt es schon die ersten GPS-Antennen, die unter Deck montiert werden können. Ein großartiger Fortschritt!
Die Schiffsstandorte, die diese Anlagen produzieren, sind bei DECCA und LORAN-C absolut brauchbar für die Navigation. Bei DECCA fällt die Genauigkeit ausgerechnet bei Nacht gegenüber den Tageswerten von rund einer Kabellänge ziemlich ab. Bei LORAN wird die Genauigkeit mit dem Faustwert, ein Fuß pro Meile Entfernung, angegeben. Nicht zu schlagen ist natürlich GPS, dessen Genauigkeit im Meterbereich liegt.
Angesichts dieser Leistungen gelangt man schnell zu der Überzeugung, daß die elektronischen Navigationssysteme längst aus ihrem Spielzeugdasein herausgewachsen sind. Heute stellen sie für die Hochseesegelei, aber auch schon für die Küstenfahrt, einen unverzichtbaren Leistungssteigerer dar. Sich auf Kreuzpeilungen zu beschränken oder auf hoher See mit dem Sextanten auf die Sonne zu warten, wäre dagegen wie ein Hundertmeterlauf ohne Spikes.

Was tun, wenn die Elektronik ausfällt?

Die elektronisch ermittelten Standorte sind frei von Rechenfehlern und in der Präzision besser als jedes herkömmliche Verfahren. Mit einem versierten Bediener ermöglicht diese Präzision sogar die Ansteuerung von Häfen und Buchten bei unsichtigem Wetter. Der Kinken: Die Systeme können ihren Dienst vorübergehend verweigern, und sie können ganz ausfallen. Ihr Versagen geschieht zwar meistens mit Warnsignalen, aber es kann auch leise passieren. Nie dürfen deshalb elektronische Navigationsgeräte ohne konkurrierende Navigation benutzt werden. Entweder muß ein unabhängig redundantes System gleichzeitig benutzt werden oder, und das ist das mindeste und zugleich beste, es muß stets manuell mitgekoppelt werden auf Seekarten, mit Kursdreiecken und Bleistift.
Übrigens, das gleiche wie für die elektronische Navigation gilt auch für die elektronische Seekarte, die nun langsam auf den Markt kommt. Sie leistet überwältigendes. Auf dem Bildschirm lassen sich verschiedene Maßstäbe und Ausschnitte anwählen, wobei die kleineren Ausschnitte nicht nur das Bild vergrößern sondern auch dem Detaillierungsgrad entsprechende zusätzliche Information bringen. Letztlich hat man den Hafenplan vor sich mit der Ansteuerung, der Einfahrt, den Haupt- und Nebenbecken und sogar den Liegeplätzen. Ist die elektronische Seekarte mit GPS gekoppelt, fährt auch noch die Yacht in Form eines Symbols mit dem aktuellen Standort auf dem Plan entlang. Einlaufen bei Nebel soll überhaupt kein Problem sein, nur die Leinen müssen noch nach Sicht übergebracht werden.
So herrlich der Service auch ist, auf her-

kömmliche, aktuell berichtigte Seekarten als Back-up kann noch nicht verzichtet werden. Aber trotzdem dürfte der elektronischen Seekarte die Zukunft gehören. Auch bin ich sicher, daß in naher Zukunft Redundanzverfahren entwickelt werden, wie sie heute in der Computerwelt im Prinzip überall angewendet werden. Dann würde man auf die konkurrierende Seekartennavigation verzichten können und als letzte Rückfalloption mit einem minimalen Notseekartenstell auskommen.

Radar

Ein Radargerät ist schnell gekauft, und die Enttäuschung kommt dann hinterher. Enttäuschung Nummer eins ist die Erkenntnis, daß Radar als Navigationssystem kaum geeignet ist. Küstenkonturen zu erkennen, erfordert viel Übung und gelingt auch dann oft erst sehr spät unter Land. Erscheint auf dem Sichtgerät eine Formation eindeutig, ergibt das nur mittelbar einen eigenen Standort. Um ihn exakt zu ermitteln, müssen erst Peilung und Distanz auf die Seekarte übertragen werden. Ein aufwendiges und obendrein fehlerträchtiges Verfahren, wenn man bedenkt, wie einfach die Position per Koordinaten oder per Wegpunkte einem elektronischen Navigator zu entnehmen ist.
Geht es allerdings um die Navigation in engen, betonnten Fahrwassern bei Nacht und bei schlechter Sicht, ist Radar wiederum vorzuziehen. Die mit Reflektoren ausgestatteten Tonnen sind gut auszumachen, und man kann direkt nach dem Radarbild steuern.
Unersetzbar ist Radar natürlich bei der Verhütung von Zusammenstößen bei unsichtigem Wetter. Aber hier entsteht Enttäuschung Nummer zwei: Sehr schnell sieht man ein, daß man neben dem Rudergänger noch einen eigenen geübten Bediener benötigt, um eine Yacht unter Radar sicher durch anderen Verkehr hindurchzusteuern. Ein Skipper, der glaubt, mit einem gelegentlichen Blick auf den Sichtschirm etwas anfangen zu können, irrt. Kein Radargerät funktioniert ohne festen Operator!
Am Rande sei bemerkt, daß nicht jedes preiswerte Radargerät tauglich ist. Während auf farbliche Symbolik leicht verzichtet werden kann, ist eine enge Horizontalbündelung der Antenne von 3 bis 2 Grad und bei LCD-Schirmen ein ausreichend feinauflösendes Raster zum Beispiel von 600 x 600 Punkten unabdingbar. Natürlich bedingt die enge Bündelung, mit der die Echos nicht alle gleich als Riesenhalbmonde erscheinen, einen Antennendurchmesser von 60 bis 75 cm als Untergrenze. Den wiederum im Rigg unterzubringen, ist problematisch. Hier zeigen sich die Grenzen der Radarleistungen auf Segelyachten.

Radarreflektor und Nebelhorn

Haben wir bei unsichtigem Wetter kein eigenes Radar an Bord, verlassen wir Sportsegler uns mit viel Gottvertrauen darauf, daß die anderen uns rechtzeitig erkennen und ausweichen. Was wir dazu beitragen können, sind ein vernünftiger Radarreflektor und das inzwischen für Yachten über 12 Meter Länge vorgeschriebene Nebelhorn, offiziell „Schallsignalanlage“ genannt. Beide sind sperrig, weshalb sie auf vielen Yachten nicht gefahren werden. Daran än-

dern auch Vorschriften wenig, denn gerade Segler sind sehr menschlich.
Ich nehme an, daß in absehbarer Zeit neue Geräte auf dem Markt erscheinen, die sich besser auf einer Yacht anbringen lassen. Zum Beispiel könnte man leicht auf den konzerttauglichen Schalltrichter verzichten, wenn man die Schallquelle etwas stärker auslegen würde. Nichts leichter als das. Vielleicht könnte man sogar die Schallquelle in einen Radarreflektor integrieren und die nach vorn gerichtete Reflektorecke als Schalltrichter mitbenutzen? Und vielleicht könnte man das Ganze als handliche Box gestalten, die bei unsichtigem Wetter hinter dem Babystag am Mast eingeklinkt wird und sonst in der Backskiste verschwindet?
Solange wir noch auf yachtfreundliche Geräte warten, müssen wir improvisieren. Der zur Zeit handelsübliche Radarreflektor muß auf den Masttop, wo Antennen und Windmesser Platz machen müssen. Überall anders wird das kantige Ding von irgendwelchen Fallen erwischt und heruntergeschlagen. In Kunststoffbehältern verkleidete Reflektoren haben das Problem nicht. Sie haben aber in aller Regel, wegen der Platzprobleme, weniger Radarrückstrahlfläche.
Untauglich ist das Vorheißen eines zusammenklappbaren Reflektors mit der Flaggleine. Bei diesen Geräten stimmt oft der rechte Winkel zwischen den Reflektorwänden nicht hundertprozentig, und sie bewegen sich außerdem zu stark im Wind. Die starke Reflexion geschieht nur auf der räumlichen Mittelachse der Reflektorecken, die aus jeweils drei Wänden gebildet werden.
Für den sperrigen Schallsignalgeber gibt es keine vernünftige Bleibe auf einer normalen Yacht. Bei großen Yachten habe ich die Riesentröte auf der Innenseite eines Backskistendeckels auf dem Vorschiff montiert gesehen. Das ist eine gute Lösung, aber wer hat schon so eine große Yacht?

Logge und Lot

Es steht außer Zweifel, neben aller elektronischen Navigation - sei es mittels Wegpunkten, abgestecktem Generalkurs mit seitlicher Versatzanzeige oder auch nur mit den Koordinaten des augenblicklichen Standortes - es muß auf der Seekarte mitgekoppelt werden. Das heißt, der Kurs über Grund wird vom letzten bestätigten Ort ausgehend auf die Karte gezeichnet. Die Loggedistanz von diesem Ort ergibt den aktuellen Koppelort. Und der dient zur Bestätigung der aktuellen elektronischen Position.
Zur Feststellung der Distanz ist heute fast jede Yacht mit einem elektronischen Log ausgerüstet, das mit einem Flügelrad, ohne weiteren mechanischen Antrieb, die Fahrt durchs Wasser mißt. Trotzdem unterliegt die Messung einem Reibungsschwund, der durch Bewuchs am Flügelrad entsteht. Deshalb sollte von Zeit zu Zeit das Log kalibriert werden. Man braucht dazu nicht gleich eine Meßstrecke hin und zurück zu durchlaufen, sondern schlicht die Abweichungen gegenüber den wahren Distanzen zwischen den elektronischen Orten auf verschiedenen Kursen notieren und mitteln. Unbekannter Strom wird auf diese Weise herausgemittelt. Stellt man fest, daß nach frischem Putzen des Flügelrades das Log fünf Prozent vorgeht, nach vier Wochen exakt und nach weiteren vier Wochen zehn Prozent nachgeht, kann man mit seiner Beobachtung zufrieden sein. Solch ein Trend ist normal.

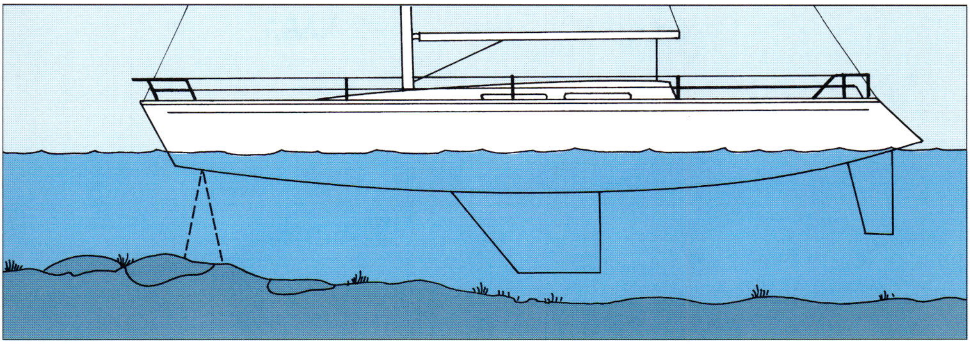

Abb. 12/2: Das Bugecholot gibt einem bei Schleichfahrt die Chance, rechtzeitig aufzustoppen.

Viele vernachlässigen ihr Log, weil es ohnehin ja nur um die Koppelposition geht. Ich halte die Loganzeige dagegen für sehr wichtig. Während bei der Genauigkeit des Koppelkurses, je nach Rudergänger, mehr oder weniger Skepsis angebracht ist, ist die Distanz dagegen - in stromfreien Gewässern, wohl bemerkt - stets verläßlich. Das bedeutet, der Koppelort mag zur Seite hin fraglich sein, in der Längsrichtung stimmt er dagegen sehr genau.

Es gibt Speedometer, die die Fahrt durchs Wasser über eine Meßstrecke zwischen Bug und Kiel mit Ultraschallimpulsen messen. Diese Geräte sind naturgemäß völlig fehlerfrei, nachdem sie einmal justiert worden sind. Natürlich sind sie auch um einiges teurer.

Echolote sind eine weitere Navigationshilfe. Die präzisen Ablesungen der modernen Geräte bis in fast huntert Meter Tiefe lassen die Bestätigung des Standortes über die Wassertiefe zu, sofern der Meeresboden einen gewissen Gradienten aufweist, also nicht bretteben ist.

Beim Einlaufen in flache Häfen kommt es manchmal auf Zentimeter an. Jeder kennt das, man tastet sich in Schleichfahrt voran und hofft, daß der Kiel nicht hängenbleibt. Irgend jemand nannte dieses Verfahren „mechanisch loten".

Warum ist eigentlich bei allen Yachten der Echolotgeber immer in der Kielkimme angeordnet und nicht vorn unterm Bug? Mit dem akustischen Alarmsignal hätte man die Chance, auf zwei, drei Meter das Schiff aus der Schleichfahrt rechtzeitig vor einem Stein anzuhalten. Wäre das nicht eine echte Alternative zum mechanischen Loten?

Oder mehr noch. Wie oft stoßen im Mittelmeerraum beim Anlegen auf römisch-katholisch Yachten mit dem Ruderblatt gegen verborgene Steinschüttungen unter harmlos aussehenden Kaimauern. Mit einem Bugecholot könnte man bei Verdacht zunächst vorwärts in die Parklücke einlaufen und messen, ob vor der Mauer Hindernisse liegen. Wieviel Ärger könnte man sich ersparen! Ob unter den Yachtherstellern jemand die Idee aufgreift?

13 Die sichere Yacht **Vorschriften und Normen**

Kann man jedem Segler selbst überlassen zu entscheiden, welche Sicherheitseinrichtungen, Festigkeitsreserven und Beschränkungen erstens sinnvoll und zweitens ihren Preis Wert sind? Im Prinzip ja, aber wirklich nur im Prinzip.
Die Realität ist anders. Im Konflikt der Interessen konkurrierender Hersteller, ehrgeiziger Regattateilnehmer oder Entschädigung fordernder Unfallgegner reichen gesunder Menschenverstand und seglerische Allgemeinbildung nicht mehr aus. Anerkannte Richtlinien, Standards, Vorschriften müssen her.

Schiffssicherheitsvorschriften bei Regatten

Natürlich schwört jeder Regattasegler auf Sicherheit. Auch wenn die Rettungsinsel stört und der kräftige Rumpf Fahrt kostet. Nichtsdestoweniger findet er den Gedanken verlockend, bei der nächsten Yacht den Rumpf nur um eine lächerliche Kleinigkeit leichter bauen zu lassen, und schon hätte man den winzigen Geschwindigkeitsvorsprung, der gegenüber der Konkurrenz fast alles verändern würde!
Bestechend, aber gefährlich. Denn der Gegner wird sich ähnliches einfallen lassen und der Eskalation sind Tür und Tor geöffnet. Die Sicherheit würde dem Salamischeibenprinzip zum Opfer fallen. Längst sind deshalb für den Regattasport einheitliche Ausrüstungs- und Festigkeitsvorschriften gang und gäbe.
Heute gelten für alle nationalen und internationalen Regatten die Special Regulations des Offshore Racing Council vom Oktober 1981 in jeweils neuester Fassung als verbindlicher Standard für seegehende Yachten. Die ausrichtenden Verbände sind angehalten, nur in zwingenden Ausnahmen von dem zentralen Regelwerk abzuweichen.
Defacto bilden die ORC Special Regulations eine allgemeine Bauvorschrift für Regattayachten. Yachten, die diesen Vorschriften nicht entsprechen, werden von den ausrichtenden nationalen Segelverbänden von der Teilnahme an der Regatta ausgeschlossen.
Die ORC-Richtlinien enthalten neben allen sicherheitsrelevanten Konstruktionsmerkmalen der Yacht einen umfassenden Katalog der Sicherheitsausstattung und deren Leistungsmerkmale. Was die Auslegung der einzelnen Baugruppen des Rumpfes einschließlich des Kiels und der Ruderanlage betrifft, wird allerdings auf ein anderes Papier verwiesen, dem „Guide for Building and Classing - Offshore Racing“ der amerikanischen Klassifikationsgesellschaft „American Bureau of Shipping“. Daß diese Bauvorschriften nicht in den Text der ORC-Richtlinien eingearbeitet worden sind, ist für den Nutzer recht unbefriedigend. Er muß die amerikanische Vorschrift erst um-

ständlich bestellen und kann sie dann mangels Ingenieursstudiums obendrein kaum lesen.
Unverständlich findet der Leser auch, daß in dem ORC-Heft keine Vorschrift zur Reststabilität enthalten ist, denn gerade in diesem Bereich ist der Kuhhandel Sicherheit gegen Segelleistung höchst profitabel.
Des Rätsels Lösung findet man wiederum außerhalb der ORC-Richtlinien. Die verschiedenen Rating-Formeln bestrafen Abstriche bei der Reststabilität mit einem höheren Rennwert, also einer längeren berechneten Zeit. Je nach Größe dieses Aufschlages wird auf diese Weise eine automatische Selbstkontrolle erzielt.
Die ORC-Regeln sind nach sechs Fahrtgebieten gestaffelt, um den unterschiedlichen Sicherheitsansprüchen für Hochseeregatten und solchen auf geschützteren Revieren gerecht zu werden:

Kategorie 0	transozeanische Fahrten
Kategorie 1	fern von Küsten
Kategorie 2	nicht allzuweit von Küsten
Kategorie 3	in geschützten Küstengewässern
Kategorie 4	in warmen, geschützten Gewässern unter Land und bei Tageslicht
Kategorie 5	auf Binnenrevieren

Die anspruchsvollen Bauvorschriften des American Bureau of Shipping, die etwa mit der weiter unten beschriebenen GL-Klassifikation zu vergleichen sind, werden den Yachten der Kategorie 0 und 1 auferlegt, und der Kategorie 2 nur dann, wenn sie über 12 Meter Länge über alles haben.

Der Sicherheitsstandard beim Yachthandel

Verlassen wir die Regattaszene und wenden uns den friedlichen Seglern zu, die sich eine Yacht zu anderen Zwecken kaufen wollen. Längst sind die Zeiten vorbei, als Yachten einzeln angefertigt wurden. Heute gibt es einen Yachtmarkt mit Riesenangebot „von der Stange". Den Sicherheitsstandard kauft man mit. Er ist im Gegensatz zu anderen Wertattributen wie Größe, Kojenzahl und PS, allerdings nicht so leicht zu erkennen und zu bewerten, weshalb er rein verkaufstechnisch gesehen keine besonderen Investitionen lohnt.
Aber keine Angst! Die Unternehmen werden nicht ihren guten Ruf riskieren indem sie versuchen, die Herstellungskosten durch verborgene Sicherheitsabstriche zu drücken. Yachtunfälle, die solche Mängel offenlegen, würden bei der heutigen Presseabdeckung schnell publik werden, und das Geschäft wäre ruiniert.
Eine gewisse Gefahr steckt in dem Diktat des Kundengeschmacks, dem sich letztlich kein Anbieter widersetzen kann. Zur Zeit ist der Racer-Look in. Friedliche Fahrtensegler, die nie im Sinn haben, an einer Regatta teilzunehmen, entscheiden sich für die Yacht, die einem IOR-Renner am meisten ähnelt. Sie ist einfach schick, und das überwiegt alle anderen Gesichtspunkte. Daß mit der biederen Fahrtenyacht auch deren Sicherheitsvorzüge auf der Strecke bleiben, wird übersehen. Der Trend geht zum Rennpferd. Wollen wir hoffen, daß die Herrenreiter nicht aus dem Jockey-Sattel fallen.

Sicherheitsrichtlinien für Fahrtenyachten

Die Kreuzer-Abteilung des Deutschen Segler-Verbandes hat die Aufgabe übernommen, Seglern und Herstellern von Yachten ein Regelwerk für den Sicherheitsstandard als Richtlinie an die Hand zu geben.
Dabei stützt sie sich im wesentlichen auf die Festlegungen des Offshore Racing Council ab. Das DSV-Büchlein enthält im großen und ganzen die ORC-Richtlinien in deutscher Übersetzung, ergänzt um Zusätze, die sich auf das Fahrtensegeln beziehen. Schließlich galt das ORC-Orginal für Regattasegler. Ebenso wurden bereits bestehende deutsche Sicherheitsnormen (zum Beispiel über Gasanlagen, Feuerlöscher, Radarreflektoren, Laternen etc.) in Form von Einschüben eingearbeitet.
Leider wurde in den DSV-Sicherheitsrichtlinien der oben beschriebene Mangel der ORC-Vorschrift nicht behoben. Wie beim Orginal fehlen in dem DSV-Büchlein alle wesentlichen Bauvorschriften, an deren Stelle nur der Verweis auf die amerikanische Klassifikationsgesellschaft steht. Aus gleichem Grunde fehlen auch die Stabilitätsgrundsätze, was allerdings gegenüber Fahrtenyachten mehr als ein Formfehler ist. Denn die unterliegen nicht, wie die Regattayachten, dem Sicherheitsregulativ einer Rennformel.
Aber davon abgesehen, erfüllen die Sicherheitsrichtlinien ihren Zweck, und die Kreuzer-Abteilung ist zu dieser Veröffentlichung zu beglückwünschen. Es ist geplant, zusammen mit dem Änderungsdienst der ORC-Vorschrift alle zwei Jahre Ergänzungen oder Neuauflagen herauszubringen, um so auch mit den Entwicklungen des Yachtbaus und der Sicherheitstechnologie Schritt zu halten. In geschickter Weise hat man beim Druck die nationalen Ergänzungen durch Kursivschrift von den unsprünglichen ORC-Richtlinien abgehoben. Ohne die Teile in Kursivschrift liefert dieses Handbüchlein zugleich den Regattaseglern die deutsche Übersetzung der für sie verbindlichen Special Regulations des ORC.

Abb. 13/1: Titelblatt der Sicherheitsrichtlinien der Kreuzer-Abteilung des Deutschen Segler-Verbandes.

Klassifikation von Yachten

Insgesamt 13 der großen Schiffahrtsnationen unterhalten eine Klassifikationsgesellschaft. Die Idee stammte ursprünglich von Reedern und Werften, die die hohe technische Zuverlässigkeit ihrer Seeschiffe mit einem allgemein anerkannten Zeugnis bestätigt haben wollten. Zum Zwecke der Benotung oder Klassifizierung der technischen Zuverlässigkeit wurde eine zentrale Einrichtung geschaffen, deren hohes Ansehen durch die Qualität ihrer Urteile entstand, und umgekehrt, deren Ansehen zu fortdauernder Qualität der Urteile verpflichtet. Da die Klassifikationsgesellschaften selbst wirtschaftende Unternehmen sind, ist ihr Ansehen allein Garant für ihren Fortbestand. Würde es bekannt werden, daß eine Klassifikationsgesellschaft unseriöse Zeugnisse ablieferte, würde kein Reeder mehr dieser Gesellschaft einen Begutachtungsauftrag erteilen.

Die deutsche Klassifikationsgesellschaft ist der Germanische Lloyd, kurz GL genannt, mit Stammsitz an den Hamburger Vorsetzen, mit Blick auf die Überseebrücke. Er besteht seit 1867.

Während aus der Tradition heraus die Klassifikation in erster Linie die gewerbliche Schiffahrt betrifft, hat sich gerade in den letzten Jahrzehnten ein zusätzlicher Bedarf auch für die Sportschiffahrt ergeben. Es gibt eine ganze Reihe von Gründen, weshalb auch Yachten das Gütesiegel des Germanischen Lloyd haben möchten. Sie reichen vom objektiven Sicherheitsstreben eines Eigners über die Verantwortung eines Unternehmers für die Sicherheit der Segelgäste bis hin zu schnöden Vorteilen bei den Versicherungsprämien und beim Wiederverkauf.

Die GL-Klassifikation einer Yacht sagt aus, daß diese Yacht erstens nach dem besonderen Sicherheitsstandard des Germanischen Lloyd gebaut worden ist und zweitens, daß dies auch vom Germanischen Lloyd geprüft worden ist. Die Nachprüfung, daß die Bauvorschriften auch eingehalten worden sind, ist das besondere gegenüber anderen im Yachtbau anzutreffenden Sicherheitsbrevets, zum Beispiel dem selbst erteilten Prädikat: „Im Einklang mit den DSV-Sicherheitsrichtlinien gebaut" oder auch „Nach GL gebaut".

Stabilität ist nicht gefragt

Geprüft werden Baupläne, Fertigungsanlagen, Werkstoffe, Fertigungsverfahren und -qualität jeweils in Hinblick auf die Betriebssicherheit des entstehenden Schiffes. Mängel, die sich auf den wirtschaftlichen Einsatz auswirken würden, dürften dagegen den GL wenig interessieren.

Maßstab für solche Prüfungen sind fachbezogenes Ingenieurwissen sowie Erfahrungswerte, die aus dem tradierten Schiffbau stammen. Bitte nicht die Stirne runzeln: die Klassifikationsgesellschaften sind innovationsfreundlich. Sie müssen es auch sein, betrachtet man allein den schnellen Fortschritt bei der Entwicklung von Werkstoffen und Technologien. Wenn ein Hersteller einen neuen Weg entwickelt hat, die gleiche Sicherheit auf andere Weise zu erreichen, und das auch nachweist, ist der GL gern bereit, das neue Verfahren als Standard zu übernehmen. Der natürliche Interessenkonflikt bei den Konstrukteuren zwischen Sicherheit und Kostendämpfung birgt erstaunliche Innovativkraft.

Der GL ist auch selbst an Forschungsprojekten beteiligt. Er wirkt bei der Industrie wie auch in den Instituten teils begleitend,

teils auch tragenderweise mit. Er hat darüber hinaus eine gewisse eigene Forschungskapazität und übernimmt in besonderen Fällen auch geeignete Studienaufträge.
Wichtiges Referenzmaterial entstammt auch den Unfalluntersuchungen der Behörden und Versicherungen. Der GL ist dabei, wertet aus und führt eine sogenannte Schadenskartei. Wichtige Auswertungen werden zwischen den internationalen Klassifikationsgesellschaften ausgetauscht, so daß auch aus dem Ausland ein stattlicher Zufluß wertvollen Datenmaterials besteht.
Um die Einheitlichkeit bei den Prüfungen zu gewährleisten, sind alle Anforderungen in einem umfassenden und zweckmäßig gegliederten Normenkatalog festgehalten. Beim Durchblättern fällt der hohe Detaillierungsgrad und die Vielfalt der sicherheitsrelevanten Baugruppen oder Auslegevarianten auf. Die Meßverfahren werden entweder beschrieben oder nach DIN bezeichnet, Grenzwerte sind im einzelnen festgelegt.
Interessant fand ich bei der Durchsicht, daß ebenso wie bei den im Zusammenhang mit den ORC-Richtlinien erwähnten Bauvorschriften der amerikanischen Klassifikationsgesellschaft auch beim GL die Stabilität kein Teil der Klassifikation darstellt. Eine Stabilitätsbeurteilung liefe, wenn zusätzlich gewünscht, getrennt. Im Anhang des Normenkatalogs ist für diesen

Abb. 13/2: Finite-Elemente-Modell des Germanischen Lloyd zur Werkstoffoptimierung der „Container II“.

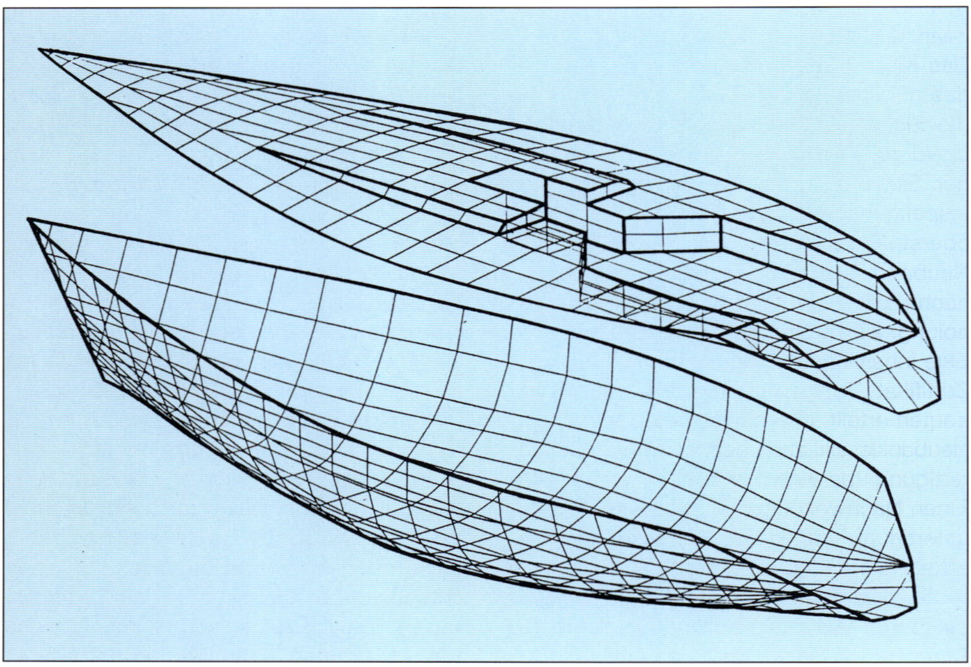

Abb. 13/3: Die Zertifikatsschilder des GL.

Zweck eine Grenzwertempfehlung aufgeführt.

Die GL-Normen können frei bezogen werden. Konstrukteure und Hersteller benötigen sie natürlich, wenn eine Klassifiktion beantragt ist.

Das Klassenzertifikat „Klasse 100 A 4" ist das höchste Gütesiegel. Es bedeutet, daß die Sicherheitsnormen des Germanischen Lloyd zu 100 Prozent erfüllt sind, und daß der Sicherheitsstandard bis zur nächsten Inspektion in vier Jahren gewährt ist. Diese oberste Klasse kann im Rahmen einer Neubauklassifikation erteilt werden oder nachträglich im Zuge einer Generalüberholung, als sogenannte Klassenaufnahme.

Eine inhaltlich gleiche Klasse wird mit dem Zertifikat „Typgeprüft 100 A 4" für Serienbauten erteilt, deren Prototyp wie bei einer Neubauklassifikation geprüft und die Serienfertigung überwacht wurde.

Einen Nachweis über GL-überwachte Serienfertigung bietet das Zertifikat „Typgeprüft" (ohne Zusatz: 100 A 4). In diesem Falle beschränkt sich die Prüfung allerdings nur auf die Hauptbaugruppen des Rumpfes mit Deck und Aufbauten.

Ist auf Grund vorgesehener Revierbegrenzungen ein reduzierter Sicherheitsstandard von beispielsweise 90 Prozent akzeptabel, wird auf die Klassifikation 90 A 2 geprüft. A 2, weil die Inspektionsintervalle bei reduziertem Standard auf zwei Jahre festgelegt worden sind.

DIN und andere Normen

Sie haben eine doppelte Bedeutung, die Industrienormen: ihre eigentliche, nämlich Dinge zu definieren, und eine zweite ursprünglich gar nicht beabsichtigte, nämlich den Qualitätsstandard bestimmter Dinge zu steigern. Das beste Beispiel für diese höchst bedeutsame Nebenbedeutung ist die Entwicklung der Rettungswesten.

Die Fachverbände, Hersteller und auch die zuständigen Behörden haben sich zusammengesetzt, um die Eigenschaften zweckdienlicher Rettungswesten festzuschreiben und mit einer DIN-Nummer zu versehen. Auf diese Weise sollten Verkäufer und Käufer, Arbeitgeber und Arbeitnehmer, Un-

fallgeschädigte und Richter, und so weiter, wissen wovon sie sprechen, wenn es um Rettungswesten geht. Das ist der Grundzweck von Industrienormen. Nun waren aber in dieser Runde nicht nur alle widersprechenden Interessen vertreten, sondern auch der geballte Sachverstand zu diesem Thema. Und weil keiner wollte, daß eine unsinnige Rettungsweste standardisiert wird, entstand aus dieser konzertierten Aktion eine optimale Rettungsweste. Die DIN-Nummer ist unbeabsichtigterweise zum Gütesiegel geworden.
Auf diese Weise sind bis heute DIN-Normen für Rettungswesten mit festem und aufblasbarem Auftriebskörper, mit und ohne Automatik, für Lifebelts und für Sorgleinen entstanden. Weitere werden folgen; Bedarf besteht für alle Arten von Rettungsgerät, wobei allerdings zu bedenken ist, daß sich gerade in diesen Jahren die Erkenntnisse über die Rettungsverfahren fast überstürzen und eine zu schnelle Normierung dem Fortschritt auch im Wege stehen könnte. Keinesfalls sollten administrative Probleme eines festgeschriebenen Standards lebensrettende Weiterentwicklungen hemmen.
Die DIN-Norm ist keineswegs die einzige. Neben ihr erteilen anerkannte Fachverbände wie der Technische Überwachungsverein, das Bundesamt für Seeschiffahrt und Hydrographie (früher DHI) der GL, der DVGW und der VDE, um nur einige wesentliche zu nennen, Qualitätssiegel für einzelne Bauteile. Sie erlassen detaillierte Leistungsvorschriften, eben Normen, die jedes Bauteil, das das Gütesiegel trägt, erfüllen muß. Die Verbände führen Musterprüfungen durch. Die Baugleichheit der nachfolgenden Produktionsserie gewährt den angegebenen Standard.

Verbindlichkeit der Sicherheitsnormen

Die Bezeichnung DIN A4 besagt, daß ein Blatt Papier ein bestimmtes Format hat, nicht vorgeschrieben ist, daß man dieses Format benutzen muß. Normen sind keine Gebote oder Verbote zu handeln.
Wer schreibt Sportschiffern vor, welche Sicherheitsnormen bei Bau, Ausstattung und Betrieb einer Yacht einzuhalten sind?
Um es gleich zu beantworten: solange es sich um privaten Sport oder um das Hobby handelt, also kein gewerbsmäßiger Betrieb vorliegt, schreibt keiner dem Yachteigner beziehungsweise dem Schiffsführer seinen Sicherheitsstandard vor, genauso wenig, wie es vorgeschrieben ist, welche Sicherheitsbindungen ein Skifahrer zu benutzen hat. Es ist die persönliche Verantwortung, sich zu informieren und dem Risiko entsprechende Sicherheitsvorkehrungen zu treffen.
Die Sportschiffer sind über diese Regelung sehr glücklich, denn das Selbstverantwortungsprinzip, das den mündigen Bürger anerkennt, ist zweifellos besser geeignet als jeder Dirigismus. Die eigene Sicherheit ist ein natürliches Begehren, sie braucht nicht vom Staat aufgezwungen zu werden. Zu regeln bleibt die Sicherheit anderer, die durch den Betrieb der Yacht gefährdet werden könnten, doch die ist allgemein geschützt. Das geltende Strafrecht, sofern es nicht schon die normale Erziehung tut, läßt keinen Zweifel an der Verantwortung, die man auch für Unbeteiligte trägt. Die Straftatbestände Sachbeschädigung, Körperverletzung oder gar Tötung und natürlich auch das allgemeine Haftungsrecht gelten selbstverständlich auch für den Bereich des Yachtsports.

Im Falle eines Straftatverdachts wird der Richter prüfen, ob die nötigen Sicherheitsvorkehrungen in sachgemäßer Weise getroffen worden waren. Er wird Sachverständige hinzuziehen, die sich wiederum auf anerkannte Grundsätze, so auch auf die Sicherheitsrichtlinien des DSV abstützen werden. Obwohl diese von ihren Urhebern nur als Empfehlungen veröffentlicht worden sind, könnten sie aus dem Munde des Sachverständigen auf einmal höchst verbindlichen Charakter erhalten. Es wird an diesem Beispiel deutlich, was Eigenverantwortlichkeit bedeutet.
Angesichts solcher Einsicht mag der eine oder andere seine Haltung zu den Sicherheitsempfehlungen revidieren. Vielleicht fragt er sich, ob die Empfehlungen letzten Endes doch eine Defacto-Vorschrift darstellen. Fast! Ein kleiner Unterschied bleibt: Die Sicherheitsrichtlinien sind generelle Empfehlungen, die auf den breiten Kreis der Yachteigner zugeschnitten sind. In einem Rechtsverfahren, wird dagegen der Einzelfall überprüft, und der herangezogene Sachverständige mag befinden, daß die eine oder andere Sicherheitsempfehlung des Gesamtkataloges im Sinne der Anklage irrelevant, eine andere dagegen von entscheidender Bedeutung ist. Ein einfaches Beispiel: Wenn einem Hochseesegler, der mit einer Männercrew unterwegs ist, in seiner Bordapotheke das unter Nr. 23 in den DSV-Richtlinien vorgeschriebene Medikament gegen starke Regelblutungen fehlt, wird ihm das bestimmt nicht als unverantwortlich angelastet werden.
Für mich bleiben die Richtlinien Richtlinien. Ich halte mich an sie nicht blindlings, wohl aber mit dem hoffentlich mir eigenen gesunden Menschenverstand.

So wenig Staat wie möglich

Daß uns das Prinzip der Selbstverantwortlichkeit bis heute erhalten geblieben ist, ist gar nicht so selbstverständlich. Schließlich unterliegt unser Auto, auch wenn es nur privat genutzt wird, der öffentlichen Sicherheitsaufsicht, es benötigt eine Musterzulassung und die bekannten periodischen TÜV-Untersuchungen. Von jedem Privatflugzeug wird der Sicherheitsstandard behördlich überwacht und in einigen Nachbarländern (z.B. Frankreich und Italien) sogar auch jener der Segel- und Motoryachten. Wollen wir also an der liberalen Regelung in Deutschland nicht wackeln!
Natürlich ist in der gewerblichen Schiffahrt alles, was die Sicherheit betrifft, genau vorgeschrieben. Das verlangt schon das Arbeitsrecht, ganz abgesehen von der Schiffssicherheitsverordnung des Verkehrsministers, die auf den Grundlagen der internationalen SOLAS-Vereinbarungen erlassen worden ist. Eine Grauzone bildet allerdings die Gruppe der halbgewerblichen Sportschiffahrt, die zwar ausschließlich den ideellen Zielen dient, im Wesen aber ehemalige Schiffe der Berufsschiffahrt betreibt. Es handelt sich um die Pflege und Erhaltung von einsatzfähigen Traditions- oder Museumsschiffen.
Nach anfänglichen Schwierigkeiten wurde für diesen Bereich inzwischen eine vernünftige Regelung getroffen, die im Prinzip eine nach Schiffsgröße und Ausmaß der Gewerblichkeit abgestufte Sicherheitsbevorschriftung enthält. So wird bei einem Ewer unter 15 Metern Länge und mit weniger als 25 Personen an Bord der Status einer normalen Privatyacht zuerkannt, während an eine Tjalk, die für über 80 Personen ausgestattet ist, schon die Anforderungen der Berufsschiffahrt gestellt wer-

den. Für die nach Personenzahl und Länge dazwischen liegenden Schiffe enthält die neue Verordnung abgestufte Vorschriften über die Sicherheitsausrüstung, über Brandschutz, über die Anzahl und Qualifikation der Schiffsbesatzung und über die Seetüchtigkeit des Fahrzeugs. Schließlich verlangt sie einen Notfallplan ähnlich, wie wir ihn von den Fahrgastschiffen her kennen.
Für die gewerbsmäßige Vermietung oder Vercharterung von Segelyachten, Motoryachten und kleinen Sportbooten gibt es eine Rechtsverordnung des Bundesverkehrsministers (See-Sportbootvermietungsverordnung vom 7. April 1981). Danach müssen Boote und Yachten, die auf den Seeschiffahrtsstraßen oder den seewärts angrenzenden Gewässern vermietet werden, vom regionalen Wasser- und Schiffahrtsamt zugelassen sein und ein Bootszeugnis erhalten. Zu diesem Zwecke findet, nach einer Anfangsuntersuchung, alle zwei Jahre eine weitere Untersuchung durch die Zulassungsbehörde statt, bei der die Fahrtauglichkeit und die Vollständigkeit der vorgeschriebenen Ausrüstung kontrolliert werden. Unter vorgeschriebener Ausrüstung bei Yachten versteht die Behörde die Empfehlung der Sicherheitsrichtlinien der Kreuzer-Abteilung des DSV.
Die Yachten der Vereine und Yachtschulen, auf denen gewerblich in der Seefahrt Törns gefahren werden oder ausgebildet wird, unterliegen einer besonderen Sicherheits-, Ausrüstungs- und Besatzungsvorschrift der Seeberufsgenossenschaft. Sie müssen vor Inbetriebnahme besichtigt werden und erhalten ein alle zwei Jahre zu erneuerndes Sicherheitszeugnis. In diesem Schiffspapier legt die Seeberufsgenossenschaft unter Beachtung der Praktikabilität im Falle jeder einzelnen Yacht fest, welche Sicherheitsausrüstung mitzuführen ist, und welche Fahrtbegrenzung eventuell auferlegt wird. Gewerbliche Ausbildungs- und Törnyachten müssen von einem Inhaber des Sporthochseeschifferscheins und des DSV-C-Scheins geführt werden, und wenn die Yachten länger als 10 Stunden pro Tag auf See sind, muß ein gleichqualifizierter Zweitskipper dabei sein.

Bleibt zusammenzufassen: Eigentlich ist alles geregelt, so wie es sein muß. Nicht zu viel und nicht zu wenig. Überall wo entweder der sportliche oder der kommerzielle Wettbewerb den natürlichen Rang der Sicherheit unterläuft, gibt es zwingende Vorschriften. Für den Normalfall trägt der Sportler die Verantwortung für seine Sicherheit selbst. Als Entscheidungshilfe stehen ihm die Sicherheitsrichtlinien der Fachverbände zur Verfügung. Setzt er sich über solche Richtlinien hinweg, wird er im Schadensfalle zur Verantwortung gezogen. Dem Gesetzgeber gebührt großes Lob. Er hat mit großem Einfühlungsvermögen dem Yachtsport optimalen Freiraum eingeräumt. Er hat dem Prinzip der Eigenverantwortlichkeit die Chance gegeben. Wir sollten das zu würdigen wissen.

14 Die sichere Crew
Ausbildung und Erfahrung

Erfahrung - ein problematischer Begriff

Es ist erstaunlich, wie leichtfertig der Begriff „erfahrener Segler“ benutzt wird, ohne zu wissen, was er eigentlich bedeutet. Natürlich kann man vom erfahrenen Segler sprechen so wie von einem erfahrenen Praktiker oder erfahrenen Rhetoriker, wo das Prädikat „erfahren“ nur eine ganz allgemeine Bedeutung hat. Gefährlich wird es aber, wenn man eine konkrete Qualifikation damit verbindet. Es gibt keine Schwelle vom unerfahrenen zum erfahrenen Segler. Ein Segler kann viel oder wenig Erfahrung haben, er kann mehr Erfahrung haben als ein anderer, und er kann die Erfahrung haben, für dieses oder jenes Segelunternehmen. Der Ausdruck „erfahrener Segler“ allein besagt so gut wie nichts.

Woran mißt man Segelerfahrung? Bei den Piloten der großen Fluggesellschaften gelten die Flugkilometer oder Flugstunden als Ausweis der Flugerfahrung, bei Handwerkern die Berufsjahre, bei Fußballern die Zahl der Länderspiele. Und bei Seglern? Die Seemeilen taugten nicht, da Transatlantikmeilen nicht mit den Regattameilen zu vergleichen sind. Die Dienstjahre auch nicht, weil es neben den notorischen Dauerseglern auch zaghafte Gelegenheitssegler gibt. Führerscheine taugen auch nicht, da sie nur die Anfangsqualifikation für den jeweiligen Einsatzbereich ausdrücken. Weiterbildungslehrgänge und Prüfungen würden die Autodidakten auf der Strecke lassen. Und das Ansehen im Vereinskreise ist ungeeignet, weil es mehr der Persönlichkeit als der seglerischen Befähigung unterliegt.

Eine Meßlatte der Segelerfahrung gibt es nicht. Man muß in jedem Einzelfalle bewerten, an welchen seglerischen Aktivitäten der Betreffende teilgenommen hat, als was und in welcher Weise. Man muß seine Lernfähigkeit mit in die Waagschale werfen, um zu beurteilen, welche nutzbare Erfahrung er aus diesen Ereignissen gezogen hat. Und schließlich ist sein Talent zu berücksichtigen, denn eine jahrelange Praxis bewirkt bei jemandem, der zwei linke Hände hat, keineswegs den Erfahrungsstand, den man sonst in diesem Fall erwarten würde.

Wenn ich einem Segler größere Verantwortung zu übertragen habe, möchte ich Einzelheiten über seine Persönlichkeit erfahren und seinen seglerischen Werdegang sehen. Die einzelnen Stationen daraus versuche ich sodann auf ihren Erfahrungsgehalt zu bewerten. Und im Zusammenhang entsteht dann ein mehr oder minder geschlossenes Bild. - Manchmal auch nicht.

Gedanken zu den Führerscheinen

Ein Ausbildungsystem für den Segelsport in Deutschland gibt es nicht als solches. Aber die verschiedenen Führerscheine bewirken letztlich das gleiche. Sie bedingen klar umrissene Ausbildungsgänge, die in den Vereinen und an Segelschulen durchgeführt werden. Der Deutsche Segler-Verband, der im Zusammenwirken mit dem Verkehrsministerium und anderen betroffenen Fachverbänden die Führerscheine eingerichtet, ist sich dieser Folgeverantwortung bewußt. Er versucht mit dem Führerscheinsystem möglichst viel Ausbildung an den Mann zu bringen. Sein Ziel ist es, durch Rückgriff auf die natürlichen Interessen der Segler, den Ausbildungsstandard auf einem hohen Niveau zu halten.
Im großen und ganzen gelingt das auch in zufriedenstellender Weise, wenngleich die Steuerung der Ausbildungspraxis durch Lernzielkataloge und Prüfungen, äußerst feinfühliger Impulse bedarf. Vor dem kommerziellen Hintergrund der Segelsportbranche gleitet nur zu leicht eine wohlgemeinte Absicht in ein falsches Fahrwasser.
Durch die Einführung der behördlich vorgeschriebenen Sportbootführerscheine neben den traditionellen DSV-Scheinen A, BR, BK und C hatte sich zunächst eine gewisse Redundanz ergeben, in deren Folge die gesamte Führerscheinstruktur der Sportschiffahrt in Bewegung geriet. Inzwischen ist ein neue, vielversprechende Ordnung hergestellt worden. Zwei getrennte Zwecke sind zu sehen: Die Zulassung zur Teilnahme am Verkehr auf dem Wasser, und die Qualifikation zur Yachtführung. Dem ersten Zweck entspricht der behördlich vorgeschriebene Sportbootführerschein, den es in den Versionen Binnen und See gibt. Für den zweiten sind die Sportschifferscheine in den Abstufungen Sportseeschifferschein und Sporthochseeschifferschein eingeführt worden.
Letztere sind grundsätzlich freiwillig. Sie eignen sich aber, in besonderen Fällen von Verbänden, von kommerziellen Yachtbetrieben, von Schulen oder auch von Behörden vorgeschrieben zu werden.
Die Sportschifferscheine stellen deutlich höhere Anforderungen, die einer allgemeinen Skipperbefähigung für Seefahrt oder Hochseefahrt sehr nahe kommen. Wir hätten mit ihnen endlich, wenn auch mit gewissen Kinken und Ösen, einen anerkannten Nachweis für die Schiffsführerqualifikation.
Es ist schon zuviel Schindluder mit der Skipperbefähigung getrieben worden. Die meisten Skipper sind selbsternannte. Entweder geschieht die Selbsternennung durch den Kauf einer Yacht. Oder es geschieht durch Chartern. Der Skipper gilt als ernannt, wenn er auf Mitsegler zurückgreifen kann, die ihm diese Aufgabe zutrauen. Sehr einfach.
Daß hierbei der Selbstüberschätzung Tür und Tor geöffnet sind, ist nicht zu übersehen. Das Risiko, das ein unqualifizierter Skipper erzeugt, ist keinesfalls nur sein eigenes. Es betrifft gleichwohl andere Segler, die ganze Hafengemeinschaft und vor allem seine Mitsegler. Um letztere geht es mir besonders. Sie, oder zumindest ihre Nerven zu schützen, würde der eingeführte Sportschifferschein leisten. Wohl bemerkt, als freiwillige Sache. Die Mitsegler werden die Gretchenfrage stellen in der abgewandelten Form: „Wie hältst du's mit der Qualifikation?“

Gedanken zur Ausbildung

Segelschulen und die Segelvereine sind die eigentlichen Träger der Ausbildung. Letztere organisieren Lehrgänge in Theorie und Praxis unter Rückgriff auf geeignete Mitglieder als Lehrer. Diese Art der Ausbildung hat eine Reihe großer Vorteile: Sie ist frei von kommerziellen Zwängen, sie fördert den Sinn für Kameradschaft und für gemeinsame Leistung, und sie kann zeitlich und inhaltlich großzügiger angelegt werden.

Der schnellere Weg führt über die Segelschulen, die zeitlich konzentriert, quasi als Urlaubspaket, die Ausbildung samt der erforderlichen Praxis anbieten. Mit angemessenem Leistungsstandard bekommt man dort für Geld unverbindlich und ohne sich weiter engagieren zu müssen, seinen Lehrgang. Leider wird diese konsumorientierte Variante allgemein vorgezogen, zwingt doch in vielen Fällen die allzu teure Freizeit dazu. Schade.

Die von der zentralen Organisation veranstalteten Prüfungen bilden eine gewisse Qualitätsgewähr, solange es sich um Lehrgänge für die Führerscheine handelt. Bei den anderen Ausbildungsgängen unterliegt die Qualitätskontrolle ausschließlich den kommerziellen Gesetzmäßigkeiten.

Unter Mithilfe der heute weit verbreiteten Fachorgane, funktioniert die kommerzielle Selbstreinigung gar nicht so schlecht. Mit vernünftiger, sachinformativer Werbung einerseits, und anerkennenden oder kritischen Teilnehmerberichten andererseits läßt sich ein hoher Standard erzeugen.

Zum Verfahren der Prüfungen hätte ich einen Verbesserungsvorschlag anzubieten: Es geht bei der folgenden Idee um die ungewollte Nebenwirkung der Führerscheinprüfungen, daß sich die Ausbildungsinhalte der verschiedenen Lehrgänge sehr schnell auf den bekannten Prüfungsstoff reduzieren. Dieser muß zwangsläufig ziemlich eng begrenzt sein, will man in der kurzen Zeit einer Prüfung von allen Prüflingen das gleiche abverlangen. Der vom DSV vorgegebene Syllabus wird durch den Schrumpfungsprozeß zur Bedeutungslosigkeit verurteilt.

Aus diesem Dilemma gibt es einen unkonventionellen Ausweg: Der Gleichheitsgrundsatz wird vernachlässigt zugunsten der Gesamteffektivität. Konkret sieht das so aus: In dem schriftlichen wie im praktischen Teil der Prüfung bekommen die Teilnehmer alle verschiedene Aufgaben, die zusammen die ganze Breite des vorgeschriebenen Lehrstoffes abdecken. Die Aufgaben, die der einzelne dabei bekommt, betreffen folglich nur einen durch Zufall ausgewählten Ausschnitt des Gesamtstoffes. Sollte ein Kandidat bei seinem Ausschnitt versagen, kann das zweierlei bedeuten: Entweder wurde dieser Stoff nicht gebracht oder sein Leistungsstand liegt unter dem Ausbildungsniveau. Er wird deshalb mit anderen Aufgaben weitergeprüft, wobei schnell Klarheit entstehen sollte.

Ich verspreche mir von dem Verfahren einen mehrfachen Selbstreinigungseffekt. Erstens sähe sich die Ausbildungseinrichtung gezwungen, den ganzen Syllabus zu befolgen. Bei Offenlegung von Ausbildungsmängeln würde der oben beschriebene kommerzielle Selbstreinigungsprozeß stattfinden. Zweitens würden die für den Lernzielkatalog verantwortlichen Ausschüsse veranlaßt, den Umfang auf ein durchführbares Maß zu reduzieren. Die Unehrlichkeit vorgegaukelter Ausbildungsziele würde verschwinden. Und drittens schließlich würden der Rang und das Ansehen der Schei-

ne gestärkt werden, weil die Farce der auf einen engen Prüfungsstoff reduzierten Schwerpunktausbildung unterbliebe.
Man möge über dieses Modell einmal nachdenken!

Weiterbildung auf Eigeninitiative

Die Führerscheinausbildung bringt sicherlich eine stattliche Menge an Kenntnissen und praktischen Fertigkeiten, aber natürlich nicht die Sattelfestigkeit eines Routiniers. Die holt man sich durch Praxis an Bord.
Der Neuling darf die Fender halten. Wer sich schon bewährt hat, darf mit den Leinen an Land springen, und nur wer das besondere Vertrauen des Skippers genießt, darf beim Anlegen Rudergehen. Ist es nicht so? Man muß sich hochdienen.
Von Törn zu Törn wächst man in größere Aufgaben hinein. Navigator ist nicht gleich Navigator. Vom Leuchtfeuer Kiel nach Bagenkop zu koppeln mag auch einem frischen BR-Schein-Inhaber anvertraut werden. Bei Nacht die Yacht durch ein kompliziert gewundenes Fahrwasser zu lotsen, rangiert schon etwas höher.
Auf den großen Yachten, die manche Fahrtenseglerverbände betreiben, werden in bewährter Weise Wachen gefahren mit Wachführern und Wachnavigatoren. Wer unter Fahrtensegeln nicht ausschließlich Tagesausflüge versteht, sollte angesichts solcher Bordhierarchien nicht die Nase rümpfen. Zum Langstreckensegeln sind Wachen unumgänglich. Der Wachführer führt Schiff und Crew, wobei gerade letzteres eine sehr bedeutende und oft unterschätzte Kunst darstellt. Was sich hinter der Kunst verbirgt, merkt man erst, wenn einmal plötzlich alles mißverstanden wird und nichts mehr an Bord klappt.
Nur wer sich als Wachführer bewährt hat, sollte sich an die Skipperfunktion heranwagen. Ein gescheiterter Wachführer kann unterwegs ersetzt werden, ein Skipper nicht.
Ich halte das Mitsegeln für äußerst wichtig. Es ist nach meiner Auffassung der zentrale Baustein seglerischer Kompetenz und Zuverlässigkeit. Keine Indoktrination kann „Learning by doing“ ersetzen. Und wenn man nicht gerade immer beim gleichen Lehrmeister verharrt, lernt man durch sich ergänzende und auch durch sich widersprechende Erfahrungen immer neu dazu.
Wie läßt sich das Mitsegeln fördern?Die Segelschulen und Charterunternehmen bieten Törns aller Art an. Man kann sich einem befreundeten Skipper anschließen und gemeinsam eine Yacht chartern. Auf Bootsausstellungen und in Inseraten bieten Mitseglerbörsen, Crewvermittler und Yachtüberführer ihre Dienste an. Besser noch könnten die Vereine behilflich sein, manche sind es bereits. Dort kennt man sich hinlänglich, oder man kann zumindest herumhorchen, wer wer ist. Kennt man die Kandidaten, ist man schneller bereit, Mitsegler aufzunehmen oder umgekehrt sich als Mitsegler zu bewerben. So mancher Eigner wird sich ermuntert fühlen, seine 45-Fuß-Yacht einmal nicht zu dritt, sondern zu sechst zu segeln, um auf diese Weise einen anständigen Törn herausholen zu können. Ein Pinboard im Vereinshaus mit Wünschen und Angeboten und der entsprechenden zentralen Promotion würde Wunder wirken.
Das Crew-Wechselspiel hätte noch einen weiteren positiven Nebeneffekt: Die Eigner würden mit ihren Sitten und Gebräuchen

an Bord eine gewisse Bekanntheit im Verein erfahren. Es würde sich herumsprechen, auf welcher Yacht gesegelt und auf welcher in erster Linie Bier getrunken wird. Auch hiervon verspreche ich mir eine selbstreinigende Wirkung.
Der DSV vertreibt das sogenannte Seglerbuch, leider ohne für seine tiefere Bedeutung zu werben. Das Seglerbuch ist eigentlich ein Pendant zum Seefahrtsbuch, das alle Berufsseeleute besitzen. In ihm ist die gesamte seemännische Laufbahn festgehalten. Um irgendwo anzuheuern, legt der Seemann das Seefahrtsbuch vor und weist damit seine Erfahrung nach. Segler könnten das auch tun. Eine stattliche Liste von Törns, Regatten, Lehrgängen und Ausbildertätigkeiten jeweils mit der klaren Beschreibung der eigenen Rolle dabei ist ein plausibler Erfahrungsnachweis. Natürlich würde solch eine Erfahrungsliste auch den Ehrgeiz anstacheln, was der Kompetenz und Zuverlässigkeit bestimmt nicht schadet. In erster Linie diente sie aber dem Yacht-Hopping, wie ich analog zum Job-Hopping modebewußt das Mitsegeln nennen möchte.

In die Geheimnisse der Yacht steigen

Wer die Wartungsarbeiten seiner Yacht einer Werft in Auftrag gibt, wird wohl seine Gründe dafür haben. Ob er auch immer weiß, was ihm dabei an Lernmöglichkeiten entgeht? Man lernt eine Yacht erst richtig kennen, wenn man hinter die Paneele gestiegen ist, unter den Bodenbrettern gewühlt hat, in den Motor getaucht und in das Rigg geklettert ist. Man muß einen Relaisschalter einmal von innen gesehen haben, um zu verstehen, weshalb er ein andermal nicht will, man muß die verschiedenen Pumpentypen einmal zerlegt haben, um sie auch reparieren zu können.
Viele trauen sich an solche Arbeiten nicht heran, solange ihnen die Fachkenntnisse fehlen. Das erinnert mich an den kleinen Jungen, der am Beckenrand erklärte: „Ich gehe nicht ins Wasser, bevor ich nicht schwimmen kann!“
Gemeinsamkeit ist das Zauberwort. Man bietet sich als Lehrling einem erfahreneren Vereinskameraden an, wenn der seinen Winterdienst macht. Und eher oder später fühlt man sich sicher genug, dem eigenen Motor zu Leibe zu rücken.
Gegenseitiges Lernen, Lehren, und Helfen ist das Gebot der Stunde. Es würde dem Yachtsport so manches zurückgeben, was er im Zeitalter des Konsums, der Kaskoversicherungen und Dienstleistungen verloren hat.

15 Die sichere Crew
Der Skipper

Wenn ich mir betrachte, wer heute alles Yachten fährt und sie dennoch heil nach Hause bringt, fällt es mir schwer, ein anspruchsvolles Skipperprofil aufzustellen. Ich tue es dennoch, weil es nicht reicht, nur heil nach Hause zu kommen. Hinter dem „alles gut gegangen“ verbirgt sich allzu oft der totale Nervenstreß für Mitsegler und Hafennachbarn, und manchmal auch das Zutun eines gnädigen Schicksals, ohne das es eben nicht gut gegangen wäre.
Ich erwarte von einem Törn, daß der Skipper stets Herr der Lage ist, und daß jeder Mitsegler sich unter seiner Führung in Sicherheit fühlt. Spannung darf ein Törn bringen, aber die darf nur dem sportlichen Ziel gelten. Um die Sicherheit darf nie Spannung entstehen.
Der Skipper unserer Betrachtung ist Sportsegler, also kein beruflicher Yachtführer. Die Anforderungen an ihn sind aber die gleichen, denn beide tragen die selbe Verantwortung gegenüber der Crew, der Yacht und gegenüber den anderen Schiffen und Menschen auf See und in den Häfen. Weil unser Skipper aber als Amateur weniger Seemeilen loggt, muß er besonderes Talent und sehr viel Ambition mitbringen. Er braucht neben der nautischen Qualifikation Geschick im Umgang mit Menschen und sicherlich nicht zuletzt auch die geeignete Form von Autorität.

Seglerische Voraussetzungen

Erfahrung ist immer relativ. So auch die Erfahrung, die ich von einem Skipper fordere. Sie muß souverän sein gegenüber den Anforderungen, die die Art des geplanten Segelunternehmens erwarten läßt.
Die Souveränität des Skippers basiert also nicht auf seiner Segelerfahrung allein, sondern ebenso auf der Bescheidung dessen, was er sich vornimmt. Er kann und muß durch die Wahl des Yachttyps, des Segelreviers, der Jahreszeit, der Törnroute und schließlich auch der Mitsegler den Schwierigkeitsgrad des Unternehmens seinem Erfahrungsstand anpassen.
Einem souveränen Skipper sollten die alltäglichen Aufgaben locker, ohne Druck und in ruhiger Folge von der Hand gehen. Geist und Kraft sollten in Reserve bleiben für die außergewöhnlichen Dinge, für unerwartete Situationen und Krisen. Nie darf er vor einem Einzelproblem den Gesamtüberblick verlieren, nie vor dem Druck des Augenblicks die Zukunft außer Acht lassen. Solche Souveränität setzt voraus, daß der Skipper ähnliche Segelunternehmen schon öfters gemeistert, und daß er sich auf mögliche neue Bestandteile gründlich vorbereitet hat. Sie setzt ferner voraus, daß zu seinem praktischen Erfahrungsschatz auch Ausnahmesituationen gehören, mit denen nur unter Umständen zu rechnen ist.
Manche Ereignisse lassen sich nicht vor-

üben. Einen Sturm, zum Beispiel, erlebt man nicht alle Tage, und es wäre unzumutbar, ein halbes Leben lang darauf warten zu müssen. Auch ein Skipper erlebt Dinge zum ersten Mal. Völlig neu sollten sie jedoch nie sein, denn ich erwarte vom Skipper, daß er sich, gestützt auf Literatur oder Gespräche unter Fachleuten, auch mit den weniger wahrscheinlichen Ereignissen intensiv befaßt hat.
Zur Souveränität des Skippers gehört auch sein sicherer Umgang mit der Yachttechnik. Dazu zählen nicht nur Pflege, Wartung und Bedienung der Anlagen, sondern auch die Improvisations- und Reparaturmöglichkeiten im Falle eines Ausfalls. Die moderne Konsumentenhaltung, nach der die Verantwortung jenseits der Betriebsanleitung aufhört, ist für einen Skipper unakzeptabel.
Und schließlich zählt zur seglerischen Souveränität das Bescheidwissen über die Geographie und Hydrographie des Fahrgebietes. Die Revierkunde wird oft vernachlässigt, was zu Irritationen und möglicherweise sogar zu Sicherheitsrisiken führen kann. Sie endet nicht mit der Lektüre der Seehandbücher. Die aktuellen Informationen über die zuständigen Dienste sind genauso unverzichtbar wie das offene Ohr für die Neuigkeiten vom Hafennachbarn.

Gesundheitliche Bedingungen

Gäbe es nicht genügend Anlässe, würde ich diesen Gesichtspunkt nicht erwähnen. Aber die Meere sind voll von betagten Herren, Damen seltener, die sich von ihrer Yacht nicht trennen können. Ich appelliere an deren Verantwortungsgefühl.
Wer nicht mehr im Notfall selbst aufs Vorschiff kann, wer nicht die Kraft hat, selbst die Badeleiter hochzuklettern oder wessen Herz einen Sturz ins kalte Wasser nicht mehr aushalten würde, der möge sich in die Rolle des Kommodore versetzen, und die Führung seiner Yacht einem jüngeren Kapitän überlassen. Als Kommodore genießt er an Bord die gebührende Achtung. Als vergreister Kommandant würde er wegen Unverantwortlichkeit verachtet.
Das Alter ist es keineswegs allein. Es gibt viele gesundheitliche Mängel, die einen verantwortungsbewußten Menschen Abstand nehmen lassen sollten. Die Crew verläßt sich auf ihren Skipper. Fällt er aus, und entsteht ein Unfall mangels geeigneter Yachtführung, hat er sich, sein Gesundheitsproblem wohl kennend, grob fahrlässig schuldig gemacht!
Gleiches gilt auch für die Seekrankheit. Ein Skipper kennt seine Anfälligkeit gegenüber der Seekrankheit. Viele neigen nur während der ersten Tage eines Törns dazu, was tolerabel ist, solange deren Handlungsfähigkeit nicht beeinträchtigt wird. Weiß aber jemand, daß er schwer seekrank werden kann und dann richtig ausfällt, darf er eine Yacht nicht führen.

Persönlichkeit

Eigentlich ist der Skipper ein Typ wie du und ich. Ein ganz normaler Durchschnittscharakter. Was er nicht sein sollte, ist jede Form des Außergewöhnlichen.
Die besonderen Umstände an Bord, die Enge des Lebensraumes, die Vielfalt der Berührungspunkte unter den Menschen, die mehrfache Wettbewerbssituation innerhalb der Crew und auch als ganze

Crew gegenüber dem sportlichen Ziel, der Streß bei hartem Wetter und möglicherweise auch die Angst bei Krisensituationen, verlangen ein lastfreies, unkompliziertes Miteinanderauskommen. Der Skipper hat in der gesamten Gruppendynamik eine Sonderrolle. Weil sein Wort und sein Verhalten mehr gilt als das der anderen, ist er, auch ohne es zu wollen, die zentrale Bezugsperson. Sein Auftreten, die Art, wie er auf die anderen zugeht, wie er ihnen Gehör schenkt, wie er sie zur Geltung kommen läßt oder auch in die Schranken weist, ist ausschlaggebend für die Gruppenatmosphäre. Sein Verhalten macht für die anderen Schule.

Ich bin weit davon entfernt, ein ideales Charakterbild zu zeichnen. Auch wäre es meines Erachtens unsinnig, mit theoretischen Ansätzen an den menschlichen Eigenschaften eines Kandidaten herumfeilen zu wollen. Der ganz normale Mensch mit ausgeglichenem Selbstbewußtsein füllt die Sonderrolle des Skippers wunderbar aus. Bedenken hätte ich nur bei besonders ehrgeizigen, besonders agilen, besonders introvertierten, besonders lauten, besonders eitlen, besonders lethargischen Menschen, eben allen extremen Charakteren. Die würden das Zusammenleben komplizieren und eine Menge ausgleichender Stärke bei den anderen verlangen.

Autorität und Führung

Die Führungssituation an Bord von Yachten zwingt zu einer Gradwanderung zwischen wohlwollendem „laissez faire" und strenger Direktive. Der Skipper, ebenso übrigens auch der Wachführer, ist gefordert, immer das richtige Maß an Einflußnahme zu finden. Unnötiger Dirigismus stört und verdirbt auf Dauer die Gefolgschaft, zu zaghafte Impulse verfehlen ihre Wirkung.

An Bord besteht keine Zwangshierarchie, wie in fest gefügten Organisationen. Die Amtsautorität des Skippers kann bestenfalls vor Gericht eine Rolle spielen, an Bord tut sie es nicht. Die Mitsegler sind Persönlichkeiten, die überzeugt sein wollen. Überzeugt durch Argumente oder überzeugt durch das Vertrauen, daß sie dem Skipper entgegenbringen.

Sie haben das Vertrauen wegen seiner Kompetenz, seiner Zuverlässigkeit und wegen seines Verantwortungsbewußtseins. Ohne diese Eigenschaften gäbe es keine echte Autorität.

Führungskunst ist manch einem in die Wiege gegeben. Wen die Natur jedoch nicht ganz so gut dabei bedacht hat, kann das Führen auch erlernen. Es gehört eine gewisse Geistesdisziplin dazu und ein dickes Erfahrungspolster. Skipper, die in ihrem sonstigen Berufsleben oft in Führungssituationen stehen, profitieren von diesen.

Ein Skipper mit ungeschicktem Führungsverhalten untergräbt seine eigentliche Autorität. So mag er zum Beispiel eine Entscheidung letztlich richtig getroffen haben. Aber weil er auf dem Wege dahin schon eine Reihe voreiliger Lösungsideen hinausgejubelt hat, ist für die schließlich richtige Lösung nur noch wenig Vertrauen übrig geblieben.

Gerade weil es sich bei den Mitseglern in aller Regel auch um Sachkundige handelt, müssen sie an den Entscheidungsgängen beteiligt werden. Sie vor vollendete Tatsachen zu stellen, würde Mißtrauen erwecken und ihre Motivation unterhöhlen. Entscheidungen jedoch zu einem allge-

meinen Palaver auszuweiten, würde in den meisten Fällen den Zeitrahmen sprengen und obendrein auch noch unnötig Nerven kosten. Fingerspitzengefühl ist gefragt!
Für schwierige Führungssituationen, bei denen Angst und andere starke Gefühle berührt sind, braucht der Skipper besonderes psychologisches Einfühlungsvermögen. Er muß es für seine Lagebeurteilung verstehen, hinter den vordergründigen Gebärden seiner Mitsegler deren wahre Wünsche und Grenzen zu erkennen, und er muß zur Durchsetzung seiner Entscheidung in der Lage sein, die Zweifler schließlich zu gewinnen. Schwierig!

Selbsteinschätzung

Mut und Feigheit sind als Vokabeln aus unserem Sprachgebrauch fast verschwunden. Das ist auch gut so. Denn Mut, die ehemalige Tugend, sehe ich abgelöst durch die neue, viel größere Tugend, der gesunden Selbsteinschätzung. In meinen Augen ist es von höchster Sicherheitsbedeutung, daß der Skipper sich selbst, seine Crew und auch die Yacht nicht überfordert.
Das ist nicht einfach. Das eigene Vermögen nüchtern zu beurteilen und die vorausliegenden Risiken und Belastungen unbeschönigt anzuerkennen, verlangt eine Menge Rückgrat, einen kühlen Kopf und auch Erfahrung. So manches nur mehr oder minder überstandene Abenteuer trägt gewaltig zur Objektivität der Selbsteinschätzung bei. Man lernt aus seinen Fehlern. (Ich auch!)
Gefährlich sind Menschen, die sich notorisch überschätzen. Ihnen gelingt es oft, ihre Mitmenschen lange zu blenden, und man ist geneigt, den fatalen Fehler zu begehen, sich ihnen anzuvertrauen. Ihr selbstbewußtes Auftreten ist nicht zuletzt deswegen so perfekt, weil diese bedauerlichen Charaktere an ihre überzogene Selbsteinschätzung glauben. Diesen Charaktertypus sich als Skipper eingehandelt zu haben, ist die vorprogrammierte Katastrophe. Wenn auch nicht gleich die Yacht auf den Klippen enden muß, wird es auf alle Fälle zu einer totalen Führungskrise an Bord kommen, sobald der Dissens zwischen Anspruch und Wirklichkeit zu Tage getreten ist.
Die Kunst der richtigen Selbsteinschätzung halte ich für die wichtigste aller Skipperqualitäten.

16 Die sichere Crew
Die Mitsegler

Zusammensetzung

Wir wollen nicht übertreiben, für den kleinen Nachmittagsausflug mit einem 27-Fuß-Schiffchen braucht man keine qualifizierte Crew. Den fährt man allein, solange das Wetter eindeutig und der vorgesehene Kringel problemlos ist. Es reicht, wenn einer der Gäste mal die Pinne halten und geradeaus steuern kann und auch beim Anlegen hilft.
Ganz andere Maßstäbe gelten für größere Segelunternehmungen und mehr noch natürlich für Regatten. Yachten sind für den Crew-Einsatz konstruiert. Unterbemannt sind sie gehandikapt. Je nach Bauart kann eine Yacht mit zu knapp bemessener Besetzung manövrierbehindert, sie kann schwerwetteruntauglich, oder sie kann auf Tagesfahrt begrenzt sein. Es liegt am Segelvorhaben, ob überhaupt und welche solcher Einschränkungen in Kauf genommen werden können.
Die Crew muß so zusammengesetzt sein, daß sie im Gesamteinsatz („all hands") auch die aufwendigsten der vorgesehenen Manöver, zum Beispiel eine Spi-Halse, schafft, wobei wiederum zu unterscheiden ist, ob diese langsam Zug um Zug durchgeführt werden können oder unter Zeitdruck erfolgen müssen. Die Crew-Zusammensetzung muß ferner das Wachsystem tragen, das je nach Komfortbedürfnis und Sportlichkeit ausgewählt wird.
Segler, die ein Zweiwachensystem vorziehen, verlangen sich eine Menge ab. Es sei denn, ihre Wachen sind so dick bemannt, daß auch die ganzen Freiwacharbeiten wie Kochen, Backschaft, Pflegearbeiten und Reparaturen von der Seewache bewältigt werden. Andernfalls bliebe nur ein sehr kurzer Schlafanteil, und der Törn hätte sehr sportlichen Charakter. In Anbetracht, daß Amateurseeleute sich immer wieder erst an die fremden Schlafumstände auf See gewöhnen müssen, sollte mit der Schlafzeit nicht gegeizt werden. Acht Stunden pro Tag halte ich für das Minimum. Je häufiger die tägliche Schlafzeit durch einen engen Wachwechselrhythmus unterbrochen wird, desto länger sollte sie in der Summe sein.
Ich ziehe grundsätzlich ein Dreiwachensystem vor, bei dem allerdings die Seewache ausschließlich für ihre ureigene Aufgabe da ist: Navigation, Rudergehen, Segeltrimmen und Ausguck. Je nach Art der Yacht reichen dafür zwei, höchstens drei Leute. Für Manöver stellt die Freiwache Verstärkung.
Der Skipper sollte möglichst keine Wache gehen, damit er in den entscheidenden Augenblicken zugegen sein kann. Er sollte die Gesamtnavigation in der Hand behalten und einspringen können, wo gerade Not am Mann ist. Ob man sich einen hauptamtlichen Smut leistet, ist Geschmackssache und natürlich eine Frage der Crewgröße.
Die Crewmitglieder müssen für ihre Rolle

qualifiziert sein. Der Wachführer soll nicht bei jedem Licht in der Kimm den Skipper aus der Koje holen müssen. Er muß genug Autorität besitzen, um sein kleines Team führen zu können. Einer der Wachführer muß das Zeug haben, den Skipper ersetzen zu können, sollte dieser ausfallen.
Die anderen Wachgänger sind Deckshände, die zumindest schon ein paar Tage an Bord hinter sich haben sollten. Sie müssen das Rigg im Griff haben, den Ablauf der Manöver beherrschen und sich sicher an Deck bewegen können. Wer diesen Erfahrungsstand nicht mitbringt, geht zusätzlich die Wache mit, um nach der „Learning by doing"-Methode auf den gleichen Stand zu gelangen.
Auch Wachführer übernehmen ihre Rolle irgendwann zum ersten Mal. In dem Falle wird der Skipper seinen Schlafrhythmus mehr oder weniger unauffällig dem dieses Wachführers anpassen. Auf diese Weise kann er ihn im Auge behalten und kann, wenn nötig, hier und da nachtrimmen.

Rechte und linke Hände

Es sind nicht alle Menschen gleich gut geeignet für das Leben an Bord. Man leistet der Sicherheit keinen guten Dienst, wenn man jemanden an Bord hat, dem jeglicher Biß fehlt, der skeptisch abwartend, vielleicht sogar mißtrauisch, sich von allem, was um ihn herum vorgeht, distanziert. Ein Mensch dieser Grundhaltung kann keine Rolle verantwortungsvoll erfüllen, auch wenn er sich das vornimmt.
Ein anderer Problemfall ist der liebenswürdige Tolpatsch, den man sicherlich gern um sich hat, der aber an Bord sich und die ganze Crew von einem Unglück in das andere stürzt. Die ungewohnten Schiffsbewegungen verlangen eine elastische Motorik, das aufwendige Rigg verlangt Gefühl für mechanische Zusammenhänge und die Enge unter Deck absolute Kontrolle über den eigenen Achtersteven.
Sportlicher Ehrgeiz hat nicht nur sein Gutes. In manchen Menschen führt er zu einem Tatendrang, der die Grenzen des eigenen Vermögens überschreitet. Der Mißerfolg ist vorprogrammiert, und das Verhängnis nimmt seinen Lauf. Denn nur wenige werden durch Einsicht spontan geheilt. Viele reagieren auf die Blamage mit dem völlig verkrampften Begehren, sich durch noch größere Anstrengung zu rehabilitieren. An Bord ist solches Verhalten gefährlich. Es gefährdet den Ablauf von Manövern und kann zu Beschädigungen oder gar zu Unfällen führen. Wie sich obendrein solch ein Psychodrama auf die Bordgemeinschaft auswirkt, kann man sich leicht vorstellen.

Gruppenharmonie

Natürlich muß die Crew zusammenpassen. Sie soll harmonieren, die einzelnen sollen sich gegenseitig etwas geben können, und niemand soll sich belästigt fühlen. Wer Menschen kennt, weiß, daß nicht alle in eine unvorbelastete Gruppe passen. Und es hilft nichts, unausgeglichene Temperamente, extrem introvertierte wie extrovertierte Menschen, starke Egozentriker, übertrieben Geltungsbedürftige und notorische Kampfhähne müssen ausgeschlossen werden. Das mag vor dem Törn den einen oder anderen diplomatischen Klimmzug kosten, aber der ist seinen Preis wert. Um zu harmonieren muß die Gruppe aber auch konfliktfest sein. Denn Meinungsunterschiede gibt es immer, und an Bord werden sie nun mal etwas emotionsgeladener ausgetragen als beim Cocktail oder am Konferenztisch. Sind einzelne Crewglieder nicht in der Lage, ihre Wünsche und Gefühle gegenüber den anderen zu vertreten, gibt es störende Spannungen, Grüppchenbildung und Ausklammerung.

Ganz wichtig für die Gruppenharmonie sind die Moderatoren oder Integratoren. Beide Ausdrücke sind nicht gemeingebräuchlich, aber sie besagen, was ich meine: Es gibt Menschen, die immer im richtigen Augenblick das richtige Wort sagen, die mit einer knappen Geste überzeugen, und die fühlen, was gut und was schlecht ist. Es gibt Menschen, deren bloße Anwesenheit einem Konflikt die Schärfe nimmt und verbissene Gesichter wieder lächeln läßt. Das sind die Moderatoren, die Mäßiger, die an Bord fast eine Gewähr für gesunde Gruppenharmonie darstellen. Die Integratoren sind Menschen, die ohne selbst störend zu dominieren, die anderen mitziehen, mit berücksichtigen und ganz einfach nicht allein lassen.

Ergibt es sich, daß abgesehen vom gemeinsamen Interesse für den Segelsport auch andere interessante Berufs- oder Fachgebiete in der Gruppe vertreten sind, ist viel für deren Zusammenhalt gewonnen. Ich habe beobachtet, daß gehaltvolle Gesprächsthemen eine ausgesprochen integrative Nebenwirkung haben, ganz abgesehen davon, daß sie jeden gesunden Wissensdurst stillen. Ein bißchen muß man allerdings aufpassen, daß kein pastorenhaftes „ich weiß alles und du weißt nichts“ auftritt. Ein Bildungsgefälle schadet nicht, es muß nur bei allen Beteiligten mit einer gewissen Kultur verbunden sein, was den Umgang mit Menschen betrifft.

Nichts halte ich von reinen Männer-Crews, reinen Frauen-Crews, reinen Junge-Leute-Crews und was es sonst noch für Ausklammerungskategorien gibt. Es soll ganze Vereinigungen geben, die ausschließlich das akademische Segeln pflegen. Ich glaube, dieses „unter sich sein wollen“ bringt weniger ein, als man sich dabei vergibt. Das Leben an Bord von Segelyachten ist in vielerlei Hinsicht eine Verdichtung des menschlichen Miteinanders des normalen, täglichen Lebens. Wieviel Freude haben wir an unseren Mitmenschen und zwar quer durch die ganze Sozialstatistik. Wollen wir an Bord, in der konzentrierten Form darauf verzichten?

Total antiquiert ist der Vorbehalt gegen Frauen an Bord, und nicht weniger überholt das Kavaliersgehabe von Männern. Seglerinnen wollen genauso wie ihre männlichen Crewkameraden Ruder gehen, navigieren, Schoten reißen, Segel bändigen. Wer will ihnen die Freude nehmen? Und behaupte ja nicht einer, Frauen hätten keine Kraft. Ich bin oft genug mit Schreibtischberuflern gesegelt. Ich weiß, wer keine Kraft hat.

Ob Kinder mitkommen sollen oder nicht, ist nicht mit zwei Sätzen zu beantworten. Es gibt viele Unternehmungen der Erwachsenen, wo Kinder überfordert sind. Nicht nur beim Segeln. Wir dürfen nicht übersehen, daß jenes konzentrierte Zusammenleben an Bord eine sehr drastische, keinesfalls normale Lebensform ist, die den Kindern dort präsentiert wird. Auch bestehen natürliche Interessenkonflikte. Kinder empfinden, was Erwachsene fesselt, eintönig, und sie können sich stundenlang mit etwas beschäftigen, was wiederum die Erwachsenen nervt. Es müßten schon ziemlich große Kinder sein, die sehr an das Leben unter Erwachsenen gewöhnt sind.

Sie ließen sich vielleicht integrieren. Andernfalls müßte man den ganzen Törn umgestalten und eben auf die Bedürfnisse der Kinder abstellen.

Gesundheit

Alle an Bord sollten gesund sein. Wer schon mit Grippe erscheint, wird eine Last für die anderen. Keiner möge im Verlaß auf die Bordausstattung seine persönliche Reiseapotheke zu Hause lassen. Jeder weiß, in welcher Weise er anfällig ist, und hat sich, wie für jede andere Reise, vorsorglich zu bevorraten.

Es gibt keinen Grund, Behinderte aus Prinzip auszuklammern. Man muß nur sehr nüchtern abwägen, ob die Art der Behinderung ohne Sicherheitsrisiko für den Betroffenen wie auch für die Gemeinschaft aufgefangen werden kann. In fast jedem Falle wird besondere Rücksichtnahme durch die anderen an Bord erforderlich sein. Dann muß überlegt werden, wie diese realisiert werden kann. Bitte keine joviale Großzügigkeit an dieser Stelle! Leichtfertiges über die Probleme Hinwegsehen würde sich spätestens während des Törns bitter rächen.

Schlimm ist es, wenn Behinderungen verschwiegen werden und während des Törns dann plötzlich ausbrechen. Das betrifft besonders Suchtkranke oder chronisch Leidende. Man steht so einer Misere zunächst verteufelt hilflos gegenüber. Nicht zu Unrecht ist jeder an Bord empört. Das natürliche Mitgefühl wird böse untermischt mit dem Vorwurf, die Crewkameraden hintergangen zu haben. Zwangsläufig muß der ganze Törn geändert, vielleicht sogar abgebrochen werden.

Alkohol

Das Alkoholproblem verdient, besonders angesprochen zu werden. Gott sei Dank stirbt die „John-Wayne“-Generation langsam aus, in der der Mann nur mit dem Whiskyglas in der Hand etwas galt. Dennoch passiert es immer wieder, daß pöbelhaftes Gegröle den Hafen zu nachtschlafender Stunde stört. Dennoch gibt es nach wie vor viele Unfälle die auf das Alkoholkonto gehen.

An Bord ist Alkohol aus zwei Gründen gefährlich:

Erstens wegen der Gruppenanimation. Der Anlässe gibt es viele: Ankerbier, Besanschot an, Rasmus und so weiter. Man trinkt einen mit, weil man nicht außen vor bleiben will. Und auch noch einen zweiten. Schließlich heißt es: „Sei kein Frosch“, oder „du wirst uns doch nicht im Stich lassen“. Die Sprüche sind altbekannt, dennoch haben sie ihre Wirkung. In der Gruppe verkonsumiert man ein Vielfaches von dem, was man sonst allein trinken würde. Das ist nun mal so.

Zweitens wirkt sich die alkoholbedingte Wahrnehmungsverfälschung in der Gemeinsamkeit besonders teuflisch aus. Das gruppentypische gegenseitige Überbieten der Meinungen steigert ein anfängliches Schwärmen schnell zu blinder Euphorie. Weil in der Regel alle gleich alkoholisiert sind, vermag niemand die Schwärmer auf den Boden der Tatsachen zurückzuholen. In maßloser Selbstüberschätzung ist auf diese Weise schon so manches tollkühne Abenteuer entstanden.

Die Crew muß diese Gefahren kennen und sich einig sein über einen vernünftigen Umgang mit Alkohol. Man muß nicht gleich einen „trockenen Dampfer fahren“, es gibt auch dezentere, weniger einschneidende Regulative. Zum Beispiel „trockene Wachen“, bei denen nur auf Freiwache oder im Hafen die Flasche gezückt wird, „schwerölfrei“ wo alles Hochprozentige verboten ist, „cuisine francaise“, wo es Alkohol nur zum Essen gibt, oder „Heilige Messe“, wo nur der Skipper etwas kriegt. Letzteres Verfahren (zumal auch nicht ganz ernst gemeint) läßt sich erfahrungsgemäß allerdings nur schlecht oder eigentlich gar nicht durchsetzen.

17 Der sichere Törn
Die Planung

Das angemessene Törnkonzept

Schon im ersten Ansatz kann man Fehler machen, die sich später nicht zuletzt auch auf die Sicherheit auswirken können. Am Anfang steht die Idee: „Man müßte doch mal ..." Es folgt sehr bald das „Ach und dann könnte man auch gleich ... " und so steigert sich das Projekt Zug um Zug. Am gefährlichsten ist die Geburtsstunde, wenn schon die Crew zusammensitzt. In gemeinsamer Begeisterung überbieten sich dann die Ideen, was man noch alles machen könnte. Die Vorfreude ist riesig. Irgendwelche Bedenken sind längst verdrängt, und wenn nicht, dann wären sie jetzt unangebracht.
Ist es nicht so? Ich jedenfalls habe es so erlebt. Lernen wir daraus. Ein Törn will gewissenhaft geboren werden. Die erste Schwärmerei darf natürlich sein, vermittelt sie doch den nötigen Impetus für die weiteren Schritte. Doch spätestens dann sollte, möglichst ohne gesellige Agitation, ganz nüchtern die Machbarkeit unter die Lupe genommen werden. Törnziel, -route, -dauer, die zu erwartenden See- und Wetterverhältnisse, die Größe, Ausstattung und Handhabbarkeit der Yacht, die Erfahrung von Skipper und Crew, deren Finanz- und Terminzwänge, und sicher noch einiges mehr, müssen nicht nur in Einklang zueinander stehen, sondern auch genügende Sicherheitspolster lassen.

Warnen möchte ich in diesem Zusammenhang vor Mehrheitsbeschlüssen. Sie sind kein Ersatz für eine sachliche Bewertung der Umstände. Sie berücksichtigen Meinungen, aber nicht Faktoren. Nach der Abstimmung bleiben die Überstimmten zurück, die sich unzufrieden fügen müssen. Beginnt man ein Segelvorhaben gleich mit einer überstimmten Minderheit an Bord, ist der Konflikt absehbar. Der Plan muß allen schmecken. Zweifler müssen respektiert werden. Sie als „Party Pooper" auszubuhen, ist nicht nur töricht, sondern auch gefährlich.

Beteiligung der Crew an der Vorbereitung

Die Crew schon zu einem sehr frühen Zeitpunkt in die Planung und Vorbereitung einzubinden, hat einen dreifachen Sinn:
Zum einen soll alles, was bereits absehbar ist, durchgesprochen werden, damit sich jeder auf das zu Erwartende vorbereiten kann. Jeder wird sich dann um seine Kleidung, das Ölzeug und die Sicherheitsausrüstung kümmern können. Er wird eine Lösung für das Kojenzeug finden, wie man sich wäscht, rasiert und so weiter.
Zum andern müssen im Sinne der Arbeitsteilung und auch unter Ausnutzung besonderer Talente und Interessen zentrale Aufgaben verteilt werden. Es gilt dabei

nicht nur das Engagement der Beteiligten zu nutzen, sondern auch gleichzeitig ihnen Mitverantortung zu übertragen.
Dazu zählt das umfassende Studium der Revierunterlagen, also der Seehandbücher, Seekarten, Hafenpläne und freier Revierliteratur. Die Unterlagen müssen beschafft werden, ein Plan muß entstehen, nach dem sich die Teilnehmer der Reihe nach einlesen können.
Jemand muß sich um die rechtlichen und administrativen Bedingungen kümmern. Dazu gehören die nationalen Verkehrsvorschriften des Gastlandes, seine Hafen- und Zollbestimmungen, Währungsmodalitäten und so weiter.
Ebenso müssen Informationen über das Funkwesen eingeholt werden. Welche Dienste existieren, gibt es Revierkontrollen, wer sendet wann Wetterberichte, wie versteht man sie, welche Seenotdienste existieren und wie ruft man sie. Einer wird zuständig gemacht. Er bereitet Auszüge vor und unterrichtet die anderen.
Schließlich halte ich es für wichtig, daß schon Wochen und Monate vor dem Törn die Bordrollen verteilt werden. Es sind die Wachführer, der Skippervertreter, sowie die Spezialisten für Maschine, für Wasser und Pumpen, für Elektrik und für Funk namentlich festzulegen. Jeder kann sich so in Ruhe auf seine Aufgabe vorbereiten, und die Bordhierachie kann an Land schon ihre erste Probe erfahren. Sollte bereits jetzt ein bedenklicher Gesichtsausdruck zu sehen sein, müßte schleunigst nachgetrimmt werden.

Flexibler Zeit- und Routenplan

Früher gab es einmal eine einfache Faustregel für den Zeitplan: Ein Drittel hin und zwei Drittel zurück. War ein Drittel der zur Verfügung stehenden Tage abgelaufen, wurde, egal wo man sich befand, umgedreht und zurückgesegelt.
Natürlich hatten damals die Yachten noch nicht so starke Hilfsmotoren, weshalb man heute nicht mehr ganz so viel vorzuhalten braucht. Aber Reserve muß sein, denn gerät eine Yacht gegen Ende des Urlaubs in Zeitdruck, geht das zu Lasten der Sicherheit. Es werden Abkürzungen gewählt, die vorher noch als zu riskant galten, es wird Wetter in Kauf genommen, das sonst im Hafen abgewartet worden wäre, und es wird die Nacht durchgesegelt, obwohl die Crew darauf gar nicht eingerichtet ist. Die Risiken werden heruntergespielt, das eigene Vermögen etwas wohlwollender bewertet, es wird schon gut gehen.
Wenn ich einen Ablaufplan aufstelle, überlege ich für jede Teilstrecke, wie groß die Etmale sein können. Sie hängen nicht nur von der Segelleistung der Yacht und dem Wetter ab, sondern auch von der Möglichkeit, Wachen zu gehen und Nächte durchzusegeln, und wenn die nicht besteht, dann von den Ankermöglichkeiten oder Häfen unterwegs. Ich bedenke ferner den Segelstil, den wir uns vorgenommen haben, ob wir in sportlicher Manier den letzten Tropfen Wind auslutschen oder bequemer auf den Diesel zurückgreifen wollen, und ob wir uns die Flexibilität für den einen oder anderen unvorhergesehenen Kulturanfall gönnen wollen. Nichts kostet mehr Meilen als ein interessantes Museum.
Alles was vorhersehbar Zeit kostet, muß

eingeplant werden. Es darf nicht schon in der Planung aufs Reservekonto geschoben werden. Diese Sicherheitszeit muß für die wirklich unvorhersehbaren Aufenthalte reserviert bleiben. Sonst verliert sie ihren Zweck und ersetzt schließlich gleich den Plan.
Ein besonderer Zeitfaktor muß für Wetteraufenthalte eingebaut werden, wobei es sich anbietet, die klimatologischen Wahrscheinlichkeiten zu berücksichtigen. Für einen Rund-Islandtörn würde ich 30 %, für rund Korsika vielleicht nur 3 % einplanen, ohne die Jahreszeit hier einbezogen zu haben. Für einen zweitägigen Kuhsturm muß allerdings immer, auch bei friedlichsten Bedingungen, Reserve bleiben. Kommt mal der Wind notorisch von vorn, sollte man dies im Rahmen der Teilstreckenplanung auffangen können. Dann muß eventuell der eine oder andere Besichtigungstag geopfert oder eine Nacht mehr durchgesegelt werden. Abgesehen davon würde ich, wo immer möglich, meine Route so legen, daß man sich auch unterwegs noch für einen kürzeren Weg entscheiden kann.
Der Reservezeitpuffer wird am Ende des Törns eingebaut. Dazu plant man die letzte Teilstrecke mehr oder minder als Schleife, die man notfalls auch weglassen kann. Oder man läßt sich die Alternative offen, die letzten Tage auf Häfen zu verzichten und durchzusegeln.
Stürmt es ausgerechnet am letzten oder vorletzten Tag, an dem schließlich keine Reserve mehr vorhanden ist, muß jeder Mitsegler bereit sein, in diesem besonderen Fall auch für einen oder zwei Tage den Zeitrahmen zu überziehen. In einem familiären Notfalle, zum Beispiel, wäre das auch möglich, und ich würde die Sicherheitsbedenken einer aufgezwungenen Sturmfahrt nicht minder bewerten. Die Bereitschaft, in diesem Falle den Urlaub zu überziehen, muß vor dem Törn bei allen abgeklärt sein. Auch das gehört zur Sicherheit.

Proviant- und Bunkerreserve

Die in der Planung vorgesehene Flexibilität des Törns, darf nicht wegen ungenügender Vorräte wieder eingeschränkt werden. Man neigt aus Gründen der Bequemlichkeit dazu, sich jeweils nur bis zur nächsten Einkaufsmöglichkeit zu bevorraten, und begibt sich dabei unnötigerweise in eine mögliche Zwangslage. Man ist daran gebunden, diesen Hafen anzulaufen, auch wenn die Wetterentwicklung davon abraten läßt, oder wenn sich sonst ein Anlaß in den Weg stellt.
Die Yacht muß immer so autark gehalten werden, daß sie nötigenfalls zusätzlich mehrere Tage durchstehen kann, ohne einen Hafen anzulaufen. Wieviele Tage das konkret sind, muß je nach Art des Törns und des Seegebietes entschieden werden. Meine Eichhörnchenreserve ist in der Regel ziemlich umfangreich, zumal es immer häufiger passiert, daß man mangels Platz nicht, wie geplant, im Hafen bleiben kann, oder daß es im Hafen kein Wasser oder kein Diesel gibt. Ich fülle meine Vorräte auf, wenn immer sich die Chance bietet. Die Obergrenze wird bestimmt durch die Tatsache, daß Nahrungsmittel umgewälzt, also auch zwischendurch gegessen werden müssen, und daß man die Mengen von Igitt-Dosen schlecht wieder loskriegt. Auch mit dem Wasser hat es seine Schwierigkeit. Die Tanks müssen zwischendurch ganz geleert werden. Tankt man frisches Wasser auf seinen Reservevorrat oben drauf, hat man gleich wieder algiges Wasser.

18 Der sichere Törn
Die Durchführung

Bordeinweisung

Kennt die Crew die Yacht noch nicht, muß sie in alle möglichen Besonderheiten eingewiesen werden. Das ist ein alter Hut. Neu hingegen dürfte für viele Skipper die Methode der Einweisung sein, für die ich mich hier vehement einsetze.
Ich verurteile die landläufige Praxis auf Charteryachten und Törnfahrten, wo unter verständlichem Zeitdruck - „die wollen ja schließlich los" - die Crew-Einweisung ein völlig einseitiger Akt des Einweisenden ist, der, ohne sich zu versichern, ob überhaupt etwas ankommt, sein Wissen in die Gegend sprudelt.
Was ist besser zu machen?
Ich fange von hinten an. Ich frage mich, was muß die Crew überhaupt wissen, und was davon gleich zum Anfang. Dadurch reduziere ich schon einmal das Pensum für den ersten Tag. Alles auf einmal würde kein Zuhörer aushalten.
Auf die wenigen Punkte konzentriere ich mich. Ich führe die Bedienung einer Sache vor und lasse irgendjemand das nachmachen. Er kann rückfragen, probieren und auch anders probieren. Die anderen schauen zu. Dann probiert ein anderer. Und ein nächster. Wem es inzwischen langweilig ist, spielt noch einmal mit den Lichtschaltern, die vorher erklärt worden sind. Will jemand die Technik erklärt haben, die hinter einer Sache steckt, wird er auf später vertröstet. Die kommt dann in Einzelbehandlung.
Das Prinzip ist wohl schon erkannt worden: Weniger reden, mehr machen lassen. Jedem die Chance geben, zu probieren. Zeit lassen, damit sich alles setzt. Manche Sachen sind dazu geeignet, daß ein gerade Eingewiesener sich um die nächsten kümmert, und zwar nach der gleichen Methode. Leider braucht man im Endeffekt doch erheblich mehr Zeit, als bei der herkömmlichen Brausemethode. Nur spart man die später wieder ein beim Ausbleiben des verstopften Klos, des aufgegangenen Bulleyes, der Überschwemmung in der Pantry und so weiter.
Die Aufteilung der ersten Einweisung auf mehrere Blöcke, die teilweise ruhig auch noch nach dem Auslaufen stattfinden kann, hat den weiteren Vorteil, daß zwischenzeitlich ordentlich verdaut werden kann. Eine ganze Reihe von Wenns und Abers können im kleinen oder im großen Kreise durchdiskutiert werden.
Natürlich ist einzuräumen, daß zu Beginn des Törns noch nicht alles einsatzbereit ist und daß das erste Segelsetzen nicht gefilmt werden darf. Gut. Aber ein Sicherheitsrisiko ist das nicht, denn der Skipper weiß um dieses Handikap und würde nicht auslaufen, wenn die Umstände es nicht dennoch zuließen.

Check-Liste
Bordeinweisung

1. gleich zu Beginn:
Innenbeleuchtung
Kojen, Stauräume
Toiletten
Druckwasser
Oberlichter und Bulleyes

2. später:
Pantryordnung
Herd, Kühlschrank
Stauplan
Backschaftsplan
„Hausordnung“

3. vor dem Auslaufen:
Leinen, Fender
Ankerwinsch
Motor-Schalttafel

4. nach dem Auslaufen:
Rigg, Segellast
Backskistenordnung

5. unterwegs:
E-Tafel
Navigationsgeräte
Karten und Dokumente

Beispiel einer Checkliste für die Bordeinweisung.

Sicherheitseinweisung

Im Gegensatz zur Bordeinweisung, die das Leben an Bord im Regelfall betrifft (Licht, Wasser, Klo, Großfall), muß sich die Sicherheitseinweisung mit fiktiven, fern der augenblicklichen Handlung vorzustellenden Ereignissen befassen. Vielleicht ist das der Grund, weshalb sie zuweilen kurz abgehakt oder gar ganz vergessen wird.
Ich halte sie für unverzichtbar, auch wenn alle an Bord alte Hasen sind. Denn manches wird von Yacht zu Yacht oder von Skipper zu Skipper etwas anders gehandhabt und einmal zum Thema gemacht, ergeben sich immer wieder Überlegungen und Ideen, wie man vielleicht einiges besser machen könnte. Man lernt nie aus.
Da es wieder um Unterweisung geht, empfehle ich erneut die oben beschriebene Methode. In der Reihenfolge, wann die Notfälle zum ersten Mal passieren können, ordne ich die Lektionen.
Gleich am ersten Tag schließe ich das Kapitel Feuersicherheit direkt an die Pantryeinweisung an, weil der Herd als Gefahrenquelle Nummer eins wahrscheinlich noch am selben Abend benutzt wird. Bei der Gelegenheit wird vorgeführt, wie man bei einer Bratpfanne, in der das heiße Fett Feuer gefangen hat, die Flamme mit einem Deckel erstickt, es wird der Haupthahn für den Gasherd gezeigt und die Hausordnung dazu genannt. Zum Beispiel: „Nach dem Kochen immer zu.“ Ein Petroherd wird vorgeführt und auch gleich die lodernde Flamme gezeigt, die bei zu kaltem Brenner entsteht. Und es wird auf alle erdenklichen Gefahren hingewiesen, wie und wo und etwas kokeln könnte, und wie man es löscht. Feuer in der Maschine oder Kabelbrand kann später einmal erörtert werden. Was man in diesen Fällen macht, gehört zur seglerischen Allgemeinbildung, nicht in die Sicherheitseinweisung des ersten Tages. Für den Sofortfall reicht es, daß neben dem Skipper die eingeteilten Spezialisten Bescheid wissen, wo der Kraftstoffabsperrhahn und der Batteriehauptschalter sich befinden und wie vorzugehen ist (Kapitel 9). Die nächste Unterweisung behandelt die

Vorgehensweise bei Wasser im Schiff. Denn gerade am Anfang des Törns kann es schon eher passieren, daß die Toilettenventile mal offen gelassen werden, oder daß jemand am Loggeber gespielt hat (Kapitel 5). Die Leckschutzrolle wird eingeteilt, das heißt jeder an Bord bekommt eine Abteilung der Yacht zugewiesen, in der er bei Wassereinbruch nach Lecks zu suchen hat. Er muß sich seine Abteilung im Normalzustand genau ansehen und studieren, welche Borddurchlässe und Seewasserleitungen sich dort befinden.

LECKSICHERUNGSROLLE	
Vorschiff mit Segelkammer und Klo	Heinz
Backbordgästekammer	Helga
Steuerbordgästekammer	Klaus
Salon Backbordseite mit Pantry	Anke
Salon Steuerbordseite mit Nav-Ecke	Claudia
Maschinenraum mit Wellenanlage	Rainer
Achterkammer	Rainer
Achterpiek mit Ruderanlage	Skip

Abb. 18/1: Beispiel für eine Lecksicherungsrolle.

Die dritte Lektion bringt den sogenannten Maskenball. Jeder darf sich mit Lifebelt und Rettungsweste verkleiden mit anschließender Prämierung. Es kommt dabei darauf an, daß man seine Rettungsweste und den Lifebelt findet und sie anlegen kann, daß die Gurte richtig eingestellt sind, und daß jeder den Auslösemechanismus versteht. Bitte nicht alle probieren lassen! Es käme teuer (Kapitel 11).

Als viertes würde ich in Form einer praktischen Übung den Mann-über-Bord-Fall durchnehmen. Dazu können ruhig schon ein paar Meilen gesegelt worden sein. Der Zeitpunkt muß so gewählt werden, daß Wind und Wetter passen und natürlich auch die ganze Crew für mindestens eine Stunde verfügbar ist.

Zunächst wird mit Hilfe eines Segelsacks mit den schweren Festmachern darin so realitätsnah wie möglich dargestellt, wie einer, der an der Sorgleine außenbords hängt, wieder an Bord gerollt wird (Kapitel 11).

Dann werden die einfachsten Bergemanöver unter Motor und unter Segeln demonstriert und mehrfach durchgeübt. Wohl bemerkt, das sind nicht die schulmäßigen Bojenmanöver, bei denen es mehr auf die Segelkunst ankommt als auf den Bergeerfolg (Kapitel 26). Übungsziel ist, daß auch die weniger Erfahrenen an Bord fähig sind, aus jeder Lage das Schiff sofort aufzustoppen, den über Bord Gefallenen im Auge zu behalten, und das Bergemanöver zu steuern.

Wie man den Mann wieder aus dem Wasser an Bord kriegt, muß in allen Varianten erörtert, und sollte, wenn sich ein Proband findet, auch durchprobiert werden. Im beigedrehten Zustand ist es akzeptabel, daß jemand angeleint auf der Leeseite ins Wasser springt. Das Risiko ist für einen gesunden Schwimmer lächerlich gering gemessen an dem Lernerfolg, der vielleicht lebensrettend sein kann (Kapitel 25).

Den echten Seenotfall, wenn es darum geht das Schiff zu verlassen, würde ich an einem eigenen Tag behandeln. Ihn zu verstehen, verlangt eine Menge Phantasie und Vorstellungskraft, die bei den vielen

Belehrungen am Anfang des Törns ziemlich ausgelastet sein dürften. Der Seenotfall ist zugleich die große Schlußapotheose der Kette der obligatorischen Belehrungen. Er umfaßt die Seenotrolle, das heißt, die Verteilung der einzelnen Aufgaben auf die Crewmitglieder, den Einsatz der Seenotsignalmittel, das Absetzen des Seenotfunkspruchs und den anschließenden Funkverkehr, das Klarmachen und Bevorraten der Rettungsinsel, die Vorbereitung der Crew zum Ausbooten und das Ausbringen der Rettungsinsel samt dem Übersteigen (Kapitel 25).

SEENOTROLLE	
Schiffsposition und Seenotfunkverkehr	Rainer
Nachprüfen der Schiffsposition	Skip
Klarmachen der Rettungsinsel	Klaus
Packen der „Reisetasche“	Claudia
Warm anziehen	alle

Abb. 18/2: Beispiel einer Seenotrolle.

Nicht alle erdenklichen Notfälle können in der Sicherheitseinweisung behandelt werden, soll sie übersichtlich bleiben und einen vernünftigen Zeitrahmen nicht überschreiten. Im Gegenteil, man muß diejenigen Skipper warnen, die voller Begeisterung in einen ungehemmten Redeschwall verfallen, weil die mit den Sicherheitsfällen verbundenen Abenteuer so mitreißend sind. Nie darf das Ziel, die Notmanöver zu verstehen und zu verinnerlichen, aus den Augen gelassen werden.

Zur Entfrachtung der Anfangsbelehrungen plädiere ich auch dafür, Sicherheitsaufgaben, für die Spezialgasten eingeteilt sind, nicht allen gegenüber auszubreiten. So wird zum Beispiel nur mit dem Maschinengast besprochen, was er zu tun hat, sollten die Bowdenzüge der Motorsteue-

Check-Liste
Sicherheitseinweisung

1. Feuer an Bord
Feuergefahr am Herd, Fettpfanne
Feuerlöscher

2. Wasser im Schiff
Lecksicherungsrollen

3. Maskenball
Anprobe der Lifebelts und Rettungswesten, Funktion des Auslöseapparats

4. Mann-über-Bord
An der Sorgleine, Bergemanöver
An Bord holen

5. Seenotfall
Seenotrollen, Vorbereiten des Seenotfunkspruchs, Klarmachen der Rettungsinsel, Packen der Zusatzausstattung
Persönliche Vorbereitung, Ausbooten

Für die Spezialgasten:
Motor von unten steuern, Motor von unten starten und stoppen, Feuer im Maschinenraum, Strom notabschalten
Kabelbrand, Ankerwinsch von unten schalten, Lenzsystem

Beispiel einer Check-Liste für die Sicherheitseinweisung.

rung und der Getriebeschaltung brechen oder sollte sich die Maschine von oben nicht starten lassen. Ebenso wird nur der E-Gast in die Geheimnisse der Batteriehaupt- und -umschalter, einschließlich der sich dahinter verbergenden Stromwirtschaft, eingewiesen sowie in die Lage und Handhabung der Starkstromsicherungen, für den Fall eines Kabelbrandes oder, daß die Ankerwinsch einmal davonläuft. Schließlich wird mit dem Wasser- und Pumpengast das Lenzsystem mit Pumpen, Saugkörben und Ventilen sowie mit allen alternativen Lenzmöglichkeiten durchgegangen (Kapitel 5,6 und 7).

Zum besseren Verständnis der technischen Zusammenhänge würde ich übrigens die Funktionsskizzen aus den Betriebsanleitungen zu Hilfe nehmen, oder, falls solche nicht vorhanden oder ungeeignet sind, selbst welche für diesen Zweck zeichnen. Ich würde sie in einem Sammelband zusammenkopieren und griffbereit im Bücherschapp aufbewahren.

Wir leben im Zeitalter der Checklisten. Für die Sicherheitseinweisung hat sie einen doppelten Sinn. Sie ist nicht nur Leitfaden für die Belehrung selbst, sondern in Form eines Aushangs auch Kontrolle aller Beteiligten, daß jeder Punkt behalten wurde. Wer zweifelt, kann fragen.

Übungsmanöver

Es wäre übertrieben, jedem besseren Segeltörn einen halben Tag Segelschule voranzustellen. Dennoch kann man sich viel Ärger und so manchen Schaden ersparen, wenn man, solange alles noch friedlich ist, ein paar Manöver ausprobiert. Wenden und halsen wird man ohnehin sehr bald unterwegs, auch ist eine verkorkste Halse nicht gleich ein Sicherheitsrisiko. Wohl aber ein versiebtes Leinenmanöver beim Anlegen oder eine ausrauschende Ankerkette. Sind es nicht gerade die ersten Hafenmanöver, wo es mit einer neuen Crew zuweilen kritisch wird? Da drohen Kratzer, verbogene Relingsstützen und abgeplatzte Spiegelkanten, ganz abgesehen von dem Terz der ganzen Kapitäne auf dem Nachbarschiff.

Diese Art von Ernstfall würde ich vorbereiten, so gut es geht. Ich würde gleich nach dem ersten Auslaufen noch vor dem Hafen, mitten auf dem Teich, unter Maschine ankern lassen und vor allem die Kunst im Umgang mit der Kettenbremse zu vermitteln versuchen. Anschließend würde ich zurück in den Hafen gehen und, nach eingehender Vorbereitung, die zwei oder drei wesentlichen Anlegearten durchfahren. Dabei kommt es hauptsächlich auf den Leineneinsatz an, der klappen muß, ohne daß der Skipper jede Leine einzeln kommandiert.

Tagesroutine

Für viele, die nur mal eben „vor der Tür" herumschippern wollen, ist eine rigide Bordroutine wohl nicht gerade das, was sie sich ersehnen. Sie wollen Ausspannen von der Routine des Alltags und sich nicht schon wieder einer neuen Ordnung unterwerfen müssen. Verständlich.

Anders denken Segler, die ein paar Tage auf See bleiben. Sie empfinden es als wohltuende Ordnung, wenn die nötigen Dinge an Bord zu ihrer bestimmten Zeit passieren und nicht gerade dann, wenn sie einem einfallen. Jeder weiß, wann es das

nächste Essen gibt und kann sich danach richten, ob es sich lohnt, sich noch eine Knifte zu schmieren oder um sich noch aufs Ohr zu legen. Man kann disponieren, wann man die heranstehende Reparaturarbeit am besten anfängt, ohne dabei in der Pantry zu stören.
Feste Ruhezeiten unter Deck sollten unantastbar sein. Wenn abends nach dem dritten Glas vorgeschlagen wird, noch ein bißchen länger zu tagen, wird das schnell zur täglichen Unsitte. Das nötige Schlafquantum muß absolut respektiert werden! Man könnte es noch bitter brauchen.
Auch die täglichen Sicherheitskontrollen sollten ihren festen Zeitplan haben, den man bequemerweise an den Wachplan koppelt. Bilge, Toiletten, Fenster und Luken sowie den Wecker für den nächsten Wetterbericht würde ich als Routine bei jeder Wachübernahme kontrollieren lassen.
Der Wachplan selber ist Voraussetzung für eine funktionierende Bordroutine. Wird nicht zwischen Seedienst und wachfrei unterschieden, muß unnötig viel hin- und hergeredet und abgestimmt werden, damit die nötigen Dinge getan und die unnötigen gelassen werden. Mißverständisse sind vorprogrammiert. Und das Palaver nervt.

Es gibt verschiedene Wachsysteme, die alle unterschiedliche Vorteile haben. Nicht nur aus Bequemlichkeit sondern auch aus Sicherheitsgründen würde ich das rotierende Dreiwachensystem bevorzugen. Es zehrt am wenigsten an den Kräften, die man sich besser für bevorstehende Schwerwettertage aufheben sollte. Bei drei Wachen hat die Seewache nur die seemännischen Aufgaben. Das Kochen zu den festgelegten Mahlzeiten, also die Backschaft, übernimmt eine der beiden Freiwachen nach Plan. Den Tag hat man in fünf Wachperioden eingeteilt, wodurch der einzelne nicht immer die gleichen Wachzeiten hat, und auch die Backschaft reihum geht.
Das unten dargestellte Beispiel sieht feste Mahlzeiten um 8, um 14 und um 20 Uhr vor. Backschaft hat immer die Freiwache, die als nächstes Seedienst hat (im Plan unterstrichen). Anstelle des Mittelwächters stellt die Abendbackschaft Knabbereien für die Nacht bereit.

Wach- und Backschaftsplan

	1.Tag					2.Tag					3.Tag					
Uhrzeit	01	05	09	15	21	01	05	09	15	21	01	05	09	15	21	01
Wache 1	Wache			<u>Wache</u>			Wache			<u>Wache</u>			<u>Wache</u>			
Wache 2		Wache			<u>Wache</u>			<u>Wache</u>			Wache			<u>Wache</u>		
Wache 3			<u>Wache</u>			Wache			<u>Wache</u>			Wache			<u>Wache</u>	
Mahlzeit		08 14 20					08 14 20					08 14 20				

Beispiel eines Wach- und Backschaftsplans. (Die unterstrichene Wache hat Backschaft.)

Navigation

Wie man einen Kurs absetzt, die Position mitkoppelt, wie man einen Standort durch Peilung bekommt oder vom AP-Navigator abliest, sollte hier kein Thema mehr sein. Worum es hier geht, ist die Organisation der Navigation auf einem Törn.

Dazu gibt es verschiedene Verfahren. Ich bevorzuge eines, bei dem der Skipper den Törnverlauf vorausplant und die Zwischenziele festlegt. Die Wachen stellen jeweils ihren Navigator und sind für die Navigation zu den Zwischenzielen verantwortlich. Die laufende Navigation wird im Logbuch festgehalten, deren Eintragungen gleichzeitig den Rhythmus der Standortbestimmungen vorgeben, sofern man nicht unter Land die Standorte in sehr kurzen Abständen benötigt. Auf den Seekarten werden nur die aktuellen Koppelkurse eingezeichnet, die nach dem Logbucheintrag gleich wieder ausradiert werden. Im einzelnen funktioniert das Verfahren folgendermaßen:

Die Wache übernimmt die Navigation grundsätzlich mit einem Standort, den die Vorwache in der Karte eingezeichnet hat und dessen Koordinaten im Logbuch stehen. Das Triplog (der rückstellbare Meilenzähler) wurde beim Passieren des Orts auf Null gestellt, die Zeit im Logbuch festgehalten. Der Kurs über Grund, der seit diesem Ort gefahren wird, ist auf der Karte mit einem dünnen Strich vorausgezeichnet. Er ist der Koppelkurs, auf dem die Meilen vom Triplog abgestrichen werden, um den Koppelort zu erhalten.

Wird der Kurs geändert, muß ein neuer Standort gemacht werden. Wenn nicht, geschieht das in angemessenen Abständen, etwa alle zwei Stunden, bei schwerem Wetter oder in engen Gewässern auch öfter. Dazu wird der Standort aus dem elektronischen Navigationsgerät in die Karte gezeichnet und gegen den Koppelort auf Plausibilität geprüft. Das Triplog geht wieder auf Null, das Koppeln auf der Karte startet von vorn. Der neue Standort mit laufendem Logstand, Zeit und Kurs (zum Ort) kommt ins Logbuch. Die zurückliegende Teilstrecke wird aus der Karte radiert.

Ganz einfach. Wichtig ist, daß dieses sich ständig wiederholende Verfahren ohne Unterbrechung beibehalten wird. Es ist die sicherste Gewähr, daß man stets genau weiß, wo man ist. Wir kennen die Aufregung, wenn plötzlich Brandung voraus zu erkennen ist, obwohl da gar keine Untiefe sein dürfte. Diese permanente Navigationsmethode bietet automatische Garantie für gewissenhaftes Kartenstudium, für die Absicherung der elektronische Position und sie besitzt deren Präzision.

Durch den ständigen Vergleich der elektronischen Positionen mit den entsprechenden Koppelorten lassen sich auch Rückschlüsse auf die Koppeldaten ziehen. Es läßt sich feststellen, ob ein Strom steht und, wenn das ausgeschlossen ist, welchen Steuertrend die einzelnen Rudergänger haben. Es soll Skipper geben, denen das egal ist.

Ich warne davor, auf den Koppelstrich in der Karte zu verzichten. Beim Einzeichnen wird der Navigator auf die Wassertiefen und auf mögliche Hindernissen aufmerksam gemacht. Beschränkt man sich auf das Eintippen von Wegpunkten, kann es nur allzu leicht passieren, daß die Seekarte vernachlässigt wird.

Koppeln mit dem Triplog

Die Verwendung des Triplog für die Koppelnavigation ist dem einen oder anderen vielleicht noch neu. Heute haben fast alle Sumlog-Instrumente zwei Meilenzähler, den durchlaufenden und den rückstellbaren. Als Bezugswert für die Standorte darf nur der durchlaufende Meilenstand benutzt werden, weil der eindeutig ist. Keiner kann ihn zwischendurch zurückstellen und damit die Standortaussage zunichte machen. Das Triplog wird dagegen bei jedem bestätigten Standort auf Null gedrückt. Auf diese Weise läßt sich jederzeit blitzschnell der Koppelort feststellen. Ein Blick auf das Triplog. Die Meilen in den Zirkel und auf den Koppelstrich damit. Da sind wir. Praktisch, was?

Auf den seegehenden Yachten wird heute eigentlich allgemein mit elektronischen Navigationssystemen navigiert. Sollte das an Bord befindliche Gerät einmal nicht funktionieren oder vielleicht auch gar keines an Bord sein, werden die Standorte mit herkömmlichen Verfahren, hauptsächlich Peilungen, und weiter draußen mit Astrostandlinien gewonnen. Naturgemäß sind diese Quellen nicht unbedingt weniger exakt, in jedem Falle aber weniger zuverlässig. Denn der Mensch ist nun einmal ein Schussel und macht Fehler. Ich empfehle deshalb als Sicherheitsmaßnahme Nummer eins, grundsätzlich jeden Standort mit einem unabhängigen zweiten Verfahren zu bestätigen. Auf einen unbestätigten Standort würde ich mich aus Prinzip nicht verlassen. Ich verstehe unter Bestätigungen die Plausibilität durch den Koppelort, eine Dreifach-Kreuzpeilung, eine Serie von Messungen (zum Beispiel bei Sonnenhöhen) oder die Nachprüfung durch einen Mitsegler (zum Beispiel beim Identifizieren einer Landmarke).

Ist eine Zeitlang keine Gelegenheit, einen Standort zu machen, muß mit dem Koppelort vorlieb genommen werden. Die natürliche Ungewißheit des Koppelorts ist allerdings unbedingt in das weitere Kalkül einzubeziehen und auch im Logbuch zu vermerken.

Werden für die Navigation verschiedene Standortquellen verwendet, zum Beispiel Astro-Standlinien oder terrestrische Standlinien, primäre oder versegelte Standlinien, muß bei der Bewertung des eigenen Standortes die Qualität dieser Standlinien berücksichtigt werden. Es ist durchaus denkbar, daß ein Standort in der einen Richtung sehr präzise, in der anderen dagegen um ein paar Meilen zweifelhaft ist. Je nach dem, worum es bei dem Standort geht, zum Beispiel um die Orientierung beim Landfall oder um eine Passage von Untiefen, mag die Unsicherheit in einer Achse akzeptabel sein, solange in der anderen Richtung kein Zweifel besteht.

Wer kennt nicht das Rätselraten, wenn nach einer langen Überfahrt Land in Sicht ist, aber die Schiffsposition seit dem letzten Tag nur noch gekoppelt wurde. Ist das nun Kap soundso oder nicht? Wieso steht der Leuchtturm da vorn auf einem Gebäude, obwohl er laut Leuchtfeuerverzeichnis allein stehen sollte? Das gemeinsame Rätselraten ist gefährlich, denn die Meinungen beeinflussen sich gegenseitig suggestiv. Ein Mehrheitsbeschluß wäre völlig unsinnig. In solch einer Situation muß man den gesamten in Frage kommenden Seeraum unter der Küste auf der Karte studieren und, wenn dieser hindernisfrei ist, weiter auf die Küste zusegeln. Andernfalls müßte man Abstand halten und parallel segeln, bis Landmarken aufkommen, die man eindeutig erkennen kann. Sollte die Sonne scheinen, würde ich zwischendurch schnell eine Sonnenstandlinie machen, die wahrscheinlich auf Anhieb den Zweifel klären würde.

Da die Logbuchführung bei unserer Methode als ein Instrument der Navigation zu sehen ist, möge man es auch so behandeln und vor dem leider verbreiteten Mißbrauch als Tagebuch allgemeiner Reiseerinnerungen bewahren.

Logbucheinträge müssen erstens unmittelbar, also zum Augenblick des Geschehens, und zweitens gleichförmig, also nach einem festen Standard gemacht werden. Aktualität ist wichtiger als Schönschrift. Ein konsequent geschriebenes Logbuch ist das Spiegelbild sauber organisierter Navigation.

In dem Zusammenhang stört mich, daß bei den käuflichen Logbüchern, die Navigation nicht deutlich genug im Vordergrund steht. Da wird die Kernaussage der Zeile, nämlich der Ort, irgendwo am Schluß unter „Bemerkungen" erwähnt. Zeit und Logstand, die den Ort eigentlich erst zum Ort machen, stehen irgendwo beim Wetter, als hätten sie mit dem Ort nichts zu tun. Kurse und Segelführung werden einfach in die Zeile geschrieben, ohne zu wissen, ob sie bis zum Ort oder von diesem Ort ab gelten. Wenn es nach mir ginge, würde die Logbuchseite so aussehen, wie auf der Musterabbildung 18/3.

Übrigens, falls sich jemand beim Betrachten des Beispiels wundert: Die Motormeilen dienen der Berechnung des Dieselverbrauchs, die erstaunlicherweise genauer ist, als jede Tankanzeige, sofern man einmal den Meilenverbrauch ermittelt hat.

Abb. 18/3 Ein für die Navigation zugeschnittenes Logbuchformat.

Linke Seite

Uhrzeit	Logstand	Standort	Kurs üGr bis hier	Segelführung o.Mot-Meilen	Wetter bis hier
1020	511	Ajaccio Hafen			~ ◔ 1016
1200	518	Pte Castagna	199	7 Mot	SW 2-3 ○ 1017
1250	522	Cap Muro	199	4 Mot	SW 2 ○ 1017
1330	526	–	154	4 Mot	SW 1-2 ○ 1017
1510	535	1sm t Senetose	154	Gr, Spi	W 3-4 ○ 1016
1625	544	-|4 Les Moines	139	"	NW 5 ◑ 1016
1730	552	2sm SW Cap Veno	119	"	NW 5-6 ◕ 1015
1840	557	Bonifacio Hafen	094	1 Gv, Ge	NW 5-6 ◕ 1015
	46 sm			16 Motsm	

An der Pantry

Szenenwechsel. Wir befinden uns bei dem Gefahrenherd, Herd, und zwar dreht es sich diesmal nicht um die Brand- oder um die Vergiftungsgefahr sondern um ekelhafte Verletzungen, die man sich in dieser gefährlichen Ecke zuziehen kann. Ich will gar nicht das Bild mit der schicken jungen Kombüsenfrau im Bikini benutzen, um die entsetzlichen Verbrühungen zu beschreiben, wenn der Kartoffeltopf vom Herd kippt.

Glücklicherweise gingen die Fälle, von denen ich gehört habe, glimpflicher aus. Alle hatten eine feste Hose an oder standen nicht direkt im Guß. Verbrennungen gab es trotzdem, nur eben nicht so schlimme.

Was kann man tun?

Herde, die keine stabilen Topfzäune haben, würde ich schon bei mittlerem Seegang nicht mehr benutzen. Der Schwingmechanismus reicht nicht, um alle Seitwärtsbeschleunigungen der Yacht im Seegang aufzufangen. Kommt noch dazu, daß manche Herde mit dem großen Stahltopf oben drauf ziemlich topplastig werden und dazu neigen, außer Phase zu schwingen.

Die bei den handelsüblichen Herden mitgelieferten Topfklammern, die mit Klemmschrauben am Grill befestigt werden, sind schwierig anzubringen und kaum nachzutrimmen, wenn sie einmal heiß sind. Der Erfolg ist, daß sie oft nicht halten, und somit sinnlos sind.

In der Grauzone, wenn der Seegang die Kocherei langsam gefährlich werden läßt, kann man sich damit behelfen, daß der Smut Ölhose und Gummistiefel trägt. Das ist keine allzu große Zumutung, bedenkt man, daß von Wache kommend oder gleich dorthin gehend, man ohnehin sehr wahrscheinlich Ölzeug trägt. Sonst würde es ja auch nicht schaukeln.

Rechte Seite

Bemerkungen zur zurückliegenden Teilstrecke

Hafengebühr FF 120, Wasser voll, Diesel 127 L, Batt 13,6 V

um 1230 kurzer Segelversuch

um 1330 Spi gesetzt

6–7 kn bei glatter See!

um 1625 Spi-Halse, 11 kn Fahrt in Böen!

um 1730 Spi geborgen (trocken!)

liegen auf Platz 311 vor Mooring

In der Pantryecke kann man sich nicht nur verbrühen sondern genauso leicht auch die Zähne einschlagen, oder das Nasenbein. Dazu muß man schlicht auf dem glitschigen Boden vor dem Herd ausrutschen und mit dem Kopf gegen die Arbeitskante knallen, die einem gerade durch die Schiffsbewegung entgegenkommt.
Zur Absicherung gegen solche Unfälle empfehle ich das System „Mexican Bar". Die Erfahrung stammt aus dem tiefen Landesinneren des mittelamerikanischen Staates, wo in den Schankstuben die Fußböden gegen Spritzer aller Art mit Sägespänen eingestreut sind. Stattdessen bietet sich an Bord einfaches Küchenpapier an, der Effekt bleibt der gleiche.
Vor der Pantry gibt es immer Fettspritzer und natürlich auch Feuchtigkeit von nassen Schuhen oder von der Arbeit auf dem Küchentisch. Nasse Gummisohlen auf fettigem Fußboden rutschen schlimmer als Schlittschuhe, die wenigstens seitwärts Halt bieten. Bei Schräglage kann sich auf so einer Rutschbahn kein Mensch mehr sicher halten.
Den Fußboden vor der Pantry fettfrei zu halten ist ein absolutes Muß. Der Leser erinnert sich, es ist schon einmal im Zusammenhang mit der Rutschfestigkeit an Deck gefordert worden. Der Trick mit dem Küchenpapier funktioniert: Ein paar Blatt läßt man auf dem Boden liegen, tritt und rutscht darauf herum und putzt so unbemerkt ständig die Fettspritzer weg.
Will man ein Weiteres dazu beitragen, kann man im Fachhandel erhältliche Antirutschstreifen auf den Pantryfußboden kleben. Die helfen eine Menge. Fettfrei muß der Fußboden aber trotzdem gehalten werden. Schon wegen der anderen Trittflächen, auf die sonst das Glitschfett mit den Schuhsohlen verteilt werden würde.

Über Seekrankheit und wie man ihr begegnet

Mit diesem netten Thema wollen wir das Kapitel der Törndurchführung abschließen. Man möge hier nicht eine Beurteilung der verschiedenen Medikamente erwarten, zu der wohl kein Segler fähig ist. Wer hat schon so viel Erkrankte an Bord gehabt, daß er Testserien veranstalten könnte. Außerdem weiß man nie, wie sich jemand unter den gleichen Umständen ohne Medikament gemacht hätte.
Ich lehne Medikamente keineswegs ab. Sie helfen in vielen Fällen. Am besten helfen sie, wenn sie nicht über den Magen aufgenommen werden, sondern direkter, als Kaugummi über den Speichel oder als Pflaster durch die Haut. Die Wirkung stellt sich dann schneller ein und ist vor allem nicht nach dem Erbrechen verloren.
Lassen wir das mit den Medikamenten und befassen uns lieber mit einigen wichtigen Tips, wie man mit Seekranken an Bord einigermaßen klarkommen kann.
Die Hauptgefahr ist am Anfang eines Törns. Die meisten von uns, die nicht den Geburtsfehler haben, seefest zu sein, müssen sich erst ein paar Tage an die Schaukelei gewöhnen. In dieser Phase der Anfälligkeit, ist es wichtig, körperlich aktiv zu sein, ohne sich zu echauffieren. Am besten übersteht man den ersten Anflug am Ruder, oder wenn da schon einer mit grüner Nase steht, beim Aufschießen von Leinen, beim Deck Pützen oder Segel Trimmen. Bei schwerer Arbeit, zum Beispiel beim Segelwechsel in viel zu warmem Ölzeug, habe ich selbst schon einmal schlechte Erfahrung gemacht. Man kann das steigern, indem man die Backskisten aufräumt und den Zweitanker unter der Notpinne hervor-

zuwuchten versucht, oder indem man die Motorbilge mit Küchenpapier auswischt. Jede Arbeit, bei der man den Blick fixiert, fördert den Brechreiz. Schrauben in feine Gewinde zu fummeln, beispielsweise. Besonders gefährlich ist es zu lesen. Wer navigieren muß, und noch nicht übern Berg ist, sollte immer nur kurz die Augen auf Einzelheiten der Karte fixieren und gleich wieder frei schweifen lassen. Jemand behauptete, daß er mit einem geschlossenen Auge weniger anfällig sei. Man möge es probieren. Ich weiß es nicht.

Es ist nicht nur fair, sondern auch ein Gebot der Sicherheit, Anfälligen in den ersten Tagen die harten Jobs wie Navigation und Backschaft zu ersparen. Keiner kotzt gern. Man hilft ihnen damit, und man erspart sich echte Ausfälle. Die wären nämlich für alle unangenehm. Sind erst einmal ein paar in der Koje, und das geht immer gleich grüppchenweise, gibt es Schwierigkeiten, den Wachplan einzuhalten. Möglicherweise kann man die Nacht nicht durchsegeln und muß einen Hafen anlaufen.

Nicht zu unterschätzen im Kampf gegen die Seekrankheit ist die Stimmung an Bord und die Art, wie mit den Grünnasen umgegangen wird. Es gibt kein Standardrezept, weil die Charaktere der Betroffenen eine zu große Rolle spielen. Ich erinnere Szenen an Bord, wo herzhaft gelacht wurde und das nicht nur unter den Seefesten. So mancher flotte Spruch kam dabei von einem, der gerade mit langem Hals über der Kante hing.

Auf keinen Fall sollte man so ein Routineerbrechen dramatisieren. Wer einen derben Witz verträgt, kriegt einen oben drauf, ist der Ton an Bord etwas geistvoller, darf der Ironie eine Chance gegeben werden. Albern finde ich, das Malheur, weil unschicklich, demonstrativ zu übersehen. Soll das arme Wesen etwa noch ein schlechtes Gewissen haben?

19 Der sichere Törn
Kollisionsverhütung

Wenn die Seewache beim Trimmen nachlässig ist, mag das wohl die Stimmung des Skippers beeinträchtigen, nicht aber gleich die Sicherheit. Um die geht es allerdings, wenn mit dem Ausguck schlampig umgegangen wird. Ich traf einmal einen Briten in Ibizza-Hafen, der mit abgewinkeltem Besanmast von See kam. Als ich seine Story wissen wollte, eröffnete er mir höchst beschämt: „Es war kein großer Sturm, nein, eigentlich spiegelglatte blaue See. Drei Mann unterhielten sich gerade im Cockpit, als es fürchterlich knallte und die große schwarze Wand eines Frachters sich wieder entfernte."

Was lernen wir daraus? Wir lernen erstens daraus, daß die lächerlich geringe Wahrscheinlichkeit, daß sich zwei Schiffe auf dem meilenweiten Meer treffen, doch zuweilen zutrifft; und zweitens, daß der Mensch in scheinbarer Abwesenheit jeglicher Gefahr dazu neigt, dieselbe zu vergessen.

Was kann man tun? Meines Erachtens ist es nötig, die Verantwortung klarer zu organisieren als das in der Regel üblich ist. Je mehr im Cockpit sitzen, desto weniger fühlt sich der einzelne verantwortlich, die Kimm zu beobachten. Einer muß die Verantwortung klar und deutlich haben. Ich würde sie dem Rudergänger geben. Er muß stets über die Verkehrssituation im Bilde sein. Den Luv-Voraussektor wird er wohl ohnehin im Auge haben, und ob er jemanden von Zeit zu Zeit hinter die Genua gucken läßt, oder selbst einen langen Hals macht, ist seine Angelegenheit. Ebenso mit dem Blick nach hinten. Wichtig ist nur, daß er weiß, daß er wissen muß, ob da jemand ist. Er allein.

Heiße Sektoren

Wenn zum Beispiel am Wochenende auf den Spielwiesen vor der deutschen Küste der ganze Teich voller Segler ist, empfehle ich für den Ausguck ein besonderes Verfahren. Denn rund herum alle im Auge zu haben und die Ausweichsituationen einzeln zu prüfen, ist kaum mehr möglich. Deshalb überlege ich mir vorweg, aus welchen Sektoren die Kollisionsgegner vorfahrtberechtigt, besser kurshaltepflichtig wären. Auf die konzentriere ich dann den Ausguck besonders.

Auf der Abbildung 19/1 habe ich das einmal durchprobiert. Ich habe eingezeichnet, wie alle möglichen Kollisionsgegner stehen könnten, die auf den Kollisionspunkt mit mir zusteuern. Je nach dem, auf welcher Seite deren Großsegel steht, ergibt sich, wer von ihnen „vorfahrtberechtigt" wäre. Wo sie stehen, ist ein „heißer Sektor".

Betrachtet man, wie die heißen Sektoren bei den verschiedenen Kursen zum Wind liegen, fällt eine gewisse Regelmäßigkeit

Abb. 19/1: Die Ausweichsektoren gegenüber ▶ Seglern.

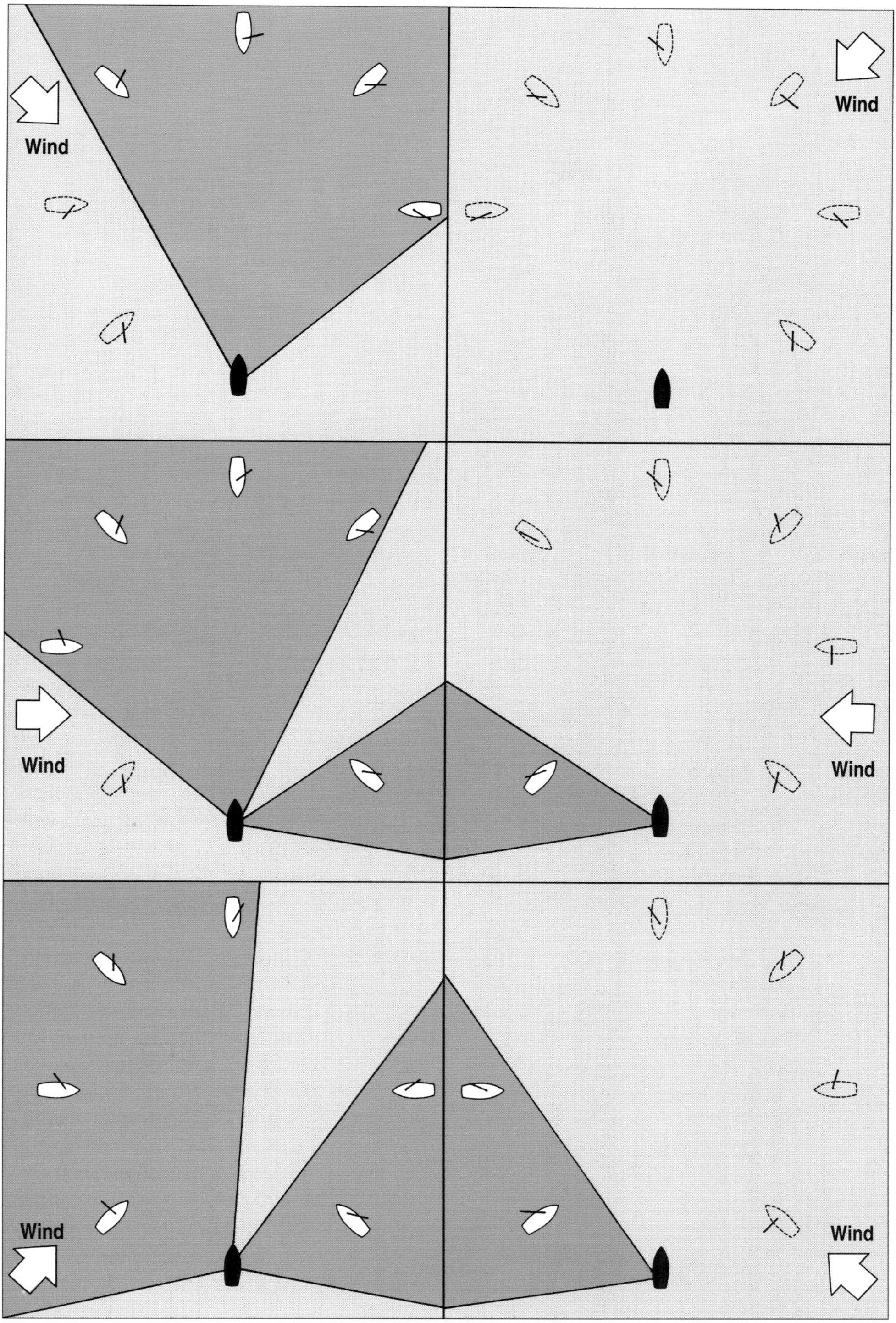

Wind
Wind
Wind
Wind
Wind
Wind

auf, mit deren Hilfe sich die Sektoren sogar einprägen lassen.
Steuerbordbug ist der Ausweichbug, fast alle Richtungen sind heiß. Kalt ist nur der Sektor Backbord querab bis schräg voraus und das nur bei Amwind- und Halbwind-Kursen. Raumschots ist der Sektor hinter der Genua kalt.
Backbordbug ist der Kurshaltebug, fast alle Richtungen sind kalt. Nur von Halbwind bis raumschots ist die Backbordflanke heiß.
Man möge es probieren. Vielleicht ist es am Anfang ratsam, die Skizze unter Klarsichtfolie in Sichtweite des Rudergängers anzukleben. Mir würde dies mehr helfen, als zum Beispiel das Flaggenalphabet, das sonst immer dort klebt.

Die Großschiffahrt

Gegenüber der Großschiffahrt besteht in Seglerkreisen vielfach die Meinung, „die weichen ja doch nicht aus", weshalb man lieber eher als später bereitwillig seinen Kurs um ein paar Strich ändert. Der Hinweis in manchen Lehrbüchern auf die Riesenkurvenradien und Aufstoppdistanzen von Großschiffen tragen zu dieser in den meisten Fällen voreiligen Rücksichtnahme bei. Kein Kollisionsgegner muß, um auszuweichen, völlig aufstoppen. Und um eine Kursänderung von 20 Grad zu vollziehen, braucht der größte Tanker gerade runde vier Kabellängen, ein mittlerer Frachter nur drei (Abb. 19/2).
Ich warne vor der Praxis voreiligen Ausweichens. Sie stellt die Ausweichregeln auf den Kopf und führt damit zu neuer Unsicherheit. Wer aus vermeintlicher Rücksichtnahme oder schlicht wegen kalter Füße ausweicht, bringt den Kollegen auf der Brücke des Großen in Verlegenheit. Passiert ihm das laufend, wird er eines Tages die Haltung annehmen, „die weichen ja doch immer aus" und wird geradeaus weiterfahren.
Segler sollten sich bemühen, ihrer Kurshaltepflicht in unverfälschter Form nachzukommen. Das bedeutet, sie sollten Kurs und Fahrt beibehalten, so lange es geht. Ich habe die Erfahrung gemacht, daß Frachter oft sehr spät ausweichen. Offenbar prüfen sie recht lange, bis sie sich dazu entscheiden. Eine klare Kursänderung von zehn bis zwanzig Grad in einer Meile Entfernung ist das, was ich am häufigsten beobachtet habe. Es bleibt dann oft zwar nur ein Passierabstand von einer knappen Kabellänge, aber das ist akzeptabel, weil der Schwell der meisten Großschiffe heute recht harmlos ist. Er ist auf alle Fälle geringer als der von vielen Motoryachten, die ohne sich etwas dabei zu denken, noch viel dichter und schneller passieren. Die Lümmel.
Nähert sich ein Großschiff unaufhaltsam mit bedrohlich stehender Peilung, wird diese (Kompaßpeilung!) natürlich genau verfolgt. Oft wandert sie doch noch aus, obwohl anfänglich bei der größeren Distanz die Peilung stehend erschien. Das ist normal. Bei geringer werdendem Abstand wird die Messung genauer. Auf alle Fälle kann man bei Großschiffen davon ausgehen, daß sie, im Gegensatz zu Seglern, Kurs und Fahrt halten. Und zwar exakt. Einer langsam auswandernden Peilung kann man insofern trauen.
Die Kompaßpeilung muß genau sein, damit man nicht das Auswandern übersieht und ausgerechnet dorthin ausweicht. Dort wird's dann nämlich wirklich eng. Die Peilmethode, „zwei Handbreit vor der Relingsstütze", ist untauglich. Auch eine wackelige

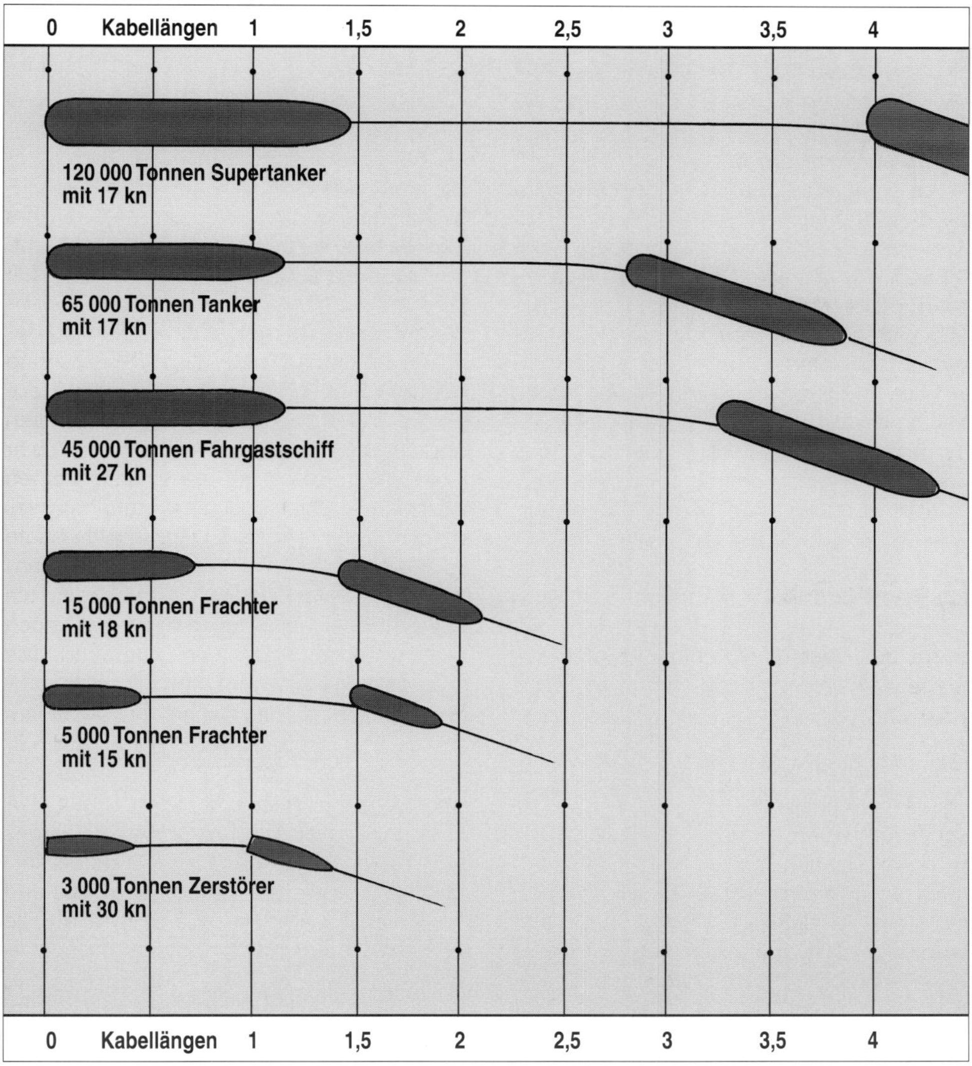

Abb. 19/2: Zurückgelegte Fahrstrecke, bis 20° Kursänderung anliegen.
(Quelle: Cockcroft / Lameijer, A Guide to the Collision Avoidance Rules, London 1976)

Mittelung aus der tanzenden Kompaßrose eines Fernglases ist nicht genau genug. Eine Auswanderung der Peilung um drei bis vier Grad muß eindeutig registriert werden können, um die richtige Entscheidung zu treffen. Ich peile am liebsten über den Steuerkompaß (Abb. 12/1), oder benutze einen elektronischen Handpeilkompaß, mit dem ich kurz hintereinander mehrere Messungen zur gegenseitigen Kontrolle machen kann. Wenn drei Messungen innerhalb von zwei Grad liegen, ist das ein brauchbarer Wert.

Ist der Frachter auf eine Meile heran, wären es bei 18 Knoten Annäherungsgeschwindigkeit (grobes Mittelmaß) noch rund drei Minuten bis zur Kollision. Erlauben wir noch eine Minute für Unentschlossenheit, blieben nur noch zwei Minuten. Dann allerdings müßte das eigene Ausweichmanöver schleunigst begonnen werden.

Es ist das sogenannte „Manöver der vorletzten Augenblicks". Die Kurs- oder Fahrtänderung muß entsprechend drastisch ausfallen. Da man durch Aufstoppen bei der geringen Fahrt einer Segelyacht nicht viel Abstand gewinnen kann, wird Hartruder gelegt und der Kurs um 90° geändert. Fehlt es an genügend Wind, wird der Motor gestartet. Denn Fahrt muß natürlich sein.

Mit dem „Manöver des vorletzten Augenblicks", ausgeführt bei einer Meile plus eine Minute, ergibt sich ein Passierabstand von ein bis drei Kabellängen. Das ist reichlich, um jedes Risiko zu vermeiden.

Also: Keine Angst vor großen Tieren!

Aber in Grenzen, bitte sehr. Der gesunde Respekt muß bleiben. Wer es darauf ankommen läßt, beharrt nicht etwa auf seinem Recht, sondern handelt kriminell. Er verstößt gegen seine Pflicht, auch als Kurshalter einen Zusammenstoß zu vermeiden, und gefährdet auf diese Weise vorsätzlich den Verkehr! Es sind nicht so sehr die starken Nerven, die gefragt sind, sondern eher der klare Kopf. Nur in nüchterner Beurteilung der Lage kann und muß man den Pflichten des Kurshalters nachkommen, so wie das Gesetz es befiehlt.

Abb. 19/3: Ein Tip zum Entfernung schätzen: Erscheint ein Frachter gerade eben vor der Kimm, ist er noch knapp drei Meilen entfernt.

Ausweichen im Nebel

Was das Ausweichen bei unsichtigem Wetter betrifft, lohnt es sich, über die praktische Anwendung der Kollisionsverhütungsregeln ein wenig nachzudenken. Wer schon einmal im Nebel steckte und mit Stielaugen Löcher in die graue Wand bohrte, während von fern und nah Getröte klang, wird meine Meinung teilen.
Ganz unabhängig von dem Ausweichproblem selbst, würde ich bei abnehmender Sicht versuchen, die Verkehrsituation einzuschätzen und mich von den augenscheinlichen Fahrrouten absetzen. Befand ich mich in einem Fahrwasser, würde ich es schleunigst verlassen und außerhalb des Tonnenstrichs mich nach den Tiefenlinien orientieren.
Nun beginnt das Spiel mit den Nebelschallsignalen. Tönt eines aus dem vorlichen Halbsektor, tastet man sich mit Schleichfahrt weiter, bis das tutende Fahrzeug aus dem Nebel bricht. So wollen es die KVR. Schleichfahrt bedeutet, daß das Vorsegel weggenommen werden muß. Bei Vorwind-Kursen kommt zusätzlich das Großsegel mittschiffs. Den Motor würde ich nur benutzen, wenn er sehr leise liefe. Die Ohren müssen frei bleiben, um neben den Schallsignalen bei Annäherung auch das Fahrtgeräusch zu hören.
Bei pottendickem Nebel, würde ich einen Lotsen in den Bugkorb setzen, mit dem eindeutige Handzeichen vereinbart worden sind. Er kann die Fahrgeräusche des Kollisionsgegners eher wahrnehmen als das vom Cockpit aus möglich ist. Erst hört man das Dieselbrummen, von dem jedoch die Richtung schlecht auszumachen ist. Bald darauf kommt das Wasserrauschen, und dann muß es schnell gehen. Ein heftiges Anzeigen der Richtung mit dem gestreckten Arm, bedeutet Rauschen. Der Rudergänger reagiert sofort mit neunzig Grad zur andern Seite, egal, wie die Segel stehen. Die werden später aufgeräumt (Abb. 19/4).

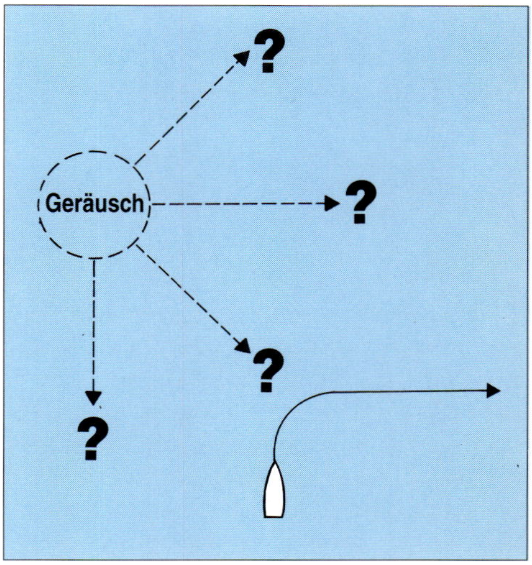

Abb. 19/4: Im Nebel: Manöver des letzten Augenblicks auf Grund eines Fahrgeräuschs.

Ähnlich wird verfahren, wenn Fahrgeräusche sich von hinten nähern. Wird das Rauschen hörbar, wird sofort hart Ruder gelegt und quer zur Rauschpeilung ausgewichen.
Es ist mir klar, daß Ausweichmanöver ohne echten Sichtkontakt fragwürdig sind. Denn sie widersprechen nicht nur den KVR, sondern es kann auch passieren, daß man mit diesem Ausweichhaken dem Gegner genau vor den Bug gerät, während man geradeaus ihn noch klar passiert hätte. Konstruiert man jedoch alle möglichen Annäherungssituationen, die bei solch einer primitiven Schallpeilung bestehen können, wird es offensichtlich, daß man sich mit dem Haken die Chancen verbessert. Jedenfalls gegenüber der traditionellen Methode, starr wie ein Kaninchen vor der Schlange zu sitzen und auf Sichtkontakt zu warten.

20 Der sichere Törn
Nachtfahrt

Beginnen wir mit scheinbar Banalem: Was zieht man an, was bringt man mit? Die allgemeine Lehrmeinung befiehlt, nachts auf Seewache grundsätzlich Lifebelt und Rettungsweste zu tragen und sich nur eingepickt an Deck zu bewegen. Natürlich ist dies gut gemeint im Sinne der Sicherheit, aber die Praxis zeigt das Gegenteil. Angesichts vieler zauberhafter Sommernächte im Mondlicht bei zarter Brise hält kein Mensch die kompromißlose Sturmausrüstung für angebracht. Solche Extremforderungen werden als theoretisch abgewiesen und nicht ernst genommen. Zurück bleibt ein Leerraum, ganz ohne Empfehlung. Eine vernünftige Richtlinie fehlt.

Angemessene Sicherheit

Wenn ich Törns fahre, halte ich es für meine Aufgabe, die Wetterverhältnisse zu beurteilen und der Crew klare Anweisung zu erteilen, ob die Seewache heute in Leger erscheint oder ob Lifebelt und Rettungsweste zu tragen sind. Auch die Einpickpflicht regle ich als Skipper. Überläßt man dies jedem allein, ergibt sich irgendein Trend. Wenn er nicht, dann ich auch nicht. Der Trend verschiebt das eigene Urteil, und wie es Trends so an sich haben, neigen sie zum Extremen. Zum Schluß findet eine Crew an echtem Sturmgebraus gar nichts Besonderes, während eine andere auch noch in der Koje den vollen Sturmharnisch anbehält.

Verschlechtert sich das Wetter während der Nacht, kommt der Skipper ohnehin nach oben und besieht sich das. Dann wird nicht nur entschieden, wieviel Tuch weggenommen wird, sondern auch, ob die Seewache sich nur noch eingepiekt nach vorn bewegt. Und wenn das so entschieden ist, wird sich auch ohne Ausnahme daran gehalten.

Denn gerade die Ausnahmen sind gefährlich. Die alten Hasen, allen voran der Skipper, finden es oft nicht nötig, sich dieser Disziplin zu unterwerfen. Schließlich bewegen sie sich ja viel sicherer an Deck als die Mitsegler, die noch ziemlich frisch an Bord sind. Richtig. Sie fallen nicht so leicht über Bord. Aber ausschließen kann man es nicht. Und sind sie erst einmal im Wasser, fehlt an Bord der Experte für das Manöver. Hoffentlich war er nicht der einzige!

Der Skipper regelt auch in Abhängigkeit von den zu erwartenden Anforderungen, ob die Seewache vollständig an Deck präsent sein muß. Es wäre völlig unsinnig, eine Dreimann-Wache im Cockpit aufrecht sitzend, sich gegenseitig angähnen zu lassen, mit der Folge, daß in der dritten Stunde alle auf einmal einschlafen. Auch normalen Zweimann-Wachen gestatte ich bei ruhigem Wetter und guter Sicht, daß sich die zweite Person auf der Cockpitducht lang macht und die Augen zutut. Sie muß auf den Ruf des Rudergängers reagieren können, und das reicht. Die Segelei hat schon manche unsinnigen Wachhalteaufgaben erfunden, die wir nicht unbedingt weiterpflegen wollen. Ein Beispiel ist die Verteilung fester Ausgucksektoren auf die Leute im Cockpit. Überläßt man dagegen dem Rudergänger den ganzen Ausguck, muß er den Kopf ein wenig bewegen und sich auch schon mal zum Blick hinter die Genua aus seinem Sitz bemühen. Das ist nur gut und hält wach. Und wenn dennoch der Kopf vornüber fällt, ist die Wachreserve auf der Cockpitducht immer einspringbereit.

Sicher gibt es, je nach Situation, weitere Anweisungen, die die Crew für den sicheren Ablauf einer Wache bei Nacht benötigt. Auf sie alle einzugehen, würde den Rahmen sprengen. Wichtig ist nur, daß sich alle Skipper ihrer Aufgabe bewußt sind, daß sie beurteilen müssen, was an Sicherheitsvorkehrungen nötig und was unnötig ist, und daß sie der Crew jeweils klare Anweisungen geben müssen. Jeden nach seiner Facon selig werden zu lassen, ist gefährlich!

Lieber ausweichen?

Bleiben wir beim Nachtsegeln und befassen uns mit dem Thema Ausguck und Ausweichen. Die Unsitte, daß Segler in der Kurshalterposition zu früh abbrechen und ein Ausweichmanöver einleiten, ist bei Nacht noch viel mehr verbreitet als bei Tage. Die Ursache liegt in der weitaus schwierigeren Entfernungsschätzung nachts. Allgemein wird der Abstand zu den Lichtern eines Großfahrzeuges viel zu nah angenommen.

Lichter auf der Kimm vermutet man aus alter Gewohnheit in 3 Meilen Entfernung. Ohne zu unterscheiden, ob und wie weit sich die Lichter hinter der Kimm befinden, assoziiert man die Wahrnehmung mit der Kimm selbst. Tatsächlich können sie aber 6 Seemeilen und bei guter Sicht sogar 8 oder 9 Meilen weit entfernt sein. Denn soweit tragen die Topplichter eines Großfahrzeuges, und die Erdkrümmung spielt bei der großen Anbringungshöhe noch keine Rolle.

Ein erster Entfernungstest ist mit dem Fernglas möglich. Durch das Glas müßte man die Seitenlichter trotz ihrer geringeren Tragweite erkennen können, allerdings nur, wenn sie schon über die Kimm ragen. Tun sie das noch nicht, sind sie bei einer angenommenen Höhe von 6 Metern noch 8 Seemeilen und bei 4 Metern 7 Seemeilen entfernt. Da bei den meisten Schiffen die Seitenlichter in diesem Höhenbereich angebracht sind, kann man sich die 7 bis 8 Meilen als Distanz für das Auftauchen der Seitenlichter in der Kimm merken.

Werden die Seitenlichter auch ohne Glas erkennbar, beträgt der Abstand 3 Seemeilen. 3 Meilen ist die Nenntragweite der Seitenlichter bei Schiffen, die zwei Topplichter führen. Bei kleineren Fahrzeugen ist sie 2 Seemeilen.

Diese beiden Anhaltswerte für die Entfernung sind trotz aller Ungenauigkeit in der Praxis sehr hilfreich. Ohne eigenes Radar sind sie die einzige Möglichkeit, die Entfernung einigermaßen zu bestimmen.

Bei Tageslicht liegt der empfohlene Abbrechpunkt für das Einhalten der Kurshaltepflicht bei „einer Meile plus eine Minute“, was bei einem drastischen Manöver einen Passierabstand von etwa 3 Kabellängen ergeben würde. Bei Nacht ist es nicht nötig, so lange auszuhalten. Denn die Großschiffe machen ihre Kursänderung bereits bei etwa 2 Seemeilen Entfernung, und wenn sie das nicht tun, sollte man davon ausgehen, daß sie einen nicht erkannt haben.

Diese Schlüsseldistanz von etwa 2 Seemeilen läßt sich aus den Vorgängen auf der Brücke des Großschiffes ableiten. Eine Segelyacht, die mit einem guten Radarreflektor ausgerüstet ist, erscheint auf dem Radarschirm bei 4,5 bis 3 Meilen Abstand zum ersten Mal als deutliches Echo. Der Kontakt muß für die Lagebeurteilung nun einige Minuten lang beobachtet werden, während der Abstand auf 2,5 bis 2 Meilen zusammenschmilzt. Dann allerdings muß schleunigst gehandelt werden, denn 2 Seemeilen Abstand sind in der Praxis das Minimum, um noch mit einer normalen Kursänderung eine Annäherung in den gefährlichen Nahbereich zu vermeiden. Unter Radar ist nämlich das Schiff verpflichtet, nicht nur die stehende Peilung zu brechen, sondern so weit auszuweichen, daß es zu keiner gefährlichen Nähe zwischen den beiden Fahrzeugen kommt. Wie groß diese zu sehen ist, hängt unter anderem von der Geschwindigkeit und Manövrierbarkeit des eigenen Fahrzeuges ab. Eine Seemeile Abstand kann jedoch als Größenordnung angenommen werden.

Die Lichter eines Seglers kann man von der Brücke aus erst sehr spät ausmachen. Die Seitenlichter tragen nur 2 Meilen weit und sind bei Krängung oft erst bei einer Meile ohne Glas zu erkennen. Bei 25 Grad Krängung zum Beispiel gehen durch die verschobene Vertikalbündelung 50 Prozent der Nenntragweite verloren. Es bleibt eine extrem kurze Zeitspanne, in der die Yacht bemerkt werden müßte.

Für uns Segler ergeben sich aus diesem Sachverhalt klare Schlußfolgerungen, die wir für unser Ausweichverhalten bei Nacht übernehmen sollten:

1. Ohne Radarreflektor hat man kaum eine Chance, bemerkt zu werden. Frühzeitiges und großräumiges Ausweichen, ohne Rücksicht auf die Ausweichpflicht, ist angeraten, und im nächsten Hafen sollte ein Radarreflektor gekauft werden.
2. Mit Radarreflektor muß das Großschiff, sofern es ausweichpflichtig ist, auf etwa 2 Meilen Abstand den Kurs ändern, andernfalls ist in diesem Augenblick selbst auszuweichen.

Die Blendgefahr

Der nächste Punkt zum Thema Nachtsegeln befaßt sich mit der Nachtsehfähigkeit und mit den Umständen, bei denen man diese auch wirklich braucht. Nicht ohne Anlaß habe ich diesen Punkt gewählt, wie man gleich sehen wird.

Wir wissen, daß sich das Auge erst an die Dunkelheit gewöhnen muß, bevor man im Dunkeln etwas sieht. Die erste Adaption dauert nur Minuten. Aber, um die volle Nachtsehfähigkeit zu erlangen, darf das Auge rund eine halbe Stunde lang nicht mehr geblendet werden.

Gewissenhafte Segler, die solches bereits gelesen haben, verdunkeln ihre Yacht konsequent. Im Salon ist Lichtverbot, und am Kartentisch gibt es nur rotes Licht. Das Hecklicht ist nach vorn zusätzlich abgeblendet, alles was sich achterlich davon befindet und Licht zurückwerfen kann, ist weggenommen. In der Toilette klebt Tape auf der Birne.

Ich bin der Auffassung, daß man auch hier die Kirche im Dorfe lassen sollte. Es gibt Situationen, in denen die maximale Nachtsichtfähigkeit entscheidend ist. Nur dann ist die totale Verdunkelung richtig und erforderlich. Zum Beispiel, wenn bei Mondlicht eine Reede angesteuert, oder vor einer Stadtkulisse ein Hafen angelaufen werden soll. Vor allem die Reeden haben es in sich, weil die Ankerlaternen, heutzutage hoch oben auf dem Masttopp angebracht, in keiner Weise vor einem düsteren Schiffsrumpf direkt vor dem eigenen Bug warnen. Die hohen Ankerlaternen sind gefährlich - aber eben rechtmäßig!

Bei solchen Dunkelansteuerungen bin auch ich ganz scharf hinter der Blenddisziplin her. Taschenlampen und gar der große Handscheinwerfer verschwinden unter Deck. Wer Erfahrung mit diesem Gerät hat, wird mir schnell recht geben. Ein kurzer Schwenk über das Deck im Vordergrund, und schon ist die Nachtsehfähigkeit beim Teufel. Außerdem ist das Licht dieser Scheinwerfer so stark gebündelt, daß es kein zusammenhängendes Bild beleuchtet. Es macht einen hellen Fleck, und man weiß nicht was der bedeutet.

Ich würde bei schwierigen Nachtansteuerungen die Rudergänger- und die Navigatorrolle strikt trennen, damit der Rudergänger nicht am Kartentisch seine Augenadaption einbüßt. Er bleibt oben und wird durch das Steckschott im Niedergang vor Blendung geschützt. Unten arbeitet der Navigator bei vernünftigem Licht (nicht Rotlicht) über der Karte. Er darf keine noch so zart gezeichnete Tiefenlinie übersehen. Mit dem Rudergänger verkehrt er, indem er wie ein Panzerkommandant oben aus dem Niedergang guckt, über das Steckschott hinweg. Wird es sehr eng, kommt ein weiteres nachtsichtadaptiertes Crewmitglied in den Bugkorb als Lotse. Nicht vergessen, die Zeichensprache zu vereinbaren! Arm nach rechts, heißt zehn Grad Kurswechsel nach Steuerbord. Arm nach rechts fürchterlich fuchtelnd, heißt Ruder hart Steuerbord bis zum Abwinken.

In allen anderen Fällen, vor allem wenn man sich draußen auf See befindet und friedlich des Weges zieht, halte ich die absolute Blenddisziplin für überzogen. Da darf die Freiwache ruhig im Salon das Licht anhaben, vielleicht nicht gerade die Lampen, die ins Cockpit hinausstrahlen. Es darf auch der Rudergänger mal nach unten an den Kartentisch gehen, und es ist auch nicht verboten, im Cockpit mal mit der Taschenlampe auf die Uhr sehen. Wer dabei nicht geblendet werden will, macht schnell die Augen zu. Das hilft fürs erste.

Für die normale Wache auf See reicht die Kurzadaption. Ob ich ein Licht in zehn Seemeilen erkenne oder erst in sechs, ist, wie wir bereits vernommen haben, belanglos.

Bitte kein Mann-über-Bord!

Zum Schluß des Nachtsegelthemas ein paar Anmerkungen zu der Mann-über-Bord-Problematik, die bekanntlich bei Nacht von besonderer Brisanz ist. Um es gleich zu sagen, wie man jemanden fischt, ist Thema eines späteren Kapitels. Hier befassen wir uns mit Tips, wie man gar nicht erst hineinfällt.

Eine Statistik gibt es wohl nicht, aber ich bin mir sicher, daß die meisten Mann-über-Bord-Fälle ohne zwingenden Grund passieren. Es ist nicht die Riesensee oder der herumschlagende Großbaum, die einen über die Reling schleudern. Es sind ganz nichtige Anlässe. Da stolpert einer und bleibt mit dem zweiten Fuß auch noch hängen, da hält sich einer an einem ungesicherten Fall fest, da reckt sich einer zu weit, um den Spi auszuklinken oder es verliert einer aus höchst persönlichem Anlaß das Übergewicht, weil das bei den vielen Plünnen mit einer Hand nicht geht.

Genau um diese nichtigen Gründe geht es bei folgenden Hausregeln, die bei mir an

Bord wie weiland die Kriegsartikel verlesen werden:

1. Kein unnötiges Segelwechseln bei Nacht. Wenn es nicht gerade eine Regatta ist, wird schon abends das Tuch gesetzt, mit dem man der Voraussicht nach die Nacht durchsegeln kann. Der Spi sollte abends immer geborgen werden, es sei denn, die Umstände sind supergünstig und stabil.
2. Auf dem Vorschiff hält sich keiner ohne zwingenden Grund auf. Für Mondscheinromantik ist der Preis zu hoch.
3. Wer am Mast oder auf dem Vorschiff zu tun hat, bespricht sein Vorhaben mit dem Rudergänger, damit ihn der beobachten und Unregelmäßigkeiten feststellen kann.
4. Bei Arbeiten an Deck wird die Decksbeleuchtung eingeschaltet. Die Blendung der Cockpitcrew muß in Kauf genommen werden, oder ein Reserverudergänger hält sich mit verschlossenen Augen bereit.
5. Balanceakte an der Seereling zum Zwecke des Pinkelns sind strickt verboten und obendrein unappetitlich.
6. Seekranke entleeren sich auf der Bordtoilette. Der Hechtsprung zur Leereling unterbleibt.
7. Es darf niemand betrunken oder auch nur beschwipst sein. Alkohol macht leichtsinnig, und das können wir beim Nachtsegeln nicht brauchen.

21 Der sichere Törn
Schweres Wetter

Vielleicht ist der Törn so angelegt, daß man sich jederzeit in einen Hafen verkriechen kann. Dann wäre das Verhalten bei Sturm auf See kein Thema. Je mehr der Törn aber richtig Hochseecharakter hat, desto wichtiger ist es, Schiff und Crew auch auf den Schwerwettereinsatz vorzubereiten.

Schwerwettereinweisung

An den ersten beiden Tagen eines Törns sind es der Belehrungen genug, aber je nach Wetterlage würde ich nicht allzulange warten, den Schwerwetterfall zu besprechen. Wie bei den anderen Einweisungen würde ich auch hier wieder nach der bewährten Methode vorgehen, mit kleinen Portionen, unterbrochen von Dialogen und Vorführungen und mit der Möglichkeit zum Anfassen und Probieren.
Es hängt nun ganz wesentlich von der Zusammensetzung der Crew ab, wie weit auszuholen ist. Gibt es Neulinge an Bord, würde ich vor allem versuchen, Vertrauen aufzubauen. Ich würde grob umreißen, wie sich schweres Wetter ankündigt, wieviel Vorwarnzeit besteht und wieviele Möglichkeiten zu reagieren es gibt. Es muß deutlich werden, daß die Bedingungen wohl ganz schön hart werden können, aber daß bei kluger Voraussicht und vernünftiger Disziplin alles machbar ist, was getan werden muß. „It has been done before", würde der Butler mit kühlem Lächeln sagen. Sodann würde ich auf die „besondere Hausordnung" eingehen, die bei Schwerwetter gilt. Sie reicht von der Einführung der Ölzeugschleuse, die verhindern soll, daß es unter Deck gleich überall naß ist, bis hin zu den „heißen Kojen", die erforderlich werden, weil im Vorschiff bei dem Auf und Nieder kein Mensch mehr schlafen kann. Es werden klare Verhaltensregeln für die Wache und für die Freiwache ausgegeben, mit dem Ziel eines sinnvollen Miteinanders trotz der schwierigen Umstände. Was oft nicht entschieden genug durchgesetzt wird, ist die Pflicht der Freiwache, sich auszuruhen und fit zu sein, wenn sie wieder dran ist. Aus den Berichten über die Fastnet-Katastrophe 1979 geht deutlich hervor, daß mangelnde „Crew-Rest" eine der wesentlichen Ursachen der in einigen Fällen tödlichen Erschöpfungszustände gewesen ist. Man muß sich zur Ruhe zwingen, auch wenn es hackt und bolzt.
In diesem Zusammenhang muß die Versorgung mit Essen geregelt werden. Letzten Endes wird sich bei den harten Schiffsbewegungenm ein System der Selbstbedienung ergeben. An Tischdecken ist nicht mehr zu denken. Damit aber die Selbstbedienung nicht zum Chaos ausartet, muß jemand dafür zuständig sein, Beißbares in anfaßbarer Form bereitzustellen. Ob die Freiwache, ein fester Smut, oder der Skipper diese ehrenvolle Aufgabe bekommen,

Sturmcheckliste	Skip	Heinz	Helga	Anke	Klaus	Karin		
Crew-Führung								
Sonderwachplan	✓							
Zwei-Mann-an-Deck-Plan	✓							
Unter Deck								
Persönlichen Kram wegstauen	✓	✓	✓	✓	✓	✓		
Sturmpäckchen herrichten	✓	✓	✓	✓	✓	✓		
Heiße Kojen herrichten		✓	✓	✓	✓			
Stauräume Stb sichern		✓						
Stauräume Bb sichern			✓					
Stauräume Bilge sichern				✓				
Bilge und Lenzkörbe prüfen					✓			
Werkzeugkasten sichern					✓			
Luken, Bulleyes, Niedergang						✓		
Seeventile				✓				
Vorschifftank umpumpen			✓					
Pantry								
Sturmpantry einrichten		✓						
Herd trimmen		✓						
Geschirr abpolstern		✓						
Fußboden entfetten		✓						
Navigation								
Standort festhalten						✓		
Kursvorrausplanung						✓		
Aufklaren Nav-Ecke						✓		
An Deck								
Strecktaue, Sorgleine ausbringen			✓					
Sicherheitsausrüstung prüfen				✓				
Anker mittschiffs stauen					✓			
Beiboot, Deckslasten sichern					✓			
Rigg kontrollieren				✓				
Ordnung in den Backskisten			✓					
Segelsäcke ordnen			✓					
Lampenkontrolle				✓				
Taschenlampe					✓			

Abb. 21/1: Die Sturm-Checkliste (Beispiel).

ist Geschmacksache. Es muß aber geregelt werden.
Was im einzelnen zu tun ist, wenn sich das Unwetter ankündigt, würde ich anhand einer vorbereiteten Checkliste (Abb. 21/1) durchsprechen und gleichzeitig die anfallenden Aufgaben den einzelnen Crewmitgliedern per Namen übertragen. Die Checkliste wird anschließend, zusammen mit der Seenotrolle und der Lecksicherungsrolle, für jedermann einsehbar abgelegt oder, besser noch, an die Wand gepinnt.
Ich würde bereits jetzt für den Sturmfall eine andere Wacheinteilung vornehmen, wenn nicht für jede Wache ein sturmerfahrener Wachführer existiert. Derer gibt es in der Regel nicht viele, weshalb in aller Wahrscheinlichkeit aus drei Wachen zwei gemacht werden müssen, und möglicherweise muß der Skipper selbst mit ran. Die Sturmunerfahrenen werden keineswegs ausgeklammert. Sie werden in der Anfangsphase unter Anleitung ans Ruder gestellt, und an den Bewegungsablauf in den Wellen gewöhnt. Je nach Talent können sie noch rechtzeitig für das Rudergehen im Sturm fit gemacht werden.
Über Sturmtaktiken und Routenstrategie zu fachsimpeln, würde ich mir für den nächsten gemütlichen Abend vornehmen, denn das Thema ist abendfüllend. Es kann nicht einfach wie ein Kochrezept über den Tisch geschoben werden. Verzichten würde ich auf die „Was-tut-man-wenn"-Gespräche keinesfalls, auch wenn sie mancher als graue Theorie von sich weist. Besser als nichts ist sie gewiß, die Theorie. Sich völlig unvorbereitet dem Sturm zu stellen, halte ich angesichts der möglichen Folgen eines Steuerfehlers für ziemlich naiv.

Klarmachen für schweres Wetter

Eine Menge Sicherheitspunkte sind gleich am Anfang zu verspielen. Entscheidet man sich zu spät, mit den Vorbereitungen zu beginnen, gibt es Druck bei der Durchführung, veranlaßt man sie zu früh oder umsonst, wird das nur zwei-, dreimal verziehen. Wenn es dann erneut ernst wird, nimmt's keiner mehr ernst.
In der Praxis ist es wirklich schwer, den richtigen Zeitpunkt zu erwischen. Den Wetterberichten kann man die allgemeine Vorwarnung entnehmen, die genaue Stunde sicherlich aber nicht. Dafür bleiben letztlich nur die Anzeichen am Himmel und die der See. Ich habe mich bei Zweifeln oft beholfen, indem ich nur einen Teil der Sturmcheckliste ablaufen ließ. Die Stauräume zu checken und die Segelsäcke schon einmal zu ordnen, kann nie schaden. Völlig unangebracht erscheint mir das „Panikreffen", worunter ich die geistlose Befolgung des Lehrbuchgrundsatzes verstehe, frühzeitig zu reffen. Nichts nervt mehr, als stundenlang unter Sturmsegeln zu dümpeln und auf das große Geschehen zu warten. Natürlich muß alles zum problemlosen und schnellen Reffen vorbereitet sein. Dazu sind Fock oder Sturmfock schon anzureihen und an der Reling aufzutuchen, die extra Schoten auszubringen oder die neuen Holepunkte zu markieren. Vom Großsegel würde ich Fall und Smeerreepen schon einmal enttüddeln und klarlegen und die Dirk handwarm durchsetzen. Natürlich würde ich meine Deckscrew einteilen, damit jeder weiß, was er zu machen hat. In aller Regel kommt die erste schwerere Bö nicht ohne Ankündigung. Man sieht sie schon über die Kimm kommen,

wenn sich dort plötzlich, je nach Lichteinfall, ein weißer oder schwarzer Strich bildet. Dann hat man noch fünf Minuten, und das reicht zum Reffen.

Die Rollgenua ist keine Sturmfock

Wer Rollsegel hat, ist natürlich fein heraus. Die sind in wenigen Sekunden eingerefft, wenn man alles richtig macht. Nur die Holepunkte der Schot dürfen nicht vergessen werden. Das passiert leicht in der Eile, und schon macht es ratsch quer durch das Unterliek.

Problematisch ist der Einsatz einer Rollgenua als Sturmfock. Diese Möglichkeit wird zwar von den Vertreibern solcher Anlagen einschließlich der geschlossenen Phalanx der Yachtvercharterer vertreten, aber wohl mehr unter dem Gesichtspunkt der Bequemlichkeit als unter dem der Effektivität. So ein Miniläppchen hinter einem Bettenwulst von Vorliek erfüllt sicherlich nicht den Zweck einer Sturmfock. Um eine eigene Sturmfock am Rollvorstag zu setzen, müßte die Genua aus der Keep (Nut) des Rollstages herausgezogen werden. Das mag bei Windstärke sechs noch gehen. Aber da will noch keiner die Sturmfock haben. Bei größeren Windstärken kann man eine Genua nicht mehr ausrollen und aus der Keep ziehen. Das killende Monster könnte kein Mensch mehr bändigen. Des Rätsels Lösung ist, bei Rollanlagen eine Sturmfock mit Stagreitern mitzuführen. Muß sie gesetzt werden, wird als Stag ein Vorsegelfall, möglichst eines aus Drahttauwerk, auf dem Vorschiffsdeck angeschlagen und stark durchgesetzt. Es ist kein Problem, die Sturmfock daran angereiht zu setzen.

Den Rest der Sturm-Checkliste würde ich erst durchführen lassen, wenn die ersten deutlichen Anzeichen da sind. Dann wird auch die Pantry auf Sturm umgeschaltet und der neue Wachplan aktiviert mit Wachzeiten, die der voraussichtlichen Dauer des schweren Wetters angepaßt sind. Der Skipper befaßt sich mit den Möglichkeiten der Sturmnavigation und erläutert den Wachführern die möglichen Kursalternativen.

Sturmtaktiken und Routenstrategie

Jeder Skipper sollte die für seine Yacht günstigsten Taktiken kennen, um sich in schwerer See zu behaupten. Eigentlich müßten sie beim Kauf werkseitig als Teil der Betriebsunterlangen gleich mitgeliefert werden. Sie werden es nicht, wir wissen das. Die Hersteller schweigen sich ja schon bei den einfachsten Segelempfehlungen aus.

Das Schwerwetterverhalten der Yachten hat sich in den letzten Jahren gewaltig verändert und somit auch die Methoden für das Abwettern. Besonders das Geschwindigkeitsband für das Ruder ist erheblich besser geworden. Das Ruder eines Langkielers noch aus den sechziger Jahren ist bei neun Knoten schon stocksteif und pendelt bei drei Knoten fast wirkungslos hin und her. Ein modernes ausgereiftes Balance-Ruder hat dagegen schon bei zwei Knoten deutliche Wirkung und läßt sich bei fünfzehn Knoten noch problemlos bewegen. Das bedeutet, man kann die Yacht laufen lassen. Fahrt schadet nicht, und wenn sie mit der See oder schräg mit der See gerichtet ist, hilft sie sogar, die Schläge des Seegangs zu mildern.

Einen weiteren Vorzug bringen die modernen Yachten: Ihr Ruder ist hocheffizient auch bei geringen Geschwindigkeiten und selbst in der mitlaufenden Oberflächenströmung der Welle. Denn es besitzt einen langen Hebelarm zum Lateralschwerpunkt und taucht dennoch tief unter die mitlaufende Strömung ein. Man kann es sich leisten, langsam über einen Wellenkamm zu kippen, ohne gleich querzuschlagen.

Nur das Eintauchverhalten hat unter der Entwicklung gelitten. Für bessere Segeleigenschaften am Wind wurde einiges an Seetüchtigkeit geopfert. Bei den modernen U-Spantern kann man das Vorschiff nicht mehr so bedenkenlos in die Tiefe donnern lassen wie früher. Schräg zum Hang muß man die Yacht abfangen, mit einem kleinen Schlenker. Und dazu braucht man wiederum das agile Ruder.

In Kurzfassung sei das Abwetter-Repertoir einer modernen Fahrtenyacht hier zusammengefaßt:

1. Solange es geht, wird der beabsichtigte Kurs im Mittel beibehalten, zur Kontrolle der Fahrt kann welleauf leicht talwärts und welleab leicht bergwärts ausgeholt werden. Wird es zu hart, muß der Mittelkurs mehr nach Lee geschwenkt werden. Am ruhigsten läuft die Yacht mit raumem Kurs durch die schwere See.

Abb. 21/2: Der „Durchschießer“ durch den Brecher.

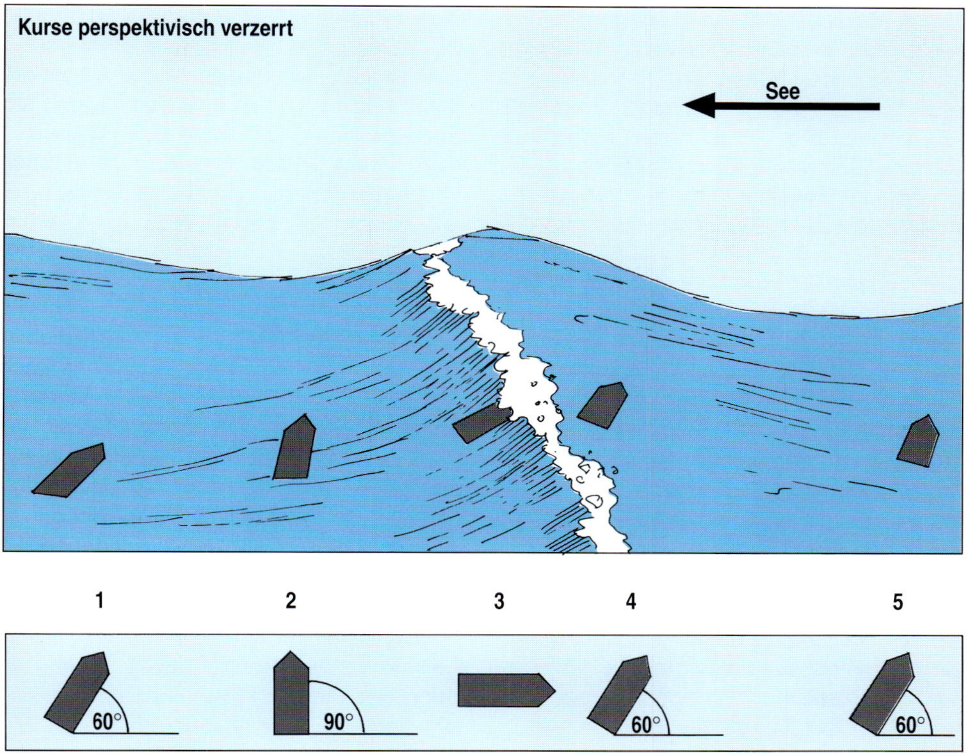

2. Brechern wird soweit möglich ausgewichen. Sonst werden sie „vierkant“ mit dem Bug oder mit dem Heck genommen. Um sie mit dem Bug zu nehmen, wird der „Durchschießer“ gefahren: Schwung holen, dann im richtigen Moment hinein ins Getöse und sofort wieder leicht abfallen (Abb. 21/2).
3. Kann bei kritischem Leeraum ein Halbwindkurs nicht mehr gesteuert werden, muß entweder zur Raumersparnis die Fahrt nach Lee mit nachgeschleppten Tauen gebremst werden, oder es wird beigedreht, oder man legt sich mit dem Bug vor Treibanker. Bei manchen modernen Yachten ist das Beiliegen jedoch nicht zu empfehlen, bei ihnen liegt die Driftwirbelzone zu weit achterlich, um gegen heranrollende Brecher wirksamen Schutz bieten zu können.

Wohl wissend, daß im Sturm die Kursfreiheit eingeengt ist, macht der gewissenhafte Skipper seine Vorausdisposition. Er studiert die Seekarte und die Wetterlage, soweit sie ihm bekannt ist. Gefährlichen Leeküsten und untiefe Vorfelder gilt es nicht nur zu meiden, sondern auch Reserveabstände einzuhalten für den Fall, daß der Sturm zunimmt, und man zum Ablaufen gezwungen wird. Hat die Yacht keinen Treibanker dabei, und ist es eine von dem voraustreibenden Beiliegetyp, muß für den Notfall eine Driftgeschwindigkeit von fünf Knoten eingeplant werden. Denn sehr wahrscheinlich ist das die Fahrt, mit der die Yacht vor Bremsschleppen treibt, dem einzigen verfügbaren Driftverhinderer.

Die Kurse müssen weit vorausplanend prekäre Legerwallsituationen vermeiden, auch wenn die Windrichtung von der Vorhersage abweicht. Das bedeutet, daß weit vorausblickend soviel Luv gemacht wird, daß an späteren kritischen Stellen der Leeraum genügt. Es wäre allerdings falsch, ohne differenzierende Vorausberechnung Leeraum zu „hamstern“, also alles an Luv mitzunehmen, was zu erkämpfen ist, weil man ja nie weiß ... Wer so handelt, setzt Mensch und Material unnötig einem Streß aus, der nicht nur hart zu ertragen ist. Man stelle sich vor, der Mast wäre vor lauter Gebolze von oben gekommen, und es stellte sich heraus, daß man gar nicht gegenan gemußt hätte!

Sollte es übrigens trotz gewissenhafter Leeraumplanung einmal eng werden, ist schleunigst der Motor zur Hilfe zu nehmen. Der zusätzlich Schub gibt nicht nur bessere Amwind-Eigenschaften, wenn man das überhaupt Amwind nennen darf, sondern auch mehr Ruderwirkung in kritischen Situationen, wie zum Beispiel beim Durchschießen eines Brechers. Wenn man muß, dann muß man eben. Dann wird auch ein mörderisches Gegenangebolze hingenommen. Lieber kracht und birst es in allen Fugen, als daß das ganze am Strand oder auf der Klippe endet. Nicht vergessen: Fahrt halten, kneifen kostet Höhe!

Durchstehen

Rudergehen in schwerer See geht auf die Knochen. Man kurbelt sich die Arme aus dem Leib und muß auch noch aufpassen wie ein Schießhund. Einen Augenblick gepennt, und schon klatscht ein Riesenwasserfall gegen die Seite. Die Yacht geht weg, Ruder am Anschlag. Ouha, ouha!

Der Rudergänger muß in kurzen Intervallen abgelöst werden. Auch wenn sich dadurch geringe Schlafzeiten ergeben. Wann die Konzentration nachläßt, merkt man am besten selbst. Und weil dies von Mensch zu Mensch unterschiedlich ist, würde ich die

Rudergänger selbst den Zeitpunkt ihrer Ablösung bestimmen lassen. Auf diese Weise läßt sich wohl das Maximum an Ruhezeit erzielen.
Es würde hier zu weit führen, Methoden des autogenen Trainings zu erläutern. Jeder sollte aber versuchen, auf seine Weise alle verborgenen Energien zu mobilisieren. Nicht zuletzt geht es dabei auch um geeignetes Essen und Trinken. Die „Dennoch-Verpflegung" muß funktionieren. Sie ist der wahre Lebensborn.
Entschieden warne ich vor Alkohol. Rum nach alter Seemannsart ist völlig fehl am Platze. Alkohol hebt nur scheinbar die Leistungsfähigkeit. Er verlangsamt die Reaktion und verfälscht die Urteilsfähigkeit. Er tut also alles, was man gerade jetzt nicht brauchen kann. Heben wir ihn also besser für hinterher auf.
Skipper und Crew sollten nie die Stimmungspflege vernachlässigen. Jeder muß an den Geschehnissen beteiligt werden, muß die Veränderung der Wetterlage oder die neuen Entscheidungen des Skippers erfahren. Gefaßtes und faires Verhalten untereinander ist jetzt wichtiger als je zuvor. Auch wenn die Nerven zum Zerreißen angespannt sind.

Die Gefährlichkeit des Schutzhafens

Durchstehen oder Abbrechen? Das ist die Frage hier (frei nach Shakespeare), wenn sich ein Schutzhafen oder eine geschützte Bucht anbietet.
Leider lehrt die Erfahrung, daß Crews unter dem Streß des Sturmes sich oft leichtfertig entschließen, einen Schutzhafen anzulaufen. Sie bedenken nicht genug die Gefahren, die damit verbunden sind.
Meistens liegt der Hafen an der leewärtigen Küste, denn zur luvwärtigen schafft man es ohnehin nicht, aufzukreuzen. Für einen Leehafen muß auf dem Wege dorthin der gesamte Leeraum aufgegeben werden. Die Möglichkeit abzubrechen, wird immer geringer, je mehr man sich dem Hafen oder der Bucht nähert.
Der Landfall wird kritisch sein, wenn man auf terrestrische Navigation angewiesen ist. Möglicherweise muß man sich erst sehr weit unter Land wagen, bevor man eindeutige Landmarken erkennen kann. Stellt sich dann heraus, daß man nicht da ist, wo man sein möchte, kann es Probleme geben, sich von der Küste wieder genügend freizukreuzen.
Vor der Küste steht höchst wahrscheinlich eine gewaltige See. Mit flacher werdendem Wasser wird sie gefährlich steil. Engeren Fahrwassern, die nicht genau in Richtung der laufenden See liegen, wird man deshalb nicht folgen können.
Und sollte man es bis in den Hafen geschafft haben, ist die Gefahr immer noch nicht vorbei. Es beginnt der Kampf, die Yacht durch die Sturmböen zu manövrieren, und sicher an einen Liegeplatz zu gelangen.
Man überlege es dreimal, bevor man die sichere Position draußen auf offener See aufgibt. Draußen ist wohl die Erschöpfung ein Problem, drinnen aber ist es die Sicherheit. Ich würde einen Schutzhafen nur vorziehen, wenn die Umstände stimmten: Er müßte ohne Verzicht auf Leeraum ansteuerbar sein, seine Ansteuerung müßte hinreichend einfach und das Hafenbecken ausreichend groß sein. Solche Schutzhäfen oder -buchten würden weder in Luv noch in Lee, sondern dwars zum Wind voraus oder zurück liegen. Leeküsten wären mir immer höchst suspekt.

22 Sichere Manöver
Der Crew-Einsatz

Wenn wir uns nun mit der Effektivität von Manövern befassen, dann geschieht das weniger in Hinblick auf ihre ästhetische Perfektion. Vielmehr geht es schlicht um die sichere Handhabung der Yacht. Unser Schiff soll gefahrenfrei durch dichten Verkehr und sicher an Hindernissen vorbei geführt, sein Rigg gefahrlos für Mensch und Material in Wind und Wetter gehandhabt, und auch ein schwieriger Anleger ohne Gefahr für Schiff und Nachbarn gemeistert werden können.

Solange Yachten von Crews und nicht von einer Person allein gefahren werden, muß das Teamwork funktionieren. Verschiedene Menschen müssen in der Lage sein, in gemeinsamer Absicht und in gegenseitiger Abstimmung letztlich aber doch selbständig zu handeln. Das ist die Kunst.

Kein Teamwork ohne Führung

Ich weiß, daß auf vielen Yachten das Teamwork eine einzige Improvisation ist. Meistens fehlt es an der geeigneten Art der Führung.

Ein häufiger Führungsfehler liegt in der übereilten Umsetzung einer Entscheidung, die noch gar nicht zu Ende gedacht ist. Solche „Wischiwaschi - Entscheidungen" führen dazu, daß der Skipper, nach späterer Einsicht, seinen Plan mitten in der Durchführung ändern muß. Die Crew verliert in der Folge die Übersicht, und kann nicht mehr vorausschauend handeln. Sie ist vermehrt auf Kommandos angewiesen und belastet somit den Skipper zusätzlich.

Manche Entscheidungen sind eilig, andere nicht. Der Skipper sollte sich alle Zeit nehmen, die ihm zur Verfügung steht. Besteht die Möglichkeit, sollte er gewissenhaft die verschiedenen Handlungsvarianten gegeneinander abwägen. Mit vorschnellen Entschlüssen verschenkt er Chancen. Zur Meinungsbildung ist er gut beraten, sich die Auffassung der anderen an Bord anzuhören und zu verwerten. Er sollte sich aber hüten, laut zu denken. Die eigene Unentschlossenheit, in Diskussionen zur Schau zu stellen, würde Autorität kosten. Ist die Entscheidung gefallen, ist Redaktionsschluß. Der Denkapparat wird auf Handeln umgestellt. Nachträgliches Zweifeln würde dem Handeln dann nur schaden. Völlig falsch wäre es allerdings, vor lauter Festhaltewillen, vor veränderten Fakten die Augen zu verschließen. Solchen Entschlossenheitsstarrsinn zeigen manche Skipper, wenn sich eines ihrer Manöver kritisch entwickelt. Beispiel: Eine Yacht soll rückwärts in eine Parklücke gesteuert werden. Der Seitenwind drückt auf den Bug, und das Ruder ist schon am Anschlag. Aber es wird durchgestanden. Es muß gut gehen. Und so fährt dieser Skipper, ohne Ruderreserve zu haben, weiter, obwohl es zwischen den Nachbarketten und dann zwischen den Nachbarliegern immer enger

werden wird. Abbrechen, Neuansetzen wäre die Lösung.
Wer sich mit dem Entschlossenheitsstarrsinn erfolgreich auseinandergesetzt hat, kann gleich einen Schritt weitergehen und sich angewöhnen, grundsätzlich ein paar Schiffslängen vorauszudenken. Natürlich gelingt das nur, wenn ihn das, was gerade abläuft, nicht schon voll in Anspruch nimmt. Ist das allerdings so, steckt er in einem bösen Teufelskreis, aus dem er sich unbedingt befreien muß. Denn ohne vorausdenken zu können, bricht jede neue Situation als Überraschung herein. Und Überraschungen kosten noch Anstrengung zusätzlich. Fehlleistungen sind dann unausweichlich.
Rechtzeitig vor der Umsetzung in die Tat eröffnet der Skipper seine Absicht der Crew. Bei Standard-Manövern geschieht das durch Zuruf des Stichworts, in komplizierteren Fällen schart er sein Völkchen um sich und erläutert den Plan. Und zwar nicht nur den, sondern auch den Alternativplan, falls Nummer eins sich im weiteren Verlauf als undurchführbar erweisen sollte.
Jedes Crewmitglied bekommt seine Aufgabe für diesen Plan. Am besten bedient man sich der Standardbesetzung, um die Erfahrung zu nutzen, die die Leute bereits auf ihren Manöverstationen gemacht haben. Die Posten nach geraumer Zeit zu wechseln, ist nur fair, es sollte aber nicht gerade bei schwierigen Manövern gemacht werden. Im Bereich der eigenen Manöverstation handelt jeder eigenständig im Sinne des Manöverablaufs und nach dem Takt der Leitungskommandos. Kein Skipper kann jedem einzelnen über die Schulter gucken. Wenn etwas klemmt, muß der einzelne selbst das in Ordnung bringen, oder es eben rechtzeitig verhindern. Der Mann an der Vorleine muß beim Anlegen selbständig Lose lassen, um nicht dem Rudergänger die Yacht aus der Hand zu drehen. Oder der an der Spring muß wissen, daß die Yacht nicht eindampfen kann, solange seine Leine nicht durchgesetzt und belegt ist. Jeder muß übersehen, was sein Handeln in weiterer Folge bewirkt.
Der Skipper muß seinen Kopf von unnötigem Ballast freihalten. Hat er seine Crew eingewiesen und die Aufgaben verteilt, muß er die Ausführung auch wirklich den einzelnen Leuten überlassen. Vertrauen ist verlangt, und auch die Risikobereitschaft, daß jemand etwas einmal nicht ganz so schafft, wie es eigentlich sein sollte. Viel wichtiger ist es, daß der Skipper sich bereits mit den nächsten Entscheidungen in Ruhe befassen kann.
Irgend etwas kann immer mal schief gehen. Da steht plötzlich kein Mensch an der entscheidenden Luvleine, oder der Spi bläht sich beim Bergen noch einmal auf, weil eine zweite Hand am Achterliek fehlt. Ist die Crew zahlreich genug, würde ich immer jemanden eigens als Einspringer, bei uns heißt er „Panikaffe“, einteilen, damit der Skipper auch von dieser Feuerwehrrolle entbunden ist.

Die klare Kommandosprache

In den achtziger Jahren galten verbale Anweisungen als unschick, man umschrieb sie mit „sollten wir nicht jetzt einmal ...“ Auf Segelyachten fand sich diese Pseudohöflichkeit wieder in Form von bewußt in die Länge gezogenen und von viel Toleranz begleiteten Manövern. Inzwischen hat sich dieser Trend wohl überlebt. Es darf wieder die klare Kommandosprache öffentlich gefordert werden, ohne Buh-Rufe zu kassieren. Nur möge dies nicht als Ruf nach Kasernenton mißgedeutet werden. Kommandos sind Steuersignale, nicht Befehle. Die Bediener auf den Manöverstationen leisten ihre Funktion aus eigenem Antrieb. Die Steuersignale benötigen sie für die Koordination ihres Handelns mit dem Gesamtablauf des Manövers.

Eine klare Kommandosprache muß nicht aus standardisierten Sätzen bestehen. Sicher gebraucht sie Fachausdücke und Kurzbezeichnungen, aber die sind ohnehin an Bord gang und gäbe. Wichtig ist ihr grundsätzlicher Aufbau, der aus den Elementen Erklärung der Absicht, Klarmeldung, Ankündigungs- und Ausführungssignal besteht. Diese Grundordnung bewirkt eine gewisse Sprechdisziplin und hilft Mißverständnisse zu vermeiden.

Die Kommandos müssen über die ganze Länge des Schiffs reichen, weshalb sie zuweilen besser durch Handzeichen ersetzt werden. Große Lautstärke ist nötig, um den Lärm von See und Wind zu durchdringen, nicht jedoch um der Ungeduld Ausdruck zu geben. Als Beschleuniger taugt Lautstärke erfahrungsgemäß nicht, eher schon als unbeabsichtigtes Eingeständnis mangelnder Souveränität. Im Hafen sind laute Kommandos allgemein verpönt und in Anwesenheit der vielen fachmännischen Zuschauer obendrein ausgesprochen blamabel.

Eine Entartung ist der Mißbrauch der Kommandosprache als Gedächtnisstütze für den Manöverablauf. In manchen Lehrbüchern und Schulen werden in bester Absicht standardisierte Kommandos für die verschiedenen Manöver vorgegeben. Diese werden häufig wie ein Gedicht auswendig gelernt, und die Manöver dann Kommando für Kommando mechanisch durchgefahren. Ich habe es oft genug erlebt, daß auf diese Weise Halsen, digital in Einzelschritte zerhackt, regelrecht abgehoppelt wurden. Oder daß jemand, getreu der Kommandofolge im Buch, eine Halse mit lautem, „fier auf die Schoten", einleitete, obgleich er sich bereits auf Vorwind-Kurs mit weit aufgefierten Segeln befand.

Die eingespielte Crew

Ich habe Manöver erlebt, die wie Labsal liefen. Aber das ging auch nur, weil die Crew toll eingespielt war. Alle kannten den Ablauf der einzelnen Schritte und der Blickkontakt ersetzte die Kommandos. Als „fallen Anker" heranstand, waren die Augen des Ankerfahrer schon nach hinten gerichtet, ein Kopfnicken reichte. Als mehr Zug auf die Kette nötig wurde, kam wieder der fragende Blick nach hinten.

Eine toll eingespielte Crew fällt nicht vom Himmel. Und wenn man nichts dazu beiträgt, hat man sie vielleicht gerade am Ende eines Törns soweit. Und nächstes Mal sind es dann wieder andere. Die Kunst liegt darin, aus den ersten Erfahrungen intensiv zu lernen, indem man jede Gelegenheit benutzt, die Vorgänge beim Ablauf eines Manövers zu besprechen, die Gründe zu hinterfragen, weshalb man einige Dinge nur so und nicht anders macht, und schließlich auch die Was-wäre-wenn-Fälle zu klären. Ich würde nach jedem etwas aufwendigeren Manöver, bestimmt nach jedem Anleger, allgemeine Kritik halten. Und ich würde so manche gemütliche Cockpitrunde mißbrauchen. Die Weltpolitik muß zurücktreten, wenn es um Manöver geht. Glücklicherweise sind alle entsprechend motiviert, sonst wären sie ja gar nicht da.

Für Verbesserungsvorschläge aus der Crew würde ich immer ein ganz großes Ohr haben. Sie ergeben sich zwangsläufig, wenn man die Verfahren gründlich durchdenkt und hinterfragt. Sie nicht zuzulassen, wäre töricht. Oft sind es nur vermeintlich gute Ideen, denen Denkfehler oder Falschinformationen zu Grunde liegen, und die dann gleich geklärt werden können. Manchmal kommen aber auch wirklich frappierende Lösungen auf den Tisch. So mancher Trick aus meinem Repertoir entstammt einer solchen Idee.

Vermeidung von Verletzungen

Wenn die Crew auf Manövereffektivität getrimmt wird, darf nicht der zweite Sicherheitsgesichtspunkt, die allgegenwärtige Verletzungsgefahr, außer Acht bleiben. Wir wollen hier nicht die baulichen Möglichkeiten und Grenzen hinsichtlich des Verletzungsrisikos aus Kapitel 11 wiederholen. Stattdessen befassen wir uns mit den Möglichkeiten im Rahmen des Umgangs mit den Geräten. Betriebsschutz ist unter anderem eine Erziehungs- und Bewußtseinssache. Nur allzu schnell übersieht man seine eigene Verantwortung für die persönliche Sicherheit.

Eine neue Crew an Bord muß genauso, wie sie in ihre Funktionen eingewiesen wird, auch über die Verletzungsgefahren belehrt werden. Das ist nicht mit einer Auflistung im Rahmen der Sicherheitseinweisung abgetan, sondern bedarf geduldiger Indoktrination. In kleinen Portionen ist immer, wenn sich die Gelegenheit bietet, das Thema darauf zu lenken. Beim ersten Kaffeetrinken im Cockpit kann schon mal demonstriert werden, wie man auf einem lose liegenden Tampen ausrutscht, oder wie man sich hinter einer Klampe den Zeh abreißen kann. Wie man Daumen unter die Lagen auf einer Winsch wickelt, wird bei den Segelmanövern vorgeführt. Daß auf einer durchgesetzten Genuaschot zwei bis drei Tonnen Zugkraft lasten, und was passiert, wenn der Palstek am Schothorn aufgeht, wird im Rahmen der Knotenkunst verdeutlicht. Daß der Ausdruck „killen“ von dem tödlichen Schlagen der Schratsegelblöcke auf Großseglern bei der Wende kommt, wird bei den Segelmanövern eingebaut. Es ist immer gut, wenn man den Neuen Gelegenheit läßt, die Gefahren richtig zu verdauen. Sie müssen den Schmerz einer eingequetschten Hand förmlich spüren. Nur das wirkt, nicht das Abhaken des Punktes auf einer Liste.

Manchmal hilft eine Story, auf deren Wahrheitsgehalt es weniger ankommt als auf die Pointe. Hier ist ein Beispiel für die Gefahr von Handverbrennungen, wenn man ein durchrauschendes Tau zu stoppen versucht:

Auf einer großen Yacht wurde der Spi gesetzt. Durch eine Unachtsamkeit blähte sich der Spi plötzlich auf, noch bevor das Fall belegt war. Der Mann am Fall umklammerte das Tau wie verrückt, um es ja nicht durch die Hand gleiten zu lassen, und wurde so wider Willen vom Fall nach oben gezogen. Achtern wurde das bemerkt und hastig der Achterholer losgeworfen, damit der Spi einfiel und der arme Teufel aus seiner mißlichen Lage befreit wurde. Das geschah dann auch prompt und unsanft allerdings.

Erfahrene Crewmitglieder kennen die Gefahren und wissen, damit umzugehen. Auf sie braucht sich unsere Gehirnwäsche nicht zu richten - mit einer Ausnahme: Alte Hasen unterliegen der Gefahr des Leichtsinns. Aus der Überzeugung heraus, ihnen könne nicht so schnell etwas passieren, schließlich seien sie ja erfahren genug, vernachlässigen sie hier und da die lästigen Sicherheitsvorkehrungen. Ihnen sollte man einmal die Statistik vorlegen, in welchem Berufsalter Tischler sich ihre Finger abgesägt haben. Die Mehrheit liegt keineswegs im Lehrlingsalter!

Gefahr durch Kraft

Neulich kam ein Cupper („World of Love") mit einem Stauchbruch des Mastes nach Hause. Der Mast war förmlich in sich zusammengedrückt. Was war passiert? Eine Chartercrew war unterwegs gewesen, die im Umgang mit dem hydraulisch vorspannbaren Rigg wohl nicht sehr versiert war. In der Absicht, die Mastmitte zum Flachtrimmen des Großsegels nach vorn zu biegen, wurden Kutterstag und Babystag hydraulisch geholt. Ordentlich, denn der Mast wollte nicht so wie er sollte. Unbemerkt war dabei geblieben, daß die Backstagen beide hart durchgesetzt waren, und der Mast gar nicht nach vorn konnte. Hydraulik erzeugt eine Menge Kraft. Die beiden Stagen zerrten den Mast nach unten, bis er in sich kollabierte.

Man braucht keine Rennziege, um an Bord ungezügelte Kraft zu produzieren. Eine Genuawinsch mittlerer Größe vergrößert den Zug an der Kurbel um das vierzigfache. Die Schoten brechen nicht so schnell, sie sind meist dicker als sie sein müßten. Aber was hält das Tuch am Schothorn aus? Ist die Kraft dort gut verteilt, oder zieht sie nur am Unterliek? Was bringt der letzte Ruck an der Kurbel überhaupt? Flacher geht das Segel vielleicht gar nicht mehr.

Ich habe einmal gesehen, wie jemand mit verhaktem Anker versuchte, die Ankertrosse mit der Genuawinsch zu holen, und zur Kraftverstärkung auf die Winschkurbel einen langen Hebel gesteckt hatte. Es ging gut, aber gefährlich war's. Man möge sich vorstellen, was passiert, wenn eine Genuawinsch unter drei bis fünf Tonnen Last losbricht und durch die Gegend schwirrt. Da darf keiner im Wege stehen.

Auch mit viel weniger Kraft ist schon einiges anzurichten. Eine sinnlos dichtgeknallte Genua drückt langsam aber sicher die Salingsnock durch das Tuch hindurch. Eine bei der Wende am Bugkorb hintergehakte Genua wird gleich zerreißen, wenn die Leute an den Schoten es nicht rechtzeitig bemerken. Eine stehende Dirk überlebt es kaum, wenn gegen sie die Großschot mit Gewalt dichtgeknallt wird. Die Winschen verleiten nun einmal dazu, mit Kraft zu protzen. Hier wird Wille direkt verwandelt. Alles wird niedergezwungen. Eine zweihändig gefahrene Kurbel ist ein herrliches Instrument, verborgene Aggressionen loszuwerden. Man sollte sich einen Coffeegrinder als Heimtrainer in den Keller stellen!

Ein Rigg braucht Gefühl. Kraft muß sorgsam dosiert sein. Bei mir an Bord darf keiner etwas dichtholen, ohne den Blick in das Rigg gerichtet zu haben. Er muß sehen, was dort passiert und was er mit seiner Winsch bewirkt. Auch wenn er dazu den Hals verdrehen muß.

Als zusätzliche Sicherheit habe ich mit meinen Crews ein Notstoppverfahren vereinbart. Wenn irgend jemand sieht, daß etwas zu Blocks kommt, sich einklemmt, verfängt oder sonstwie unklar kommt, brüllt er laut und scharf „Stopp", und jede Bewegung verharrt. Nach dem „stopp" kann dann in Ruhe gesagt werden, wer einhalten sollte und weswegen.

Es sind nicht nur die Winschen, mit denen unbedacht eingesetzte Kraft Schaden anrichten kann. Zum Beispiel ist auch beim Ansetzen großer Hebel Vorsicht geboten. Man konzentriert sich auf die beabsichtigte Wirkung und übersieht die Nebenwirkung. Plötzlich knackt es und das Material, auf das das Widerlager des Hebels drückte, ist eingebrochen. Ein anderer Fall: Die Masseträgheit der in Fahrt befindlichen Yacht, und sei es nur Schleichfahrt, kann gegenüber einem harten Widerlager letztlich unendlich große Kraft bewirken. Wer schon einmal mit dem ungeschützten Heck gegen eine Betonwand gestoßen ist, weiß das. Denkt er auch an die Riesenkräfte, die entstehen, wenn er in eine steifkommende Leine fährt, zum Beispiel beim Eindampfen in die Spring, beim Anschleppen oder wenn beim Ablegen eine auf Slip auslaufende Leine an Land verhakt? Auf diese Weise fliegen Klampen, Klüsen und ganze Heckkörbe aus ihren Verankerungen. Vor allem bei unelastischen und kurzen Leinen ist die Einruckkraft unbeherrschbar groß.

Es gehört offensichtlich zu den seemännischen Talenten, daß man den Schmerz gequälter Mechanik fühlt. Es muß einem wehtun, wenn Material bis an seine Zerreißgrenze belastet wird, und man muß ein schlechtes Gewissen empfinden, wenn solche Belastungen einem versehentlich passieren.

Die mechanischen Abläufe an Bord zu durchschauen und vor allem ihnen vorauszuschauen, gehört genauso wie die Verhaltensregeln gegen die Verletzungsgefahr zur guten Seemannschaft. Ein Skipper ist recht beraten, wenn er dies bei seinen Bemühungen, die Crew zu trimmen, immer wieder in den Vordergrund stellt.

23 Sichere Manöver **Wenden und Halsen**

Wenden und Halsen scheinen zunächst kein Thema für die Sicherheit zu sein, sehen wir einmal von der Enthauptungsgefahr durch einen patenthalsenden Baum ab. Sie sind es jedoch sehr wohl, wenn man sie schlicht als Manöver zum Steuern der Yacht begreift. Fehlmanöver sind dann vergleichbar mit der unzuverlässigen Lenkung eines Autos im Straßenverkehr.

Das Manöver folgt dem Fahrweg

Da man heute die Hafenmanöver allgemein unter Motor fährt, und auch wenn's sonst eng wird, die Maschine nimmt, kommt man selten in die Verlegenheit, unter Segeln präzise manövrieren zu müssen. Sollte man dennoch einmal dazu gezwungen sein, muß eine Halse so plaziert sein, daß sie genau zwischen jenem bestimmten Steg und dem Pfahl endet, oder eine Wende muß so ablaufen, daß sie genau zwischen den zwei Wegerechtlern des Regattafeldes hindurchführt.

Die Manöver müssen nicht nur präzise angesetzt und gesteuert werden, die Yacht muß sie auch mitmachen. Wird sie nämlich vor lauter Steuerpräzision zu sehr in den Wind gedrückt, oder vernachlässigt man ihre Segelstellung, rächt sie sich durch Eigenwilligkeit. Sie fährt ihren eigenen Weg, und der endet, wenn's eng ist, mit Bruch.

Bruch gibt es zum Beispiel, wenn jemand bei starkem Wind mit einer Halse durch einen engen Kanal steuert und das Großsegel nicht sofort auffiert. Trotz Gegenhaltens bricht die Yacht nach Luv aus dem Ruder und steuert gegen die Steinschüttung (Abb. 23/1).

Bruch gibt es auch, wenn man mangels Fahrt bei einer Wende wieder auf den alten Bug zurückfällt, und sich dort kein Platz mehr befindet, was sehr wahrscheinlich ist. Denn sonst wäre die Wende dort nicht nötig gewesen (Abb. 23/2).

Abb. 23/1: Eine halsende Yacht läuft bei starkem Wind aus dem Ruder, wenn nicht gleich das Großsegel aufgefiert wird.

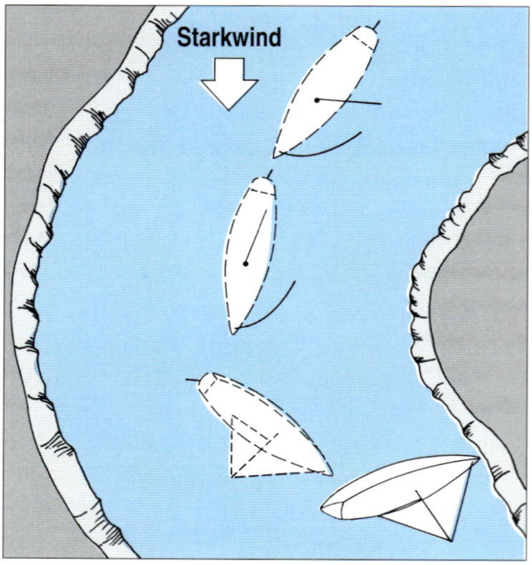

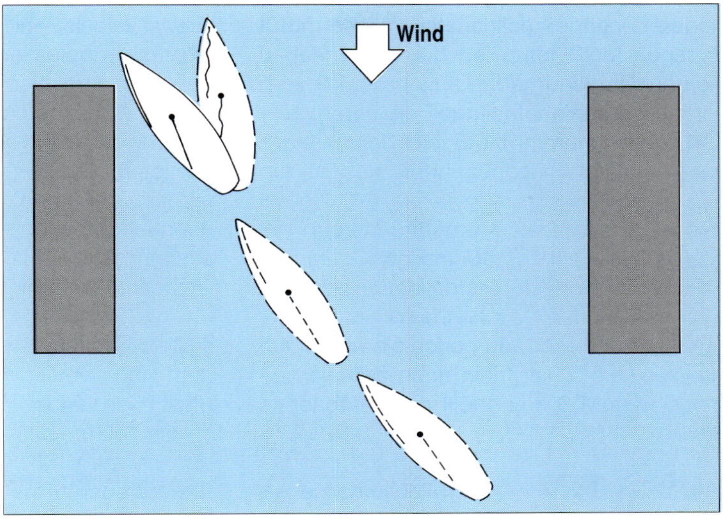

Abb. 23/2: Wird die Wende mit zu geringer Fahrt eingeleitet, fällt die Yacht auf den alten Bug zurück und driftet genau auf das Hindernis, dessentwegen sie eigentlich wenden wollte.

Auf der Segelschule werden Wenden und Halsen einfach in die Landschaft gesetzt. Es kommt auf den Manöverablauf an und auf den Eingangs- und Ausgangskurs, nicht aber auf den Weg, den die Yacht bei dem Manöver beschreibt. Die einzelnen Manöverschritte werden in richtiger Folge aneinandergesetzt. Und das war's denn auch. Wenden und Halsen in Bezug auf Hindernisse zu fahren, muß man sich selbst einüben.

Erstens der erforderliche Fahrweg, zweitens die Windrichtung und drittens das Fahrverhalten der Yacht bestimmen den Manöverablauf. Es ist die Umkehrung des von der Schule gewohnten Prinzips, bei der der Fahrweg hinten herausfiel. Lassen Wind und Fahreigenschaften diesen Fahrweg zu, dann kann es losgehen. Der Weg wird gesteuert, koste es was es wolle. Die Segel werden dem Kurs und Wind entsprechend bedient, vorbereitend dicht geholt, geschiftet und wieder eingestellt. So wie der Manöverablauf es erfordert. Die Yacht geht durch den Wind, wenn der Weg dazu zwingt und nicht wenn die Segel dafür gestellt sind. Das haben sie gefälligst rechtzeitig zu sein. Und zur Hölle, wenn nicht!

Nach einiger Praxis lernt man das typische Kurvenverhalten seiner Yacht kennen, um es beim Umrunden von Hindernissen einkalkulieren zu können. In Abhängigkeit von der Fahrt ergeben sich bestimmte Vorhaltedistanzen und Kurvenradien. Je langsamer die Wenden und Halsen gefahren werden, desto enger ist dies möglich, aber desto mehr ist man auch auf das yachttypische Kurvenmuster angewiesen. Man muß dann rechtzeitig berücksichtigen, daß die Yacht den Kreis nicht einhält und auf ihre typische Wenden- oder Halsenform zurückfällt (Abb. 23/3)

Die Kunst, Wenden und Halsen durch Engen hindurchzusteuern ist heute, weil selten benötigt, eine wenig verbreitete Kunst. Ich empfehle, sich dennoch darin zu üben. Ein verlassenes Bojenfeld eignet sich wun-

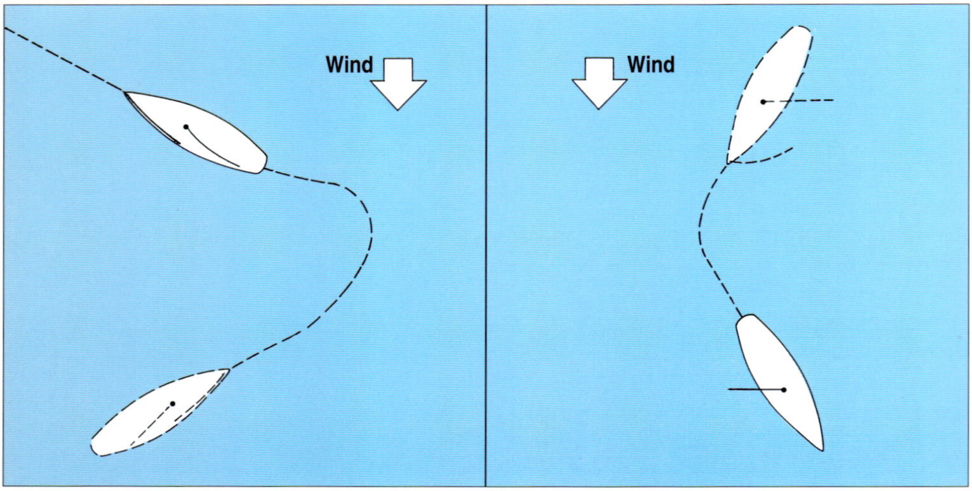

Abb. 23/3: Kurvencharakteristik bei einer langsam gefahrenen Wende (links) und Halse (rechts).

derbar dazu. Man designiert einzelne Bojen als Hindernisse und wendet oder halst an ihnen entlang. Nach gewissem Fortschritt, kann man den Abstand der Hindernisse enger wählen und schließlich Slalom durch das gesamte Bojenfeld fahren. Es macht Spaß! Noch mehr Spaß macht dann die Abschlußübung, ein Wett-Slalom durch das Bojenfeld zu zweit. Diese Übung mischt allerdings den Ernstfall gleich mit ein. Nur Mut!

Halsen auf engem Raum

Die Halse gilt als das kompliziertere Manöver, weil man den Baum bändigen muß. Sie ist schwieriger, aber nicht aus diesem Grunde. Das Problem ist vielmehr, die Gelegenheit zu finden, während des Abfallens vor den Wind, den Baum mittschiffs zu holen. Der Fahrweg muß dazu eine langgestreckte Kurve ermöglichen. Ist dafür kein Platz da, muß schon vorher dichtgeholt werden (Abb. 23/4).

Bei wenig Wind ist das kein Problem. Bläst es dagegen ordentlich, krängt man so stark, daß Gefahr besteht, aus dem Ruder zu laufen. Dann muß das Groß eben vorher weggenommen werden, bevor man sich in das enge Gewässer begibt. Wer Angst hat, anschließend nochmal an den Wind zu müssen, möge das ruhig unter Vorsegel allein probieren. Die meisten Yachten gehen unter Vorsegel allein erstaunlich hoch an den Wind. Eine Kreuz ohne Großsegel kann

Abb. 23/4: Muß das Groß schon vor dem Abfallen zur Halse dichtgeholt werden, darf es nicht stark blasen.

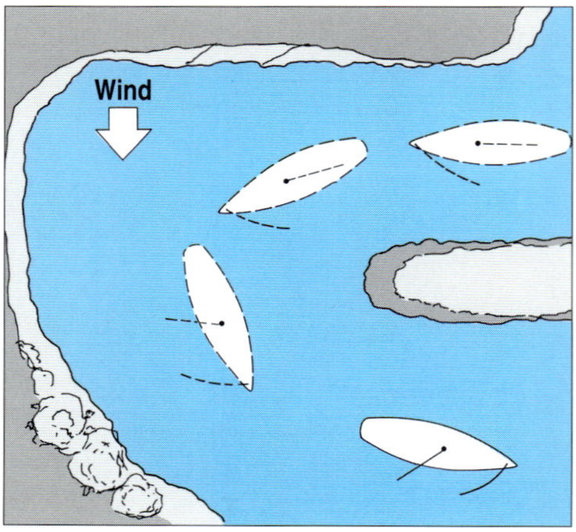

problemlos bewältigt werden. Nur bei den Wenden muß man aufpassen. Sie müssen mit viel Schwung und zartem Ruder gefahren werden, so daß auf dem neuen Bug noch ordentlich Fahrt im Schiff ist. Andernfalls fällt die Yacht nach der Wende rettungslos ab, und man verliert viel seiner mühsam erkämpften Höhe.
Erfordert der Weg mehrere Halsen gleich nacheinander, schafft man das bei mäßigem Wind mit dem Trick, das Großsegel gleich dicht zu lassen. Auch das Vorsegel kann man einfach stehen lassen wo es ist. Es steht dann abwechselnd voll und back. Für raume Kurse bringt das Vortrieb genug. Der Rudergänger kann sich ausschließlich auf die Pfähle, Stegecken und sonstige Hindernisse konzentrieren, ohne sich um die Segel kümmern zu müssen. Bei stärkerem Wind allerdings dürfte der Trick mit dem dichten Großsegel wegen der großen Krängung dabei nicht funktionieren. Dann ist es wieder besser, das Großsegel rechtzeitig ganz wegzunehmen (Abb. 23/5).

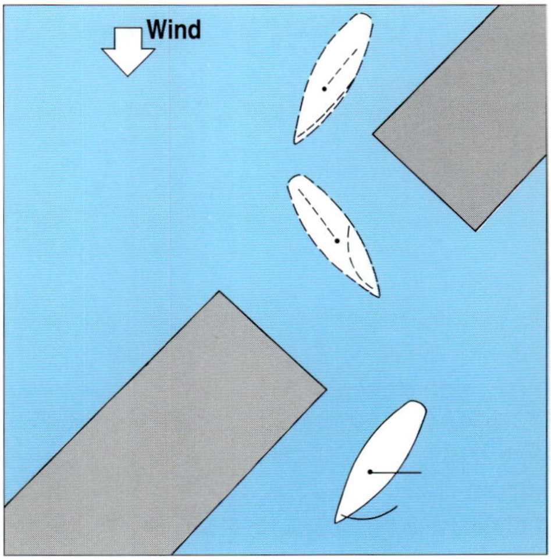

Abb. 23/5: Halsenslalom mit dichtgelassenen Segeln.

Die goldene Kneiferregel

Als letzten Tip für sicheres Manövrieren zwischen Hindernissen möge der Leser die goldene Kneiferregel mitnehmen. Jeder kennt die Situation: Sei es eine Regattatonne, die gerundet werden muß, oder irgendein Hindernis, an dem man sich in Luv vorbeiquetschen möchte. Je dichter man herankommt, desto knapper scheint es zu werden. Unmerklich mogelt man sich höher und höher an den Wind, während nicht ganz so unmerklich, eher drohend deutlich die Fahrt zurückgeht. Schafft man's oder schafft man's nicht?
Daß diese Kneiferei an Höhe nichts bringt weiß jeder und tut es trotzdem. Es ist eine Mischung aus Selbstsuggestion und optischer Täuschung, die den biederen Segler zu solchem Fehlverhalten verleitet. Da der Bug immer noch klar luvwärts an dem Hindernis vorbei zeigt, muß es gut gehen. Die Windabdrift wird dabei keinesfalls übersehen, so töricht wäre der Skipper nicht, aber sie wird verniedlicht. „Meine Yacht schiebt nicht mehr als 5 Grad!“ Die optische Täuschung liegt darin, daß nach etwas mehr Anluven der Bug zwar weiter vom Hindernis wegzeigt, aber daß der Abdriftwinkel tatsächlich unsichtbar größer und größer wird. Eine auf ihre halbe Fahrt geknüppelte Yacht hat leicht über 20 Grad Abdrift!
Das Schicksal nimmt seinen Lauf, sobald von der regulären Hochamwind-Fahrt zurückgefallen werden muß. Anluven bedeutet dann Abfallen über Grund! Und das muß man erst einmal verdauen. Die goldene Kneiferregel besagt: „Don't do it!“

24 Sichere Manöver
Im Hafen

Hafenmanöver haben es in sich. Wo sie gefahren werden, ist es gewöhnlich eng, flach und teuer. Es drohen Gelcoat-Kratzer, verbogene Relingsstützen, durchgebrochene Scheuerleisten und herausgerissene Bugkörbe. Die mangelnde Routine mancher Freizeitkapitäne gibt den Hafenmanövern noch eine besondere Delikatesse. Was wundert es also, daß in einem Sicherheitsbuch den Hafenmanövern ein eigenes Kapitel gewidmet wird.

Klar zu Einlaufen

Beginnen wir mit den Einlaufvorbereitungen. Die Frage, ob unter Segeln oder unter Maschine eingelaufen wird, sollte eigentlich keine Frage mehr sein. Und wenn doch, dann wäre ein Machtwort geboten. Ohne Zwang heutzutage einen Hafen unter Segeln anzulaufen, dient doch nichts anderem als der höchst selbstsüchtigen Befriedigung persönlicher Eitelkeit. Die sportliche Seite eines solchen Spektakels, die zweifellos anzuerkennen wäre, rechtfertigt in keiner Weise die willkürliche Gefährdung der anderen Hafenlieger. Kein auch noch so routinierter Skipper könnte eine gewisse Gefährdung von vornherein ausschließen. Es brauchte da nur eine andere Yacht in den Weg zu laufen, und komme mir dann keiner damit, daß diese Yacht ausweichen gemußt hätte!

Genug der Schelte, es wird grundsätzlich unter Maschine eingelaufen. Die Segel sind geborgen, das Vorschiff ist frei zum Arbeiten. Mancher mag auf dem Vorschiff lieber ein Vorsegel für den Fall eines Motorausfalls in Bereitschaft halten, was ich etwas überzogen finde. Die Situation, daß bei Maschinenausfall der Wind von der richtigen Seite kommt, und daß im Hafen genug Platz ist, Fahrt aufnehmen und manövrieren zu können, ist wohl ziemlich selten. Statt dessen würde ich aber den Anker klar zum Fallen haben. Denn damit kann ich fast immer etwas anfangen. Er hilft beim Aufstoppen oder auch, um provisorisch erst mal irgendwo Halt zu finden.

Wenn bereits klar ist, auf welche Weise angelegt wird, kann ich schon die Leinen und Fender ausbringen lassen, wenn nicht, werden zunächst mal zwei Fender an beiden Seiten angebracht und der Rest sowie auch die Leinen nur parat gelegt. Ich habe etwas gegen Bootshaken, wenn sie schon beim Einlaufen in provokativer Abwehrstellung gehalten werden. Ich weiß auch gar nicht, wozu sie so bereitgehalten werden. Zum Abhalten der Yacht von einem Nachbarn? Der muß sich doch bedroht fühlen. Um den „casus belli" zu vermeiden, lasse man die Lanze an ihrem Platz, bis sie wirklich zum Aufnehmen einer Leine oder so gebraucht wird.

Gerät beim Manöver die Yacht zu dicht an den Nachbarn, muß ein Fender an der Stelle zwischen die Bordwände gebracht werden. Ist die Yacht nicht zu groß, kann man auch den Bugkorb, die Wanten oder

sonst ein festes Teil der Nachbaryacht greifen und abdrücken. Bitte nicht gegen die Seereling drücken, denn die ist nicht für nach innen gerichteten Druck gebaut!
Um einen Fender schnell zur Hand zu haben, dürfen nicht, wie üblich, alle Fender bereits irgendwo befestigt sein. Bei mir an Bord wird deshalb der „Panikfender" gefahren. Das ist ein ziemlich großer Fender, der nie irgendwo angeknotet wird, sondern stets zentral am Niedergang für den Panikfall greifbar bereitliegt. Empfehlenswert!
Wir sind nun klar zum Einlaufen. Sollte es sich um einen der fortschrittlichen Häfen handeln, die mit Funk ausgestattet sind, meldet man sich schon einmal beim Hafenmeister an und erbittet einen Liegeplatz. Der Hafenplan ist längst gründlich studiert und die Tide, falls erforderlich berücksichtigt. Sind die Kartentiefen kritisch, versucht man beim Einlaufen durch Loten den aktuellen Wasserstand zu ermitteln. Am Bewuchs der Hafenanlagen kann man vielleicht auch erkennen, ob gefährliches Niedrigwasser besteht.
Meistens ist der Hafen fremd, und wo man einen Liegeplatz findet, weiß man sowieso noch nicht. Also wäre es ziemlich unangebracht, sich mit kühnem Schwung in das Hafenbecken zu begeben. Schüchtern tastet man sich heran. Die Fahrt beträgt Steuerminimum.

Stop and go

Nach der Hafeneinfahrt muß ich mit allem rechnen. Da schwimmt eine Leine, da schießt ein Opti quer, da brüllt von rechts der Hafenmeister und von links ein hilfsbereiter Skipperkamerad. In Voraussicht dessen habe ich längst mein Aufstoppmanöver für alle Fälle im Kopf. Wo kommt der Wind her? Bug oder Heck in den Wind, und Maschine zurück bis null. Nur nicht quer zum Wind abstoppen. Und wenn, dann einkalkulieren, daß der Bug gleich nach Lee wegtreibt. Es sei denn, er soll das ruhig. Wenn da gerade Platz ist.
Ist es sehr eng im Hafenbecken, muß ich stets in Bereitschaft sein, auf der Stelle anzudrehen oder gar zu wenden. Je langsamer ich krieche, desto besser dreht die Yacht auf der Stelle. Am besten aus dem Stand. Hart Ruder und kurz mit dem Gashebel dagegengepustet. Gleich wieder auf neutral und zurück, um die Fahrt wieder zu stoppen. Soll einer sehen, wie das Schiff dreht.
Viele Segler haben das noch gar nicht ausprobiert und manövrieren unter Motor so wie beim Segeln. Sie müssen umlernen. Am beweglichsten unter Motor ist man bei „stop and go". Beim Anfahren mit hart Ruder dreht fast jede Yacht mehr als sie Fahrt aufnimmt. Und geht man gleich wieder auf „Kleine zurück", wird das bißchen Fahrt gestoppt, der Drehschwung aber beibehalten. Eine feine Sache, nur manche kennen sie eben gar nicht.
Für das Vorantasten in einem fremden Hafen, wenn man nach einem Liegeplatz sucht und mit Überraschungen aller Art rechnet, ist „kriech and go", eine abgemildertet Variante, die beste Methode. Sie läßt dem Skipper Zeit, sich in Ruhe umzusehen, und verleiht der Yacht genügend Beweglichkeit, auf spontane Entdeckungen zu reagieren.

Lausig in Lee

Für alle Yachttypen ist es mehr oder minder schwierig, den Bug gegen einen stärkeren Winddruck nach Luv zu drehen. Das liegt an den Proportionen des angestrahlten Ruderteils und an der Windempfindlichkeit des Vorschiffs. Statt mit dem Bug nach Luv zu schwenken, macht das Heck bei jedem Versuch einen Riesensatz nach Lee und nimmt das ganze Schiff mit. Peinlich wird das in einer Lee-Ecke des Hafens, wo man auch nicht mehr nach Lee wegdrehen kann. Jeder Befreiungsversuch wäre zum Scheitern verurteilt. Man kann nur noch dwars treibend die Fender an die richtige Stelle bringen, und mit Maschine vor oder zurück versuchen, sich irgendwo sanft anzuschmiegen.

Der Retter in solcher Situation kann der Schraubeneffekt sein, wenn er stark genug ist, und zur richtigen Seite wirkt. Mit ordentlich Gas zurück kann es gelingen, das Heck nach Luv zu drehen und dann das Schiff schleunigst aus der verteufelten Ecke herauszuziehen.

Traversieren

Der Wind muß bei jedem Hafenmanöver einkalkuliert werden. Je stärker er bläst, desto mehr. Bei Starkwind kann es erforderlich werden, anstelle des „Stop and go"-Fahrens sich traversierend mit dem Bug im Wind zu bewegen. Dazu schießt man nach dem Einlaufen mit den Bug in den Wind, hält mit feinfühlig dosierter Maschine voraus die Position und korrigiert mit dem Ruder die Lage der Yacht im Wind. Um sich seitlich zu verholen, fällt man eine Kleinigkeit in die gewünschte Richtung ab und luvt zum Aufstoppen wieder an. Man kann sich auf diese Weise sogar rückwärts oder schräg rückwärts in eine Lee-Ecke sacken lassen, um dort anzulegen (Abb. 24/1).

Abb. 24/1: Bei Starkwind bewegt man die Yacht traversierend mit dem Bug im Wind vorsichtig durch den Hafen.

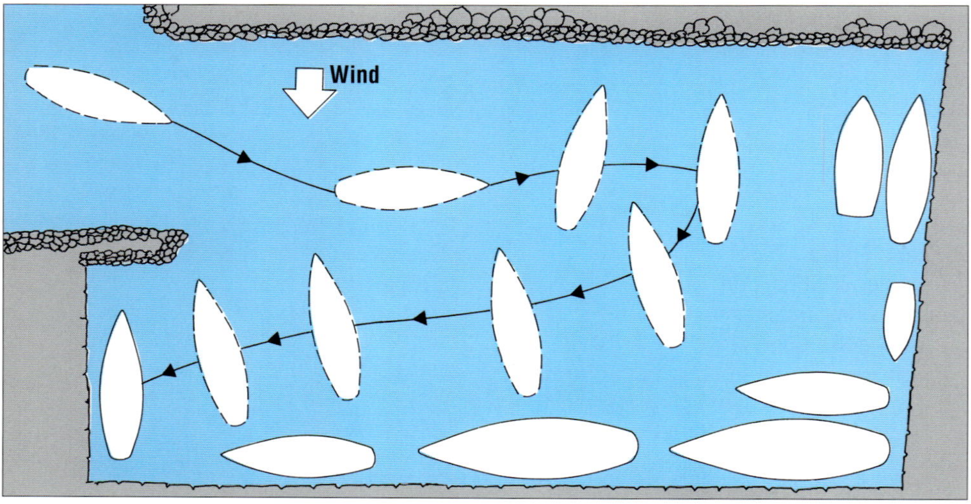

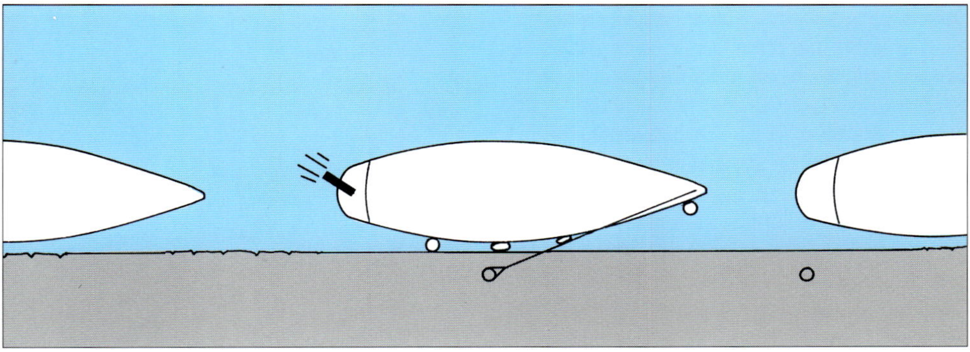

Abb. 24/2: Längsseits Anlegen: In die Vorspring zart eindampfend, wird die Yacht gehalten, bis die anderen Leinen sitzen.

Halten mit der Spring

Ist ein geeigneter Liegeplatz gefunden, würde ich mich nicht gleich darauf stürzen, auch nicht wenn eine andere Yacht so aussieht, als könnte sie mir den begehrten Parkplatz wegschnappen. Statt dessen manövriere ich die Yacht quasi im Unreinen direkt vor den Liegeplatz, um erstens allen anderen zu zeigen, den beanspruche nun ich, zweitens um zu sehen, ob dort irgendwelche Leinen stören und wie man dort festmacht, und drittens um der Crew Zeit zu geben, Leinen und Fender endgültig vorzubereiten. Die Rollen werden ein letztes Mal abgecheckt: Wer springt an Land um die Leinen anzunehmen, oder ist da schon jemand?
Der Anleger wird nun schulmäßig gefahren, was hier nicht noch einmal behandelt werden soll. Aber nun kommt das, was beim Boxen der „In-fight" genannt wird. Da werden die Punkte gemacht. Wie oft habe ich gesehen, daß eine Yacht recht ordentlich auf ihren Liegeplatz gefahren und tadellos aufgestoppt wurde. Aber dann... Leinen flogen in willkürlicher Folge an Land, und an beiden Enden jeweils zerrten die Leute um die Wette. Die Yacht trieb abwechselnd dahin, wo am meisten gezogen wurde. Alle sprangen irgendwo herum mit Fendern und Leinen beschäftigt. Im Cockpit war jedoch keiner mehr. Keiner der die Yacht mit der Maschine festhalten, und das Ganze in irgendeinen Zusammenhang bringen gekonnt hätte.
Es scheint wohl vom Jollensegeln her überliefert worden zu sein, daß man ein Boot nach dem Anlegen einfach festbindet, so gut es geht. Anhänger dieser Schule müssen umlernen. Die Yachten werden heute immer größer, und ein Vierzehnmeterschiff kann nicht mal eben mit dem Fuß abgehalten oder wie ein Dackel an der Leine hinterhergezogen werden. Der Skipper muß beim Anlegen die Yacht mit Maschine und Ruder so lange halten, bis die Leinen ausgebracht sind und die Yacht sicher fixieren. Daß man ohne Fahrt eine Yacht nicht halten kann, ist klar. Man kann sich aber behelfen, wenn man eine, nur eine Leine hat, in die man eindampfen kann.

Deshalb ist es der ganze Trick, nicht mit allen Leinen gleichzeitig herumzufuddeln, sondern nur eine, die wesentliche, an Land zu bringen und durchzusetzen. An Bord liegt die Leine auf einer Genuawinsch. Sachte gegen diese Leine andampfend, hat der Rudergänger das Schiff nun im Griff. Die Längsrichtung kontrolliert er mit der Winsch, während er mit dem Ruder das Heck hin- und hergeschieben kann.
Beim längsseits Anlegen benutzt man die Vorspring zum Eindampfen (Abb. 24/2). Da sie schräg nach achtern außenbords zieht, wird zugleich das Schiff breitseits an die Kaimauer gezogen. Aufpassen muß der Rudergänger, wenn die Spring steifkommt und der Bug zur Kaimauer schwenkt. Mit seewärts Ruder und „Kleiner voraus“ kann er aber genügend gegenanhalten.
Nun liegt die Yacht sauber an der Pier und rührt sich nicht mehr. Für alle Fälle bleibt der Rudergänger im Cockpit, um mit Ruder und Gas nachzutrimmen. Die anderen können nun in aller Ruhe die restlichen Leinen ausbringen.
Beim rückwärts Anlegen mit dem Heck zur Pier, auch römisch-katholisch genannt, benutzt man die luvwärtige Achterleine zum Eindampfen. Sie muß allerdings ungefähr in Längsrichtung ausgebracht werden, nicht wie sonst üblich, diagonal nach außen. In diese Leine eindampfend, auch hier wieder mit zarter Hand, wird die Yacht wie folgt kontrolliert: Mit dem Gashebel wird der Bug nach Luv und Lee geschwenkt, mit der Winsch die Yacht in Längsrichtung bewegt und mit dem Ruder das Heck seitwärts verschoben. Auf Abb. 24/3 wird deutlich, weshalb das so funktioniert. Man möge es probieren, es klappt hervorragend. Nachdem die Yacht auf diese Weise stabilisiert ist, kann die Crew in aller Ruhe die Mooringleine des Grundgeschirrs nach oben holen, die Vorleine belegen und die anderen Achterleinen setzen. Besonders wenn man keinen Nachbarn zum Anlehnen hat, ist dieses Verfahren die einzige Methode, eine größere Yacht bei Seitenwind römisch-katholisch anzulegen.

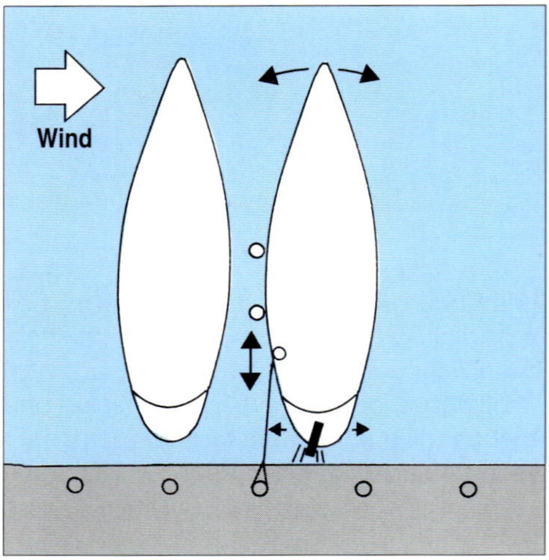

Abb. 24/3: Römisch-katholisch anlegen: Allein durch Eindampfen in die Luv-Achterleine ist die Yacht unter Kontrolle.

Voraussetzung für das Eindampfverfahren ist natürlich die schnell und sicher ausgebrachte Spring. Wenn der Knoten schon so lange dauert, daß die Yacht inzwischen wieder abtreibt, wird das Manöver schwierig. Deswegen habe ich lieber einen Springer meiner Crew für diese veranwortungsvolle Aufgabe, als sie einem freundlichen Passanten an Land zu überlassen. In zehn Sekunden muß der Knoten soweit gesteckt sein, daß man schon eindampfen kann. Dazu reichen zwei Rundtörns. Die halben Schläge können später auch noch unter Zug aufgesteckt werden.
Sobald der Knoten an Land gut aussieht,

wird an Bord die Spring geholt, über die Genuawinsch, wie gesagt. Die Lose muß raus sein, bevor vorsichtig eingedampft wird. Andernfalls schliert die Bordwand an der Pier oder der Nachbaryacht entlang, und die Fender können herausrutschen.

Ist die Crew knapp an Zahl, kann ohne weiteres der Rudergänger selbst die Spring von Bord aus fahren. Dazu begibt er sich vor das Ruderrad, sobald die Yacht aufgestoppt ist und die Spring ausgebracht wird. Er legt sie dann bordseitig auf die Winsch und holt die Lose heraus. Das Eindampfen selbst kann er von vorn machen. Das Ruder wird festgestellt und mit dem Gashebel wird dosiert.

Die Mittschiffsleine

Sie ist die größte Erfindung aller Zeiten zum Anlegen, wenn es an Crew mangelt. Sie dient genauso wie die Eindampfmethode dem vorläufigen Festhalten der Yacht, bis in aller Ruhe die eigentlichen Leinen ausgebracht sind. Der Einsatz der Mittschiffsleine ist zu besichtigen in Venedig bei den Vaporettos an deren Haltestellen und in Hamburg bei den Hafenbarkassen und Fastmokern. Die benutzen die Mittschiffsleine grundsätzlich. Denn sie ist die schnellste Methode mal eben festzumachen nur so zum Ein- und Aussteigen.

Auf eine Segelyacht übertragen, funktioniert das Verfahren wie folgt. Ein Festmacher wird durch die Mittschiffsklüse oder einen dort angebrachten Block geführt, mit dem bordseitigen Ende auf der Genuawinsch und dem landseitigen in der Hand des Springers. Egal ob es ein Längsseitsanleger oder römisch-katholisch ist, beim Aufstoppen steigt der Springer an Land oder auf das Nachbarschiff und befestigt die Leine dort etwa ein bis zwei Meter achterlich. Der Rudergänger holt die Leine durch und dampft mit Gegenruder sachte vorwärts ein. Nach ein wenig Feintrimm liegt das Schiff stabil gegen die Fender gedrückt, und die restlichen Leinen können gesetzt werden (Abb. 24/4).

Abb. 24/4: Wenn man nur zu zweit ist, hält man die Yacht mit der Mittschiffsleine in Position bis man richtig festgemacht hat.

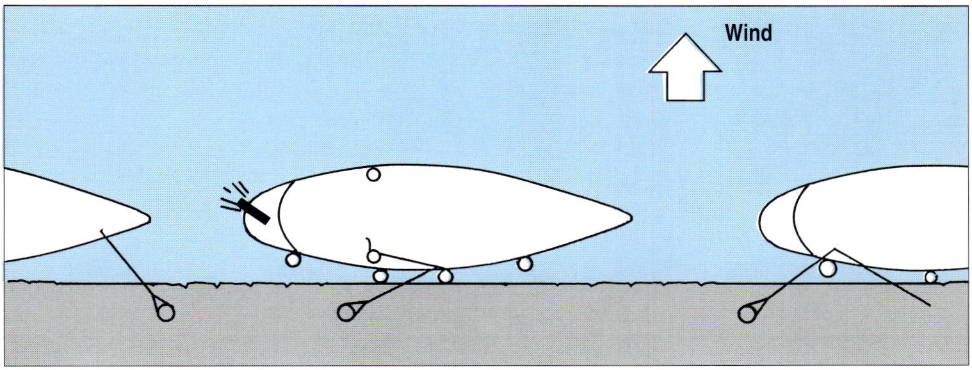

Ohne Motor

Für den Notfall, aber nur dafür, sollte man sich Gedanken machen, wie man auch ohne Maschine heil in einen Hafen kommt. Es muß schon ein wichtiger Anlaß sein, sich dazu zu entscheiden, denn wie anfangs schon erwähnt, muß ein gewisses Risiko mit ins Kalkül gezogen werden. Vielleicht kommt der eine oder andere dann doch noch auf die Alternative, in der Bucht direkt nebenan zu ankern, und die Ersatzteile, oder worum es ging, per Beiboot zu holen. Ob ich allerdings einen Mechaniker mit dem Dingi in die Bucht locken könnte, ist zweifelhaft. Übrigens läßt sich bei wenig Wind eine Yacht auch gar nicht schlecht mit dem eigenen Schlauchboot schleppen. Ein Außenbordmotor mit nur vier PS hat mir einmal solchen Dienst erwiesen, und die Yacht verdrängte mehr als 12 Tonnen.

Läßt sich das Einlaufen unter Segeln nicht vermeiden, ist es gründlich und gewissenhaft vorzubereiten. Das Unternehmen beginnt mit der Aufklärung. Wenn irgend möglich, wird die Yacht draußen zunächst geankert und mit dem Beiboot voraus in den Hafen gefahren. Dort inspiziert man die Anlegemöglichkeiten und den Manövrierraum. Sieht es gut aus, bleibt jemand als Leinenkommando gleich im Hafen zurück, der zugleich auch die Aufgabe hat, Yachten, die zwischendurch den Anlegeplatz begehren, auf die Lage hinzuweisen. Gibt es kein Beiboot auf der Yacht oder keine Ankermöglichkeit, muß sich die Aufklärung auf das Studium des Hafenplans beschränken. Da man dann erst im Hafenbecken die Anlegemöglichkeiten sondieren kann, muß dort genügend Platz zum Manövrieren sein. Sonst geht's nicht.

Es ist nicht sehr sinnvoll, die Manöver schon in den Hafenplan zu zeichnen, denn der Wind kommt im Hafen immer anders als gedacht. Das ist auch der Grund, weshalb ich immer das Großsegel noch vor dem Hafen bergen würde. Sollte im Hafen der Wind von der verkehrten Seite kommen, kriege ich weder die Fahrt aus dem Schiff, noch das Großsegel herunter. Das Vorsegel fällt bei jeder Windrichtung, oder es läßt sich wegrollen.

Kein Aufschießer unter stehendem Vorsegel

Weil der Wind im Hafen nicht vorausberechenbar ist, plane ich auch keinen Aufschießer unter stehendem Vorsegel. Die Auslaufstrecke variiert um hundert Prozent und mehr, wenn der Wind plötzlich dreht, oder wenn man in eine Abdeckung gerät. Der Auslauf einer Yacht mit geborgenen Segeln ist viel berechenbarer. Er ist sehr lang. Zehn, fünfzehn Schiffslängen sind, je nach Anfangsfahrt und je nach Heftigkeit der Ruderlagen, nicht übertrieben. Man muß Geduld dabei haben. Die Yacht mag schon sehr langsam sein, aber sie marschiert noch lange. Und genau darin liegt der Vorteil. Etwa das ganze letzte Drittel der Auslaufstrecke ist so langsam, daß man die Yacht bequem zu jedem Zeitpunkt abstoppen kann.

Der Heckanker ist die naheliegendste Bremse, aber er ist aus zwei Gründen problematisch. Erstens bedarf das Überbordbringen des Ankers und das anschließende Fieren der Trosse einer geübten Hand. Gerade, weil man das so selten macht, gibt es jede Menge Gelegenheit, die Leine falsch zu führen oder mit einem Kinken zu blockieren. Und zweitens kann man mit den Heckanker nur geradlinig voraus die Fahrt aufstoppen. Geht aber der Aufschießer auf dem Weg zum Anlegeplatz um die Ecke, würde beim Aufstoppen die Yacht aus dem Ruder gerissen werden. Ich würde den Heckanker nur benutzen, wenn ich die richtige Crew an Bord hätte, und wenn die normalen Aufstoppmöglichkeiten mit Leinen nicht sicher genug erscheinen. Und natürlich, wenn ich ein spezielles Heckankermanöver geplant hätte. Das gibt es auch, und zwar beim Anlegen vor dem Wind, allerdings nur bei schwachen Brisen. Hat der Heckanker einmal gefaßt und läuft die Trosse schön über die Winsch, kann man mit diesem Manöver bombensicher auf den Zentimeter genau seinen Liegeplatz ansteuern.

Als Anlegeplatz würde ich grundsätzlich eine Stelle wählen, die mir ein Zu-kurz-kommen ebenso wie ein Zu-lang-kommen verzeiht. Also eine lange Pier oder eine Reihe längsseits liegender Yachten, von denen ich an irgendeiner landen könnte. Ungern würde ich einen „Kopfbahnhof" wählen, in dem die Gleise enden.

Die Anlegerichtung muß nicht genau gegen den Wind sein. Solange er nicht achterlich kommt, spielt seine Richtung keine große Rolle. Das ist ein wesentlicher Vorteil der Methode, ohne stehende Segel aufzuschießen.

Was ist, wenn der Aufschießer nicht klappt und die Yacht noch vor dem Anleger verhungert? Zunächst mal ist das kaum möglich, weil der Auslauf ohne Segel extrem lang ist und variabel abgebrochen werden kann. Aber sollte es doch passieren, dann, so die Unkenrufe, fehlt natürlich das stehende Vorsegel, um abzufallen und Fahrt aufzunehmen für einen neuen Versuch. Die Unkenrufe rühren von den Erfahrungen an der Segelschule, wo das Abbrechen und Fahrtaufnehmen zum Ausbildungspensum gehörte. Ohne dieses Manöver frisch geübt zu haben, und dazu noch in einem Hafen mit begrenztem Manöverraum halte ich dieses Verfahren für unnötig riskant. Ist es nicht viel einfacher und letztlich sicherer den verhungerten Aufschießer bis zur letzten Neige auszukosten, Zeit zu gewinnen und dann den Buganker fallen zu lassen. Vielleicht erbarmt sich später jemand im Hafen und bringt mit einem Dingi eine Leine über, falls man nicht selbst ein Beiboot hat.

Das Passieren der Einfahrt in den Hafen muß gut durchdacht sein. Das Problem ist der unzuverlässige Wind. Alle Amwind-Strecken in engen Kanälen, müssen so gefahren werden, daß notfalls eine Wende zurück auf Gegenkurs möglich ist. Dazu hält man sich auf der Leeseite des Fahrwassers. Die Wende wird dann mit nicht zu viel aber ausreichender Fahrt eingeleitet, daß die Yacht durch den Wind dreht, aber mit back stehendem Vorsegel fast ohne Fahrt voraus auf Gegenkurs abfällt. Diese Art Wende muß ausnahmsweise mit Hartruder gerissen werden. Aller Fahrtüberschuß muß in Drehung umgesetzt werden.

Im Hafenbecken angekommen, würde ich zunächst mit geschrickten Schoten auf der Stelle hin und herkreuzen, um mich im Hafen zu orientieren, um die Windverhältnisse zu prüfen, und um allen Leuten im Hafen klar zu machen, daß hier jemand mit Druck in der Büchs kommt. Vielleicht bringt das ein paar helfende Hände auf die Beine, die die Leinen annehmen können.

Aus diesem Hin- und Hergekreuze wähle ich den richtigen Ort und Augenblick, wo das Vorsegel fällt und der Landeanflug beginnt. Zum Aufstoppen liegt eine Leine bereit, die durch die achtere Klüse geführt ist, deren bordseitiges Ende auf der Genuawinsch liegt und deren landseitiges Ende der Springer in der Hand hält, der am Bug-

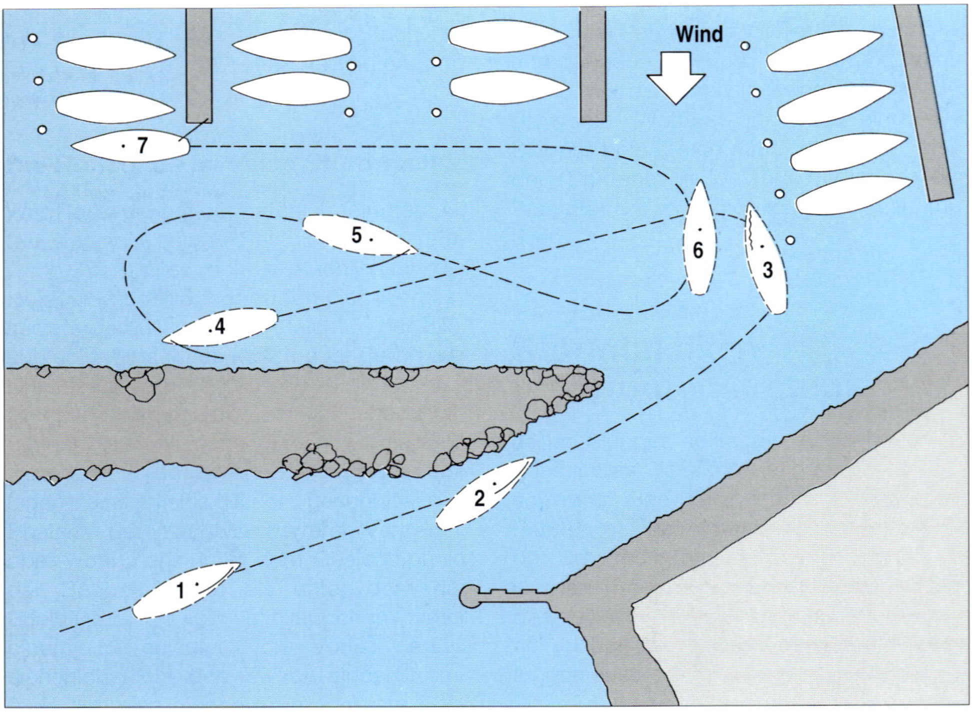

Abb. 24/5: Unkonventionelles, aber noch am wenigsten riskantes Einlaufmanöver ohne Motor. (1 = Großsegel ist schon geborgen; 2 = Amwind-Strecke nur unter Vorsegel; 3 = Wende zur „Hafenbesichtigung"; 4 = Anlegemöglichkeit ist erkannt, Crew wird eingewiesen; 5 = klar zum Bergen Vorsegel; 6 = fallen Vorsegel, auslaufen immer längs der verschiedenen Festmachemöglichkeiten; 7 = in Schleichfahrt geht die Achterleine über, die Yacht wird aufgestoppt.)

korb in Bereitschaft steht. Beim Anlegen steigt der Springer vom Bugkorb aus über, macht dort in nächster Nähe die Leine fest. Während die Yacht parallel schwenkt und an diesem Festmachepunkt vorbeigleitet, wird an der Genuawinsch die Lose aus der Leine geholt, um sie zum Aufstoppen über die Winsch zu fieren. Während des Aufstoppens wird die Yacht seitlich angedrückt, Gelegenheit, die Vorleine auszubringen. Die muß ziemlich schnell stehen, um der Yacht nach dem Aufstoppen Halt zu geben.

Es geht also. Man kommt schon ohne Motor herein in den Hafen. Aber... Der Teufel steckt im Detail. Da ist plötzlich die Aufstoppleine zu kurz oder der Knoten an Land geht auf, weil er in der Aufregung zu schnell gesteckt war. Oder beim Fallen Genua bleibt das Fall hängen, und ein unförmiger Sack von halb stehender Genua zerrt den Bug nach Lee.

Kinken und Pannen müssen passieren. Es fehlt zwangsläufig die nötige Routine. Für die meisten an Bord dürfte ein Hafenmanöver mit einer großen Yacht unter Segeln völlig neu sein. Und ein verständliches Maß an natürlicher Nervosität wird das seine dazu beitragen.

Natürlich ist ein besonnener Skipper immer darauf gefaßt, daß die Genua einmal nicht fällt, daß das Aufstoppen nicht klappt, daß die Leine an Land loskommt, und weiß vorausschauend, was er dann tun würde. Aber irgendwo sind die Alternativen einmal am Ende. Und dann ist einmal kein Platz mehr da und die Nachbaryacht eben im Wege. Das ist das Risiko, das ich meine.

25 Sichere Manöver
Ankern

Ausgerechnet mir mußte das passieren. Eine Yacht, die wir ein paar Tage auf Reede allein lassen wollten, und entsprechend sorgfältig vor zwei verkatteten Ankern mit reichlich gesteckter Kette lag, war über Nacht bei Starkwind geslippt und mit einer anderen, an der Boje liegenden Yacht kollidiert. Wie war das möglich?
Was tut man, um sicher vor Anker zu liegen! Betrachten wir die Möglichkeiten und Tricks, die sich bei modernen Yachten als vorteilhaft erwiesen haben, der Reihe nach.

Das richtige Ankergeschirr

Möglichst viel Kette zu stecken ist immer gut. Das weiß jeder. Nur wenn der Schwojraum durch die anderen Ankerlieger, Steine oder flaches Wasser begrenzt ist, muß man Rücksicht nehmen und kürzer stecken. Die in manchen Lehrbüchern empfohlene Kettenlänge von drei- bis fünffacher Wassertiefe verstehe ich als Vorabinformation für Neulinge, die noch keine Vorstellung haben, wie eng man sich auf manchen Reeden einschränken muß. Doch wehe, wenn es dann anfängt zu blasen.
Neben der Kettenlänge spielt auch die Wassertiefe eine gewisse Rolle für die Haltekraft. Sie bestimmt den hängenden und den liegenden Teil der Kette. Der hängende Teil dient ausschließlich der Abfederung seegangsbedingter, also zyklischer Lasten, der liegende Teil der Haltekraft für den Gesamtzug. Die zyklischen Lasten, die durch das Vor- und Zurückschieben des Schiffes in den Wellen entstehen, gleichen sich gegenseitig aus, wenn man dem Schiff nur einen genügend langen Federweg läßt. Dieser kann, je nach Höhe und Länge der Wellen, Ankertiefen von zehn bis zwanzig Metern erforderlich machen. Müßte man auf den Federeffekt verzichten und in flachem Wasser ankern, würde bei jeder Welle die Yacht hart in die Kette einrucken und die Einruckkraft würde die Haltekraft des Ankergeschirrs zusätzlich belasten (Abb. 25/1).
Anders verhielten sich die Dinge, wenn es nur Winddruck aber keine Welle gäbe, zum Beispiel bei ablandigem Starkwind. Dann wäre die Federwirkung völlig überflüssig, nur Haltekraft wäre verlangt. Jeder Meter hängende Kette wäre dann vergeudet.
Ich würde meine Yacht immer mit dem maximalen Kettengewicht ausstatten, das die Yacht vom Trimm her vernünftig tragen kann. Bei den heute handelsüblichen Yachten sind das ab 12 Meter Länge fünfzig bis hundert Meter Zehner-Kette (10 mm Materialstärke), darunter desgleichen mit Achter-Kette. Diese Ausstattung schöpft die konstruktiven Möglichkeiten der heute üblichen Fahrtenyachten aus und liegt etwas über der Empfehlung des Germanischen Lloyds. Fast alle modernen Fahrtenyachten haben ausreichende Kettenkästen mit Platz für kräftige Ankerwinschen,

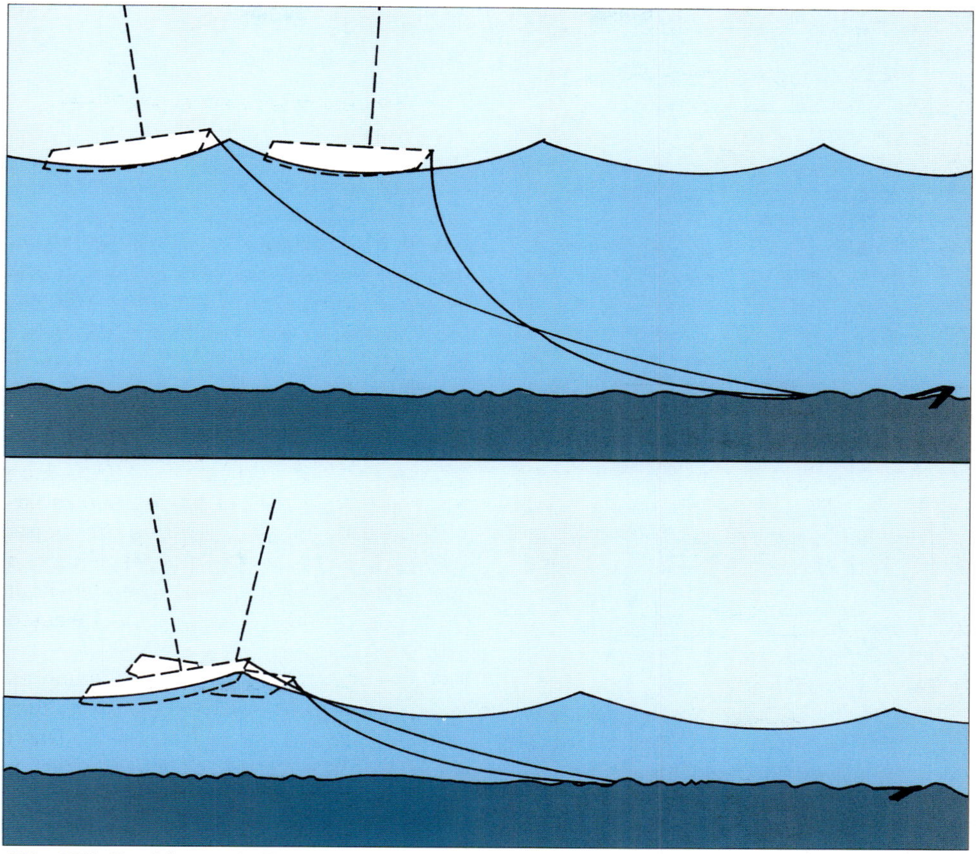

Abb. 25/1: Der hängende Kettenteil federt den wellenbedingten Zug ab, so daß dieser die Haltekraft des Ankers nicht zusätzlich belastet.

und ihre Masseverteilung, sieht das Gewicht im Vorschiffsbreich vor. Muß Gewicht gespart werden, würde ich an der Länge, nicht an der Gliedstärke sparen. Auf diese Weise wird bei begrenztem Schwojraum das größere Kettengewicht zum Einsatz gebracht. Bei kürzeren Kettenlängen muß allerdings die weitere Trosse direkt angeschäkelt sein. Nichts verdirbt ein Ankermanöver mehr als eine plötzlich endende Kette.

Eine Ankertrosse statt -kette sehe ich immer als Notlösung, die zur Gewichtseinsparung auf einer Rennyacht begründet sein mag. Die Trosse bringt keine Haltekraft und kaum Federwirkung. Die Haltekraft muß der Anker allein aufbringen. Der Kompromiß, Trosse mit Kettenvorlauf oder Ankergewicht, ist schon etwas besser, reicht aber in keiner Weise an eine Vollkette heran. Man muß mit solchem Geschirr nur wissen, daß man bei zweifelhaftem Wetter

eben nicht ankern kann. Das mag akzeptabel sein, aber man sollte dann stets mit einer Besatzung fahren, die es erlaubt, auch die Nacht auf See zu verbringen.
Die Eigenschaften der verschiedenen Ankertypen sind hinlänglich bekannt. Hier ist die Quintessenz: Nur in dichtem Seegras ist der alte Stockanker den modernen Ankern überlegen. Und auch nur, wenn er mindestens 25 kg wiegt und geschärfte Flunken hat. Leichtere Stockanker, wie sie kleinere Yachten fahren, durchdringen Seegras nicht und sind sinnlos.
Denn auf allen Böden außer Seegras kann bei gleichem Gewicht mit modernen Ankern erheblich mehr Haltekraft erzielt werden als mit dem Stockanker. Zu ihnen zählen der Bruce-Anker, die Pflugscharanker, der Danfort-(Platten)-Anker, der D'Hone-Anker, der Heuss-Spezialanker und der Poolanker.
Ich würde je nach Staumöglichkeit zwei bis drei Anker mitführen. Einen der Yachtgröße entsprechenden modernen Anker (15 bis 20 kg bei einer 10- bis 14-Meteryacht) würde ich als Arbeitsanker im Bugbeschlag führen und einen Stockanker von mindestens 30 kg zusammengeklappt in der Bilge fahren als Reserve- und Spezialkrautanker. Nur wenn Platz und Gewicht den Luxus erlauben, würde ich zusätzlich einen weiteren modernen Anker als Sicherheitsredundanz und zum Zwecke des Verkattens mitführen, einfach deshalb, weil das Dreißigkiloluder ganz schön unhandlich für den normalen Betrieb ist, und ich zwei Anker häufig einsetze.

Vor zwei Ankern, aber wie?

Es gibt verschiedene Weisen, zwei Anker auszubringen. Die Yacht zwischen Bug und Heckanker zu spannen, fällt für uns aus. Denn diese Anordung ist völlig ungeeignet, um höhere Haltesicherheit zu erzeugen. Im Gegenteil, man belastet seinen Hauptanker zusätzlich mit dem Zug des Heckankers. Es ist ein Verfahren, das einem anderen Zwecke dient.
Vor zwei vermurten, also in V-Form ausgebrachten Ankern, liegt die Yacht, wenn der Wind nicht dreht, schön ruhig. Die V-Form verhindert das Pendeln, was angenehm ist, wenn man an Bord schlafen will. An Haltekraft erzeugt dieses Ankerverfahren jedoch nur geringfügig mehr, als ein Anker allein bringen würde. Denn, in der Tendenz zu Pendeln, wird abwechselnd immer nur ein Anker belastet, und wenn dieser schliert, marschiert mit wechselnden Schritten das ganze Geschirr.
Winddrehungen verkraftet das vermurt Ankern gar nicht so schlecht. Zwar liegt die Yacht zunächst effektiv nur vor einem der beiden vermurten Anker. Wenn der allerdings slippt, besteht die Chance, daß er zusammen mit dem zweiten hält, wenn dessen Trosse straff kommt.
Ordnung liebende Menschen mögen auf die Idee kommen, beide Anker gleichförmig mit Kette auszustatten, also die vorhandene Ankerkette aufzuteilen. Tatsächlich würden sie damit die effektive Kettenwirkung halbieren, denn die Zugkraft lastet doch abwechselnd auf der einen, dann auf der anderen Kette nicht aber auf beiden gleichzeitig. Wird dagegen der Hauptanker mit der ganzen Kette ausgebracht und der Zweitanker nur mit Trosse, ergibt sich eine

recht vorteilhafte Variante des vermurt Ankerns. Hier trägt der Hauptanker die Gesamtzugkraft, während der Zweitanker als Schwojbremse fungiert.
Wer weiß übrigens, wie man ein vernünftiges Manöver zum Ausbringen vermurter Anker fährt? Ich habe mir das Manöver von den Fähren im Mittelmeer abgeguckt, die es öfters benutzen, um rückwärts anzulegen. Man fährt mit halbem Wind über die Position des Zweitankers hinweg, läßt ihn fallen und läuft bis zu Position des Hauptankers weiter. Hier wird kurz in den Wind gedreht, aufgestoppt, und bei Rückwärtsfahrt der Hauptanker fallen gelassen. Kette und Trosse werden nun rückwärts laufend leicht auf Spannung gehalten, bis genug Kette gesteckt ist. Die Trosse, die zunächst von achtern gesteckt wurde, hat man für die Rückwärtsfahrt klugerweise nach vorn gebracht, von wo sie dann Hand über Hand weitergefiert wurde (Abb. 25/2).
Die dritte Methode, zwei Anker zu benutzen, ist das Verkatten. Beide Anker sind an

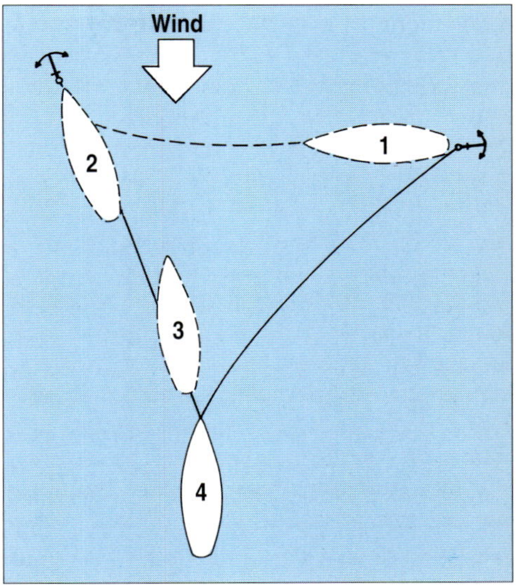

Abb. 25/2: Ankermanöver bei vermurt liegenden Ankern.

Abb. 25/3: So werden verkattete Anker vorbereitet.

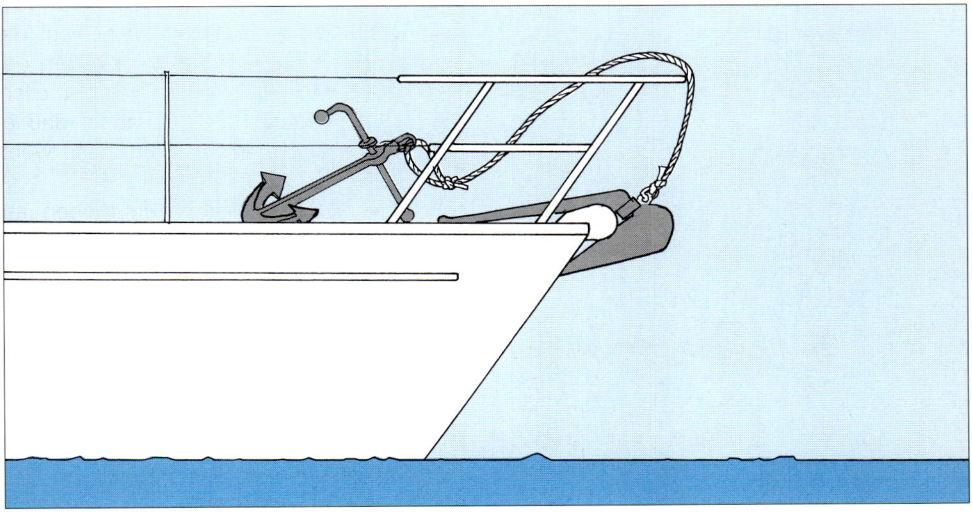

einer Kette tandemartig angebracht. Der Abstand beider Anker sollte so gering sein, daß sie sich gerade nicht gegenseitig stören können. Vielleicht zwei Meter. Diese Anordnung hat den Vorteil, daß die Zugkraft immer von beiden Ankern gleichzeitig aufgenommen wird, und daß die Anker auch bei Winddrehungen zu zweit wirksam bleiben.
Der schwerere Anker, vor allem, wenn es ein Stockanker ist, sollte vorn angebracht sein, damit er bei Winddrehungen im Boden bleibt, während der kleinere seitwärts rollt, bis er wieder in Zugrichtung liegt und sich erneut eingraben kann.
Für das Ankermanöver wird der Stockanker auf das Vorschiff gebracht und mit einem gut zwei Meter langen Tau an dem Kopfauge des Hauptankers befestigt. Das Tau wird dabei über den Bugkorb geführt (Abb. 25/3). Bei „fallen Anker" wird der Stockanker über den Bugkorb gewuchtet, so daß er am Kopf des Hauptankers hängt. Dann wird der Hauptanker bei Rückwärtsfahrt gefiert, und die Kette unter leichter Spannung ausgelegt, wie bei einem normalen Ankermanöver.
Übrigens, um das Ankerauf-Manöver zu erleichtern, würde ich an den Kopf des Zweitankers, eine Trippleine mit einer Ankerboje anstecken (zur Übersichtlichkeit in Abb. 25/3 nicht eingezeichnet). Beim Ankerauf werden die Anker in herkömmlicher Weise geholt, bis sie übereinander vor dem Bugkorb hängen. Mit dem Bootshaken wird nun die Ankerboje mit der angesteckten Trippleine gefischt und der Kopfanker damit an Deck gehievt. Ohne diese Trippleine wäre es sehr umständlich, die beiden Anker an Deck zu bekommen. Der untere hinge zu tief, daß man ihn greifen könnte, und den oberen könnte man mit dem Gewicht des zweiten daran nicht über die Bugrolle ziehen. Ein kompliziertes Gefummel mit Hilfsleinen wäre unumgänglich.

Die Belastungsprobe

In der klassischen Seemannschaft werden Bodenarten nach ihrer Haltbarkeit unterschieden. Ich würde mich auf die Bodenart nicht zu sehr verlassen. Es gibt Sandgrund, der ausgezeichnet hält und auch solchen, durch den der Anker wie der Kaffeelöffel durch den Zucker rutscht.
Um sicher zu gehen, muß man die Festigkeit des Grundes ausprobieren. Zum Abschluß des Ankermanövers, wenn der oder die Anker so ausgebracht sind, wie vorgesehen, und auch die volle beabsichtigte Kettenlänge ausliegt, wird die Belastungsprobe gefahren. Dazu wird die Kette mit dem Kettenstropp beigefangen, damit der harte Zug nicht die Ankerwinsch von den Bolzen reißt. Dann wird mit gut halber Kraft zurück in die schlaffe Kette hinein Fahrt aufgenommen, so daß das Ankergeschirr den Rückwärtsschwung der Yacht auffangen muß. Die Kette muß dabei kerzengerade straff kommen und die Rückwärtsfahrt stoppen.
Fällt die Belastungsprobe negativ aus, hat es wenig Sinn, noch ein wenig Kette hinzuzumogeln. Ein Anker, der einmal geschliert hat, liegt dann oft unklar. Es hilft alles nichts, man muß wieder ankerauf gehen, auch wenn zwei Anker mühevoll zu bergen sind, und es an einer anderen Stelle neu versuchen. Und vielleicht auch noch ein drittes Mal. Es mag viel Geduld und auch eine Menge Batteriestrom kosten, bis die Stelle gefunden ist, wo sich der Anker endlich nicht mehr rührt.
Resümieren wir: Die herkömmlichen Ankermethoden haben einen den Umständen

angemessenen Sicherheitsgrad. Mit Ankerwache und mit einer einsatzbereiten Maschine läßt es sich damit gut auskommen. Kommt Wetter auf, und der Anker gibt nach, geht man ankerauf und bleibt draußen auf See. Die Zuverlässigkeit des Ankerliegens kann jedoch verbessert werden durch maximal mögliche Kettenlänge, durch die optimale Wassertiefe, durch verkattete Anker und mit Hilfe der Belastungsprobe.
Wie kam es nun zu dem eingangs erwähnten Schadensfall? Die verkatteten Anker wurden bei reichlich Kette und idealer Wassertiefe gesetzt. Die Belastungsprobe wurde gefahren, und die Kette stand kerzensteif voraus. Es war alles richtig gewesen soweit.
Aber es war dunkle Nacht, und keiner hatte bemerkt, daß die Yacht beim rückwärts Einrucken nicht aufgestoppt wurde, sondern trotz steifer Kette etwas Fahrt zurück machte. Wir hatten unglücklicherweise ein grundloses Sumpfloch erwischt, durch das jedes Ankergeschirr in endloser Tiefe hindurchschliert.

26 Sichere Manöver
Notfälle

Sicherheit hört auch dann nicht auf, wenn sie bereits versagt hat. Ist einmal etwas schief gelaufen, ist bei dem Versuch, den Schaden zu beheben oder weiteren Schaden abzuwenden desto mehr Umsicht geboten.

Aber die Umstände sind schlecht. Unter dem Schock des Ereignisses wird oft übereilt gehandelt, einfach dem Drange folgend, der heiklen Situation zu entfliehen. Daß solches Verhalten Nährboden weiterer Fehlentscheidungen ist, steht wohl außer Zweifel.

Ruhig bleiben, Pause machen, nachdenken! Das ist leicht gesagt. Ich selbst habe schon in entsprechender Situation versucht, mir solche Mahnungen einzureden, ohne großen Erfolg. Man muß auf Notsituationen vorbereitet sein, so daß man im Augenblick des Stresses auf bereits durchdachte und akzeptierte Verfahren zurückgreifen kann, anstelle mit kühlem Kopf die richtigen Ideen erst gebären zu müssen, wenn der Kopf alles andere als kühl ist.

Auflaufen und Abbergen

Befassen wir uns zunächst mit dem Auflaufen. Es passiert gar nicht so selten aber immer überraschend. Bei der glimpflichen Version steht etwas Seegang, so daß sich die Untiefe durch wiederholtes Aufsetzen im Wellental ankündigt. Das typische dumpfe „Klung" aus der Unterwelt ist eindeutig und nicht zu überhören. Ein schnell reagierender Rudergänger hat beim ersten „Klung" noch alle Chancen, das Festkommen zu vermeiden. Per Groborientierung - wo ist die Küste, wie sah die Seekarte aus, wo war das Hauptfahrwasser - kann er vermuten, auf welcher Seite die Untiefe ansteigt. Meistens ist das ziemlich eindeutig. Aber man muß sich blitzschnell entscheiden, denn es kommt jetzt darauf an, den Schwung zu nutzen, und mit hart Ruder um die Kurve und den Berg wieder hinunterzuhoppeln. Ist dies die Leeseite, hat man Glück gehabt, dann schiebt der Wind noch mit. Die Segel bleiben natürlich dicht, damit die Yacht obendrein noch ordentlich krängt, und den Kiel anhebt. Ist die tiefere Seite in Luv, wird hart gewendet und gehofft. Natürlich wird der Motor mit zur Hilfe genommen. Aber in erster Linie kommt es auf die schnelle Reaktion an. Nach dem dritten „Klung" kann man schon so hoch den Berg hinaufgehoppelt sein, daß die Welle das Schiff nicht mehr genug anhebt.

Letzteres sei nun passiert. Unsere Yacht säße fest, leicht geneigt, zum Zeichen, daß nicht der Rumpf, sondern der Kiel sie trägt. Was tun?

In Tidengewässern ist zunächst zu unterscheiden, ob das Wasser abläuft oder steigt. In letztem Falle gibt es kein Problem. Da wird einfach auf mehr Wasser gewartet. Aufpassen muß man höchstens, daß

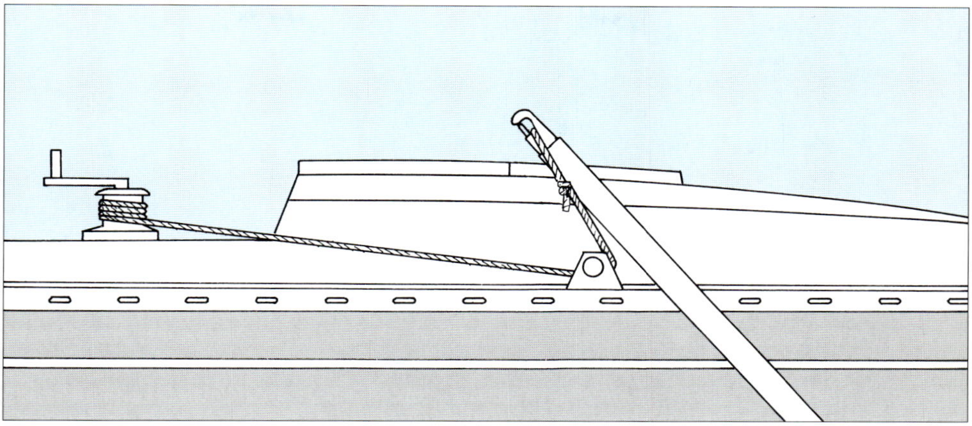

Abb. 26/1: Hilfe zum Freikommen: Spibaum als Stake.

beim Aufschwimmen die Yacht nicht durch Wind oder Strömung noch höher auf die Untiefe getrieben wird. Dazu ist mit dem Beiboot der Anker zur tiefen Seite hin auszubringen, oder notfalls mit kurzer Kette fallen zu lassen, wenn man über kein Beiboot verfügt.

Bei fallendem Wasser muß entweder die Yacht ganz schnell freimanövriert werden oder man muß sich auf eine längere Wartezeit auf schiefem Kiel einrichten. Als schnellste Abbergemethode versucht man die Dicksten der Crew auf das Ende des Großbaums zu packen, der mit gefierter Großschot ausgeschwenkt wird. Alles andere turnt ebenfalls nach Lee, um auch dort Ballast zu bilden, und dann Maschine voll zurück. Klappt es nicht sofort, kann man mit Maschine und Hart-Ruder noch ein wenig den Kiel im Grund drehen und es noch einmal versuchen. Bei kleineren Yachten würde ich zusätzlich, mit dem Spibaum staken. Ist der Grund hart genug, kann man den Spibaum mit Winschkraft einsetzen, indem man die Nock mit einem Tampen nach unten zieht, der durch die Genuaschotrolle auf die Winsch geführt ist (Abb. 26/1).

Für aufwendigere Manöver reicht die Zeit meistens nicht. Das Wasser würde inzwischen schon zu weit gefallen sein. Die haben nur Sinn bei tidenfreien Gewässern, wo die Zeit keine Rolle spielt.

Ziel aller Abbergemanöver ist es, die Yacht zu krängen, damit der Kiel nach oben kommt. Das Wegschleppen geht dann problemlos. Um vor allem bei größeren Yachten einen produktiven Krängungswinkel zu erzeugen, muß der Mast mit einem Fall zur Seite gezogen werden, und das mit ziemlich viel Kraft. Zwei Methoden gibt es.

Abbergen mit dem Motorboot

Erstens die mit Fremdhilfe. Ein Motorboot, daß seine Hilfe angeboten hat, bekommt das Spifall und zugleich eine Trimmleine vom Achterschiff an seine Schlepptrosse. Spifall und Trimmleine bilden eine Hahnepot. Das Motorboot taut zunächst querab an, auf der Seite, nach der die Yacht krängt. Nimmt durch den Zug die Krängung deut-

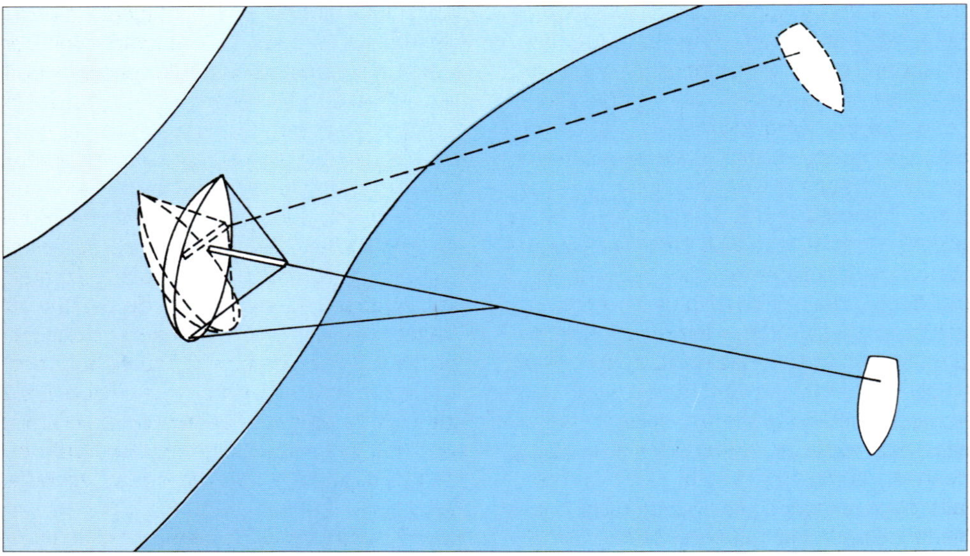

Abb. 26/2: Abbergen durch Abschleppen am Spifall.

lich zu, versucht es, in einem großen Bogen zum tiefen Wasser hin zu fahren, immer unter Spannung auf dem Spifall. Die Yacht wird dadurch mit der geneigten Seite zum tiefen Wasser hin gedreht. Das Spifall allein würde die Yacht immer mit dem Bug in Zugrichtung drehen, weil der Kiel als Drehzentrum sich hinter dem Mast befindet. Deshalb ist die achtere Trimmleine nötig. Mit ihr wird die Lage der Yacht quer zur Zugrichtung gehalten. Stimmt die Lage der Yacht querliegend zum tiefen Wasser hin, kann das Motorboot voll antauen. Die Yacht legt sich unter dem Zug soweit auf die Seite, bis der Kiel freikommt, und quer zum tiefen Wasser hin über den Meeresboden gleitet. Das geschieht so lange, bis die Yacht wieder völlig aufgerichtet schwimmt (Abb. 26/2).

Da bei diesem Manöver einiges falsch gemacht und beschädigt werden kann, ist eine gründliche Absprache mit dem Motorbootfahrer nötig. Auch halte ich eine ständige Funkverbindung für unumgänglich. Das Antauen darf nicht ohne Anleitung von Bord der havarierten Yacht geschehen. Vom Motorboot aus könnte man nicht sehen, ob alle Leinen frei laufen, und ob die Yacht richtig liegt. Ferner ist zu bemerken, daß nur das Spifall zum seitlichen Herabziehen des Mastes geeignet ist. Alle anderen Fallen laufen im Masttopp über nichtschwenkende Scheiben und würden bei seitlicher Belastung abscheren.

Freikommen aus eigener Kraft

Die zweite Methode, die Yacht zu krängen, kommt ohne Fremdhilfe aus. Sie ist deswegen auch etwas komplizierter und nicht ganz so effektiv. Die Rolle des Motorbootes übernimmt der mit dem Beiboot ausgebrachte eigene Anker. Er muß ziemlich weit zum tiefen Wasser hin abgesetzt

werden und möglichst auch einen längeren Kettenvorlauf haben, weil der Zug zum Masttopp doch ungewöhnlich hoch gerichtet ist. Von Bord aus wird zunächst alle Lose aus der Ankertrosse und -kette geholt, und durch Holen vom Bug oder Heck aus, die Yacht in die richtige Lage quer zum tiefen Wasser gebracht. Dann wird wieder mit Hilfe des Beiboots das voll gefierte Spifall zusammen mit der Trimmleine möglichst weit draußen an die Ankertrosse geschlagen. Und dann kann es losgehen. Das Spifall wird eingewinscht, der Mast neigt sich zum Anker hin und auf dem Achterschiff wird getrimmt. Jeden Moment muß der Kiel loskommen. Hoffentlich, denn wenn der Knoten am Ende des Spifalls oben angekommen ist, geht es nicht weiter. Dann war offensichtlich noch zu viel Lose in der Verbindung, und es muß noch einmal von vorn angefangen werden.
Ich habe beide Manöver mehrfach an einer Yachtschule zu Ausbildungszwecken geübt und finde sie nach einigen Verbesserungen (zum Beispiel die Trimmleine zu benutzen) recht verläßlich. Sie sind auf alle Fälle mehr zu empfehlen, als die Yacht mit Gewalt rückwärts herunterzuziehen auf dem gleichen Wege, wie sie aufgelaufen ist. Da hakt zu leicht der Kiel hinter einen Stein, und man reißt sich alles kaputt. Ich habe einmal erlebt, wie eine Schlepptrosse gleich vier Klampen und zwei Winschen vom Achterschiff fegte. Motorbooteigner sind meistens sehr hilfsbereit. Aber wehe, wenn ihr Stolz auf die vielen PS durchbricht!
Eine weitere Variante des Manövers sei erwähnt, falls weder ein hilfreiches Motorboot noch der eigene Tender zur Verfügung steht. In diesem Falle kann man versuchen, den Anker auch schwimmend, gemeint ist von einem schwimmenden Menschen, auszubringen! Zugegeben, bei den Versuchen, die ich machte, war der Anker nur etwa zwölf Kilo schwer und hatte 25 Meter Achterkette. Bei größerem Geschirr könnte es schon schwieriger werden. Der Anker und die in Buchten aufgeschossene Kette wurden mit einem Tau fest zusammengezurrt und mit einem Slipstek verknotet. Als Schwimmkörper wurden alle Fender gebündelt und angeknotet. Das eigenartige Gebinde wurde sodann zu Wasser gelassen, von wo es der Schwimmer zur Ankerposition hinausschob und dort Kette und Anker freislippte. Von Bord aus konnte nun die Trosse geholt und an das Spifall gesteckt werden. Der Rest des Manövers verlief dann wie oben beschrieben.
Natürlich gibt es noch weitere Möglichkeiten, eine aufgelaufene Yacht freizubekommen. Diese hier waren meines Erachtens die praktischsten. Der Phantasie sind aber keine Grenzen gesetzt.

Wie ist die Rechtslage?

In diesem Zusammenhang ist eine Anmerkung angebracht. Es kursieren Horrorgeschichten über die Rechtslage bei Freischleppleistungen. „Nimm niemals eine fremde Leine an, oder lasse nie jemanden vom Schlepper an Bord.“ Ein späteres Schiedsgericht könnte daraus den Tatbestand einer Bergung ableiten und den erheblich höheren Bergelohn begründen. Daß von solchen abstrusen Indizien gleich auf Bergung geschlossen wird, ist in einem Staate seriöser Rechtsprechung nicht zu befürchten. Bergung läge erst vor, wenn der Schlepperkapitän faktischer Besitzer der Yacht geworden wäre. Wie sollte das jedoch passiert sein, solange der Yachteigner oder dessen Leute an Bord sind,

und kein Wort gefallen ist, das ihnen den Besitz streitig machen könnte? Eine fremde Leine anzunehmen ist, gemessen an solchen offensichtlichen Besitzverhältnissen kein Indiz für die Hinnahme fremder Verfügungsgewalt.
Das unbedarfte Vertrauen, das man früher jedem Motorbootfahrer entgegenbrachte, der freundlicherweise Schlepphilfe anbot, ist auch heute noch angebracht. Man braucht sich nicht gleich mit einem schriftlichen Vertrag gegen nachträgliche Forderungen absichern. Viele Hilfsbereite würden zurückschrecken, wenn sie erst einen Vertrag unterzeichnen müßten. In Abwesenheit schriftlicher Verträge haben aber mündliche Äußerungen und Vereinbarungen erhebliches Gewicht, sofern sie durch Zeugen belegt werden können. Wird hinübergerufen, „ich hoffe, ich kann mich mit einer guten Flasche revanchieren", oder „wie heißt eure Yacht, ich hoffe ihr seid kein kommerzieller Schlepper", ist das im Streitfall Beleg für einen vereinbarten Freundschaftsdienst. Im übrigen kann es nicht schaden, den Wortwechsel im Logbuch festzuhalten. Für alle Fälle.
Sollte allerdings ein kommerzieller Schlepper als einzige Hilfe zur Verfügung stehen, ist natürlich ein marktgerechter Lohn angebracht. Dabei sind nicht nur die Betriebskosten des Schleppdienstes allein zu bedenken, sondern auch die der langen Bereitschaftszeiten, ohne die kein Schlepper zur Stelle wäre. Ein paar tausend Mark sind, so gesehen, keine unlautere Forderung. Bieten sich verschiedene Unternehmen an, kann man handeln. Ist es nur eines, steht man der Lohnforderung recht hilflos gegenüber. Es empfiehlt sich, bei begründetem Zweifel, die nachträgliche Lohnfestlegung durch ein anerkanntes Schiedsgericht zu vereinbaren. Der Leistungsvertrag sollte bei kommerziellen Unternehmen immer schriftlich gemacht werden.

Mann-über-Bord-Manöver

Soviel zum Freikommen einer aufgelaufenen Yacht. Nun geht es um den Fall, daß jemand über Bord gestürzt ist, während sich die Yacht in Fahrt befindet.
Die herkömmlichen Mann-über-Bord-Manöver, die wir von den Segelschulen her kennen, werden inzwischen nicht mehr als die bestgeeigneten Rettungsverfahren angesehen. Sie sind wohl nicht zuletzt auch deshalb in Bojenmanöver umbenannt worden. Sie dienen bei der Ausbildung als Trainingsmanöver für die Beherrschung der Yacht unter Segeln, und dafür taugen sie auch hervorragend. Als Rettungsmanöver sind sie zu schwierig. Um sie sicher zu fahren, müßte ein ausgebildeter Segler gerade am Ruder stehen, und der brauchte auch noch eine Deckshand für die Bedienung der Schoten. Wenn unten alle schlafen, oder wenn man überhaupt nur zu zweit unterwegs gewesen ist, ist diese Voraussetzung schon nicht gegeben. Und einen weiteren, entscheidenden Nachteil haben die herkömmlichen Manöver: In jedem Falle muß man ziemlich weit von der Unfallstelle ablaufen. Um den über Bord Gefallenen sicher im Auge zu behalten, muß der Rudergänger ohne Unterbrechung nach hinten sehen. Mit verdrehtem Hals und zunehmender Entfernung riskiert er beides zugleich, das Manöver zu verkorksen und schließlich auch den Mann aus den Augen zu verlieren.

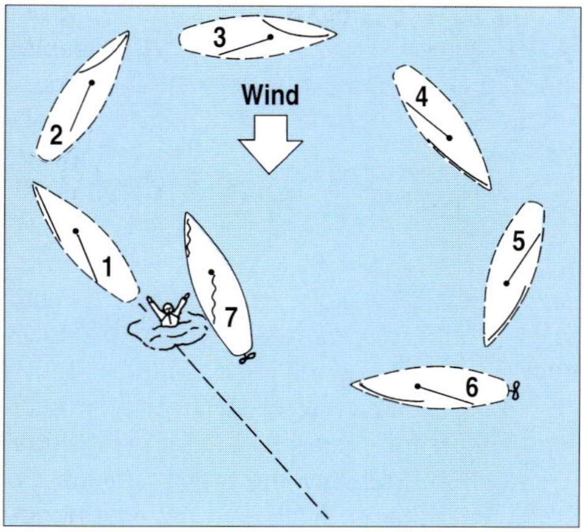

Abb. 26/3: Das Quick-Stop-Manöver für Kurse von am Wind bis halbem Wind.

Das Quick-Stop-Manöver

Wegen dieser Mängel hat die amerikanische Yacht Racing Union (USYRU) eine Untersuchung veranlaßt. Alle bekannten Mann-über-Bord-Manöver wurden getestet und aus den Erfahrungen heraus ein optimales Manöver entwickelt. Das Ergebnis heißt „Quick-Stop-Manöver".

Geht man davon aus, daß es dabei ausschließlich um die Zuverlässigkeit der Rettung und nicht um seglerische Ästhetik geht, wird man sich schnell der neuen Idee anschließen können. Es handelt sich schlicht um einen Kringel nach Luv. Den Kringel nach Lee kennen wir ja schon von der Gefahrenhalse her, bei der sofort, ohne aufzufieren, die Yacht durch die Halse gequält wurde, um gleich wieder zu einem Nahezuaufschießer anzuluven. Der Kringel nach Luv hat gegenüber der Gefahrenhalse den Vorteil, daß man nicht mit voller Fahrt in die Halse muß und dabei viel Raum verliert, sondern daß man fast im Stillstand durch die Halse purzelt. Das neue Manöver läuft so ab (Abb. 26/3):

Die Yacht segelte am Wind, als es passierte. Sofort wird zügig angeluvt und durch den Wind gegangen, ohne irgendwelche Schoten zu berühren. Das Vorsegel schlägt back, und bleibt auch back stehen. Die Yacht fällt deshalb von selbst ab und beschreibt einen Kreis. Der Rudergänger muß nur ein wenig nachkorrigieren, um den Radius von etwa zwei Schiffslängen zum Mann im Wasser zu halten. Durch das backstehende Vorsegel geht die Fahrt schnell zurück, weshalb sich der enge Kreis zwangsläufig ergibt, und sich die Yacht auch problemlos, trotz dichtem oder fast dichtem Großsegel, in die Halse steuern läßt. Es brauchen immer noch keine Schoten in die Hand genommen zu werden. Falls das Großsegel nicht ganz dicht stand, wird seelenruhig eine Patenthalse durchsteuert. Der enge Abstand ist jetzt wichtiger als das Rigg zu schonen. Weil die Yacht mit geringer Fahrt in die Halse geht, dreht sie förmlich auf dem Teller und luvt von selbst stark an. Genau das soll sie, denn Luv voraus peilt jetzt der Mann im Wasser. Der Schwung wird genutzt zum superkurzen Nahezuaufschießer und weil Sicherheit vor Schönschrift geht, wird die Yacht mit dem Motor aufgestoppt.

Soweit ist das Manöver neu. Das Bestechende an diesem Manöver ist zum einen die Einfachheit, mit der es gefahren wird. Einer allein am Ruder kann es in aller Ruhe durchsteuern. Er braucht sich nicht um die Schoten zu kümmern und kann sich voll auf den Sichtkontakt und auf das Steuern des Kreises konzentrieren. Auch jedem Neuling an Bord kann man einimpfen, bei Mann-über-Bord diesen Vollkreis nach Luv zu fahren. Bestechend ist auch der enge Abstand, der zu dem Mann im Wasser ein-

gehalten wird. Die Hauptgefahr bei den herkömmlichen Manövern, den Mann aus den Augen zu verlieren, besteht nicht. Die ständige Rufverbindung vermittelt emotionale Ruhe und verhindert Panik.
Nicht neu ist der Nahezuaufschießer mit seinen Problemen, die es bei den konventionellen Manövern genauso gibt wie beim neuen Quick-Stop. Problem Nummer eins ist, die Yacht so aufschießen zu lassen, daß der Mensch im Wasser genau mittschiffs zu liegen kommt, und Problem Nummer zwei besteht darin, die Yacht in der Position so lange zu halten, bis die Bergung abgeschlossen ist. Es nutzt nichts, wenn die Yacht im Schrittempo vorbeizieht, während der Rudergänger als einziger an Bord nicht vom Ruder wegkommt. Und sollte es ihm gelingen, neben dem Mann im Wasser richtig zum Stillstand zu kommen, fällt die Yacht gleich wieder ab und nimmt Fahrt auf, während er noch mit der Bergung beschäftigt ist. Ob sich jemand im Wasser bei drei Knoten noch an einem Tampen festhalten kann?
Um diese Gefahren zu vermeiden, empfehle ich den Aufschießer mit Motorunterstützung fahren. Unter Maschine läßt sich die Yacht zentimetergenau abstoppen, so wie wir es beim Anlegen im Hafen auch tun würden. Das Tabu, den Motor zu benützen, wenn jemand im Wasser ist, halte ich für absurd. Natürlich müssen Schraubenverletzungen vermieden werden, aber dazu habe ich als Rudergänger den Schwimmer im Blick und die Hand am Gas- und Getriebehebel.
Keinesfalls würde ich die Motorhilfe mißbrauchen, um vor lauter Ungeduld von dem Kreis des Quick - Stop - Manövers abzuweichen. Dieser enge Kreis ist die schnellste Weise, die Fahrt loszuwerden und zugleich in die Aufschießposition zu gelangen. Jedes Abweichen davon würde das Aufschießen erschweren.

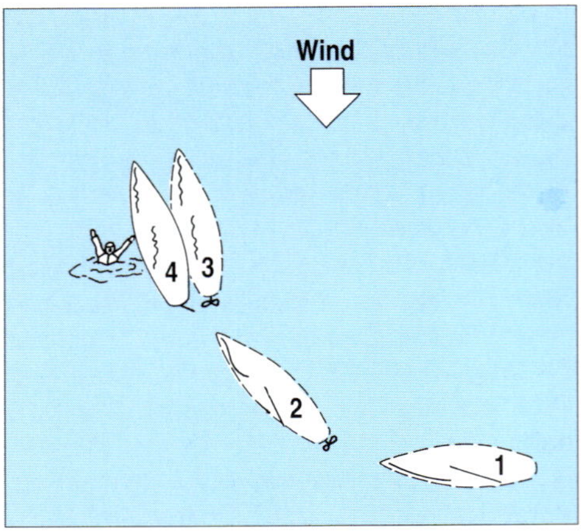

Abb. 26/4: Der Rettungsaufschießer mit Motorunterstützung.

Der Aufschießer fällt wegen des engen Kreisdurchmessers kürzer als üblich aus, was kein Nachteil ist. Die Fahrt ist ohnehin geringer und der Auslauf kürzer. Außerdem soll er mit Motorhilfe abgestoppt werden. Im Ansatzpunkt des Aufschießers kann der Rudergänger sich die Sache erleichtern, wenn er es schafft, alle Schoten loszuwerfen. Gelingt ihm das nicht, ist es auch nicht so schlimm. Dann müßte er nur den Aufschießer von vorn herein etwas steiler ansetzen, damit die Segel dennoch frei killen können.
Zum Aufstoppen wird ein Punkt etwa fünf bis zehn Meter in Luv des Schwimmers angesteuert, denn beim Abbremsen driftet die Yacht schneller nach Lee als man erwartet. Und auf alle Fälle muß der Mann im Wasser auf der Leeseite zu liegen kommen. Auf der Luvseite würde die Yacht schnell von ihm wegtreiben. Das Abstoppen unter Motor muß energisch und entschieden sein. Versucht man sich zaghaft

in die Position zu mogeln, werfen einen die Wellen hilflos zur Seite, bevor man überhaupt da ist. Die Yacht muß stehen. Und zwar genau mit dem Mann mittschiffs ein paar Meter neben der Bordwand. Dort ist er sicher vor dem stampfenden Bug oder Heck und die seitliche Drift der Yacht hält ihn an der Bordwand. Seine Beine mögen dabei unter das driftende Schiff gezogen werden nicht aber, vor allem wenn er eine Rettungsweste trägt, der ganze Körper.

Die Yacht in der aufgestoppten Lage zu halten ist nicht einfach, wenn keiner an Ruder und Maschinenhebel stehen kann. Voraussetzung ist, die Yacht wurde etwa zwischen 60 und 30 Grad zum Wind aufgestoppt und die Fahrt tatsächlich auf null gebracht. In diesem Augenblick muß das Ruder auf hart Luv festgestellt und die Schoten losgeworfen werden, falls das noch nicht passiert ist. Was nun abläuft, ist mit dem Beiliegen vergleichbar. Die Yacht will unter dem Zug des killenden Vorsegels abfallen und würde, sobald sie Fahrt aufnimmt, sogleich wieder anluven. Auf diese Weise liegt die Yacht ziemlich stabil, und der Rudergänger könnte sich um die Bergung kümmern.

Das Tear-Drop-Manöver

Das Quick-Stop-Manöver klappt bei Kursen von hoch am Wind bis zu halbem Wind. Bei raumen Kursen oder gar vor dem Wind, würde man mit dem Kringel zu weit in Lee landen. Deshalb ist man in diesen Fällen auf eine Variante des konventionellen Q-Wende-Manövers angewiesen, allerdings in abgekürzter Form und auch wieder mit Motorunterstützung. Es hat die Form eines Tränentropfens weshalb es auch amerikanisch kurz „Tear Drop“ genannt wird (Abb. 26/5).

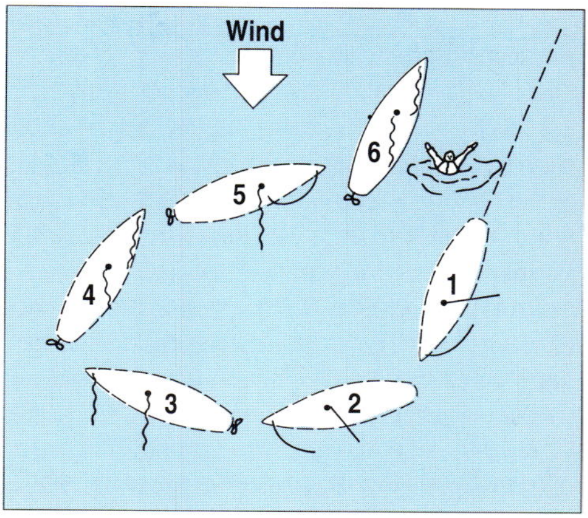

Abb. 26/5: „Tear Drop“, ein Q-Wende-Manöver mit Quick-Stop-Charakter.

Das Manöver versucht wie beim Quick-Stop, den Abstand so gering wie möglich zu halten. Der Rudergänger reagiert sofort und luvt in zügigem Bogen an zum Gegenkurs. Diesmal muß er allerdings hinter seinem Ruderrad hervorkrabbeln, denn der Bullenstander muß losgeworfen werden, falls er gesetzt war. Alle anderen Schoten können bleiben, wie sie sind. Der Motor wird gestartet und schiebt beim Anluven schon mit. Auf Gegenkurs angekommen wird der Mann im Wasser angesteuert. Die Segel läßt man einfach killen, auch wenn das Vorsegel weit gefiert backsteht. Je nach Windwinkel wird etwas ausgeholt, so daß sich möglichst wieder der ideale Aufschießerkurs mit 30 Grad zum Wind ergibt. Das Aufstoppen erfolgt wieder mit Maschine.

Auch unter Spinnaker wird das Manöver genau so eingeleitet (Abb. 26/6). Sofort hart Luvruder. Dann mit einem Griff den Achterholer des Spis von der Genuawinsch loswerfen und den Bullenstander, wenn möglich, auch noch loswerfen. Der

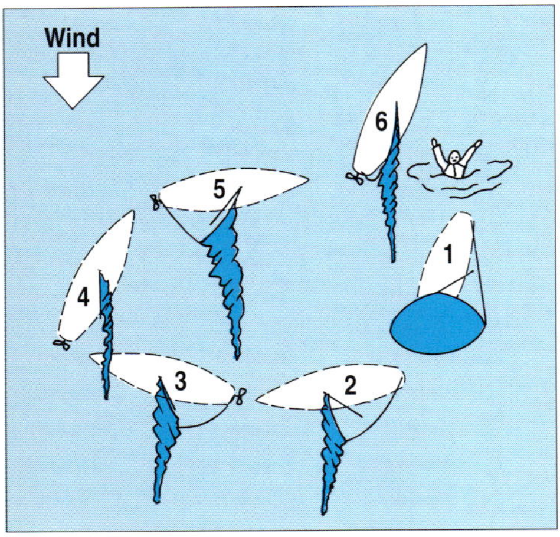

Abb. 26/6: „Tear-Drop“ unter Spi.

Spi weht an Fall und Schot hängend nach Lee aus, und die Yacht kann darunter frei drehen. Sie kann anluven, wenden und sogar wieder abfallen bis vor den Wind, der Spi würde immer frei ausfliegen.
Aber soweit braucht gar nicht gedreht zu werden. Es wird wieder das abgekürzte Q-Wende-Manöver, der „Tear-Drop“, gefahren, also auf Gegenkurs angeluvt und dann zum Nahezuaufschießer ausgeholt. Wieder muß ziemlich schnell der Motor gestartet werden und mitschieben, weil die Yacht beim Anluven diesmal auch noch den auswehenden Spi hinter sich herzieht. Das Manöver wird so gefahren, als wäre die Riesenfahne da oben gar nicht da. Auch nach dem Aufstoppen läßt man den Spi ruhig achtern flattern und kümmert sich erst mal um den Mann im Wasser.
Nachdem der Mann wieder an Bord ist, kann man schließlich den Spi aufklaren. Dazu wird unter Maschine wieder zurückgewendet und auf Vorwind-Kurs abgefallen. Das Fall wickelt sich auf diese Weise am Masttopp wieder in die ursprüngliche Richtung, und der Spi kann normal geborgen werden.

Welche Rettungsmittel sind sinnvoll?

Was machen wir eigentlich mit all den schönen Rettungsmitteln, die am Heckkorb klar zum Ausbringen aufgereiht sind? Eine gute Frage, denn bei der Ausbildung heißt es einfach und lakonisch: „Ausbringen.“ So einfach ist dies nicht, denn alles dient seinem eigenen Zweck und ist auch nur dafür zu benutzen. Es ist sinnlos, die Rettungskragen loszutüddeln und ins Wasser zu werfen, wenn der Mensch im Wasser schon eine Rettungsweste trägt, und es ist sinnlos, sie in die Gegend zu schleudern, wenn die Yacht selbst in zwei Minuten bei dem Menschen sein wird. Es ist ebenso sinnlos eine Rettungsboje ins Wasser zu werfen, wenn ich Sichtkontakt zum Mann habe und das Bergemanöver innerhalb zweier Schiffslängen bleibt. Schließlich ist es sinnlos, die Rettungsleine hinter sich herzuziehen, wenn man die Yacht neben dem Schwimmer aufzustoppen gedenkt. Oder ist das Überschießen schon eingeplant?
Sich unnötigerweise mit den Rettungsmitteln vom Blickkontakt abzulenken, wäre nicht nur unsinnig, es wäre auch unverantwortlich gefährlich. Man sollte klar differenzieren, welche Rettungsmittel für welchen Zweck einzusetzen sind.
Den Rettungskragen bekommt nur jemand zugeworfen, der eine Schwimmhilfe braucht, und der auch sicher per Wurf erreicht werden kann. Bei Wind fliegen die leichten Schwimmkörper hemmungslos nach Lee weg. Die Rettungsboje dient zur Markierung eines Bezugspunktes bei großräumigen Manövern, zum Beispiel bei der An-

lage von Suchmustern. Bei Nacht wird eine befeuerte Rettungsboje ausgebracht, für den Fall, daß der Sichtkontakt zu dem Menschen im Wasser nicht sofort zustande kommt. Der Mann im Wasser muß dann schwimmend versuchen, sich zu dem Licht zu begeben. Die Rettungsleine schließlich, die aufgespult am Heckkorb gefahren wird, kann nur mit einem besonderen Manöver ausgebracht werden.

Für ihren Einsatz muß man mit der Yacht von Lee ausholend, einen Bogen in Luv um den Schwimmer herum fahren und beigedreht liegen bleiben (Abb. 26/7). Am besten gelingt das, wenn man den Nahezuaufschießer so ansetzt, daß er eine Schiffslänge in Lee am Schwimmer vorbeigeht. In Querabposition wird der Treibanker der Rettungsleine ausgebracht und die Yacht zum Beidrehen durch den Wind gesteuert. Die Yacht beschreibt dabei den beabsichtigten Halbbogen um den Schwimmer herum. Er könnte die Leine mit zwei, drei Schwimmstößen erreichen, oder man kann sie auch von Bord aus an ihn heranziehen.

Die Benutzung der Rettungsleine würde ich immer vorziehen, wenn ich allein an Bord wäre, und den Schwierigkeiten aus dem Wege gehen wollte, die Yacht aus dem Aufschießer heraus präzise aufstoppen und halten zu müssen.

Das Beidrehen an Stelle des Aufschießers ist dagegen recht problemlos. Zwei Handgriffe sind nötig: Der Treibanker der Rettungsleine muß ins Wasser und die Großschot losgeworfen werden. Die Vorschot ist beim Quick-Stop-Manöver von Anfang an immer noch belegt, bei anderen Manövern müßte sie noch dichtgeholt werden. Das geht aber während des Killens in der Wende zum Beidrehen relativ leicht. Den Motor braucht man dabei gar nicht.

Wollen wir resümieren. Das A und O sicherer Mann-über-Bord-Manöver ist der geringe Abstand. Die erste Schreckreaktion ist immer die gleiche: Hart Luvruder, egal aus welchem Kurs. Bei vorlichen und halben Winden wird der Kringel nach Luv gefahren, bei raumen und achterlichen Winden der „Tear-Drop“. In beiden Fällen wird der Motor zur Hilfe genommen. Ist man allein an Bord, empfiehlt es sich, an Stelle des Aufstoppens um den Schwimmer, beidrehenderweise die Rettungsleine auszulegen.

Welche Manöver fährt man eigentlich, wenn einer bei Motorfahrt über Bord geht? Kam es nicht bei den schulmäßigen Manövern darauf an, auch immer schräg zum Wind den Schwimmer anzusteuern und neben ihm zum Stehen zu kommen? Ergab sich nicht zu diesem Zweck bei Amwind-Kursen ein Vollkreis und bei Vorwind-Kursen eine Tränenform? Zufall oder Absicht? Es sind die gleichen Manöver.

Abb. 26/7: Einsatz der Rettungsleine.

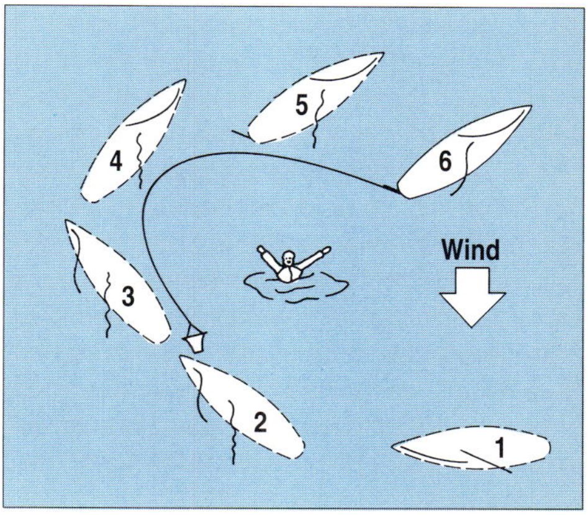

Bergen eines Menschen aus dem Wasser

Ist es gelungen, die Yacht tatsächlich genau neben dem über Bord Gefallenen zum Stehen zu bringen, ist die halbe Miete schon bezahlt. Denn vor allem, wenn man keine weitere Hilfe an Bord hat, ist es kaum möglich, jemanden in langsamer Vorbeifahrt aufzunehmen. Eine Leine zum Werfen klarzumachen dauert viel länger als man glaubt. Man möge es probieren. Und der Wurf aus der Enge hinter dem Ruderrad hervor, geht mit großer Wahrscheinlichkeit zu kurz oder daneben. Schwimmleinen kann man nicht werfen, weil sie zu leicht und zu spröde sind. Normales Tauwerk wie Festmacher oder Schoten sind besser geeignet. Aber sie müssen treffen oder zumindest in Reichweite eines Schwimmstoßes landen, denn nach wenigen Sekunden sinken sie ab, und der Mann im Wasser kann sie nicht mehr greifen.
Nehmen wir an, die Yacht steht mit dem Schwimmer mittschiffs neben der Bordwand. In den meisten Fällen dürfte dieser noch „manövrierfähig" sein, also nicht unterkühlt oder anderweitig behindert. Junge, sportliche Leute sind so schnell an Bord gezogen, daß man hinterher gar nicht weiß wie das ging. Man packt einfach die ausgestreckte Hand und zerrt. Etwas methodischer geht dies dagegen mit Hilfe der über Bord gelassenen Bucht einer Schot. Sie muß ungefähr bis zur Wasserlinie reichen und wird oben an Deck kurz belegt, oder von jemandem gehalten. Der über Bord Gefallene tritt nun in diese Bucht und kann sich soweit hochstemmen und -ziehen, daß er mit Hilfe einer kräftigen Hand von Deck ganz hochgezogen werden kann (Abb. 26/8).

Über die Badeleiter am Heck ist es natürlich am leichtesten einzusteigen. Aber das geht nur bei glattem Wasser. Bei Seegang arbeitet die Heckleiter auf und nieder, und man muß mit viel Geschick im richtigen Augenblick aufspringen. Über eine Badeleiter mittschiffs käme man bei Seegang einfacher hoch. Man könnte solch eine ausziehbare Steckleiter unter dem Backskistendeckel fahren und für Notfälle immer griffbreit haben. Sie wäre ein äußerst vernünftiges Stück Sicherheitsausrüstung.
Ist der über Bord Gestürzte verletzt oder entkräftet, muß er als erste Maßnahme gegen Abdriften gesichert werden. Natürlich ist es ein derber Witz, daß man mit dem Bootshaken unter seinem Kinn einhakt. Aber wo tut man das nun ernsthaft? Ich habe das bei vielen Übungsmanövern probiert und herausgefunden, daß man am besten versucht, den Bootshaken gegen nicht anliegende Kleidungsteile zu drücken und zu drehen. Auf diese Weise verfängt sich Kleidung oder Gurtzeug am Haken, und man kann den Körper erst mal halten.

Abb. 26/8: Mit Hilfe einer Schotschlinge kommt man wieder an Bord.

Abb. 26/9: Ein Entkräfteter wird mit dem Spifall halb aus dem Wasser gehievt und dann wie mit einem Pendel nach achtern über die Reling geschwenkt.

Als nächstes muß, falls ein zweiter Mann an Bord ist, dieser angeleint ins Wasser. Alles Gefummel, dem Bewegungslosen von Deck aus eine Schlinge um die Brust zu ziehen, ist zum Scheitern verurteilt. Im Wasser führt der Helfer mit einer möglichst weichen und dicken Schot eine Hoist-Schlinge unter den Achseln hindurch um die Brust herum mit dem Knoten vor der Brust (Palstek, damit sich die Schlinge nicht zuzieht). Die Schlinge wird am Spifall befestigt, das gleich durchgesetzt wird. Jetzt wird erst der Helfer aus dem Wasser geholt, mit der Schotbucht, wie gehabt. Denn seine Kraft brauchen wir jetzt an Deck. Er kann sich gleich an der Spi-Fallwinsch warmkurbeln. Wer es schon einmal ausprobiert hat, weiß, daß man viel Kraft benötigt, um jemanden mit dem Spifall hochzuwinschen. Glücklicherweise reicht es, wenn man etwa einen Meter eingeholt hat. Denn nun folgt der Trick: Sobald der Mann in der Schlinge etwa bis zur Gürtellinie aus dem Wasser ragt, wird das Fall wie ein großes Pendel nach achtern geschwenkt, und somit die Last über die Reling gehoben. Es geht erstaunlich gut. Probieren! Achten muß man darauf, daß das Spifall schon vor dem Einwinschen hinter die Saling geschleudert wird. Dann geht alles ganz einfach. Bei Übungsmanövern habe ich dieses Verfahren -zig mal erprobt (Abb. 26/9).

In der Literatur werden auch andere Verfahren empfohlen: Die Großschottalje unten abzuschäkeln und den Baum als Kran auszuschwenken, eine besondere Arbeitstalje an den Wanten zu befestigen, oder gar mit Hilfe eines Vorsegels eine hochhievbare Bergeplane zu bauen. Es sind alles sehr phantasievolle Methoden mit bestimmten Vorzügen. Sie haben aber alle

den Nachteil, daß ihre Vorbereitung Zeit braucht, und die kann bei kaltem Wasser oder bei Seegang kritisch sein. Das Spifall ist immer klar.
Der Vollständigkeit halber muß auch der Fall angesprochen werden, bei dem der über Bord Gestürzte entkräftet ist, aber an Bord kein zweiter Mann zur Verfügung steht. Man kann es wenden, wie man will, für diesen Fall gibt es keine allgemeingültige Lösung. Es lohnt auch nicht, sich in die Situation zu vertiefen und die Gefühle und Antriebskräfte zu analysieren. Mir ist klar, daß der Mensch in solcher Lage zu Verzweiflungstaten bereit ist und unwahrscheinliche Kraft und Energie aufbringen kann. Ich kann mir vorstellen, daß der einzige an Bord sich nach entsprechender Vorbereitung auch ins Wasser begibt, um den dort Treibenden anzuleinen. Eine andere Möglichkeit hat er nicht. Aber das ist Spekulation. Ein kleiner Hinweis mag vielleicht nützlich sein. Nicht vergessen, wenn man allein nicht die Kraft aufbringt das Spifall zu holen: Wer eine elektrische Ankerwinsch hat, möge sie dazu benutzen. Aber auch das sollte man mal ausprobieren. Manche Ankerwinschen laufen zu schnell und bringen nicht die Kraft einer handgekurbelten Fallwinsch.

Suchen eines über Bord Gefallenen

Es darf einfach nicht passieren! Auf keinen Fall darf man einen über Bord Gestürzten aus den Augen verlieren. Die Blickverbindung ist wichtiger als alles andere, sogar wichtiger als das Manöver selbst. Notfalls verzichtet man zunächst auf den Auffischversuch und dreht nur bei, bis helfende Hände von unter Deck hochkommen. Nicht vergessen: Wenn immer man sich von dem Menschen im Wasser entfernt, seine Peilung über den Steuerkompaß zu nehmen.
Ebenso darf es nie vorkommen, daß jemand unbemerkt über Bord fällt. Wer sich an Deck allein aufhält, turnt nicht waghalsig herum. Für Arbeiten auf dem Vorschiff ruft er eine zweite Hand nach oben ins Cockpit. In heimlicher Einsamkeit über Bord zu pinkeln ist gefährlich und eine Unsitte obendrein. Und wenn trotz aller Vorsicht jemand an Deck stolpert und über Bord stürzt, dann tut er das mit lautem Gebrüll: „Mann über Boooord!" Die feine französische Art, sich zur Vermeidung jedweder Unannehmlichkeiten geräuschlos zu verabschieden, ist hier unangemessen.
Schließlich darf es nie vorkommen, daß im Zeitalter überaus reichhaltigen Angebots von Sicherheitsausrüstung, bei Nacht die Deckswache keine elektrischen oder pyrotechnischen Auffindsignale bei sich führt.
Und dennoch kommt es vor, irgendwann passiert es einmal. „Mann über Bord!" Man stürzt nach oben, der Rudergänger sagt nur, irgendwo da hinten muß er sein. Oder noch schlimmer, der Rudergänger, der allein oben war, ist gar nicht mehr da.
Am grünen Tisch ist es einfach, die nächsten Schritte zu entscheiden. Man möge sich aber den Schock vorstellen, unter dem die Besatzung in diesem Augenblick steht. Jeder weiß, daß äußerste Lebensgefahr besteht, und daß die Chancen gering sind. Und daß der Mensch da draußen nicht irgend jemand ist, sondern daß da Anke oder Manfred schwimmt, belastet die Gefühle um so mehr.
Trotzdem müssen vernünftige, lebensrettende Entscheidungen getroffen werden. Wohl dem, der sich vorher schon Gedanken über Suchverfahren gemacht hat.
In jedem Falle ist ab sofort Präzisionsnavi-

gation verlangt. Dazu wird als erstes der Meilenzähler auf Null gestellt und von nun an auf einem Blatt Papier die Kurse und Distanzen mitgezeichnet. Hat man ein elektronisches Navigationsgerät, wird es entsprechend eingesetzt. Die Mann-über-Bord-Taste wird gedrückt oder, wenn diese nicht vorhanden, ein Wegpunkt auf der Ist-Position gesetzt. Wie das funktioniert, sollte man als Besitzer des Gerätes wissen und die Tastschritte auf einer Checkliste festgehalten haben. Jetzt in der Betriebsanleitung zu blättern, wäre zu spät.

Es ist zu rekapitulieren, wann er oder sie über Bord gegangen, und welcher Kurs seitdem gefahren worden ist. Davon hängt das Suchmuster ab.

Ist der Zeitpunkt nicht genau bestimmbar, bleibt nichts anderes übrig, als die gefahrene Strecke zurückzulaufen so lange, wie er oder sie nicht mehr bemerkt worden ist. Läßt sich dieser Kurs nicht segeln, wird motort. Jeder an Bord bekommt Suchsektoren zugewiesen, einer mit besonders gutem Gehör wird in den Bugkorb geschickt. Die saubere Navigation ist entscheidend. Einer muß dafür allein verantwortlich gemacht werden. Hat man keinen elektronischen Navigator, muß er den Steuerkurs genau überwachen und vernünftige Werte für die Windabdrift berücksichtigen. Nicht den Strom! Das wäre natürlich falsch.

Viele der elektronischen Navigationsgeräte haben die „Track"-Funktion. Man gibt vom Ist-Standort einen Soll-Kurs über Grund ein, oder die Koordinaten der Zielposition, und kann die seitliche Versetzung von dieser Sollkurslinie metergenau ablesen. Mit dieser Hilfe läßt sich der Suchstreifen ganz exakt fahren, so daß beim zweiten Durchlauf der Streifen um eine Sichtweite versetzt gefahren werden kann.

Ist die Yacht mit einem Autopiloten ausgestattet, würde ich ihn hierbei benutzen. Die meisten Fabrikate halten den Kurs präziser als es der beste Rudergänger kann. Sollte schon beim Über-Bord-Fallen der Autopilot aufgeschaltet gewesen sein, wären die Chance gleich erheblich besser. Der Gegenkurs ließe sich exakt bestimmen, sofern die Windabdrift richtig angesetzt wird.

Ist der Navigator ausschließlich auf Koppelnavigation angewiesen, sollte am Ablaufpunkt die Markierungsboje ausgebracht werden. Bei Rückkehr nach dem zweiten Durchgang, kann man daran seinen Versatz für den folgenden Durchlauf korrigie-

Abb. 26/10: Suchmuster bei Mann-über-Bord mit unbekanntem Zeitpunkt (1 = Gegenkurs beschickt um Windabdrift. 2 = Abstand der Durchläufe je nach Sichtverhältnissen 50 bis 200 Meter. 3 = Distanz seit dem Vermißtsein).

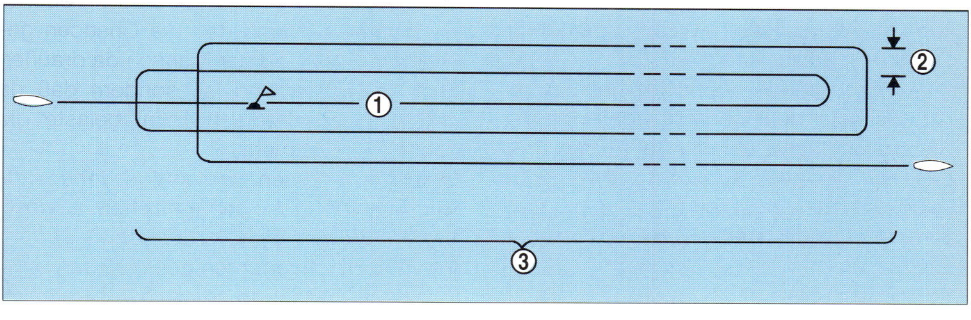

ren. Es wäre gut zu wissen, wie schnell die Boje vom Wind verdriftet wird. Herstellerangaben habe ich dazu noch nie gesehen.* Ein Mensch im Wasser übrigens verdriftet so gut wie nicht. Die Windangriffsfläche des Kopfes ist gemessen an dem Strömungswiderstand des bekleideten Körpers zu klein.

Keine Sekunde ziellos umherirren

Der andere Fall, der leider auch vorkommen kann, ist daß der Rudergänger zwar den Fall bemerkt, dann aber aus irgendwelchen Gründen den Mann im Wasser aus dem Auge verloren hat.

Schlimm ist, wenn er dann noch eine Weile ziellos umhergeirrt ist, um ihn in den Wellen wiederzufinden. Es möge sich jeder Segler fest vornehmen, das nie zu tun. Es ist tödlich. Denn wo soll man nun das Suchmuster ansetzen? Es müßte ein Riesengebiet abgesucht werden, und entsprechend gering wären die Chancen. Sattdessen gibt es nur eines im Augenblick der Verwirrung zu tun: Sofort beidrehen und die Position halten. Warten, bis Hilfe nach oben kommt, warten bis jemand die Situation analysieren kann: Welcher Kurs war gefahren worden, welches Manöver wurde begonnen, an welcher Stelle im Manöver ist der Sichtkontakt abgebrochen und beigedreht worden. Zeichnung machen, und alles wird klar.

Es beginnt wieder die Präzisionsnavigation: Den elektronischen Navigator auf null setzen, Logstand auf null, alle Kurse mitzeichnen. Es wird der Startpunkt eines Suchquadrats angesteuert, um dann das Schema zu durchfahren. Ich würde mir

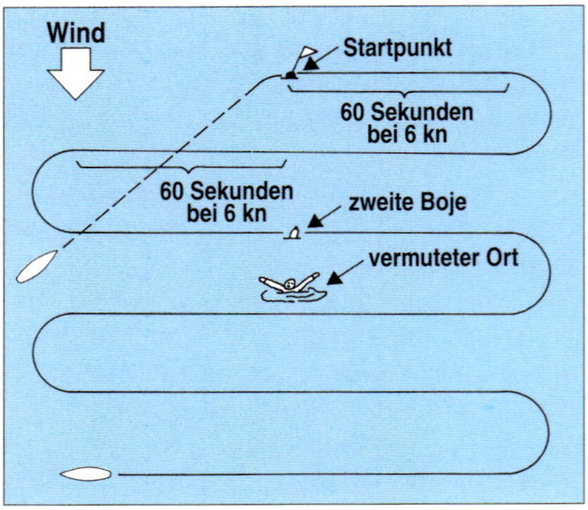

Abb. 26/11: Suchquadrat mit etwa 500 Metern (3 Kabellängen) Seitenlänge.

nicht die Zeit nehmen, die Segel zu bergen, obwohl es hier und da empfohlen wird. Denn für die konzentrierte Suche an einem vermuteten Ort gibt es ein Schema, das sich nicht nur hinsichtlich Einfachheit, Sicherheit und Eile hervorragend eignet, sondern das auch problemlos unter Segeln gefahren werden kann.

Der Startpunkt etwa 200 Meter in Luv der vermuteten Stelle wird mit der Boje markiert. Von dort wird mit halbem Wind abgesegelt und die Sekunden gezählt. Bei 60 Sekunden wird gehalst (notfalls patentgehalst) und gleich wieder auf halben Wind gegangen. Beim Passieren der Markierungsboje querab, wird erneut zu zählen begonnen und der Abstand zur ersten Suchstrecke überprüft. Wird nach dem dritten oder vierten Return der Querabstand zur Markierungsboje zum Schätzen zu groß, bringt man eine neue Markierung, zum Beispiel ein Kojenpolster oder einen Fender mit Pütz als Treibanker aus.

Der Abstand der Suchstrecken zueinander muß dem herrschenden Seegang ange-

* Test in der Zeitschrift YACHT, Heft 3/93.

paßt werden. Bei spiegelglatter See erkennt man einen Kopf auf 100 Meter Distanz und mehr. Bei drei Meter hohen Wellen bestenfalls noch auf 50 Meter. Mit Hilfe der Markierungsboje kann man den Abstand kontrollieren, wobei es wieder gut wäre, die ungefähre Driftgeschwindigkeit der eigenen Boje zu kennen.
Bei Starkwind oder Sturm kann man das Verdriften der Boje sogar als Taktgeber benutzen. In diesem Falle wird nach der Kehre, die dann besser als Q-Wende gefahren werden sollte, die driftende Boje direkt angesteuert. Ihre Drift ist ein exaktes Maß für den Abstand der einzelnen Suchschleifen.
War das Abfahren des Suchmusters erfolglos geblieben, muß nach nüchterner Erwägung der Wahrscheinlichkeiten ein weiteres Suchquadrat um den nunmehr in Frage kommenden mutmaßlichen Ort gelegt werden. Entscheidend ist es, den neuen Startpunkt richtig anzusteuern. Man kann sich an der bereits ausliegenden Markierungsboje orientieren, wenn man deren Verdriftung bestimmen kann. Deshalb war es wichtig, daß man den Zeitpunkt ihres Ausbringens festgehalten hatte. Von ihrem neuen Ort aus werden Kurs und Distanz zum neuen Startpunkt zeichnerisch ermittelt. Es sind alles nur Strecken von ein paar hundert Metern, aber die sind entscheidend, damit das neue Suchmuster direkt an das alte Quadrat anschließt.

Die Karree-Spirale

Gibt es keinen Anhalt für ein bevorzugtes Suchgebiet, würde ich nunmehr eine Karree-Spirale um das erste Suchquadrat fahren (Abb. 26/12). Dieses Suchmuster kann wegen seiner Kursführung nicht unter Segeln gefahren werden, weshalb man

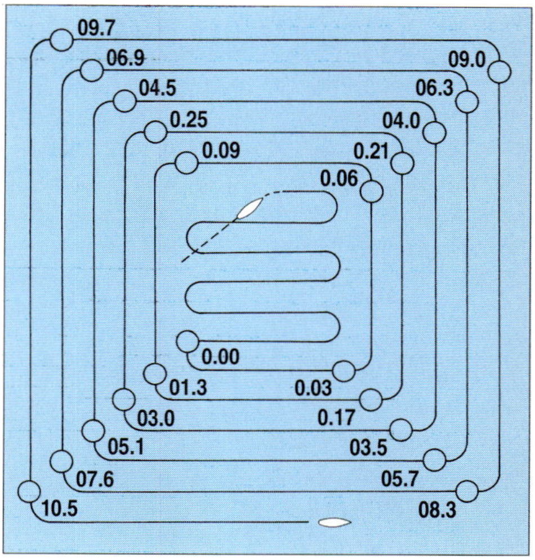

Abb. 26/12: Die „Karree-Spirale“ (die Zahlen an den Ecken sind die Logstände, bei denen die Kurve gestartet wird).

sich diesmal die Zeit zum Segelbergen nehmen muß. Damit die Abstände der Suchstrecken zueinander eingehalten werden, muß das Schema mit äußerst exakter Detailnavigation gefahren werden. Jede Ecke muß auf die Sekunde genau gerundet werden. Am besten eignet sich die „Plotter“-Funktion, mit der einige der elektronischen Navigationsgeräte ausgestattet sind, für diese Präzisionsarbeit. Auf Plotter-Mode gestellt, erscheint in dem Sichtfenster dieser Geräte eine kleine Planskizze mit einer, zwei oder fünf Seemeilen Kantenlänge. Der Standort wird auf Knopfdruck mit einem Symbol markiert, von dem nun der Kursstrich loswandert. Er zeigt in Bezug auf den Ablaufort das wahre gefahrene Muster. Kein Problem für den Navigator, mit Blick auf dieses Bild Kurskorrekturen nach oben zu rufen.
Ist das Navigationsgerät nicht mit solch

einem Wundermodus ausgestattet, müßte man jeweils die Koordinaten der ersten Ecke eines jeden Karrees als Wegpunkte eingeben und die anderen Ecken per Koppelnavigation ausfahren. Man benutzt dazu das Triplog, das Zehntelmeilen anzeigt. Dann legt man praktischerweise die Ecken immer auf das „Klick" des Logzählwerks, und so ergibt sich ein Abstand zwischen den Suchstrecken von einer halben Kabellänge, also etwa neunzig Metern.

Ist man ausschließlich auf Koppelnavigation angewiesen, würde ich mich auch nicht scheuen, die Karree-Spirale zu fahren. Natürlich sind dann an Rudergänger und Navigator gleich erheblich höhere Anforderungen gestellt. Es ist zu überlegen, ob das Markieren der jeweils ersten Ecke mit einem Fender praktikabel ist. Fender verdriften aber noch schneller als die Markierungsboje und weil unbekannt, kann keiner die Driftgeschwindigkeit einkalkulieren.

Eines sollte man nicht vergessen: In der ersten Aufregung wenn alle Anstrengungen dem Suchverfahren gewidmet sind, denkt kein Mensch daran, den Seenotfunkspruch abzusetzen. Sollte sich später herausstellen, daß das eigene Bemühen erfolglos bleibt, wäre man dankbar, wenn der Rettungsdienst schon die halbe Stunde Vorlauf gehabt hätte. Abblasen kann man immer noch. Also: sobald der Navigator einen Augenblick den Kopf frei hat, muß auch das erledigt werden. Der Spruch wird zunächst vorbereitet. Dazu wird der eigene Standort von einem zweiten überprüft, und die eigene Absicht sowie die Art der gewünschten Hilfeleistung formuliert.

Je nach Ausstattung des regionalen Rettungsdienstes und der Entfernung zu den Stützpunkten kann ein Hubschraubereinsatz oder das Auslaufen eines Rettungskreuzers erbeten werden. Oder es können Schiffe und Yachten, die sich in der Nähe befinden, zur Beteiligung an der Suche aufgefordert werden. Allerdings warne ich davor, bei knapper Crew an Bord einen großen Aufwand zu starten, dessen Funksprechverkehr im Augenblick die alles entscheidende Suche im Nahbereich stören würde. Hat man es mit einem professionellen Rettungsdienst zu tun, ist es am besten, die eigene Lage kurz zu schildern, und zu betonen, daß sich jetzt jedermann an Bord auf die Suche konzentriert. Die haben dann sofort Verständnis und bombardieren einen nicht mehr mit Sprechverkehr. Natürlich muß man in Hörbereitschaft bleiben. Allein schon, um Peilzeichen zu geben für die im Anmarsch befindlichen Retter.

Verlassen der Yacht in Seenot

Die Rettungsinsel haben wir bekanntlich für den Fall an Bord, daß die Yacht auf See aufgegeben werden muß. Aber auch nur dafür. Es sind Tragödien bekannt geworden, wo die Crew in der Rettungsinsel umkam, und die Yacht schwimmend aufgefunden wurde. Irgendwie scheint die Rettungsinsel verführerisch auf Crews zu wirken, scheint ihr Erlösung aus der verzweifelten Lage zu verheißen, in die sie geraten ist. Wenn der Druck der Ereignisse zu groß wird, sind Crews geneigt, sie als Überdruckventil zu mißbrauchen.

Heilung gegen den Sirenengesang erfährt man am besten durch die Teilnahme an einem Sicherheitslehrgang, in dessen Rahmen man das Vergnügen hat, in einer vollbesetzten Rettungsinsel eine halbe Stunde

lang in der Brandung eines Wellenbades zu verweilen, wohl wissend, daß dieser Test, gemessen an der Wirklichkeit, noch harmlos ist.
Es sei jedem Segler so tief wie möglich eingeimpft: Die Yacht wird nur verlassen, wenn sie unlöschbar brennt oder wenn sie sinkt. Sonst nie.
Wann es so weit ist, entscheidet der Schiffsführer. Denn es gibt natürlich eine Grauzone, in der es noch gar nicht so klar ist, ob die Yacht aufgegeben werden muß. Man kann nur hoffen, daß der Skipper über genügend Sachkenntnisse und innere Ruhe verfügt, diese Entscheidung richtig zu treffen. Und daß die Crew genügend Verständnis aufbringt, sich mit Empfehlungen und Meinungen zurückzuhalten. Im Kreuzfeuer tausenderlei Ideen kann kein Mensch vernünftig entscheiden.

Die Katastrophe nicht heraufbeschwören

Natürlich kann schon einiges vorbereitet werden. Aber auch da ist Vorsicht geboten: Vorbereitungen für die Katastrophe haben die Tendenz, die Katastrophe zu überholen. Der Skipper muß aufpassen, daß nicht vor lauter Eifer vollendete Tatsachen geschaffen werden, von denen es später kein Zurück mehr gibt. Hängt die

Abb. 26/13: Die Rettungsstationen der „Deutschen Gesellschaft zur Rettung Schiffbrüchiger".

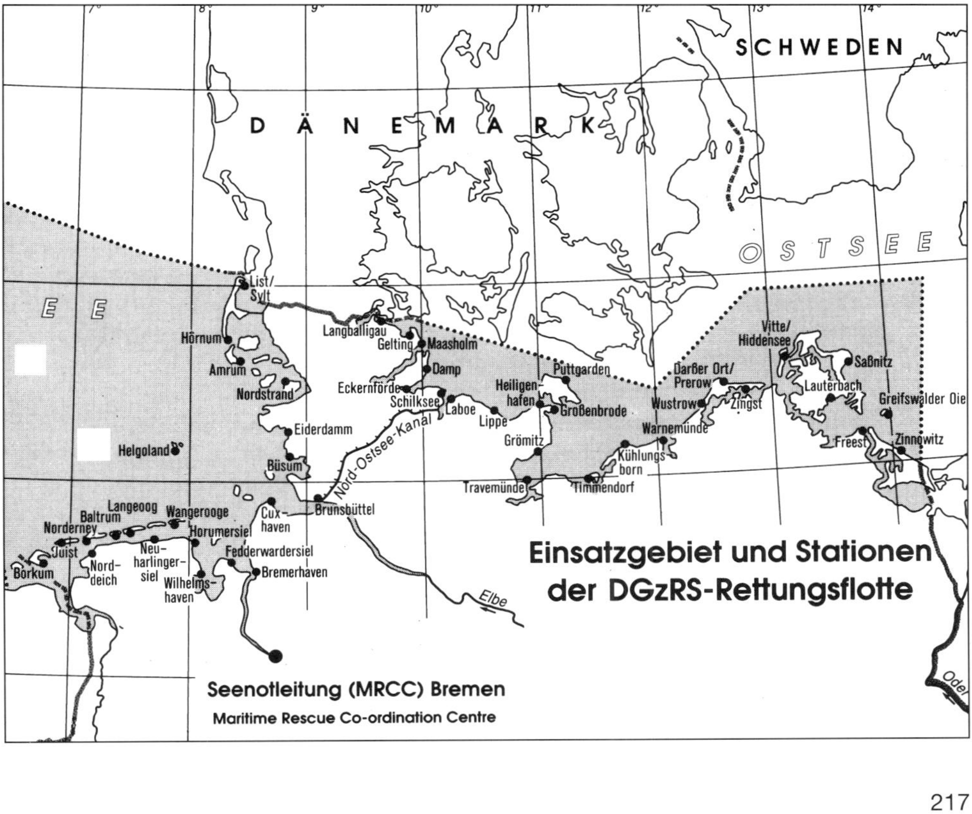

Rettungsinsel erst aufgeblasen außenbords, kann man das Volk kaum mehr davon abhalten, überzusteigen.
Schon wenn sich zum ersten Male die Möglichkeit abzeichnet, aussteigen zu müssen, würde ich Funkverbindung mit dem regionalen Rettungsdienst aufnehmen. Von „Mayday" ist zunächst noch keine Rede aber ein PAN-Ruf kann schon gerechtfertigt sein. Befinde ich mich in Rufweite einer SAR-Basis, deren Frequenz und Rufzeichen ich kenne, rufe ich direkt (Abb. 26/14). Sonst versuche ich es mit der nächsten Küstenfunkstelle. Bin ich dafür zu weit draußen, richte ich meinen Spruch an „All ships". Die beschränkte Sendereichweite des UKW-Geräts begrenzt automatisch die Zahl der Adressaten auf den örtlichen Bereich. Wohl dem der englisch kann, er möge den Spruch nach deutsch auch in Englisch absetzen, was ihm erheblich mehr Gehör verschafft.
Inhalt dieses ersten Spruches ist nur die kurze Beschreibung der Lage und der Möglichkeit, zu einem späteren Zeitpunkt aussteigen zu müssen. Das Wichtigste ist der eigene Standort, der zweimal hintereinander unmißverständlich in Koordination und, wenn möglich, auch in Bezug auf ein Kap oder einen Hafen, genannt wird. Als alte Sicherheitsregel ist der Standort vorher von einem zweiten an Bord nachzuprüfen.
Die Rettungsdienste haben Vorwarnungen dieser Art sehr gern. Sie können einen Rettungskreuzer schon einmal auslaufen und draußen eine Bereitschaftsposition beziehen lassen, sie können einen bereits unterwegs befindlichen Kreuzer umdirigieren, einen Umweg fahren lassen, oder sie können auch den Einsatz mit einem weiteren zwischenzeitlich eingegangenen Alarm verbinden. Möglicherweise entscheidet der Rettungsdienst auch ohne Mayday-Situation, zur Yacht hinauszufahren und ihr Geleitschutz zu geben. Bei der Deutschen Gesellschaft zur Rettung Schiffbrüchiger ist das übrigens gängige Praxis.
Wird ein Einsatz zunächst noch nicht als notwendig gesehen, gewährt der bestehende Funkkontakt immerhin, daß alles ein wenig schneller ginge, wenn sich die Lage verschlimmern sollte. Außerdem können die Rettungsexperten auch per Funk wertvolle Hilfe leisten. Da sie auf dem Seegebiet zu Hause sind, können sie Navigationsempfehlungen geben, vor Stellen gefährlichen Seegangs warnen oder Schutzstellen empfehlen.
Parallel zum Funkverkehr kann die Notrolle „Reisetasche" schon mal anlaufen. Trinkwasserflaschen und Kraftnahrung geeigneter Art können in aller Stille zusammengepackt werden. Verschließbare Plastikbehälter oder notfalls abgebundene Plastiksäcke sind zu benutzen, um die Eßsachen einigermaßen trocken zu halten. Mit Sicherheit wird die Reisetasche ein paarmal durchs Wasser gezogen werden. Neben Trink- und Beißbarem werden die Seenotsignalmittel und, falls vorhanden, auch das tragbare Funksprechgerät eingepackt. An dem Funkgerät wird gleich ein Zettel mit dem Schiffsstandort befestigt. Später in der Rettungsinsel erinnert sich kein Mensch mehr an die Koordinaten. Besteht genügend Zeit, würde ich alle Einzelgebinde getrennt an der Tasche festbändseln, damit nichts beim Kramen in der dunklen Enge, bei fürchterlichem Geschaukel, halb über und halb unter Wasser verloren geht. Schließlich wird die Reisetasche in einer Backskiste bereitgelegt, wo sie für alle Fälle noch an einen Fender geknotet wird. So bleibt sie wenigstens an der Oberfläche, sollte sie jemandem beim Übersteigen entgleiten.

Klarmachen der Rettungsinsel

Die Rettungsinsel selbst würde ich aus psychologischen Gründen so spät wie möglich klar machen lassen. Es sind ja auch nur zwei, drei Griffe nötig, sie endgültige wurfklar zu machen. Achtung: Eine Sechsmanninsel wiegt zwischen 30 und 40 Kilo! Am besten wuchtet man sie zu zweit, wenn es so weit ist. Dreimal würde ich kontrollieren, daß die Reißleine vernünftig an Bord festgeknotet ist.

Wer im Augenblick nicht mit der Notlage beschäftigt ist, kann sich schon mal richtig anziehen. Warmes Unterzeug in mehreren Lagen, darüber Ölzeug, Lifebelt und Rettungsweste. Pudel. Papiere, Geld und der Talisman kommen in die Tasche. Wichtig auch das Takelmesser. Gibt es an Bord persönliche Seenotblitzleuchten oder andere Signalmittel, um sich im Wasser bemerkbar zu machen, gehen sie natürlich auch in die Taschen.

Irgendwann muß der Skipper entscheiden, die Versuche, das Schiff zu retten einzustellen, damit auch die letzten sich um ihre eigene Ausrüstung kümmern können.

Ein abschließender Funkspruch und jetzt erst geht die Rettungsinsel über Bord. Bitte keine Panik, wenn sie sich nicht entfaltet und aufbläst. Das ist normal, denn die Wurfhöhe reicht nicht, um die Reißleine ganz herauszuziehen. Das wird also per Hand gemacht. Ziehen, ziehen bis es endlich knallt und zischt. Bei stärkerem Wind muß die Insel nach der Leeseite ausgebracht werden. In Luv kann es passieren, daß der Wind sie auf die Yacht weht, wo sie gleich ihren ersten Ratscher abkriegen würde. Bei Feuer an Bord, geht sie natürlich luvseitig und am weniger gefährdeten Ende der Yacht ins Wasser.

Es kann passieren, daß die Rettungsinsel nach dem Entfalten verkehrt herum liegt. Also kieloben. Der oder die Sportlichste muß nun ran und vorsorglich angeleint direkt neben die Rettungsinsel ins Wasser springen. Auf einer Seite - das ist bei allen Fabrikaten gleich - steht „hier aufrichten" in allen Sprachen und in Bildsymbolen. Und daran möge man sich auch halten. Man verhindert dadurch, beim nächsten Schritt von der stählernen Druckgasflasche erschlagen zu werden. An jener Seite also trete man in die vor einem schwimmenden Trittgurte, greife den Tampen, der quer über den Boden geführt ist und ziehe mit diesem die gegenüberliegende Seite hoch. Auch das ist beim Sicherheitslehrgang im Hallenbad zu üben.

Das sei nun geschafft. Die Rettungsinsel stünde aufrecht, wie sie soll. Wer das lobenswerte Werk vollbracht hat, sollte nun nicht versuchen, als erster einzusteigen. Vom Wasser aus mit Ölzeug und warmen Plünnen an ist das schier nicht möglich. Deshalb empfehle ich, daß erst von Bord aus zwei oder drei übersteigen. Ihr Gewicht gibt dann der Rettungsinsel Stabilität, daß sie nicht gleich wieder kentert, und sie können unserem Wassermann mit vereinten Kräften helfen, in die Insel hereinzukommen.

Einsteigen in die Rettungsinsel

Das Übersteigen von der Yacht in die Rettungsinsel funktioniert am sichersten mit der Bauchsprungmethode. Man steigt (lang angeleint natürlich) über die Reling und läßt sich bäuchlings auf das Dach der Rettungsinsel fallen. Dabei muß man denen darunter ein wenig wehtun, aber eben nur ein wenig. Man meidet auf diese Weise jedes unnötige Risiko, daneben zu springen oder abzugleiten. Es ist übrigens nicht

Abb. 26/14: Aufrichten einer kieloben liegenden Rettungsinsel.

richtig, daß dieses Aufeinanderspringen der Grund ist, weshalb traditionsgemäß der Kapitän als letzter das Schiff verläßt.

Wer in der Insel ist, löst sich von seiner Bordleine, die der nächste nun benutzt. Er klinkt sich dafür an der Rettungsinsel ein. Vorsicht mit scharfkantigen Karabinerhaken. Gleich ins Wasser damit! Knoten tun's auch.

Sind alle in der Rettungsinsel, wird die Verbindungsleine mit der Yacht, (ursprünglich Reißleine), gekappt. Sollte das nicht schnell genug gelingen, und die Yacht vor den Augen versinken, reißt eine Sollbruchstelle. Es besteht keine Gefahr, daß das Abreißen der Verbindungsleine die Luftschläuche beschädigt.

Spätestens jetzt wird jedem gewahr, wie eng, unbequem und kalt es doch in dieser Gummihütte ist. Und zu allem Überfluß beginnt der Mageninhalt gegen die Zunge zu drücken. Wem noch nie auf See schlecht geworden ist, hat in der Rettungsinsel Chancen dazu.

Als erstes würde ich Inventur machen. Je nach Fabrikat sind die Rettungsinseln mit allerlei Nützlichem ausgestattet. All diese Gegenstände sind zu lokalisieren und erforderlichenfalls in den Ölzeugtaschen zu bergen, damit sie nicht offen herumliegen oder -hängen, und von den Insassen verklüngelt oder beschädigt werden können. Alles wird begutachtet, Gebrauchsanweisungen werden studiert und diskutiert.

Dann ist es an der Zeit, es sich so gemütlich wie möglich zu machen. Ein Blick durch den Einstieg nach draußen überzeugt, ob die Insel richtig herum treibt. Die Öffnung soll nach Lee gehen. Ist das nicht so, muß der Treibanker neu befestigt werden. Man muß nicht gleich ins Wasser, um das zu erledigen. Möglicherweise gelingt es auch, wenn einer sich, wie beim Einsteigesprung bäuchlings auf das eingedrückte Dach legt, und mit langen Armen nach unten hangelt. Unnötige Badeausflüge sollen nicht nur aus Sicherheitsgründen unterbleiben sondern auch um möglichst trockene

Plünnen zu behalten, wenn das überhaupt noch möglich ist. Denn sehr wahrscheinlich ist das Innere der Rettungsinsel ordentlich mit Wasser angefüllt. Das muß natürlich raus. Mit allem was man dafür hat, mit Südwestern, Kapuzen oder ähnlichem, wird ständig geöst.

Die Einstiegöffnung würde ich offenhalten, wenn dies hilft, die Seekrankheit zu unterbinden. Es bringt eine Menge. Ob es ausreicht, muß probiert werden. Denn sich zu übergeben, kostet wertvolle Körperflüssigkeit, was möglicherweise kritisch werden könnte.

Mit dem Wärmehaushalt muß sorgsam umgegangen werden. Fast in allen Breiten ist er kritisch. Wärme konserviert man in der Rettungsinsel durch den gegenseitigen Körperkontakt und durch die Vermeidung von Zugluft. Also muß der Einstieg vielleicht doch wieder geschlossen werden, oder nur teilweise.

In ziemlich kurzen Abständen muß ein Ausguck den Horizont absuchen, bedenkt man, daß aus dieser Fischperspektive die Brückenaufbauten eines Frachters in fünf bis acht Meilen über die Kimm kommen, und in 10 bis 20 Minuten querab und vorbei sind. Vorbei, weil Brückenwachgänger erfahrungsgemäß nicht seitwärts gucken und schon gar nicht zurück.

Seenotraketen werden nur gefeuert, wenn sie auch gesehen werden können. Logisch, aber dennoch wichtig zu erwähnen. Das bedeutet, bei Tag werden sie eingesetzt, wenn ein Schiff sich so nähert, daß die Rettungsinsel sich in seinem vorlichen Halbsektor befindet. Es werden immer zwei geschossen im Abstand von etwa einer halben Minute. Der erste Schuß soll alarmieren, der zweite dient zum Peilen.

Nachts kann man Seenotraketen auch in der Hoffnung schießen, von Land aus bemerkt zu werden. Bei guten Sichtverhältnissen sind Fallschirmraketen 10 bis 20 Seemeilen vor der Küste noch zu erkennen. Tags hat das aber keinen Sinn.

Ähnlich wie mit den Signalmitteln muß auch mit der Batterie des Handfunkgeräts gewirtschaftet werden. Man bedenke, daß die Sendereichweite der meisten Handfunkgeräte nur ein bis zwei Meilen beträgt und weitere Seenotfunksprüche abzusetzen sinnlos wäre. Desto sinnvoller ist es aber in Hörbereitschaft zu bleiben und zwar mit geringstmöglicher Lautstärke. Die Lautstärke ist das, was Strom verbraucht. Der Empfänger selbst benötigt nur wenig. Die Sendeenergie sollte man aufheben, um Peilsignale geben zu können, wenn es offensichtlich ist, daß eine Suchaktion läuft.

Der Mensch in der Rettungsinsel - unberechenbar?

Es ist schwer, vom grünen Tisch aus zu raten, wie man sich verhalten sollte, wenn die Suche auf sich warten läßt. Erinnert sei jedoch an die Bedeutung der Gemütsverfassung bei Schiffbrüchigen. Geht es um Kopf und Kragen, zeigen sich die Menschen oft von einer ganz anderen Seite. Fairneß und Toleranz weichen hemmungslosen Egoismen. Am Ende entscheidet sogar körperliche Gewalt. Damit es nicht so weit kommt, muß allen voran der Skipper peinlich auf Disziplin und Gerechtigkeit achten. Großzügigkeit ist genauso gefährlich wie Schlamperei. Ganz schnell macht sich Mißtrauen breit, und während nach außen hin der Gentleman gespielt wird, werden insgeheim die Wachminuten und die Trinkrationen nachgezählt. Mit Mißtrauen beginnt die Moral zu rutschen. Jeder muß sich der absoluten Gerechtigkeit sicher sein. Gespräche in angemessenem

Umfang und Tiefe helfen, das Vertrauen zu pflegen. Schweigen macht mißtrauisch.
Ich weiß nicht, ob „vorgetanzte" Fröhlichkeit die Stimmung heben und die Zeit vertreiben hilft. Man kann es in Erfahrungsberichten lesen. Es wird wohl vom Typus der Menschen abhängen. Mich könnte ein alberner Spaßmacher auch ganz schön nerven. Besser ist meines Erachtens die Methode, sich dem Realismus zu stellen, und zwar gemeinsam zu stellen. Aufgaben, die sich aus der Situation ergeben, müssen gemeinsam angepackt werden, jeder muß unentbehrlich sein. Daraus ergibt sich für alle eine Menge Aktivität im Sinne des gemeinsamen Ziels, und zum Ausflippen bleibt dann wenig Gelegenheit.

Führungsverantwortung in Krisenlagen

Gerade die letzte Betrachtung - die der psychologischen Situation in einer Rettungsinsel - ist ein deutliches Beispiel für das Gewicht der Führungsverantwortung in Krisensituationen.
In prekären Lagen überträgt sich die Spannung schnell auf jeden einzelnen an Bord. Die Sorge um den guten Ausgang einer kniffligen Situation betrifft alle. Angst macht sich breit, auch wenn es nicht gleich um das nackte Leben geht.
Die meisten Menschen neigen, wenn's ernst wird, zu verstärkter Aktivität. Sie wollen mithelfen, und sie wollen mitentscheiden. Es ist ein ganz natürliches Verhalten. Dieser besonderen Krisenenergie ist es zu verdanken, wenn in Notlagen Übermenschliches geleistet wird. Aber sie muß gebändigt, organisiert werden.
Läßt man sie gewähren, gibt es Chaos. Bestimmte Dinge werden dreifach gemacht, während andere unter den Tisch fallen. Es entsteht ein allgemeiner Drang zu den Brennpunkten. Dort stört man sich gegenseitig, während im Schatten der Ereignisse das Unheil seinen Lauf nimmt.
Die Führungskunst des Skipper ist gefordert. Er muß die heranstehenden Aufgaben rechtzeitig erkennen, sie klar umreißen und je nach Eignung dem Richtigen an Bord übertragen. Das kostet Gedankenarbeit, für die es keine Zeit zu geben scheint. Doch das trügt. Im Endeffekt wird Zeit gespart, und der Kopf für weitere Führungsentscheidungen freigehalten. Führungskunst ist das Vertrauen zur Delegation und die Disziplin, nicht alles selber machen zu wollen.
Das System der Notrollen ist ein geeignetes Mittel der Delegation. Nicht erst in der Krise, sondern zu Beginn eines Törns, macht sich der Skipper Gedanken, wer im Notfalle welche Aufgaben übernehmen sollte. Die Aufgaben selbst sind längst in Ruhe zusammengestellt und in Checklisten festgehalten worden (Kapitel 18). Das einzelne Crewmitglied hat während des Törns Zeit und Gelegenheit, sich mit seiner Notrolle vertraut zu machen, und im Gespräch mit den anderen das Zusammenwirken in den verschiedenen Notfällen zu verstehen.
Der geistige Vorsprung gegenüber den Ereignissen in einer Krisensituation ist wichtig, um über den Dingen zu stehen und Herr der Lage zu sein. Angst basiert auf Unwissen. Nur mit einem gesunden Maß an persönlicher Souveränität kann zuverlässig gehandelt und sachlich entschieden werden.
Besonnenheit ist das Zauberwort der Führungskunst. Unter dem Druck des Geschehens verfällt man leicht der Versuchung, durch einen Spontanentschluß das

Schlimmste abzuwenden, ohne sicher zu sein, daß man damit nicht noch schlimmeres in der Folge herbeiführt. Man zwinge sich, die scheinbar rettende Idee nicht gleich auszusprudeln, sondern noch einmal zu durchdenken. Man nehme sich die Zeit dafür. Auch wenn sie drängt. Voreilige Entscheidungen, die revidiert werden müssen, untergraben das Vertrauen. Und weil sie nicht nur das tun, sondern auch die Eitelkeit verletzen, werden sie manchmal lieber falsch gelassen. Unglaublich, aber wahr, weil menschlich!

Angst ist gefährlich. Das kribbelnde Gefühl in der Leistengegend mag noch tragbar sein, aber in stärkerer Form führt Angst zu irrationalen Entscheidungen bis hin zur tödlichen Lethargie. Angst steckt an. Gefühlsausbrüche zerstören die Gemeinschaftsmoral. Es gehört zur Führungsverantwortung, Angst zu unterbinden, soweit es die Situation zuläßt. Der Skipper hat die Möglichkeit dazu mit faktischen Maßnahmen der Krisenbewältigung und auch durch seinen Umgang mit der Crew. Riskante Schritte, die die Lage erfordert, müssen zügig angepackt werden, freilich nachdem die „Rückfallposition" geklärt ist. Sie vor sich herzuschieben, nur weil sie riskant sind, würde das Gemüt zermürben. Geheimnistuerei, sowie das Verniedlichen oder Schwarzmalen der Gefahr sind Gift für eine vertrauensvolle Atmosphäre. Sachlichkeit und Offenheit untereinander sind gefordert.

Krisensituationen verlangen dem Menschen Übermenschliches ab, und Übermenschliches wird auch geleistet. Mal mehr und mal weniger stark. Was von einem Skipper in einer ernsten Lage an Führungsgeschick gefordert wird, ist nicht minder übermenschlich, zumal es sich bei Sportseglern um Laien auf dem Gebiet der Menschenführung handelt. Ihre Führungskunst schöpft aus ihrer Persönlichkeit, ihrer Lebenserfahrung und ihrem Charakter. Manche Schiffsführer erweisen sich als wahre Naturtalente, einige aber auch nicht.

Nachwort

Treten wir einen Schritt zurück und überschauen das ganze. Es ging um die Sicherheit. Meine Absicht war es, diesen kategorischen Imperativ zu entweihen, und das Sicherheitsproblem ganz nüchtern als Spanne zwischen den vielen kleinen und großen Gefahrenherden darzustellen und Möglichkeiten aufzuzeichnen, ihnen zu begegnen.

Wir fanden solche Stellen bei der Technik der Yacht und ihrer Ausrüstung, bei der Crew, ihrer Zusammensetzung, Ausbildung und Erfahrung, wir fanden sie bei der Planung und Durchführung der Segeltörns und schließlich bei der Handhabung der Yacht in Manövern und kniffligen Situationen. Die Tour d'Horizont war weit gesteckt, und sie war gründlich.

Ihr Ergebnis ist beruhigend. Überall, wo Gefahren aufgedeckt wurden, ließen sich geeignete Abhilfen anbieten. Abhilfen, die jeder Segler mit entsprechendem Erfahrungsstand bringen kann. Die Erfahrung ist das Kapital, mit dem man Sicherheit erwirbt. Der Aufwand ist persönlicher Art. Er steckt in der Dauer und in der Ernsthaftigkeit des Engagements für den Segelsport.

Die Schere zwischen Gefahr und Abhilfe öffnet sich dort, wo der Segelsport zur Konsumware entartet, wo der Chartergast den sicheren Automaten erwartet und glaubt, die Verantwortung für seine Sicherheit mit dem Bezahlungsscheck über den Tisch zu schieben.

Wenn solches Denken um sich greift, werden eines Tages die Hersteller und Vercharterer ihre Yachten mit tausend Hinweisschildern „Watch your step“ und „Slippery when wet“ verkleistern. Vielleicht erkennt dann der Segelkonsument den Fortschritt seiner Entmündigung.

Ich bin zuversichtlich. Die große Mehrheit sieht den Segelsport sehr wohl als persönliche Herausforderung und erkennt die damit verbundene Verantwortung für sich selbst und für die Mitsegler. Sie weiß um die Bedeutung der Erfahrung als Sicherheitsfaktor. Sie hat Respekt vor den Gefahren und versteht es, sich nicht mehr vorzunehmen als sie sicher beherrschen kann. Die Selbstbescheidung ist Ausfluß ihres Verantwortungsbewußtseins.

Die Praxis bestätigt, wie gut die Segler mit ihrer Verantwortung umzugehen wissen. Die Reviere sind voll, und von Unfällen hört und sieht man wenig. Statistiken, so weit sie vorliegen, belegen das erfreuliche Bild. Möge es uns erhalten bleiben!